AF531849

Geheimnisvolles Atlantis

Wie verschollene Zivilisationen die moderne Welt noch heute beeinflussen

J. Douglas Kenyon

GEHEIMNISVOLLES ATLANTIS

Wie verschollene Zivilisationen die moderne Welt noch heute beeinflussen

Die Beweise für den vergessenen Ursprung der Menschheit

Aus dem Englischen von
Astrid Ogbeiwi

Aquamarin Verlag

Alle Rechte vorbehalten. Kein Teil dieser Publikation darf ohne schriftliche Genehmigung des Herausgebers in irgendeiner Form vervielfältigt werden, es sei denn, es handelt sich um kurze Zitate in Fachartikeln oder Rezensionen, selbstverständlich unter Angabe der Quelle.

Impressum

© der Amerikanischen Originalausgabe: 2021 J. Douglas Kenyon

Titel der Amerikanischen Originalausgabe: *Ghosts of Atlantis*

© 2021 First published by Bear & Company, a division of Inner Traditions International, Rochester, Vermont, USA. This edition published by arrangement with Inner Traditions International.

Copyright text © 2021 by J. Douglas Kenyon

1. Auflage 2023
© Aquamarin Verlag GmbH
Voglherd 1 • D-85567 Grafing
www.aquamarin-verlag.de

Übersetzung aus dem Englischen: Astrid Ogbeiwi

Lektorat: Annerose Sieck

Umschlaggestaltung unter Verwendung von 2188789631 – shutterstock.com: Annette Wagner

Druck: Finidr

ISBN: 978-3-89427-924-0

Für meine Urenkel, Nichten und Neffen

Inhalt

Geschichte, die nicht gelehrt wird

Was wirklich geschehen sein könnte

Untergegangene Welten

Vergessene Kulturen rund um den Globus

Innere Verbindungen

Die Spuren fortgeschrittener Kulturen in unserem Körper

Andere Welten

Untergegangene Kulturen im Weltall

Zeichen eines Verbrechens

Vertuschungen und Verschwörungen zur Verschleierung der Wahrheit

Vorzeitlicher Untergang

Das Ende von Kulturen in Geschichte und Gegenwart

Stellare Dimensionen

*Wie wir Geschichte wiederentdecken
und Zerstörung verhindern könnten*

Einführung

In der Juli-/August-Ausgabe des *Atlantis Rising Magazine* 2016 brachte der Forscher Steven Sora eine Begründung für die mögliche Identität von Königin Guinevere aus der Artussage aufs Tablett. Sie war, so seine Behauptung im Artikel »Guinevere Unveiled« (Guinevere unverschleiert; Anm. d. Lekt.), eine piktische Prinzessin aus einem vorschottischen Geschlecht. Während viele Menschen glauben, die Geschichten von König Artus und den Rittern der Tafelrunde seien reine Fiktion, wies Sora darauf hin, dass die Ursprünge der Legende wahrscheinlich auf Tatsachen beruhen, wenngleich aus viel früherer Zeit stammend, als wir gewöhnlich annehmen.

Der bekannte britische Schriftsteller Graham Phillips ist einer der führenden Experten, was die historischen Ursprünge der Camelot-Sagen anbetrifft. Seiner Ansicht nach gehen sie auf Ereignisse zurück, die im 5. Jahrhundert stattgefunden haben – in der Eisenzeit – und nicht im Mittelalter, wie die Gralsromane es uns glauben machen wollen. In seinem Buch *The Lost Tomb of King Arthur* behauptet Phillips, die Gebeine von König Artus seien in Shropshire begraben, und er setzt sich dafür ein, dass dort an einer bestimmten Stelle eine archäologische Grabung durchgeführt wird.

Ob die Geschichte auf historischen Fakten beruht oder nicht, ist dabei nicht der springende Punkt. Die ungebrochene Popularität der Gralsromane hängt wohl eher mit der Rolle zusammen, die sie in unserer Vorstellung spielen. Wie bei den Auseinandersetzungen darüber, ob die Wahrheit der Bibel und anderer heiliger Bücher nun wörtlich zu nehmen ist oder nicht, hat das Wichtigste für die meisten Menschen wohl eher mit der symbolischen Bedeutung der Erzählungen zu tun. Da unsere Verbindung zu den Idealen – wie etwa dem Rittertum, das in den Mythen verherrlicht wird – offenbar jedoch schwindet, wächst die Notwendigkeit, die wahren Fakten hinter der Geschichte ans Tageslicht zu holen.

Für alle, die Augen haben zu sehen und Ohren zu hören – um die biblische Wendung zu gebrauchen – ist es immer noch möglich, sich mit dem ursprünglichen Geist zu verbinden, der wichtige, bahnbrechende Ereignisse in der langen Geschichte der Erde beseelt hat, auch wenn die Suche nach den konkreten Fakten dahinter oft zu kurz greift. Was zählt, sind die inneren Wahrheiten, der Rest ist Aberglaube.

Wie die Ritter auf der Suche nach dem Heiligen Gral sind auch wir auf der Suche nach einem schwer fassbaren Ziel. Ob wir es finden, hängt, so vermuten wir, eher davon ab, woraus wir gemacht sind, als davon, was wir tatsächlich fassen können. Doch dies sollte uns nicht davon abhalten, nach den physischen Fakten zu suchen, aus denen unsere Mythologien hervorgegangen sind. Es kann uns verdeutlichen, dass die Suche an sich das Wichtigste ist, und wenn die Götter unsere Bemühungen belächeln, dann wohl wegen unseres Feuereifers und nicht wegen der Überlegenheit unseres Intellekts.

All dies ließe sich ebenso gut über die Geschichte von Atlantis sagen. In einer Umfrage der Chapman University in Kalifornien aus dem Jahr 2017 zum Thema paranormaler Glaube gaben 55 Prozent der Befragten bei folgender Aussage an »trifft zu« oder »trifft stark zu«: »Alte, hoch entwickelte Kulturen wie Atlantis haben einst existiert.« Von allen in der Umfrage untersuchten paranormalen Überzeugungen fand die Vorstellung von einer untergegangenen uralten Kultur die größte Unterstützung, aber auch andere wurden überraschenderweise vielfach akzeptiert. So glauben beispielsweise 52 Prozent der Amerikaner, dass »Orte von Geistern heimgesucht werden können«. Breite Zustimmung findet auch der Satz: »Außerirdische haben in ferner Vergangenheit die Erde besucht« (35 Prozent).*

Auch wenn die Chapman-Umfrage durchaus als ein seltener Fall von ehrlicher Berichterstattung gelten kann, verkennt sie doch das Ausmaß, in dem viele Vorstellungen, die sie als außerhalb der Norm liegend (d. h. paranormal) betrachtet, durch eine Vielzahl von Beweisen (zumindest anekdotisch) gestützt werden, wohingegen dies bei Ansichten, die unsere Gesellschaft wahrscheinlich als »normaler« ansieht, oft nicht der Fall ist. Wenn Sie dieses Buch lesen, um unumstößliche wissenschaftliche Fakten über Atlantis zu erfahren, entgeht

* Die vollständige Umfrage, die offiziell »Chapman University Survey of American Fears 2017« heißt, wurde am 11. Oktober 2017 auf dem Blog *Voice of Wilkinson* auf der Website der Chapman University veröffentlicht: https://blogs.chapman.edu/wilkinson/2017/10/11/paranormal-america-2017/.

Ihnen womöglich, worauf wir hinauswollen. Das Atlantis, von dem wir sprechen, umfasst viel mehr, als man aus der Archäologie erfahren kann, wobei wir natürlich glauben, dass die jüngsten Entdeckungen die einst verworfenen Vorstellungen von einer fortgeschrittenen antediluvianischen Kultur bestätigen. Wir sind überzeugt, dass Atlantis nicht nur ein Archetyp, ein Traum oder eine Warnung war, sondern ein realer Ort – und ein hoch entwickelter noch dazu. Aber hier sprechen wir über das, was wir als das »größere« Atlantis bezeichnen könnten, nicht nur über eine Stadt oder sogar einen Kontinent, sondern tatsächlich über eine verlorene Identität für die Menschheit, deren Leichnam nach ihrer Ermordung, wie der Geist von Hamlets Vater, noch immer laut und vernehmlich zu uns spricht, während wir uns mit unseren beunruhigenden Zukunftsperspektiven auseinandersetzen.

Dem griechischen Philosophen Platon zufolge, dessen Dialoge *Timaios* und *Kritias* von der Wissenschaft gewöhnlich als einzige Quelle für die Atlantis-Erzählung angeführt werden, erzählte ein ägyptischer »Priester von Saïs« Platons Vorfahren, Solon, von Atlantis. Nachdem der Priester darauf hingewiesen hat, dass die Geschichte der Erde viel älter ist, als ein Grieche mit seinem kindlichen Gemüt sich vorzustellen vermag, sagt er: »Es haben schon viele und vielerlei Untergänge der Menschen stattgefunden und werden auch fernerhin noch stattfinden, die umfänglichsten durch Feuer und Wasser, andere, geringere aber durch unzählige andere Ursachen.«[*] Der wiederkehrende Aufstieg und Fall einer Kultur, wie er sich in der Atlantis-Erzählung widerspiegelt, wurde schon oft beobachtet und hat zu vielen Warnungen geführt, was uns bevorstehen könnte.

In seinem packenden Science-Fiction-Roman *Lobgesang auf Leibowitz*[**] aus dem Jahr 1959 stellt sich der Autor Walter M. Miller jun. eine postapokalyptische Zukunft vor – ganz so, wie sie unsere Vorfahren zwischen den Eiszeiten oder nach dem Untergang einer Kultur wie vielleicht Atlantis erlebt haben müssen. In dieser Zukunft sind nur wenige Fragmente der heutigen Kultur erhalten geblieben und man versteht sie bestenfalls in Ansätzen. In dem Buch, das Jahrhunderte nach einem nuklearen Holocaust spielt, ist die Menschheit wieder – wie der Priester von Saïs andeutet – in die Barbarei eines dunklen Zeitalters zurückgefallen. In dem Bemühen, die zerbrechlichen Relikte aus einem höher

* http://www.opera-platonis.de/Timaios.pdf, nach der Übersetzung von Dr. Franz Susemihl, Stuttgart 1856

** Walter M. Miller, *Lobgesang auf Leibowitz*, aus dem Englischen von Jürgen Saupe und Walter Erev, bearbeitete Neuausgabe, Heyne 2000.

entwickelten, wenngleich vergessenen Zeitalter zu erhalten, versucht eine Handvoll engagierter Klostermönche, den drohenden vollständigen Gedächtnisverlust der Menschheit abzuwenden und den »seligen Leibowitz«, den Gründer ihres Ordens in der Zeit nach dem uralten Krieg, heilig sprechen zu lassen.

Leider haben die Brüder die meisten Schlüssel zum Verständnis der geheimnisvollen Kultur, die ihnen vorausging, verloren. Sie wurden durch eine legendäre »Feuerflut« ausgelöscht, die der Leser unschwer als nuklearen Kataklysmus erkennt. Ihre Fehler bei der Interpretation der wenigen wertvollen Artefakte, die sie besitzen, sind zahlreich. Manche davon wirken für unsere wissenden Augen komisch. So wird zum Beispiel ein elektronischer Schaltplan, obwohl unverständlich, als ein Gegenstand von mystischer Schönheit betrachtet. Ein geweihter Mönch verbringt sein Leben damit, ihn liebevoll mit goldenem Rankenwerk zu »illuminieren«. Ein anderes Relikt, das die Brüder zu den erhabensten metaphysischen Spekulationen anregt, ist ein kostbares, wenn auch myteriöses Fragment, wonach »500 g Pastramischinken und sechs Bagels« mitgebracht werden sollen. Und innerhalb der Klostermauern erzählt man sich im Flüsterton mit Furcht und Zittern von dem »Fallout« sowie den schrecklichen Ungeheuern, die einst die Alten verschlungen haben.

In Millers Erzählung vergehen Jahrhunderte, bis wieder ein gewisses Verständnis für die Vorgänge in der Natur zu reifen beginnt. Die Elektrizität wird wiederentdeckt. Mechanische Transportmittel werden entwickelt, ebenso der Motorflug. Die Technik wird wiedergeboren. Und als das Wissen der Alten allmählich, wenngleich fehlerhaft und verzerrt, rekonstruiert wird, kommen wie in einer Ironie des Schicksals auch merkwürdige Muster aus dem vorangegangenen Zeitalter wieder zum Vorschein. Ein fanatisches religiöses Dogma blockiert die Anerkennung der wahren Natur der antiken Entwicklungen, und eine arrogante neue Ordnung versucht, jegliche Erkenntnis über die wahre Geschichte der Welt zu unterdrücken, indem behauptet wird, die neuen Errungenschaften habe es zuvor noch nie gegeben. Um seine Autorität zu untermauern, initiiert das neue Establishment eine Inquisition, in der theologisch und politisch unkorrekte Ansichten unterdrückt und bestraft werden.

Doch irgendwie, so erzählt Miller, erklimmt die Kultur trotz Ignoranz und Tyrannei mühsam wieder eine gewisse Höhe und findet sich schließlich an einem Scheideweg wieder, an dem sie sich, wie ihre Vorfahren, schrecklichen Dilemmata stellen oder sterben muss.

Wenn die Menschheit überleben will, so Miller, muss sie die Herausforderungen, die ihre fernen Vorfahren vernichtet haben, irgendwie verstehen und überwinden lernen.

Doch wie man heute allenthalben hört, ist die Geschichte der menschlichen Evolution eine des nahezu ununterbrochenen Aufstiegs. Aus der Finsternis der Steinzeit haben wir uns unaufhaltsam bis zu unserem sogenannten aufgeklärten heutigen Zeitalter emporgearbeitet. Gewiss gab es auch Rückschläge, Kriege, Seuchen und dergleichen, aber wir haben uns beharrlich weiter voranbewegt. Und nur wenige Tausend Jahre, nachdem wir in Höhlen kauerten, stehen wir nun hier – als Meister über die Natur, die Technik und alles, was wir überblicken, am Höhepunkt unseres Erfolgs.

So will man uns zumindest weismachen.

Nach gängiger Geschichtsdarstellung hat sich in der Steinzeit vor gerade einmal etwas mehr als 5000 Jahren eine primitive Kultur entwickelt. Mit der ersten großen arbeitserleichternden Erfindung der Antike – dem Rad – überschritt die Gesellschaft die große Kulturscheide und bewegte sich damit unwiderruflich auf unsere moderne Welt zu. Das Rad, so sagt man uns, revolutionierte die primitive Gesellschaft und schuf die Voraussetzungen für die großen Errungenschaften, die folgten.

Das ist das konventionelle Szenario für die Anfänge der Zivilisation auf der Erde. Man ging davon aus, dass die Entstehung einer hoch organisierten Gesellschaft präzedenzlos war. Denn hätte es eine frühere Hochkultur gegeben, so die Argumentation, hätten wir eindeutige Beweise dafür gefunden. Wir würden die Überreste ihrer Autobahnen, Brücken und elektrischen Leitungen sehen. Wir würden ihre Plastikflaschen, ihre städtischen Müllhalden, ihre DVDs finden. Schließlich sind das die Dinge, die wir hinterlassen werden und damit künftige Archäologen verwirren.

Aber könnte eine vorzeitliche Kultur zu ähnlichen Höhen aufgestiegen sein wie die unsere und dazu vielleicht einen anderen Weg eingeschlagen haben? Was würden wir von einer Welt verstehen, die womöglich grundlegend andere – wenngleich wohl nicht weniger effektive – Techniken eingesetzt hätte, um die Kräfte der Natur nutzbar zu machen? Würden wir eine Welt begreifen, die zum Beispiel Energie anders als durch ein Stromnetz erzeugen und übertragen könnte, die große Entfernungen ohne Verbrennungsmotoren zurücklegen oder die hochkomplexe geowissenschaftliche und astronomische Berechnungen ohne elektronische Computer anstellen könnte? Was würden wir von einer Welt ohne soziale Medien halten?

Bringen wir es fertig, Errungenschaften anzuerkennen und zu respektieren, die sich von unseren unterscheiden, oder würden wir auf bequeme Stereotypen von abergläubischen und primitiven alten Kulturen zurückgreifen? Warum, so fragen wir uns, ist das Thema antediluvianische Kulturen – wie es mit Atlantis angesprochen wird – für das orthodoxe Denken so beunruhigend? Warum wird die Vermutung, dass unsere Kultur nicht die erste ist, die solche Höhen erreicht, mit Spott bedacht? Warum rührt trotz signifikanter Beweise kein einflussreicher Wissenschaftler die Frage untergegangener Hochkulturen in unserer vergessenen Vergangenheit an? Und mehr noch, warum sollte sich jemand, der im 3. Jahrtausend unserer Zeit lebt, für etwas interessieren, das die Geschichte vergessen hat? Warum sollten wir darum kämpfen, die Bedeutung einer Kultur zu ergründen, die vor so langer Zeit existiert hat – oder womöglich auch nicht? Was könnte uns die Geschichte von Atlantis oder einer anderen Welt, die es einst gegeben haben könnte, möglicherweise über uns selbst sagen?

Die Zeit scheint gekommen, da die breite Öffentlichkeit mehr denn je bereit ist, die Fakten zu erfahren. Und zur spürbaren Beunruhigung der akademischen Lehrmeinung ist damit nicht unbedingt die orthodoxe Standardversion gemeint, die normalerweise in den Hörsälen serviert und in den Medien präsentiert wird. Doch das alles wird sich vielleicht ändern müssen.

Könnte eine solche Veränderung eine große dramatische Episode erfordern? Möglicherweise.

Die Gesetze der Veränderung sind die Gesetze des Dramas. So erreichen Pflanzen das Stadium der Blüte und Raupen werden zu Schmetterlingen – auf dem Weg der Metamorphose, der Erlösung. Dies war auch das Herzstück der antiken Tempelpraxis, die uns als Theater überliefert wurde. Von Sophokles bis Shakespeare, von Goethe bis Arthur Miller haben große Dramatiker die Gesetze aufgezeigt, welche die Seelen aus der Finsternis befreien können. Manche haben verstanden und wurden verwandelt.

Tiefe Erkenntnisse über die Natur des Wandels erleuchteten Psychoanalytiker wie Carl Gustav Jung, der von einem universellen Prozess schrieb, mit dem das »unedle Metall« des niederen Selbst durch die Anwendung »alchemistischer« Prinzipien in das »Gold« eines höheren Selbst verwandelt werden kann. Andere,

Poseidon und eine Welle, abgebildet auf der Titelseite von *Atlantis Rising* im Jahr 2015, Ausgabe Nr. 113.

etwa der Historiker Arnold Toynbee, erblickten in der Geschichte Zyklen der Veränderung, die sich wie die Prozesse der Natur entfalten, einschließlich Geburt, Leben und Tod oder Transzendenz ganzer Kulturen.

Das Wissen um diese Dinge ist zwar für den heutigen, entfremdeten westlichen Geist fast in Vergessenheit geraten, inspiriert aber weiterhin die Eingeweihten der ursprünglichen Ordnung. Die ewige Weisheit und heilige Wissenschaft der alten Lehren, von den Ägyptern bis zu den Hopi, von den Gnostikern bis zu den Konfuzianern, leiten die Suche nach Erleuchtung in unserer Zeit. Manche hören auf ihre innere Stimme, andere versuchen, ihre Intuition mit dem Lärm der Zeit zu übertönen, doch nur wenige können sich dem Gefühl entziehen, dass wir am Beginn eines dramatischen Wandels stehen – einer spirituellen Initiation, wie es sie seit Äonen nicht mehr gegeben hat.

Die nun folgenden Seiten erscheinen hier zumeist erstmals in dieser Form. Langjährige Leserinnen und Leser des *Atlantis Rising Magazine* werden jedoch zweifellos frühere Texte von mir wiedererkennen – Kolumnen unter der Rubrik »Alternative News« und Leitartikel in Form der »Letters from the Publisher«, Artikel von Martin Ruggles (mein Pseudonym), verschiedene Randbemerkungen, Notizen und so weiter. (Zur Untermauerung von Fakten sind auch gekennzeichnete Zitate aus Texten zahlreicher Autorinnen und Autoren von *Atlantis Rising* enthalten, allerdings losgelöst vom eigentlichen Inhalt des Artikels). Alte Freunde werden sicherlich viele Themen wiedererkennen, die regelmäßig auf unseren Seiten zu finden waren und die einen wichtigen Teil unserer Markenidentität ausmachten, und sie werden sich hoffentlich freuen zu erfahren, dass wir den Kampf nicht aufgeben.

Das große Vergessen

Die Folgen des kollektiven Traumas

Das Atlantis unserer Träume

Auf der Suche nach Hinweisen im Unbewussten

Als Anfang der 1980er-Jahre Blockbuster wie *Star Wars* und *Jäger des verlorenen Schatzes* Kinogeschichte schrieben, beschlossen mein Freund, der Filmemacher Tom Miller, und ich, mit einem Action-/Abenteuer-Drehbuch mit dem Titel *The Atlantis Dimension* einen eigenen Versuch zu unternehmen, um zu Zelluloid-Ruhm und Berühmtheit zu gelangen. In unserer Geschichte entdeckt eine Gruppe moderner Forscher in den Gewässern des sogenannten »Bermudadreiecks« die Ruinen von Atlantis. Unbewusst sind unsere Figuren von Kräften getrieben, die in einem früheren Leben auf Atlantis in Gang gesetzt wurden. Nun sehen sie sich unvermittelt in die ferne Vergangenheit zurückversetzt, inklusive Heldentaten, antiker Technologie, Unterwasserarchäologie, Verrat an höchster Stelle und einer Natur, die sich ins äußerst Bösartige verkehrt. Wir waren der festen Überzeugung, dass unser Drehbuch voll und ganz dem Wunsch des Publikums nach exotischer und spannender Unterhaltung entspricht – natürlich in Verbindung mit einer guten Geschichte. Aber leider wurde es aus Gründen, die sich uns nicht ganz erschlossen, nie verfilmt, und das Drehbuch haben kaum mehr als ein paar Dutzend Leute gelesen.

Doch auf anderen Ebenen sollte sich unser Szenario als merkwürdig prophetisch erweisen, was vermuten ließ, dass hier größere Kräfte als die der reinen Popkultur am Werk sein könnten. So spielte unser fiktiver Bericht zum Beispiel auf einer Bahamas-Insel, auf der gerade ein riesiges Atlantis-Resort gebaut wurde. Dieses Bauprojekt war das Werk des Bösewichts in der Geschichte, dessen luxuriöse Villa in Miami in einem exklusiven Viertel namens Paradise Island lag. Schließlich erfuhr ich, dass es tatsächlich seit 1968 auf den Bahamas ein »Atlantis Paradise Island« gab. Als ich unser Drehbuch schrieb, hatte ich allerdings noch nie davon gehört. Und als das Atlantis-Resort 1998 eine riesige landesweite Werbekampagne startete, staunte ich, wie sehr die Realität meine künstlerische Schöpfung einholte. (Eine weitere kuriose Randnotiz: Das Atlantis-Resort gehörte einst einem Unternehmen von Merv Griffin, dessen Hauptaktionär zu einem bestimmten Zeitpunkt Donald Trump war).

Der Untergang von Atlantis in der Vorstellung des Künstlers Tom Miller.

Ich möchte noch hinzufügen, dass 1985, mitten in unserer Suche nach Geldern für die Produktion von *The Atlantis Dimension*, die Raumfähre *Atlantis* zum ersten Mal startete. Dies schien uns ein klares Omen, dass es jetzt losgehen könnte.

Hollywood, das sich noch nie gescheut hat, populäre Mythen jeglicher Art auszubeuten, hat das Kassenschlager-Potenzial von Atlantis schon längst erkannt. Schon vor den 1980er-Jahren gab es viele beachtliche Versuche, aus dem Thema Kapital zu schlagen. Disneys *20.000 Meilen unter dem Meer* (1954) und *Die Reise zum Mittelpunkt der Erde* (1959), die beide auf den Romanen des französischen Visionärs Jules Verne aus dem 19. Jahrhundert basieren, zeigten eine Entdeckung der Ruinen von Atlantis. 1961 präsentierte MGM den Film

Atlantis, der verlorene Kontinent des Regisseurs und Produzenten George Pal, der die Ereignisse schildern wollte, die zur endgültigen Zerstörung des Kontinents geführt hatten. Die Kritiker verachteten den Film als ein Beispiel für die billige und kitschige Science-Fiction-Kost, wie sie damals in Autokinos beliebt war, und wiesen darauf hin, dass viele Szenen direkt aus *Quo Vadis* übernommen worden waren, dem MGM-Film von 1951 über die antichristliche römische Tyrannei.

Die Unterwasser-Ruinen von Atlantis, illustriert von Rob Rath für *The Atlantis Dimension* von Doug Kenyon in der Version als Graphic Novel.

Mit dem Atlantis-Mythos haben wir eine Geschichte vor uns, die sich hartnäckig hält und zugleich zwar gern erzählt, aber nur selten ernst genommen wird. Doch so sehr sie auch von akademischen Experten als eine Art Karikatur abgetan wird, ihre tiefgreifende Wirkung auf unsere Kultur ist unbestreitbar. Und während man sich über die Fakten berechtigterweise streiten mag, glauben manche, dass tief im Ozean des menschlichen Unterbewusstseins die eigentlichen Überreste einer untergegangenen Historie zu finden sind, die unser Denken und Empfinden noch immer vehement beanspruchen.

Die Vorstellung von einer großen untergegangenen Kultur und der nachweisliche Gedächtnisverlust unserer Gesellschaft, was dieses Thema anbetrifft, haben mich schließlich inspiriert, ein alle zwei Monate erscheinendes Magazin ins Leben zu rufen, das ich *Atlantis Rising* nannte und das sich mit uralten Mysterien, unerklärlichen Anomalien und der Wissenschaft der Zukunft beschäftigt. Nach 25 Jahren ununterbrochenen Erscheinens und mehreren Nebenprodukten in Gestalt von Büchern und Videos haben wir im Frühjahr 2019 unsere Pforten geschlossen. Dennoch glaube ich auch über 30 Jahre, nachdem ich das Drehbuch zu *The Atlantis Dimension* geschrieben habe, dass das Echo längst vergangener Welten noch immer nachhallt und wir so einige merkwürdige Geister, die uns bis heute plagen, austreiben könnten, wenn wir ihren Sirenengesang nur zu übersetzen wüssten.

Kinoplakat für *Atlantis, the Lost Continent* (dt.: *Atlantis, der verlorene Kontinent*), Regie: George Pal.

Weltweite Amnesie

Mit der Vorstellung, dass die in Vergessenheit geratene Geschichte der Erde mit katastrophalen Ereignissen durchsetzt ist, die jegliche Erinnerung zunichtemachen, ist seit 70 Jahren wohl niemand mehr verbunden als Immanuel Velikovsky. Das Buch *Welten im Zusammenstoß* des 1979 verstorbenen russisch-amerikanischen Psychoanalytikers erregte bei seiner Veröffentlichung im Jahr 1950 großes Aufsehen. In seinen nachfolgenden Werken, *Erde im Aufruhr* und *Zeitalter im Chaos*, führte er seine Ideen näher aus und erweiterte die Kontroverse. Hier sprach ein wahrer Gelehrter von beträchtlicher Autorität, der unter anderem vermutete, dass Erde und Venus einst kollidiert sein könnten – mit weitreichenden chaotischen Nachwirkungen, die viel zur Erklärung unserer besonderen Geschichte beitragen könnten. Wegen solcher Behauptungen wurde Velikovsky in der Folgezeit rundheraus verlacht. Überraschenderweise haben sich jedoch viele seiner Vorhersagen inzwischen bewahrheitet, und einige seiner Kritiker, darunter der verstorbene Carl Sagan, mussten zugeben, dass er in gewisser Hinsicht vielleicht doch auf der richtigen Spur war.*

Immanuel Velikovsky

* *Welten im Zusammenstoß: Als die Sonne stillstand*, aus dem Englischen von Fritz W. Gutbrod, Kohlhammer 1952; *Erde im Aufruhr*, aus dem Englischen von Christoph Marx, Umschau Verlag 1980; *Zeitalter im Chaos*, aus dem Englischen von Ilse Fuhr und Albert Fuhr, Europa Verlag 1962. Mehr Informationen über Velikovsky, seine Bücher und seine Theorien sind in der Velikovsky-Encyclopedia unter: https://www.velikovsky.info/ zu finden.

Als Psychoanalytiker und Kollege von Sigmund Freud und Carl Gustav Jung eröffnete Velikovsky tiefe Einblicke in die psychosozialen Folgen kataklysmischer Ereignisse. Der psychologische Zustand und die Leidensgeschichte der Erde seien geprägt von der Amnesie. Seiner Meinung nach befindet sich unser Planet in einem geradezu psychotischen Zustand, ausgelöst durch traumatische Ereignisse fast unvorstellbaren Ausmaßes. Nun müssen wir uns alle miteinander fragen: Haben wir vor bestimmten schmerzhaften Realitäten zwanghaft unsere Augen verschlossen? Haben wir diese absichtliche Blindheit überdies mit einer Aura der Autorität umgeben und so die Dinge effektiv auf den Kopf gestellt, indem wir, wenn Sie so wollen, das Richtige für falsch und das Falsche für richtig erklärt haben?

So haben sich zum Beispiel die mittelalterlichen Kirchenväter wegen Galileis politisch unkorrekten Schlussfolgerungen geweigert, selbst durch sein Teleskop zu schauen. Seine Auffassung, dass die Sonne und nicht die Erde den Mittelpunkt des Sonnensystems bildet, wurde als Ketzerei betrachtet, ganz gleich, wie die Beweislage war. Mit anderen Worten: Die Obrigkeit hatte sich ihre Meinung gebildet und wollte sich von unbequemen Fakten nicht durcheinanderbringen lassen.

Einige sind überzeugt, dass diese Blindheit bis heute anhält und die herrschende Elite einer ähnlich intoleranten Religion angehört. Auf der ganzen Welt scheinen die Verantwortlichen in Staat, Wirtschaft und Wissenschaft (im Verbund mit ihren Widerlegungs-Killerkommandos) entschlossen, jegliches Wiedererwachen aus dem langen Koma des Gedächtnisschwunds zu verhindern.

Wenn es schwerfällt, eine rationale Erklärung für die Entscheidungen unserer führenden Politiker zu finden, ist es manchmal verlockend, an dunkle Verschwörungen und hinterhältige Geheimpläne zu denken. Für Velikovsky jedoch liegt die Erklärung für ein Verhalten, das manche als böse bezeichnen und andere zumindest als selbstzerstörerisch und uneinsichtig – oder verrückt – betrachten würden, in den Mechanismen eines verwundeten Geistes, der nach einem beinahe tödlichen Schlag versucht, sein Gleichgewicht wiederzufinden. Bewusste und unbewusste Ängste drängen das Opfer eines lebensbedrohlichen Traumas anscheinend dazu, Berichte über solche Erfahrungen zu verdrängen, um eine Überforderung zu vermeiden. Wie könnten wir sonst unser Leben weiterführen, die Vergangenheit hinter uns lassen und an die Zukunft denken? Allerdings erweist es sich als gar nicht so einfach, eine solche Erfahrung vollständig zu vergessen. Es hat gravierende Folgen. Dabei kann viel mehr verloren gehen als nur die Aufzeichnungen über das Trauma. Sogar die eigene Identität – manche würden sie als Seele bezeichnen – kann auf der Strecke bleiben.

Galileo Galilei bei seinem Prozess vor der Inquisition in Rom im Jahr 1633.
Galilei schiebt die Bibel von sich.

Was auf individueller Ebene gilt, hat nach Velikovskys Überzeugung auch auf kollektiver Ebene Gültigkeit. Der Prozess verläuft vielleicht langsamer und lässt individuelle Ausnahmen zu, aber mit der Zeit greifen die gesellschaftlichen Institutionen den tiefen Wunsch aus dem kollektiven Unbewussten auf und setzen ihn durch: Dass nämlich zum Wohle aller bestimmte Türen verschlossen bleiben und gewisse unbequeme und erschreckende Tatsachen dem Vergessen anheimgegeben werden.

Wie in vielen Hollywood-Filmen oder in mythischen Erzählungen aus den verschiedensten uralten Überlieferungen bleiben uns, den Opfern der Amnesie, nur wenige Anhaltspunkte, die uns durch ein Labyrinth aus unverständlichen Zeichen und Bildern führen könnten. Auf einen primitiven Zustand reduziert, finden wir uns sozusagen in der Steinzeit wieder, wo wir uns in unseren individuellen Höhlen verkriechen, nur ans Überleben denken und alle einstige Größe vollkommen vergessen haben. Der Weg der kollektiven Erholung von einem solchen Schicksal kann tatsächlich lange dauern – womöglich Jahrtausende von Jahren. Doch wie ein Opfer, das an den Ort des Verbrechens zurückkehrt, oder wie körperlose Phantome, die in einem Haus herumspuken, in dem der Tod sich plötzlich und gewaltsam Zutritt verschafft hat, zieht es uns unaufhaltsam und um jeden Preis wieder zurück in unsere alten Fußspuren. Mal um Mal kämpfen wir darum, die Quelle unseres Schmerzes zu entdecken und einen Weg zu finden, der uns zurückführt auf den Gipfel, von dem wir einst abgestürzt sind.

Auf diesem Weg verfolgen uns die zusammenhanglosen Fragmente einer verlorenen Identität – die Artefakte einer vergessenen Welt – bis in unsere Träume. Traurig flüsternd spinnen wir uns einen verlorenen Zustand der Gnade und erfinden tragische Geschichten von einem »Garten Eden«, aus dem wir von einem grausamen und herzlosen Gott vertrieben wurden. Wie Sisyphus oder Prometheus kämpfen wir gegen die Härte unseres Schicksals an, und das Leben erscheint uns tatsächlich, um mit Shakespeares Macbeth zu reden, als »ein Märchen, erzählt von einem Narren, voller Lärm und Wut, das nichts bedeutet«.

In derart zwielichtigen Welten werden die Fürsten der Finsternis und ihre Speichellecker, deren scheinbare Brillanz und Autorität nur eine schattenhafte Illusion ist, zu den Tyrannen, von denen wir uns versklaven lassen. Ob in Staatsführung, orthodoxer Religion, Gesellschaft, Wissenschaft oder im »Twitter-Universum«, für solche Gestalten ist das Licht des wiedererlangten Bewusstseins eine Bedrohung – eine, die man am besten ausrottet, im Keim erstickt, schon im Ansatz abwürgt und zum Schweigen bringt. Sollte es uns da überraschen, dass diese dunklen Fürsten erbittert um den Erhalt der Vorzüge und Vorrechte ihrer düsteren Herrschaft kämpfen?

Dennoch haben wir, getrieben von uralten Sehnsüchten und oft blindlings, weitergemacht in dem Versuch, die Dunkelheit endlich zu durchdringen und das Geheimnis unserer Geburt – unserer Herkunft – zu entschlüsseln. Und jetzt, vielleicht Jahrtausende später, nach vielen entsetzlichen Erfahrungen: Wagen wir jetzt zu hoffen, dass sich der Kreis geschlossen hat? Nähert sich unser Kampf endlich seinem Ende? Könnte dies der Zeitpunkt sein, an dem wir über unser Schicksal hinauswachsen und uns aus dem Kreislauf befreien? Oder ist es uns bestimmt, ein weiteres Mal in den Abgrund zu stürzen?

Wo können wir nach Antworten auf solche Fragen suchen? Wie können wir den vergessenen Prolog unserer Geschichte aufdecken und die Wahrheit erfahren?

Mythische Aufzeichnungen

Bis wir etwas Konkreteres herausfinden, fragen sich manche, ob die Orientierungshilfe, die wir brauchen, in unseren Mythen, Legenden und Träumen zu finden ist – auch als universelles Unbewusstes bezeichnet. Könnte die tragische Geschichte unseres Planeten anhand solch subjektiver Zeugnisse aufgeschlüsselt werden?

Liest man zwischen den Zeilen, wird Platons Atlantis-Erzählung, wie auch andere Geschichten kataklysmischer Zerstörung, durch die Bibel, die Legenden der Indios in Mittelamerika sowie durch tausend andere uralte Mythen aus allen Teilen der Welt bestätigt. Giorgio de Santillana, eine Autorität auf dem Gebiet der Wissenschaftsgeschichte am Massachusetts Institute of Technology, stellte in seinem großen Werk *Die Mühle des Hamlet** die Hypothese auf, dass in den alten Mythen und in der Sternenkunde fortgeschrittenes wissenschaftliches Wissen kodiert wurde. Wenn es stimmt, dass alle, die nicht aus der Geschichte lernen können, dazu verdammt sind, sie zu wiederholen, könnten diese rätselhaften Botschaften aus unserer Vergangenheit dann etwas sein, das wir auf eigene Gefahr ignorieren?

Wenn wir akzeptieren, dass die Mythologie von hoch entwickelten Menschen stammen könnte, müssen wir darüber nachdenken, was die Mythen uns sagen: dass ein großer Kataklysmus die Welt erschütterte und eine Hochkultur und ein Goldenes Zeitalter der Menschheit vernichtete, mehr noch, dass dies ein wiederkehrendes Element im Leben der Erde sein könnte. Einige Menschen glauben, diese Botschaften aus vielen uralten Quellen, einschließlich der Bibel, deuteten darauf hin, dass sich eine solche Katastrophe zu unseren Lebzeiten wiederholen könnte.

Die Erforschung dieses Wissens ist wie eine Tauchexpedition – anderer Art zwar, aber nicht ohne Gefahren und Ungeheuer aus der Tiefe. Könnte das Ungeheuer, dem wir uns stellen müssen, unser eigenes unentdecktes Selbst sein, das wir zusammen mit dem versunkenen Geheimnis unseres Ursprungs weggesperrt haben? Und ist, was wir objektiv entdecken und beweisen können, dadurch begrenzt, wie viel Licht wir auf unser verwundetes subjektives Selbst werfen können?

---

* *Die Mühle des Hamlet: Ein Essay über Mythos und das Gerüst der Zeit*, aus dem Englischen von Beate Ziegs, Kammerer und Unverzagt 1993.

Wenn sich der gewaltsame Tod einer ganzen Kultur als zu schmerzhaft erwiesen hat, um ihn bewusst zu verarbeiten, hat die Gesellschaft die Erinnerung daran oft unterdrückt, je nach historischer Epoche durch Inquisition oder akademische Sanktionen. Dennoch werden wir von unwiderstehlichen unterbewussten Kräften dazu getrieben, die uralte Tragödie immer wieder nachzuerleben, bis der Bann gebrochen ist und wir endlich aus unserem Koma erwachen.

Platon und seine Atlantis-Erzählung, künstlerische Darstellung von Tom Miller.

Die Popularität des Films *Titanic* von 1997 führte dazu, dass Hollywood sich darum riss, die Formel zu klonen. Das Geheimnis unbegrenzten Reichtums schien auf dem Spiel zu stehen. Die meisten Theorien über den Erfolg des Films hatten mit Starbesetzung und Spezialeffekten in Kombination mit einer guten Liebesgeschichte zu tun, aber könnte noch etwas anderes im Spiel gewesen sein? Nennen Sie es einen Archetyp, wenn Sie wollen, aber die Vorstellung von einer riesigen, technisch hoch entwickelten und arroganten Welt – angeblich gefeit gegen alle Gefahren –, die plötzlich von der Natur vernichtet und auf den

Grund des Meeres verbannt wird, könnte einen Nerv treffen, der noch tiefer liegt, als die meisten Hollywood-Mogule zu denken wagen.

Wenn es zutrifft, dass unsere Kultur, wie Platon berichtet, nur die letzte Runde in einer ewigen Abfolge von heroischen Aufstiegen gefolgt von spektakulären Abstürzen ist, dann ist es nur folgerichtig, dass wir das tiefe Bedürfnis haben, unsere missliche Lage von Grund auf besser zu verstehen.

Der Bug der *Titanic* am Grund des Atlantiks.

Velikovsky bot eine überzeugende Erklärung für viele pathologische Erscheinungen auf der Welt. Die katastrophale Vernichtung einer Gesellschaft und ihr anschließender Rückfall in die Barbarei führt, so Velikovsky, zu einem Verlust des kollektiven Gedächtnisses, und in jeder neuen Ordnung, die sich aus der Asche der alten erhebt, blockiert der Selbsterhaltungstrieb jegliche Erinnerung an das Davor. Die Vergesslichkeit des Amnesie-Kranken ist jedoch keine friedliche, denn Bruchstücke seines verlorenen Selbst verfolgen ihn bis in seine Träume und verdunkeln seine Zukunftsaussichten. Heilung erfordert eine Wiederherstellung der zerbrochenen Erinnerung und einhergehend die des mit ihr verbundenen Selbst. Unbewusst werden wir dazu getrieben, unsere Spuren zurückzuverfolgen, bis sich der Kreis irgendwann schließt und wir erneut Herausforderungen gegenüberstehen, die uns einst besiegt haben. Nun müssen wir – ein für alle Mal – unsere Prüfung bestehen oder erneut sterben.

Auf einer tieferen Ebene verstehen wir alle irgendwie, dass wir vor Beginn der Geschichtsschreibung – unserer kollektiven Erinnerung – einst zu großer Höhe aufstiegen, dann aber in einen Abgrund stürzten, von dem wir uns noch nicht vollständig erholt haben. Wie die Wassergeister der *Titantic* sehnen wir uns danach, geweckt zu werden, zugleich aber fürchten wir uns davor – und genau da liegt das Problem.

Erinnerung unter Beschuss

Wem haben wir unsere Lage zu verdanken?

Im Mai 2015 eroberte die Terrorarmee, die sich im Irak und in der Levante Islamischer Staat (IS) nennt, die historische syrische Wüstenstadt Palmyra. Bald darauf begann sie mit der Zerstörung der wertvollen antiken Ruinen. Die überwiegend aus der Römerzeit stammenden Artefakte in Palmyra hatten die Vereinten Nationen als Weltkulturerbe, das von der zivilisierten Welt geschützt werden muss, eingestuft. »Zivilisiert« war für die neuen Herren von Palmyra leider nicht der korrekte Begriff.

Für die Invasoren waren die Stätten und Statuen nichts weiter als heidnische Tempel und Götzen, die es zu zerstören galt. Für den Rest der Welt dienen solche Ruinen als Fenster in die Vergangenheit und bilden das Gedächtnis der gesamten Gesellschaft. Wenn wir sie verlieren, erfahren wir vielleicht nie, wer wir wirklich sind.

Die Zerstörung antiker Ruinen war zu einem Markenzeichen der wahrhaft entsetzlichen ISIS-Kampagne geworden; ihr Ziel bestand darin, nach dem Vorbild früherer Jahrhunderte ein neues Kalifat im Nahen Osten zu errichten. Videos, die im Internet verbreitet wurden, zeigten die systematische Zerstörung bedeutender archäologischer Stätten. Eine entsetzte Welt wurde Zeuge, wie zudem viele Unschuldige, deren einziges Verbrechen darin bestand, den Marodeuren im Weg zu sein, ermordet wurden. Männer mit Bulldozern, Vorschlaghämmern und Bohrern griffen Stätten wie Aleppo, Chorsabad, die Grabstätte des Propheten Jona, Hatra, Nimrud und Mosul an, und dies in einer Region, die allgemein als Wiege der Menschheit gilt.

Man hoffte, dass einige der wertvolleren Stücke erhalten blieben, da der IS – auf der Suche nach Geld für seine Operationen – versuchte, sie auf dem internationalen Antiquitäten-Schwarzmarkt zu verkaufen. Einige glaubten sogar, die gesamte Kampagne könnte nichts weiter sein als ein Deckmantel für ausgeklügelte Plünderungen im großen Stil.

Vom IS veröffentlichtes Foto. Es zeigt die Zerstörung des Grabs und des Schreins von Ahmed ar-Rifāʿī, dem Sufi-Mystiker und Gründer des Rifāʿī-Ordens, im irakischen Muhallabiyah durch einen Bulldozer

Abgesehen von den Plünderungen ist die Taktik, jegliche Beweise für die bloße Existenz des Feindes zu vernichten, sicherlich nicht neu. Einigen Historikern zufolge brachten die Römer nach der Zerstörung Karthagos im Dritten Punischen Krieg (149–146 v. Chr.) Salz auf dem Boden aus, um sicherzustellen, dass von ihrem verhassten Gegner auch wirklich nichts übrigblieb. Manche bezweifeln den Wahrheitsgehalt der Salzgeschichte, niemand aber bezweifelt die Rücksichtslosigkeit der Römer bei ihrem Feldzug zur völligen Vernichtung von Karthago. Die sogenannte Taktik der verbrannten Erde, die in manchen Feldzügen angewandt wird, um alles zu zerstören, was dem Feind von Nutzen sein könnte, hat häufig zur faktischen Auslöschung ganzer Kulturen geführt. Manche setzen den Einsatz so extremer Gewalt mit dem Versuch gleich, eine ganze ethnische Gruppe auszulöschen – was heute als Völkermord bezeichnet wird – und diese Praxis ist keineswegs ausgestorben. Andernorts im Irak wurden die

Jesiden, eine kurdische Sekte, durch fortgesetzte Massaker der muslimischen Mehrheitsbevölkerung in ihrer Region, einschließlich des IS, praktisch ausgerottet. In China sind die muslimischen Uiguren, die tibetischen Buddhisten, die Mitglieder der Falun-Gong-Sekte und andere in ähnlicher Weise bedroht. In Pakistan wurden Ahmadiyya-Muslime von lokalen muslimischen Mehrheiten unter anderem wegen »Blasphemie« abgeschlachtet. Der Völkermord an den Menschen in Darfur im Sudan wird weltweit verurteilt.

Die größten Verbrechen sind jedoch die, für die es keine rationalen Gründe gibt – weder militärische noch wirtschaftliche, gesellschaftliche oder andere –, die als Rechtfertigung dienen könnten. Man denke an den Holocaust der Nazis an den Juden. Könnten solche Praktiken auf eine noch tiefer liegende, unbewusste Absicht hindeuten?

Ältere Tibeterin mit Gebetsmühle in Lhasa, Barkhor.

Psychische Wunden

Der Volkszorn, der darauf abzielt, den »Götzendienst« der »Ungläubigen« und das Wissen um die Existenz früherer Zeiten auszurotten, verursacht und verstärkt einen kollektiven globalen Gedächtnisverlust. Im Laufe der Kulturgeschichte war er allerdings häufig ein nützliches Werkzeug in den Händen mächtiger Eliten, die von der allgemeinen Unwissenheit profitierten.

Während der Eroberung Mexikos durch die Spanier vor fünfhundert Jahren verbrannte Bischof Diego de Landa die meisten präkolumbischen gefalteten Bilderhandschriften, die heute als Maya-Codices bekannt sind und von Schreibern in Hieroglyphenschrift auf Baumrindenpapier verfasst wurden. Und dies war nur ein kleiner Teil des rücksichtslosen Feldzugs der Konquistadoren zur Auslöschung der gesamten Geschichte der einheimischen Kulturen und Religionen, die in vielerlei Hinsicht denen der Invasoren deutlich überlegen waren. Überall, wo Hernán Cortés und seine Soldaten hinkamen, wurde die Zerstörung alter Tempel und der Bau christlicher Kirchen angeordnet. Der Verlust der Maya-Codices und die systematische Zerstörung weiterer kultureller Ressourcen haben es den Wissenschaftlern fast unmöglich gemacht, die präkolumbianische Geschichte des alten Amerikas exakt zu rekonstruieren.

Eine moderne Wandmalerei von Fernando Pacheco im mexikanischen Mérida zeigt den spanischen Bischof Diego de Landa, der Figuren von Maya-Gottheiten verbrennen lässt.

In Europa wurden im Zuge der mittelalterlichen Inquisition verbotene Bücher und deren Verfasser häufig den Flammen übergeben. Die schlimmste Tragödie für die gesamte westliche Kultur war jedoch der Verlust des größten Wissensspeichers der antiken Welt, der Bibliothek im ägyptischen Alexandria. Noch heute, viele Jahrhunderte später, trauern Historiker und Gelehrte, die nun zu kämpfen haben, das wahre Wissen der Antike zusammenzustückeln, über diesen Verlust. Die Bibliothek enthielt über eine Million antike Schriftrollen und soll in ihrer Blütezeit Heerscharen von hochqualifizierten Gelehrten beschäftigt haben. Es ist eine merkwürdige Ironie des Schicksals, dass die Historiker sich nicht endgültig festlegen können, wer die Schuld am Verlust dieser großartigen Bibliothek trägt – und zwar nicht aus Mangel, sondern aus einer Überfülle an Verdächtigen. Tatsächlich wurden, wissenschaftlich betrachtet, viele historische Persönlichkeiten dieses Verbrechens angeklagt. (Eine weitere seltsame Ironie ist, dass Kaiser Aurelian im 3. Jahrhundert n. Chr. die Bibliothek ausgerechnet im Zuge seiner Bemühungen, einen Aufstand der Königin Zenobia von Palmyra niederzuschlagen, niederbrennen ließ – eben jener syrischen Stadt, die 2015 von IS-Kämpfern belagert wurde.)

Die Liste der Städte, Bibliotheken, Statuen, Dokumente und anderer Ressourcen, die im Laufe der langen und turbulenten Weltgeschichte auf jede erdenkliche Weise zerstört wurden, ist in der Tat lang. Das jüngste Beispiel ist vielleicht die aktuelle Kampagne zur Zerstörung von Statuen zu Ehren von Persönlichkeiten der amerikanischen Geschichte, die heute als politisch unkorrekt gelten.

Die Bibliothek von Alexandria in der Darstellung des Künstlers Otto von Corvin (19. Jh.).

Die relative geologische Stabilität, die die Erde in den vergangenen paar tausend Jahren genossen hat, gilt in der akademischen Welt als typisch für die Geschichte der Menschheit. Große globale Katastrophen werden nur mit der Naturgeschichte – Jahrmillionen vor der Entstehung der Menschheit – in Verbindung gebracht. Die Vorstellung, dass die Dinge so sind, wie sie schon immer waren, wird als Uniformitarismus bezeichnet. Heutige Wissenschaftler stellen diese Doktrin nur unter Gefahr für ihre akademische Karriere infrage, doch eine kleine, aber wachsende Zahl von Forschern widersetzt sich dieser Bedrohung hartnäckig. Diese sogenannten »Katastrophisten« sind überzeugt, dass die Welt, wie wir sie heute vorfinden, das Resultat mehrerer in Vergessenheit geratener uralter Katastrophen ist. Wie der von Platon zitierte Priester von Saïs sagen uns die modernen Katastrophisten, dass die Geschichte der Menschheit in Wirklichkeit ein endloser Zyklus von Aufstiegen war, auf die katastrophale Abstürze sowie im Anschluss ein großes Vergessen folgten, das man als kollektive Amnesie bezeichnen muss.

In neuerer Zeit verwenden Psychiater den Begriff posttraumatische Belastungsstörung für eine Gruppe psychischer Störungen, die Menschen befallen können, nachdem sie lebensbedrohliche Ereignisse miterlebt haben (zum Beispiel militärische Kampfhandlungen, Naturkatastrophen, Terroranschläge, schwere Unfälle oder Gewalt gegen ihre Person). Zu den Symptomen gehören Depressionen, Angstzustände, Albträume und Amnesie. Kann eine solche Diagnose auch für die Kultur eines ganzen Planeten gestellt werden? Und könnte sich der kollektive Unwille, unsere geheimnisvolle Vergangenheit zu erforschen und zu definieren – aus einer unbewussten Furcht, dass dies alte Wunden aufreißen würde – schließlich zu einer systematischen Verdrängung der Wahrheit und zur Inthronisation von Wunschdenken führen? Könnte diese Praxis tatsächliche physische Tyrannei zur Folge haben?

Ganz sicher hat unser Widerwille, die Vergangenheit ehrlich zu erforschen, zu vielen Übeln geführt. Denken Sie etwa an das Vorgehen der spanischen Eroberer in der Neuen Welt. Der Widerwille, die Wahrheit über unsere Ursprünge zu akzeptieren, wurde häufig kodifiziert und institutionalisiert und gipfelte schließlich in albtraumhaften Ereignissen wie der Inquisition des Mittelalters und den Bücherverbrennungen im Nationalsozialismus. Wie oft haben wir zugesehen, wenn eine marodierende Armee oder eine brutale Elite, die im Namen Gottes oder des Volkes handelte, den kollektiven unbewussten Wunsch, solch bedrohliches – und damit verbotenes – Wissen sicher unter Verschluss zu halten, mit Gewalt durchgesetzt hat? Allzu oft, glaubte Immanuel Velikovsky.

Gestützt auf Carl Gustav Jungs Konzept eines angeborenen kollektiven Unbewussten, das alles menschliche Bewusstsein unterfüttert, betrachtete Velikovsky diesen großen und geheimnisvollen Brunnen gemeinsamer Erfahrungen als eine Quelle großen kollektiven seelischen Schmerzes. Jung glaubte, dass viele unserer größten Sehnsüchte, aber auch unsere abgrundtiefen Ängste, aus diesem kollektiven Unbewussten stammen und sich diese Präsenz in unseren Träumen und Mythen zeigt. Im Subtext solcher Erzählungen las Velikovsky die Geschichte monumentaler, wenn auch vergessener, uralter Tragödien.

Einige Jahre vor seinem Tod 1979 und der Veröffentlichung seines Buches *Mankind in Amnesia* 1982 erhielt Velikovsky die Ehrendoktorwürde der University of Lethbridge in Alberta, Kanada. Im Rahmen des begleitenden Symposiums, einer zweitägigen Veranstaltung mit dem Titel »Recollections of a Fallen Sky: Velikovsky and Cultural Amnesia«, hielten mehrere andere Experten Vorträge zu diesem Thema. Trotz seines schlechten Gesundheitszustands hielt auch Velikovsky selbst einen Vortrag und argumentierte in seinen Ausführungen, dass die Menschheit katastrophale Ereignisse *bewusst* vergisst, *unbewusst* aber erinnert.*

Dr. E. R. Milton, der Vorsitzende des Fachbereichs Physik der Universität, der das Symposium leitete, erklärte in seinen veröffentlichten Notizen: »Wenn die Theorie vom kulturellen Gedächtnisverlust richtig ist, kann man davon ausgehen, dass jede Generation in einem Trauma-Zustand lebt, verursacht durch den Konflikt zwischen unbewussten Erinnerungen an vergangene katastrophale Ereignisse und der Weigerung des bewussten Verstandes anzuerkennen, dass diese Ereignisse tatsächlich in prähistorischer und historischer Zeit stattgefunden haben.« Könnte ein solches Trauma, wie Velikovsky glaubte, die Ursache für Aggression und Feindseligkeit unter den Menschen sein? Für alle, die sich wegen eines möglichen Atomkriegs Sorgen machen, wird die Antwort entscheidende Bedeutung haben. Und was ist mit der gefährlichen gesellschaftlichen Instabilität, die heute, fast ein halbes Jahrhundert später, noch verbreiteter ist?

---

* 1978 wurden alle auf der Konferenz gehaltenen Vorträge zusammengetragen und in einem Buch veröffentlicht: *Recollections of a Fallen Sky: Velikovsky And Cultural Amnesia: Papers Presented at the University of Lethbridge, May 9 and 10, 1974.* Das Buch ist auf der Website des Grazian-Archivs einzusehen: https://www.grazian-archive.com/quantavolution/QUANTAVOL/rfs_docs/rfs_1.pdf. *Mankind in Anmesia* in deutscher Neuausgabe: *Menschheit im Gedächtnisschwund*, aus dem Englischen von F. W. Gutbrod und Th. Hoffmann, White 2008.

»Das Trauma«, so Milton, »ist auch verantwortlich für die Unfähigkeit und die zuweilen offene Weigerung der Wissenschaft, die überwältigenden Belege anzuerkennen, die auf die katastrophale Vergangenheit der Erde und des gesamten Sonnensystems hindeuten.« »Tatsächlich«, so fügte er hinzu, ist »auch das Verhalten einiger Wissenschaftler, die Velikovsky verurteilen, ohne sein Werk überhaupt gelesen zu haben, zumindest teilweise dem Trauma zuzuschreiben. Vielleicht sagen die Männer damit ja tatsächlich, dass die Wahrheit zu schrecklich ist.«

Einer der ersten Hinweise, die Velikovsky auf dem Symposium in Lethbridge anführte, stammt aus einem jahrhundertealten Buch von C. E. Brasseur de Bourbourg, einem französischen Missionar, der über alte mexikanische Glaubensvorstellungen und Geschichte sowie über mögliche Verbindungen zwischen ägyptischen und mexikanischen Glaubensvorstellungen geschrieben hat. Merkwürdigerweise wird in Brasseurs Büchern keine Verbindung zwischen der alten Geschichte Mexikos und ähnlichen Berichten aus biblischen Schriften hergestellt. Und Velikovsky »fand es seltsam, dass [Brasseur] als Geistlicher nicht bemerkte oder nicht zu berichten wagte, dass in der Heiligen Schrift seitenlang von eben jenen Ereignissen die Rede ist, die er beschreibt.« Brasseur schreibt, in den mexikanischen Volkserzählungen würden katastrophale Ereignisse geschildert, über die im 16. Jahrhundert auch mehrere spanische Historiker berichten. »Dabei handelte es sich«, so Velikovsky, »um Ereignisse von großer Gewalt. Berge erhoben sich und gerieten in Bewegung; viele Vulkane brachen aus, von der Nordpazifikküste Nordamerikas bis nach Feuerland an der Südspitze Südamerikas. Das Meer erhob sich wie eine Wand und drängte heran unter den gewaltigen Winden. Am Himmel sah man feurige Gestalten miteinander kämpfen. Steine fielen von oben herab, und es regnete Naphtha. Unter dem Getöse und der übermächtigen Gefahr wurden die Menschen wahnsinnig. Häuser stürzten ein und wurden fortgetragen, Orkane rissen ganze Wälder mit riesigen Bäumen samt ihren Wurzeln aus. Wenn sich heute eine so große Katastrophe ereignen würde, welchen Eindruck würde sie bei den Überlebenden hinterlassen?«

Für Velikovsky sind die biblischen Erzählungen und die damit verbundenen Überlieferungen gespickt mit Hinweisen auf große kataklysmische Ereignisse. »Die Katastrophe des 2. Jahrtausends [v. Chr.]«, erklärte er, »wird bei den biblischen Propheten und in den Psalmen auf zahlreichen Seiten erwähnt. Unser ganzes Leben ist von Einflüssen durchdrungen, die ihren Ursprung in diesen und anderen unheilvollen Ereignissen aus früheren Zeitaltern haben. Die Katastrophen leben fort in der Liturgie, die wir heute noch verwenden, wir untersuchen sie nur nicht daraufhin. Ganz gleich, welchen Lebensbereich wir untersuchen, immer finden wir Überreste der schrecklichen Ereignisse aus der Vergangenheit. Der Kalender ist ein gutes Beispiel dafür, sei es der jüdische oder der christliche Kalender oder der einer anderen Glaubensgemeinschaft. Die Feiertage im gesamten Jahreslauf sind Widerspiegelungen unheilvoller Ereignisse.«

Eine große Sintflut, wie sie in der biblischen Geschichte um Noah beschrieben wird, war sicherlich nicht die erste erdgeschichtliche Katastrophe, die das Leben auf der Erde vernichtet hat. Platons Beschreibung des Endes von Atlantis ist ein ähnliches Beispiel, aber viele Erinnerungen aus uralten Zeiten haben nur in der Mythologie überlebt. Sehr alte ägyptische Mythen, so Velikovsky, schildern »Schlachten und Veränderungen am Himmel und gewaltige Zerstörungen auf der Erde, Veränderungen, die wir nicht erforschen und über die wir nichts wissen, weil wir nur zu gerne glauben wollen, dass wir auf einem stabilen und sicheren Planeten leben.«

Könnte die Angst, dass unsere Welt nicht sicher ist, zu kollektiver Amnesie führen? Wir wissen, dass dies zumindest auf individueller Ebene durchaus möglich ist. Die moderne Psychoanalyse beruht auf der Vorstellung, dass vergessene Kindheitstraumata Narben hinterlassen und das Erwachsenenleben prägen. Das Phänomen eines gesamtmenschlichen Gedächtnisverlustes, so Velikovsky, beschäftigte Sigmund Freud in seinen letzten Lebensjahrzehnten und wurde für ihn geradezu zu einer Obsession.

»Ursprünglich«, so Velikovsky, »behauptete Freud, dass die Eindrücke, die einem Kind vermittelt werden, die Zukunft des Kindes bestimmen und zudem im Jugend- und Erwachsenenalter Neurosen verursachen. Später kehrte Freud seine These um und behauptete, das Schicksal des Menschen werde durch Bilder in Gang gesetzt, die im Gedächtnis der gesamten Menschheit, tief im Unbewussten, verankert sind.«

Auch wenn Freud sich wieder von der Vorstellung abwandte, dass vergessene Traumata psychische Schäden hervorrufen können, Velikovsky folgte ihm nicht. »Aus psychoanalytischen Studien wissen wir«, so sagte er, »dass ein traumatisches Erlebnis, sei es physischer oder psychischer Natur, starke Spuren tief in der menschlichen Seele hinterlässt. Solche Spuren finden sich in dem Erbe, das uns aus dem Altertum überliefert ist. Sie finden sich in den meisten schriftlichen Dokumenten, die aus vergangenen Kulturen erhalten sind: aus Mexiko, China, Island, Iran, Indien, der Kultur der Sumerer, aus Rom, Griechenland, Ägypten und Judäa. Sie sind aber auch in Überlieferungen erhalten, die von Generation zu Generation mündlich weitergegeben werden, und zwar in Kulturen, die keine Schrift kennen. Diese letzteren Überlieferungen werden schließlich von Anthropologen aufgeschrieben, die Erzählungen über Katastrophen aus Nord und Süd, aus West und Ost, aus Lappland und von den Südseeinseln zusammentragen. Wir fragen, warum wir diese Belege, deren Spuren in der Seele der Menschen liegen, nicht anerkennen. Die Antwort lautet: Weil diese Spuren so tief vergraben sind, können wir die Beweise nicht sehen, die doch direkt vor uns liegen.«

Die Arche Noah auf einem Stich von Gustave Doré.

Blindheit dieser Art gibt es nicht nur bei den wahnsinnigen Exzessen barbarischer Terroristen, sondern auch in den Zitadellen der westlichen Zivilisation, wo die »politisch korrekt« herrschende Elite eine intolerante »Religion« betreibt, die der ihrer Vorfahren nicht unähnlich ist – nur subtiler, vielleicht weniger gewalttätig und/oder physisch. John Anthony West nannte sie sardonisch die »Kirche des Fortschritts«. Andere nennen sie Szientismus.

Nach Velikovskys Theorie des kulturellen Gedächtnisverlustes vererben sich unbewusste Erinnerungen genetisch von einer Generation auf die nächste. Diese Vorstellung vertraten bereits Freud und Jung, sie steht jedoch im Widerspruch zur neueren biologischen Forschung. Dennoch hatte Velikovsky seine Gründe für die Annahme, dass Erinnerungen tatsächlich auf diese Weise übertragen werden, wenn nicht ethnisch, dann auf andere Weise. Wie wir sehen werden, gibt es tatsächlich andere Möglichkeiten, wie solche Erinnerungen von einer Generation an die nächste weitergegeben werden können, und zwar nicht nur über ein paar Jahrhunderte, sondern tatsächlich über viele Jahrtausende.

Die Suche nach verschollenen Aufzeichnungen

Könnte Atlantis uns eine Bibliothek hinterlassen haben?

Als der Regisseur Stanley Kubrick Ende der 1960er-Jahre seinen Film *2001: Odyssee im Weltraum* präsentierte, sahen viele darin eine bemerkenswert prophetische Vision, die sich an Themen wagte, die von der Populärkultur unberührt blieben. Hier wurde eine größere Vision der Ursprünge und des Schicksals der Menschheit gezeigt, als es die große Leinwand (sogar das Superbreitwandformat Cinerama) je versucht hatte. Die Vorstellung, dass ferne Vorfahren von den Sternen geheimnisvolle Hinweise hinterlassen haben, die der noch jungen Menschheit den Weg zur endgültigen Erkenntnis ihrer wahren Identität weisen sollten, war gewiss reizvoll.

Merkwürdigerweise erkannten die Kritiker das durchaus, ignorierten oder verwarfen aber die Möglichkeit, dass es so etwas wie den rätselhaften Obelisken aus dem Film tatsächlich geben könnte.

Könnte es sein, dass unsere Vorfahren uns ein solches Zeichen hinterlassen haben, dass es aber auf eine transzendentere und spirituellere Bestimmung hinweist, als das säkulare Establishment zu glauben bereit ist, und dass es viele unserer bestehenden Ordnung zugrunde liegenden Hypothesen infrage stellt? Welches uralte Artefakt ist in Bezug auf seine Form und seine Proportionen, deren Ursprünge und Bauverfahren ein Rätsel bleiben, für unser Verständnis immer noch irritierend, während sein allgegenwärtiger Einfluss als Symbol uns aber zugleich zu einem tieferen und transzendenten Bewusstsein führt?

Gibt es eine bessere Antwort als die Große Pyramide von Gizeh? So sahen es die esoterischen Bruderschaften der Geschichte, von den Erbauern der gotischen

Kathedralen bis zu den Gründervätern der Vereinigten Staaten (siehe zum Beispiel das Große Siegel).

Der Obelisk in Stanley Kubricks *2001*, bei einer Konjunktion von Mond und Sonne.

Nach sensationellen Entdeckungen auf dem Gizeh-Plateau in Ägypten in den 1990er-Jahren fragten sich Millionen Menschen, ob ferne Vorfahren – vielleicht sogar die Atlanter – eine virtuelle Halle mit Aufzeichnungen hinterlassen haben, die womöglich bald entdeckt würde. Unlängst haben Dr. Robert Schoch und Robert Bauval, beides Autoren für *Atlantis Rising*, zusammen mit dem unabhängigen Forscher Dr. Manu Seyfzadeh, in einer neuen wissenschaftlichen Arbeit die Suche nach einer bisher unbekannten geheimen Kammer oder einer Halle in Ägypten wieder aufgegriffen. Mehr über ihre neue Entdeckung in Kürze, zunächst aber ein paar Hintergrundinformationen.

In dem NBC-Fernsehspecial *The Mystery of the Sphinx* von 1993, ausgestrahlt zur besten Sendezeit und mit Charlton Heston als Erzähler, erfuhr die breite Öffentlichkeit zum ersten Mal, dass die Große Sphinx möglicherweise einige Tausend Jahre älter sein könnte, als von der Mainstream-Ägyptologie angenommen. Angeführt wurde die Debatte von Schoch, Geologieprofessor an der Boston University, mit dem schlagkräftigen Argument, die Hydrationsverwitterung der Sphinx belege schlüssig ein viel höheres Alter als allgemein vermutet. Etwa zur gleichen Zeit stellten der belgische Ingenieur Bauval und Adrian Gilbert in ihrem Bestseller *Das Geheimnis des Orion* die Hypothese von einem Zusammenhang zwischen den Monumenten von Gizeh und dem Sternbild Orion auf. Anfang 2017 schlossen sich Schoch und Bauval zusammen, um das Buch *Origins of the Sphinx** zu schreiben, und noch im selben Jahr veröffentlichten sie zusammen mit Seyfzadeh die oben erwähnte, von Experten begutachtete Arbeit mit dem Titel »A New Interpretation of a Rare Old Kingdom Dual Title: The King's Librarian and Guardian of the Royal Archives of Mehit« [Neue Deutung eines seltenen Doppeltitels im Alten Königreich: Oberster königlicher Bibliothekar und Hüter der Königlichen Archive der Mehit]. In dieser Arbeit wurden neue Beweise dafür vorgelegt, dass die Sphinx nicht nur viel älter ist als bisher angenommen, sondern möglicherweise auch eine geheime Kammer bewacht, die die Archive einer untergegangenen antiken Kultur enthält.**

Charlton Heston als Erzähler in *The Mystery of the Sphinx* von 1993.

Die Hinweise der Geschichte

Ist die Vorstellung eines verlorenen Ursprungs der Zivilisation auch nach wie vor umstritten, so bleibt die Vermutung, dass die Ursprünge viel älter sind als bisher vermutet, doch faszinierend, und viele fragen sich, ob wir nicht vielleicht doch noch eine bisher unentdeckte Aufzeichnung einer früheren Hochkultur finden. Ist es möglich, dass eine sehr alte, aber hoch entwickelte Kultur ein kommendes, viele Tausend Jahre währendes Dunkles Zeitalter vorausgesehen und

* Deutsch: *Die Ursprünge der Sphinx: himmlische Wächterin der vor-pharaonischen Zivilisation*, aus dem Englischen von Daniela Mattes, Ancient Mail Verlag Werner Betz 2019.

** Siehe Manu Seyfzadeh, Robert M. Schoch und Robert Bauval, »A New Interpretation of a Rare Old Kingdom Dual Title: The King's Chief Librarian and Guardian of the Royal Archives of Mehit«, *Archaeological Discovery* 5, Nr. 3 (Juli 2017), DOI: 10.4236/ad.2017.53010.

Maßnahmen ergriffen hat, um eine Art Zeitkapsel zu hinterlassen, die die dunklen Jahrtausende zwischen ihrem Zeitalter und einem späteren, ähnlich hoch entwickelten überdauern könnte? Denn wie wir aus dem Schicksal der Bibliothek von Alexandria gelernt haben, ist das Wissen eines Zeitalters nicht immer einfach auf ein anderes zu übertragen.

Könnten die ersten Erbauer der Monumente von Gizeh solche Aufzeichnungen hinterlassen, sie aber so gut versteckt haben, dass sie über Jahrtausende unentdeckt bleiben konnten? Manche Forscher, wie Schoch und Bauval, glauben, dass die Antwort Ja lautet und eine Halle mit Aufzeichnungen unweigerlich noch entdeckt werden wird. Ein solcher Fund würde uns hoffentlich besser verstehen lassen, wer wir sind, und zwar in einem viel tieferen Sinne als je zuvor, und er würde uns vielleicht zu den Sternen führen. Als Beleg verweisen sie auf viele antike und moderne Quellen, darunter die alten Ägypter, die viele Schriften hinterlassen haben, die sich auf ein fernes Goldenes Zeitalter beziehen, das ihrer eigenen Zeit vorausging und das sie Zep Tepi oder die erste Zeit nannten. Zep Tepi läutete offenbar um 10.500 v. Chr. das Zeitalter des Löwen ein.

Zur Frühlings-Tagundnachtgleiche im Zeitalter des Löwen wäre das Sternbild des Löwen kurz vor der Sonne aufgegangen. Es wäre genau im Osten und in einer Linie mit der Großen Sphinx von Ägypten zu sehen gewesen. Man könnte also argumentieren, dass die Sphinx erbaut wurde, um ihr eigenes Abbild zu betrachten, das um 10.500 v. Chr. am Horizont erschien.

Glaubt man Platon, so gab es eine Kultur, die viel älter war als Ägypten, ja sogar viele Tausend Jahre älter. Könnten Hinweise in uralten Schriften auf geheime Räume und Gänge unter und in unmittelbarer Nähe der Sphinx und des Gizeh-Plateaus Hinweise auf das Erbe eines noch früheren Zeitalters sein? Im Folgenden seien einige dieser interessanten Hinweise aus der Antike aufgeführt:

- An den Wänden des Tempels von Edfu [in Oberägypten] finden sich Anspielungen auf das »Heilige Buch der Tempel«, das von Gegenständen erzählt, die in einer geheimen Halle aufbewahrt und später noch besser versteckt wurden, um ihre Geheimnisse zu schützen.
- Der [ägyptische] Westcar-Papyrus berichtet aus der Zeit der 4. Dynastie, unter anderem von einem Weisen namens Dedi, der »die geheimen Kammern der Bücher von Thoth« kannte. Der Papyrus unterrichtete den Pharao Cheops, dem später der Bau der Großen Pyramide zugeschrieben wurde, über

Schlüssel, die eines Tages den »verborgenen Ort« öffnen würden, einen Bibliotheksraum, in dem Schriftrollen aufbewahrt wurden. Dedi machte auch Prophezeiungen darüber, wann die Halle dereinst entdeckt werden würde.

Die Sphinx, wie sie Anfang des 19. Jahrhunderts vorgefunden wurde, bis zu den Schultern im Sand vergraben.

- Die Gravuren auf der Traumstele des [altägyptischen Königs] Thutmosis IV., die sich zwischen den Vorderpranken der Sphinx befindet, scheinen tatsächlich eine Art Unterbau unter dem Körper der Sphinx anzuzeigen. Manche Forscher glauben, ihre Bedeutung könnte wörtlich zu nehmen sein.

- Der griechische Historiker Herodot schrieb 443 v. Chr., unter dem Plateau von Gizeh verberge sich ein riesiges Tunnellabyrinth, das sich in alle Richtungen bis weit über die Pyramide hinaus erstrecke und »in dem große Figuren eingraviert« seien. Der Weg dorthin sei »unterirdisch« zu finden.
- Das Corpus Hermeticum (das in der christlichen Frühzeit verfasst wurde) erzählt, wie Hermes (das griechische Äquivalent zu Thoth) die »Geheimnisse des Osiris« versteckt und mit einem Zauber belegt, um sie vor den Augen der Unwürdigen zu schützen.
- Der Römer Marcellinus schrieb im 4. Jahrhundert, dass es unter den Pyramiden gewundene unterirdische Galerien und Gänge gibt, in denen, wie er sagte, die alten Priester (im Wissen um die kommende Flut und aus Angst, die Erinnerung an ihre heiligen Zeremonien könnte ausgelöscht werden) an verschiedenen Stellen Gewölbe gebaut hätten. Ein solches Gewölbe, so Marcellinus, würde sich zwischen den Pranken eines Katzenmonuments befinden.
- Einige Vierzeiler von Nostradamus werden zum Teil dahingehend gedeutet, dass sie sich auf eine »Halle mit Aufzeichnungen« beziehen.
- Edgar Cayce sagte, dass es unter der Sphinx eine solche Kammer mit einer Lagerhalle für Aufzeichnungen gibt, und er prophezeite, dass sie gegen Ende des 20. Jahrhunderts entdeckt werden würde.

Die »Halle mit Aufzeichnungen« in Gizeh in der Vorstellung des Künstlers Tom Miller.

Eine Botschaft aus dem Zeitalter des Löwen

In einem Artikel für *Atlantis Rising* aus dem Jahr 2017 mit dem Titel »The Sphinx Breaks Its Silence« [Die Sphinx bricht ihr Schweigen] erklärt Robert Schoch die Ursprünge seines gemeinsam mit Manu Seyfzadeh und Robert Bauval verfassten Aufsatzes »A New Interpretation of a Rare Old Kingdom Dual Title: The King's Chief Librarian and Guardian of the Royal Archives of Mehit«. Im Mai 2017 hatten Dr. Schoch und Bauval an aufeinanderfolgenden Konferenzen in Kalifornien und Arizona teilgenommen. Unter den Teilnehmern war auch ihr Kollege und Freund Dr. Seyfzadeh (ein Dermatologe mit einer Leidenschaft für das alte Ägypten), der ihnen privat eine persönliche Entdeckung mitteilte: Hieroglyphen aus der frühesten dynastischen Zeit, die sich nicht nur auf die Sphinx, sondern auch auf ein Archiv unter der Sphinx beziehen, das einer unterirdischen Kammer in der Nähe der linken Pranke der Sphinx entspricht. Auf Einladung von Seyfzadeh arbeiteten Schoch und Bauval als Co-Autoren an dem Aufsatz mit, in dem die Entdeckung beschrieben wird. Schoch glaubt, dass diese Arbeit historische Bedeutung erlangen wird.

Der obere Teil der Traumstele des Thutmosis IV. zeigt die Sphinx, die offenbar auf einer Konstruktion sitzt, bei der es sich um ein unterirdisches Bauwerk handeln könnte; Foto: Catherine Ulissey.

Dr. Seyfzadeh hatte darauf hingewiesen, dass sich auf dem Sockel einer Statue von Hemiunu – dem Wesir des Pharaos Cheops, der bekanntermaßen als der Erbauer der Großen Pyramide gilt – ein Doppel- oder Tandemtitel befindet, der sich der vollständigen Übersetzung durch Ägyptologen entzogen hat. Die Autoren vermuten, dass der Titel weit vor der Zeit des Cheops entstanden ist, da er auch auf Holztafeln des Hesi-Re zu finden ist, einem hohen Beamten am Hof des Pharaos Djoser, der vor 2500 v. Chr. gelebt haben muss, also vor der Zeit, auf die die Entstehung der Sphinx üblicherweise datiert wird. Er besteht aus sieben verschiedenen Symbolen: 1) Axt, 2) Schilf und Tintenfass, die ein einziges Symbol bilden, 3) Segge (eine in Ägypten vorkommende Pflanze), 4) Brotlaib, 5) Axt, 6) gebogener Stab (ein rätselhaftes, bisher nicht entziffertes Zeichen) und 7) liegende Löwin.

Das Axt-Symbol steht normalerweise für einen Aufseher, Meister, Architekten oder einen hohen Beamten, der für etwas Wichtiges zuständig ist. Zwei Äxte weisen auf einen Doppeltitel hin. Schilfrohr und Tintenfass, Segge und Brotlaib bedeuten im Allgemeinen, dass der Beamte Aufseher über die königlichen Schreiber und/oder Architekten war – eine höchst bedeutende Position.

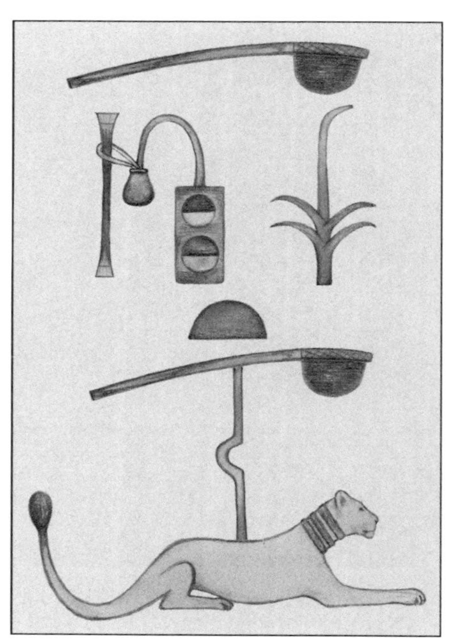

Nachzeichnung des Doppel-/ Tandemtitels, der sich auf dem Sockel der Statue des Hemiunu (vor dem linken Fuß), auf der Stele des Wepemneferet und auf den Holztafeln des Hesi-Re befindet; Illustration Catherine Ulissey.

Aber was könnte der zweite Titel bedeuten? Die Axt des zweiten Titels ist identisch mit der des ersten und hat vermutlich die gleiche Bedeutung wie diese.

Doch was ist der augenscheinliche »gebogene Stab«, und wofür steht die Löwin? Die Löwin des zweiten Titels scheint dieselbe zu sein, die auch an anderer Stelle auf der Stele des Wepemneferet dargestellt ist. (Wepemneferet war der Sohn von Cheops. Die Stele wurde 1905 von Archäologen unter der Leitung von George A. Reisner an der Wand seines Grabes entdeckt.)

Der Ägyptologe William Stevenson Smith (1907–1969) übersetzte den hieroglyphischen Titel als »Handwerker der Mehit«. Die Bedeutung des gebogenen Stabes, der aus dem Rücken der Löwin heraus- oder in ihn hineinragt, ist den Ägyptologen jedoch entgangen, was auch daran liegt, dass er so extrem selten ist.

Dr. Seyfzadeh vermutete, dass der gebogene Stab einen physischen Schlüssel darstellt, der zum Öffnen eines physischen Schlosses verwendet wird. Zur Zeit des Mittleren Reiches (etwa Anfang des 2. Jahrtausends v. Chr.) hatten die Ägypter einfache Schloss- und Schlüsselvorrichtungen entwickelt, und heute gibt es Belege dafür, dass solche Vorrichtungen tatsächlich auf eine viel frühere Zeit zurückgehen. Höchstwahrscheinlich waren Schlösser und Schlüssel zu einem so frühen Zeitpunkt jedoch nur der Elite vorbehalten, daher finden sich nur selten Hinweise auf derartige Vorrichtungen.

Einen Schlüssel in den Rücken einer Löwin zu stecken, ergibt keinen Sinn, so die Autoren der Studie, es sei denn, die Löwin steht für etwas anderes, etwa ein Gebäude oder eine Statue, die eine verschlossene Kammer oder ein Gewölbe schützt. Hatte das Bauwerk, das ein verschlossenes Gewölbe sicherte oder schützte, die Gestalt einer Löwin? Dabei denkt man sofort an die Große Sphinx. Heute hat die Sphinx einen Löwenkörper mit einem Menschenkopf, aber der Kopf wurde in dynastischer Zeit neu behauen. Schoch behauptet seit Langem, dass die Sphinx ein liegender Löwe war. Und bei seismischen Arbeiten rund um die Große Sphinx Anfang der 1990er-Jahre entdeckten Schoch und der Geophysiker Thomas Dobecki, wie in *Origins of the Sphinx* (Seiten 70–86) beschrieben, eine Art Kammer unter der Sphinx in der Nähe der linken Pranke.

Den zweiten Teil des Doppeltitels können wir als Verweis auf einen Aufseher, Meister, Wächter oder Besitzer eines Schlüssels deuten, der ein Gewölbe aufschließt, welches, entsprechend dem ersten Teil des Doppeltitels (der sich auf Schreiber und Aufzeichnungen bezieht), ein Archiv war, eine Halle mit Aufzeichnungen, die von einer Löwin bewacht wurde. In der realen Welt könnte sich dieses Archiv in der Kammer unter der Großen Sphinx befunden haben, und vor der Überarbeitung ihres Kopfes hätte die Sphinx die Löwin Mehit dargestellt. Der Doppeltitel könnte also konkret als »Aufseher der Schreiber des Königs und Herr des Schlüssels zur Löwin« oder, flüssiger, als »Oberster Bibliothekar des Königs und Hüter des königlichen Archivs der Mehit« übersetzt werden.

In Anbetracht dessen, so Schoch, spricht vieles dafür, dass die Sphinx, die damals eine Löwin namens Mehit war, bereits in der Ersten Dynastie (als einige der ersten schriftlichen Aufzeichnungen in Ägypten entstanden) auf dem Plateau von Gizeh stand und eine verschlossene Kammer bewachte, in der Archive aufbewahrt wurden.

Die Suche nach der Halle der Aufzeichnungen

Die Bemühungen, eine Kammer unter der Sphinx zu finden, wurden noch 2009 aktiv fortgesetzt, erbrachten aber kaum greifbare Ergebnisse. 1996 erhielt Dr. Joseph Schor unter der Schirmherrschaft der Florida State University vom damaligen Direktor der obersten Denkmalpflegebehörde zum Schutz der ägyptischen Altertümer, Zahi Hawass, die Erlaubnis, das Gebiet zu untersuchen. Schor und sein Partner Joe Jahoda, ein Vertreter der von Edgar Cayce gegründeten Association for Research and Enlightenment (A.R.E.), planten, das gesamte Gizeh-Plateau mithilfe von Bodenradar zu kartieren und die daraus resultierenden Funde auszugraben. Leider fand all dies ein jähes Ende, als die ägyptischen Altertumsbehörden Schors Bemühungen unerklärlicherweise stoppten.

Schor wollte nur ungern über seine Erkenntnisse sprechen, aber auf einer Konferenz der A.R.E. im Jahr 1998 äußerte er sich doch. Seine Gruppe, so berichtete er, habe einen ungewöhnlichen Bereich etwa zehn Meter unter der Sphinx geortet, den er als eine Kammer im Felsgestein beschrieb. Sie sei etwa 7,5 Meter breit und zwölf Meter lang, habe parallele Wände und eine Höhe von bis zu 14 Metern. In den Readings von Edgar Cayce wird eine solche Kammer als Vorzimmer zur Halle der Aufzeichnungen bezeichnet, und es heißt, sie befände sich neben der rechten Vorderpranke der Sphinx.

2009 erklärte Zahi Hawass, er plane, unter der Großen Sphinx zu bohren. Über sein Vorhaben wurde in der Februar-/März-Ausgabe von *Ancient Mysteries*, dem Newsletter der A.R.E., berichtet. Joe Jahoda, langjähriges A.R.E.-Mitglied, hatte Hawass davon überzeugt, nach einer Kammer unter der Sphinx zu bohren, und Hawass teilte Vertretern der A.R.E. mit, bald nach Eintreffen des Bohrers werde er sein Team zusammenstellen und mit den Bohrungen beginnen.

Im Newsletter wurde berichtet, Jahoda habe angefragt, ob die A.R.E. den Spezialbohrer kaufen würde, der für schräge Bohrungen in das Grundgestein aus Kalkstein erforderlich ist. Kevin Todeschi, der Stiftungsratsvorsitzende der A.R.E., stimmte zu, und A.R.E.-Mäzen Don Dickinson erklärte sich bereit, den Kauf zu fördern. Also wurde der Bohrer beschafft, verpackt und nach Ägypten verschifft.

Weitere Informationen wurden kaum bekannt, aber 2009 berichtete Philip Coppens in *Atlantis Rising*, dass die ägyptischen Behörden auf dem Gizeh-Plateau eigene Bodenradaruntersuchungen durchgeführt haben. Es ist nichts Greifbares darüber zu erfahren, wobei viele diesen Umstand auf die chaotischen Zustände in der ägyptischen Politik zurückführen, aber auch auf tief sitzende Vorbehalte gegen jegliche Beweise für eine Herkunft des Monuments auf dem Gizeh-Plateau aus einer hoch entwickelten antediluvianischen Kultur.

Könnte eine Halle der Aufzeichnungen das Bindeglied zwischen unserer Welt und einer anderen – vielleicht ähnlichen – Welt sein, die vor der mit dem Ende der letzten Eiszeit einhergehenden Sintflut existiert haben könnte? Einige Forscher sind überzeugt, dass eine hoch entwickelte Kultur ihre Geschichte der Nachwelt erzählen wollte, so wie wir es gerne tun, indem wir »Zeitkapseln« anlegen. Wenn sie recht haben, könnten wir von den unmittelbar Betroffenen erfahren, was mit Atlantis wirklich geschehen ist. Beweise dafür, dass die Zivilisation auf der Erde nicht nur einmal, sondern viele Male sich hoch entwickelt hat und dann untergegangen ist, würden nicht nur Platon bestätigen, sondern könnten noch viel mehr verändern.

Artefakte des Wissens

Beweise für die überlegene Technologie der Vergangenheit

Der kristallene Planet

Was könnten Menschen in der Antike gewusst haben, was wir nicht wissen?

Eine 2019 in der Zeitschrift *Nature* veröffentlichte Studie hat Beweise dafür gefunden, dass sich Sterne wie etwa unsere Sonne in riesige Kristalle verwandeln. Tatsächlich, so sagen Astronomen der University of Warwick in Großbritannien, ist unser Himmel voller weißer Zwergsterne wie unsere Sonne, die sich alle im Prozess der Erstarrung zu Kristallen befinden. Die Forschungen unter der Leitung von Dr. Pier-Emmanuel Tremblay basieren größtenteils auf Beobachtungen, die mit dem Gaia-Satelliten der Europäischen Raumfahrtbehörde gemacht wurden.*

2017 haben wir erfahren, dass das Magnetfeld der Erde zumindest teilweise von »Quarz«-Kristallen im Erdkern gespeist wird. Zu diesem Schluss kamen Forscher des Earth-Life Science Institute am Tokyo Institute of Technology, die mit Laser erhitzte Diamanten unter extremem Druck, wie er vermutlich im Erdkern herrscht, untersuchten. Die japanischen Wissenschaftler, die ihre Ergebnisse ebenso wie die Forscher aus Warwick in der Zeitschrift *Nature* veröffentlicht haben, stellen damit offensichtlich die gängige Meinung über die chemische Zusammensetzung des Erdkerns infrage und bestätigen die von vielen Vertretern der alternativen Wissenschaft seit Langem vertretene Ansicht, dass unser Planet im Kern ein »großer Kristall« ist.**

* Siehe die Pressemitteilung der University of Warwick: »Thousands of Stars Turning into Crystals«, *ScienceDaily* (online), 9. Januar 2019, https://www.sciencedaily.com/releases/2019/01/190109142631.htm.

** Siehe die Pressemitteilung der Tokyo Tech: »›Quartz‹ Crystals at the Earth's Core Power Its Magnetic Field«, Tokyo Tech News (online), February 23, 2017, https://www.titech.ac.jp/english/news/2017/037545.html.

Ein weißer Zwergstern erstarrt;
Grafik der University of Warwick/Mark Garlick.

Kristalle beflügeln die menschliche Fantasie schon seit Langem. Atlantis soll eine hoch entwickelte Kristallkunde eingesetzt haben, um eine fortschrittliche Technologie zu betreiben. Später sollen die Wikinger Kristalle in der Navigation eingesetzt haben. Heute assoziieren Esoteriker sie mit Licht und Magie und tragen sie stets bei sich; der inzwischen verstorbene Science-Fiction-Autor Kurt Vonnegut jun. betrachtete sie mit ganz anderen Augen. In seinem 1963 erschienenen Roman *Cat's Cradle** stellte sich Vonnegut scherzhaft eine Art Wasserkristall (»Eis-9«) vor, der bei Zimmertemperatur gefriert. Wenn versehentlich ein paar Tropfen ins Meer fallen, gefriert das Wasser binnen Kurzem überall, und die uns bekannte Welt geht unter. Doch die meisten denken nicht einmal im Traum an Kristalle, wie sie 2015 in der Cueva de los Cristales in Mexiko entdeckt wurden. Diese in einer Tiefe von 290 Metern unter dem Berg Naica in der Chihuahua-Wüste gelegene Höhle enthält die größten natürlichen Kristalle, die man je gefunden hat. Manche sind über zehn Meter lang. Die Kristalle sind in

* Deutsch: *Katzenwiege*, aus dem Amerikanischen von Michael Schulte, Piper 1985.

Gipsablagerungen gewachsen und stellen ein weltweit einzigartiges Phänomen dar. »Das ist die Sixtinische Kapelle der Kristalle«, schwärmte der spanische Geologe Juan Garcia-Ruiz gegenüber dem inzwischen eingestellten Nachrichtendienst *Cosmos Online*.*

Im Inneren der »Höhle der Kristalle« in der Mine von Naica.

Die Fähigkeit von Kristallen, elektronische Schwingkreise abzustimmen, war die Grundlage der alten Detektorenempfänger (einfachste Radios mit Kristalldetektoren, Anm. d. Ü.). Man fragt sich, welche ungewöhnlichen elektromagnetischen und optischen Eigenschaften bei Kristallen von so enormer Größe wie in Naica oder im Inneren der Sterne möglich sein könnten.

Uraltes Energiegitter

Einige glauben, dass ein einziges planetarisches Energiesystem durch die Welt fließt, das die Menschheit längst vergessen hat. Und dass hier und da entlang

* Die Naica-Höhle ist so erstaunlich, dass sie in der Onlineversion des Atlas Obscura, des bekannten Führers zu allen merkwürdigen und wundersamen Orten auf unserem Planeten, vorgestellt wird; siehe: »Giant Crystals of Naica«, Atlas Obscura (online) https://www.atlasobscura.com/places/giant-crystals-naica.

der Energiepfade einst eine prähistorische globale Zivilisation die Energie angezapft hat, indem sie mithilfe verschiedener monumentaler Architekturformen riesige Sende- und Empfangsstationen baute. Derartige Überlegungen bildeten die Grundlage für »Our Crystal Planet«, einen Artikel des inzwischen verstorbenen Forschers Dr. Joseph Jochmans aus dem Jahr 1996 für *Atlantis Rising*.

»Haben die Historiker die offensichtlichen Zusammenhänge zwischen all diesen Überresten so sehr verkannt«, fragte er sich, »dass sie versucht haben, die stummen Ruinen dieser Hinweiszeichen lediglich als ›unzivilisierte‹ Bauprojekte zu erklären, deren Sinn und Zweck über lokal begrenzte abergläubische Bedürfnisse kaum hinausreicht?«

Weltweit haben indigene Völker aus alter und neuer Zeit, so erklärt Jochmans, ähnliche Überlieferungen über Erdenergiemuster und wie diese einst genutzt wurden. In England werden geradlinige Anordnungen von stehenden Steinen und Steinkreisen als *leys* bezeichnet. An ihnen entlang floss die Lebenskraft, die die Landschaft fruchtbar machte. In Irland erinnert man sich an Elfenpfade und in Deutschland an »Heilige Linien«. Die Griechen kannten sie als die heiligen Straßen des Hermes, die alten Ägypter nannten sie die Pfade der Mim.

Die Chinesen, so Jochmans, messen auch heute noch die Lung Mei oder »Drachenströme«, die das Gleichgewicht des Landes beeinflussen, was in der uralten Kunst des Feng Shui praktische Anwendung findet. Ähnlich wie das Setzen von Akupunkturnadeln in der chinesischen Medizin den Fluss des Chi oder der Lebenskraft im menschlichen Körper fördern soll, galt auch die räumliche Anordnung von Pagoden, Steinen, Bäumen, Tempeln und Häusern in der Umgebung als Mittel zur Heilung der Erde.

Die Indigenen Australiens begeben sich bis heute auf Wanderungen oder Pilgerreisen entlang ihrer Traumpfade und durchqueren die Wüste in allen Richtungen, um die Lebenszentren der Region jahreszeitlich zu reaktivieren. Sie arbeiten mit Tafeln, *Churinga* genannt, auf denen die Traumlinien verzeichnet sind. Indem sie auf ihnen meditieren, können sie das Herannahen von Stürmen und den Aufenthaltsort von Wildtieren vorhersagen, da diese mit den Liniensystemen interagieren.

Die alten Polynesier nutzten die *Te lapa*, die »Lichtlinien«, die im Ozean fließen, als Navigationsmethode. Die Steinköpfe der Osterinsel und die heiligen *Ahu*-Plattformen auf Hawaii waren so angeordnet, dass sie ihr *Mana*, also ihre

Lebenskraft, entlang von *Aka*-Fäden jenseits des Meereshorizonts empfangen konnten.

Als die spanischen Eroberer im 16. Jahrhundert in Peru eindrangen, stellten sie fest, dass das gesamte Inkareich um *Wak'a*, heilige Zentren, herum aufgebaut war. Sie lagen an *Ceque*-Linien, die alle am Coricancha, dem Sonnentempel im antiken Cuzco, zusammenliefen. In ähnlicher Weise verbanden die Maya von Yucatán ihre Pyramidenheiligtümer durch *Sacbeob* (Singular: Sacbé), erhöhte weiße Straßen, die in schnurgeraden Abschnitten durch die Dschungelsümpfe gebaut wurden.

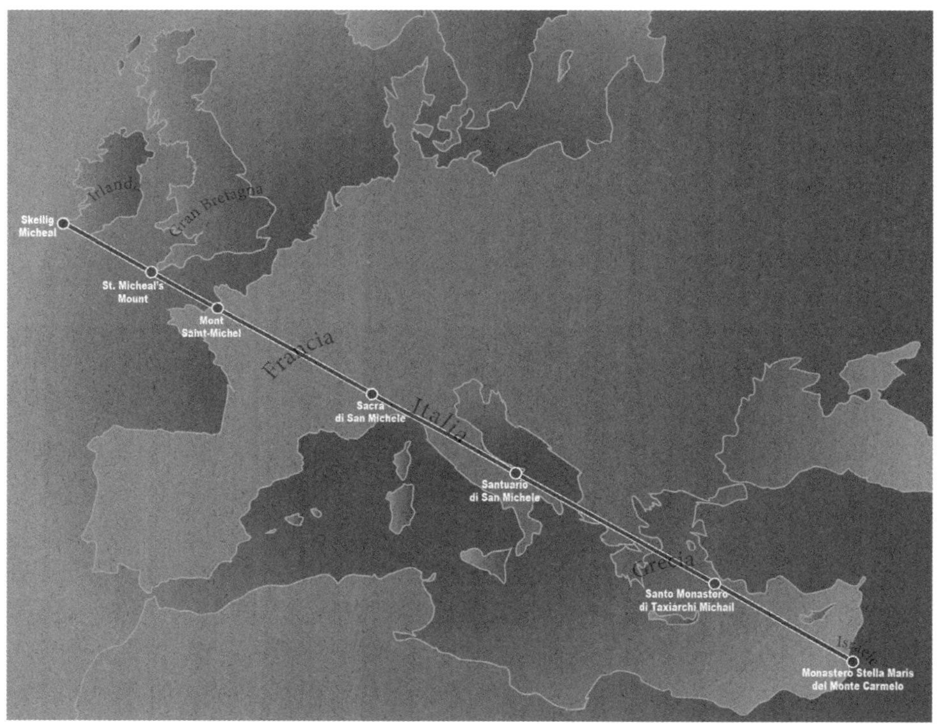

Italienische Darstellung der »Heiligen Linie des Erzengels Michael«, einer Ley-Line, die von Jerusalem nach Irland verläuft und an der sieben alte, dem Erzengel Michael geweihte Klöster liegen.

Im Westen Nordamerikas sind Medizinräder und kreisrunde Kivas häufig linear angeordnet, und im Mittleren Westen sowie in den Küstenregionen des Ostens hinterließen die »Hügel-Erbauer« über weite Strecken viele ihrer großen Erdhügel in geometrischen Anordnungen. In Neuengland fügen sich geheimnisvolle Steinkammern ebenfalls in lineare Muster ein, und viele Schamanen der Indigenen Amerikas sprechen heute von Energien mit Namen wie *Orenda*, *Manitou* und anderen, die durch die Erde fließen und Heilung befördern.

Weltweit haben indigene Kulturen sich nicht nur die vor Ort vorhandenen Erdkräfte nutzbar gemacht, sondern viele alte und moderne Überlieferungen verstehen diese regionalen Muster auch als Teil einer viel größeren Energiekonfiguration: des Kristallgitters der Erde.

Die Ältesten der indigenen Hopi in Amerika sagen, die Oberfläche der Erde sei wie der Rücken eines gefleckten Rehkitzes. Wenn das Kitz wächst, verschieben sich die Flecken und ihre Anzahl ändert sich. Ähnlich ist es jedes Mal, wenn die Erdmutter »ein neues Lied singt« oder in ein neues Schwingungsmuster eintritt. Auch dann verändern sich ihre Kraftzentren – verbunden durch eine komplexe heilige Geometrie – zu einer neuen Konfiguration.

In den 1970er-Jahren führten Studenten des Erfinders Buckminster Fuller eine Reihe von Experimenten durch. Dabei tauchten sie einen Ballon in ein flüssiges Medium, in dem sich blauer Farbstoff befand, und setzten Ballon und Flüssigkeit einer bestimmten Schwingungsfrequenz aus. Die Studenten stellten fest, dass sich der Farbstoff an bestimmten Punkten auf der Ballonoberfläche sammelte und sich dünne Farblinien bildeten, die die Punkte in geometrischen Anordnungen miteinander verbanden. Wurde die Schwingungsfrequenz erhöht, lösten sich die ursprünglichen Farbstoffpunkte rasch auf, und nach und nach bildete sich eine größere Anzahl von Punkten, die ebenfalls durch Linien miteinander verbunden waren, nun aber in einer komplexeren Konfiguration.

Auf Grundlage dieses Experiments, das von anderen Forschern wiederholt und erweitert wurde, sowie weiterer Studien glauben heute viele, dass die Erde eigene Energiezentren besitzt, so wie der menschliche Körper Chakras und Akupunkturpunkte aufweist. Wie das heranwachsende Rehkitz oder der Luftballon, der einer höheren Frequenz ausgesetzt wird, verschieben sich die Energiemuster des gesamten Planeten in neue kristallähnliche Formen, wenn die Erde periodisch in einen höheren Energiezustand eintritt. Dieses globale Phänomen spielt sich offenbar schon seit sehr langer Zeit ab.

Eine Studie über Kartenprojektionen und weltweite geologische Muster, die 1976 von Athelstan Spilhaus, Geophysiker und Berater für die National Oceanographic and Atmospheric Administration (NOAA), durchgeführt wurde, ergab, dass der Superkontinent Pangäa vor etwa 220 Millionen Jahren entlang äquidistanter Linien, die die Kanten und Spitzen eines Tetraeders bildeten, auseinanderbrach und dabei die Grundzüge unserer heutigen Kontinentalmassen bildete. Diese geometrische Form, die aus vier gleichseitigen Dreiecken besteht, ist der erste und einfachste der heiligen platonischen Körper.*

Die platonischen Körper sind eine Reihe regelmäßiger Polyeder, also dreidimensionaler Formen, bei denen jede Fläche ein gleichseitiges, gleichwinkliges Polygon von gleicher Form und Größe ist. Es gibt fünf platonische Körper, vom Tetraeder über den Würfel bis hin zum Dodekaeder, einer zwölfeckigen Figur, bei der jede Fläche ein regelmäßiges Fünfeck bildet.

Auf Grundlage der Forschungen von Han-Shou Liu vom Goddard Space Flight Center, der die durch die Pol- und Landverschiebungen der letzten 200 Millionen Jahre verursachten Spannungslinien in der Erde analysierte, stellte Spilhaus fest, dass sich die Struktur der Erde als Nächstes um eine Kombination aus zwei platonischen Körpern herum anordnete: Würfel und Oktaeder. Ein Würfel besteht aus sechs Quadraten, und ein Oktaeder hat acht Dreiecke, die wie zwei ägyptische Pyramiden Grundfläche an Grundfläche oder wie ein Fluoritkristall angeordnet sind. Doch damit endete die kristalline Evolution der Erde nicht etwa, sondern sie hat sich seither zu zwei noch komplexeren platonischen Formen weiterentwickelt.

Der Erd-Dodekaeder

In den 1970er-Jahren gaben drei russische Forscher – der Historiker Nikolai Gontscharow, der Bauingenieur Wjatscheslaw Morosow und der Elektronikingenieur Waleri Makarow – in der Zeitschrift *Chemistry and Life* der Sowjetischen Akademie der Wissenschaften ihre Entdeckung eines geometrischen Gittermusters bekannt, das eine Vielzahl von Naturphänomenen zu einem einzigen planetaren System zu verknüpfen scheint. Ihre Arbeit fußte auf den Erkenntnissen des amerikanischen Forschers Ivan T. Sanderson, der zwölf »vile vortices« [Wirbel] oder elektromagnetische Energiestörungen entdeckt hatte, die in gleichmäßigen Abständen auf der Erdoberfläche verteilt sind – das sogenannte »Bermudadreieck« in der Karibik und das Teufelsmeer vor Japan sind

* Näheres zu Spilhaus' Arbeit ist zu finden in Bojan Šavrič, David Burrows und Melita Kennedy, »The Spilhaus World Ocean Map in a Square«, ArcGIS StoryMaps (online), 7. Februar 2020. https://storymaps.arcgis.com/stories/756bcae18d304a1eac140f19f4d5cb3d

zwei davon. Die drei Russen entdeckten ein Grundgerüst, das diese Zentren zu einer dualen Kristallstruktur verbindet, einer Kombination aus einem Ikosaeder und einem Dodekaeder. Es überrascht nicht, dass es sich dabei um den vierten und fünften Körper der Platonischen Reihe handelt, die die Erde im Laufe der letzten etwa eine Million Jahre nach außen projiziert hat. Ein Ikosaeder besteht aus zwanzig Dreiecken, die eine Kugel bilden, und ein Dodekaeder hat zwölf Fünfecke als Seiten.

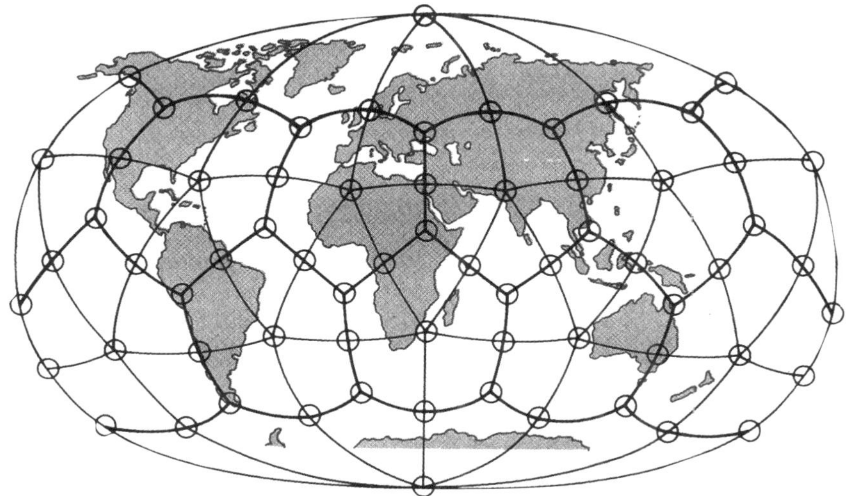

Das Dodekaeder der Erde nach der Theorie von Gontscharow, Morosow und Makarow.

Aufgrund ihrer Erfahrung als Historiker, Bauingenieur und Elektroniker kamen die russischen Forscher zu dem Schluss, dass es theoretisch nichts gab, was verhindert hätte, dass bei der Entstehung der Erde ein gitterartiges Muster – eine »Matrix kosmischer Energie«, wie sie es nannten – in ihre Struktur, deren Form auch heute noch schemenhaft zu erkennen ist, eingebaut worden wäre. (Die *Prawda*, einst die offizielle russische Zeitschrift für die jüngere Generation, griff diese Idee auf und schlug vor, dass die Erde am Anfang ein Kristall gewesen sein und erst allmählich die Form des Sphäroiden angenommen haben könnte, der sie heute ist.) Nach dieser Hypothese ist der Kristall auch heute noch in Form von zwölf fünfeckigen Platten auf der Oberfläche des Erdballs zu erkennen – ein Dodekaeder. Darüber liegen zwanzig gleichseitige Dreiecke. Die gesamte geometrische Struktur, so die Behauptung, lässt sich an ihrem Einfluss auf die geografische Lage uralter Kulturen, an Erdverwerfungen, magnetischen Anomalien und vielen anderen geophysikalischen Phänomenen, die entweder an den Schnittpunkten des Gitters oder auf dessen Linien liegen, erkennen.

Dass die Menschen der Vorzeit das Kristallgitter der Erde sehr gut kannten, zeigt sich in ihrer Literatur und in ihren archäologischen Zeugnissen. In seiner Beschreibung des Erscheinungsbilds der Erde vom Weltraum aus erklärte Platon, sie sähe aus wie ein Ball, der aus zwölf Stoffstücken zusammengenäht sei. Dies wären die zwölf Fünfecke des Dodekaeders, der zugleich den Rahmen für das Ikosaeder-Gitter bildet. Goldobjekte, die in den Khmer-Ruinen in Südostasien und zwischen druidischen Überresten in Frankreich gefunden wurden, sowie Steinkugeln aus der Jungsteinzeit in Schottland waren so geformt, dass sie die geometrische Entwicklung des Kristallgitters vom Tetraeder zum Dodekaeder zeigten. Man nimmt an, dass sie als Lehrmittel verwendet wurden, um den Eingeweihten ein Verständnis für die Entwicklung der Energiesysteme der Erde zu vermitteln.

Das Saturn-Hexagon

Die Cassini-Sonde der NASA hat den Gasriesen Saturn jahrelang umkreist und uns überaus detailreiche Bilder von der stürmischen Atmosphäre des Planeten geschickt. Anscheinend schwebt über dem Nordpol des Saturns eine gigantische (24.000 Kilometer im Durchmesser), perfekte sechseckige Wolke. Mehr noch, es handelt sich dabei offenbar um eine dauerhafte Erscheinung. Die Wolke wurde erstmals von der Raumsonde Voyager entdeckt und Jahre später von Cassini erneut fotografiert, immer noch an Ort und Stelle und unverändert. Die NASA-Wissenschaftlerinnen und Wissenschaftler haben bisher noch keine zufriedenstellende Erklärung dafür gefunden, was aber eine Flut von Spekulationen im Internet nicht verhindert hat.*

Manche halten sie für eine Manifestation des Bösen. Der Forscher Richard Hoagland sieht darin einen Beweis für einen hyperdimensionalen Energiefluss. Auf jeden Fall scheint sie auf ein geometrisches Kraftfeld oder eine stehende Welle hinzuweisen, was bedeuten würde, dass die dem Planeten zugrunde lie-

* Die NASA hat auf ihrer Website ein Video der sechseckigen Wolke in Bewegung zur Verfügung gestellt: »Saturn‘s Hexagon in Motion«, NASA Science (online), 4. September 2018, https://solarsystem.nasa.gov/missions/cassini/science/saturn/hexagon-in-motion/.

gende Form kristallin ist. Hoagland vermutet, dass Erde und Mars im Grunde Tetraeder (vier gleichseitige Dreiecke) sind, und dass die alten Kulturen auf beiden Planeten darüber Kenntnis hatten. Die meisten, die in der Form der Erde eine geometrische Grundlage erkennen, bestätigen auch eine Verbindung zu alten Gitternetzen und Ley-Linien. Für einige Mystiker deutet dies auf die Möglichkeit eines planetaren Bewusstseins hin, das sich in Kraftfeldern oder Einflussbereichen ausdrückt. Die Gaia-Hypothese (die Erde als Göttin) ist *ein* Beispiel für ein solches Denken.

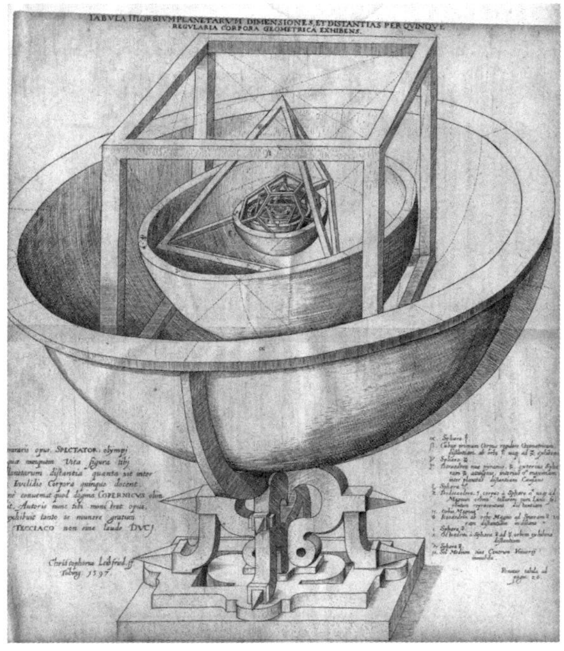

Stich aus dem 16. Jahrhundert mit Johannes Keplers Modell des Sonnensystems, basierend auf den platonischen Körpern.

In alternativwissenschaftlichen Kreisen deuten das Saturnsechseck und das es begleitende Polarlicht auf zugrunde liegende geometrische Muster hin, die, so glaubt man, den Kern aller großen natürlichen Strukturen, etwa von Planeten, bilden. Hier auf der Erde sind Forscherinnen und Forschern übergreifende geometrische Formen bei Ereignissen wie Erdbeben, Stürmen und vulkanischer Aktivität aufgefallen, gar nicht erst zu reden von Vogelzug und Tierwanderungen und vielen weiteren Naturphänomenen. Veränderungen im geomagnetischen Feld der Erde wurden mit Resonanzveränderungen in Verbindung gebracht und als Hinweis auf einen Prozess fortlaufender, im Wesentlichen organischer Veränderung gedeutet. Was immer die Ursache für das mysteriöse Sechseck des Saturns sein mag, klar ist, dass eine gewisse Symmetrie auftritt, wo sie nicht erwartet wurde, zumindest vom wissenschaftlichen Establishment.

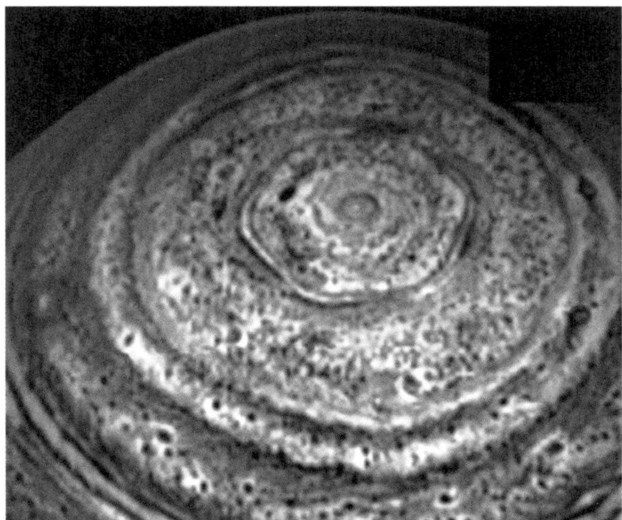

Die sechseckige Wolke mit einem Durchmesser von 24.000 Kilometern über dem Nordpol des Saturn; Foto: NASA.

Für die bereits erwähnten Wissenschaftler am Earth-Life Science Institute (ELSI) am Tokyo Institute of Technology lautet offenbar die Hauptfrage, welche Legierungen im Zentrum der Erde zu finden sind. In einer Pressemitteilung von 2017 für Tokyo Tech News heißt es: »2013 berichtete Kei Hirose, heute Direktor des ELSI, dass sich der Erdkern seit seiner Entstehung vor 4,5 Milliarden Jahren um bis zu 1000°C abgekühlt haben könnte. Eine derart starke Abkühlung wäre notwendig gewesen, um das geomagnetische Feld aufrechtzuerhalten – es sei denn, es gäbe eine andere, bisher unentdeckte Energiequelle. Diese Ergebnisse waren eine große Überraschung für die sogenannte Deep Earth Science, die sich mit der Erforschung des Erdinneren befasst, und schufen das ›neue Kernparadoxon‹*, wie Peter Olson von der Johns Hopkins University es nennt.« Das etablierte Verständnis des Erdkerns passte nicht zu den neuen Fakten, die ELSI und andere lieferten.

* Siehe Peter Olson, »The New Core Paradox«, *Science* 342, Nr. 6157 (Oktober 2013): 431–432, https://doi.org/10.1126/science.1243477

Während nach herkömmlicher Auffassung der flüssige Erdkern hauptsächlich aus Eisen besteht, haben die Forscher am ELSI mit anderen Legierungen experimentiert, die ebenfalls vorhanden sein könnten, darunter auch einige, die Silizium und Sauerstoff enthalten. Sie fanden heraus, dass sich diese Elemente bei den Temperaturen und Druckzuständen, die im Erdkern herrschen, zu quarzähnlichen Siliziumoxid-Kristallen verbinden könnten – und dass die Kristallisation dem Planeten immense Energie liefern und damit das Olson-Paradoxon auflösen könnte. Mit anderen Worten, die Vorstellung von einem kristallinen Planeten und der damit verbundenen heiligen Geometrie ist vielleicht doch nicht ganz so abwegig.

Die Weisheit der alten Kulturen

Einer untergegangenen Wissenschaft auf der Spur

Die umfangreiche hebräische Thora – die ersten fünf Bücher der Bibel, wie sie in der offiziellen Wissenschaft heißen – wurde von Generation zu Generation mündlich weitergegeben, lange bevor sie im 6. Jahrhundert v. Chr. niedergeschrieben wurde. Ähnliches lässt sich für viele alte Schriften behaupten.

Sprache oder Gesang, Volksmärchen, Balladen, Lieder, Prosa und Verse sind auf diese Weise über viele Tausend Jahre mit erstaunlicher Genauigkeit überliefert worden. Dieses Phänomen lässt viele fragen, wie sich jemand so viel merken kann. Sicherlich ist dies eine Gabe, die man in der heutigen Google-gesteuerten Kultur der kurzen Aufmerksamkeitsspanne nur noch selten findet. Und es ist gewiss kein Aspekt des »Twitter-Universums«.

Die australische Wissenschaftsautorin Dr. Lynne Kelly ist überzeugt, dass heilige Orte wie Stonehenge, Nazca, die Osterinsel und weitere Stätten in der gesamten antiken Welt eine noch wenig verstandene, aber entscheidende Rolle bei der Bewahrung des antiken Gedächtnisses gespielt haben. In ihrem 2017 erschienenen Buch *The Memory Code* behauptet sie, dass die Menschen in der Jungsteinzeit in der Lage waren, Wissen zu konservieren, indem sie die Landschaft als Gedächtnisstütze nutzten, ähnlich wie bei der als Loci-Methode bekannten Erinnerungstechnik. Als eine Art Gedächtnisverstärker greift diese Methode auf Visualisierungen und das räumliche Gedächtnis – bekannte Informationen über die eigene Umgebung – zurück, um ein schnelles und effizientes Abrufen von Informationen zu erleichtern. Die alten Briten, so Kelly, könnten mit dem Bau von Stonehenge versucht haben, vor Ort eine

Thorarolle zur Verwendung in der Synagoge.

Landschaft nachzubilden, was ihnen half, sich Wissen, das sonst in Vergessenheit geraten wäre, einzuprägen und zu speichern. Kreise und Steine oder Holzpfähle könnten die Landschaft dargestellt haben, und jeder Stein wäre mit einem Segment ihres Wissenssystems verbunden.

Stonehenge unmittelbar vor Sonnenaufgang.

Die Hünengräber in Nordeuropa, die kunstvollen Steinhäuser in New Mexico, riesige Tierfiguren in Peru und die Statuen auf der Osterinsel wurden, so glaubt

Kelly, sämtlich als »das effektivste, je von Menschen erfundene Gedächtnissystem« errichtet. Die Fähigkeit zum Umgang mit abstrakten Zahlen und Formen könnte allerdings eine weitere Variante eines uralten Gedächtnisspeichers darstellen, die ebenso große oder sogar noch größere Bedeutung für die Zivilisation hat.

Die Zahlen des Göttlichen

Erstens: Rechnen zu lernen sollte kein großes Problem sein. Das scheint eine aktuelle Studie der University of Nottingham und Harvard zu belegen. Der Studie zufolge können Kinder, die die Grundregeln der Arithmetik, wie z. B. Stellenwert und Additionstabelle, noch nicht gelernt haben, dennoch leicht illustrierte Aufgaben lösen, bei denen es um die annäherungsweise Addition und Subtraktion von symbolischen Zahlen zwischen 5 und 98 geht. Die Kinder, die an der Studie teilnahmen, erzielten Ergebnisse weit über der Zufallswahrscheinlichkeit und verblüfften damit Lehrkräfte, die es gewohnt sind, dass ihre Schülerinnen und Schüler in diesem Bereich große Schwierigkeiten haben. Studienleiterin Dr. Camilla Gilmore betonte, jetzt könnten wir neue Strategien für den Mathematik-Unterricht in der Grundschule entwickeln, damit er »Spaß macht«. Die Forschung hat Konzepten wie etwa dem der Montessori-Methode, wonach Kinder ein angeborenes Wissen in den Lernprozess einbringen, mehr Gewicht verliehen.

Für alle, die glauben, dass die menschliche Intelligenz mit dem physischen Gehirn beginnt und endet, ist eine solche Vorstellung schwer zu akzeptieren. Für all jene hingegen, die das Gehirn bestenfalls als Bindeglied oder Stimmgerät betrachten, das lediglich Wissen aus einer nicht physischen Resonanzquelle für sich nutzbar macht, ergeben die Resultate der neuen Studie durchaus Sinn.

Hier noch ein weiterer Hinweis: Wenn Sie wieder einmal das Gesicht einer Person anziehend finden, denken Sie an den Goldenen Schnitt. Laut Wörterbuch ist der Goldene Schnitt »ein Verhältnis zweier Zahlen, bei dem das Verhältnis der Summe zur größeren Zahl dasselbe ist wie das Verhältnis der größeren Zahl zur kleineren«. Einfach ausgedrückt entspricht dieses Verhältnis ungefähr 1,618 : 1 und wird üblicherweise durch den griechischen Buchstaben Phi dargestellt.

Das Verhältnis, das lange Zeit als universeller Schlüssel zum Wachstum galt und in natürlichen Strukturen immer wieder auftaucht, spielt nachweislich eine entscheidende Rolle bei unserer Wahrnehmung von Schönheit. Ob der Goldene Schnitt nun der Schlüssel ist oder nicht, dass Proportionen für das Schönheitsempfinden eine Rolle spielen, scheint offensichtlich. Dr. Kang Lee von der University of Toronto und seine Kolleginnen und Kollegen von der University of California in San Diego haben die ideale Anordnung von Gesichtsmerkmalen bei weiblichen Gesichtern untersucht, indem sie die Abstände zwischen Augen, Nase und Mund veränderten.* In der Pressemitteilung heißt es: »Sie entdeckten zwei ›Goldene Schnitte‹, einen für die Länge und einen für die Breite. Weibliche Gesichter wurden als attraktiver empfunden, wenn der vertikale Abstand zwischen Augen und Mund etwa 36 Prozent der Gesichtslänge und der horizontale Abstand zwischen den Augen etwa 46 Prozent der Gesichtsbreite betrug. Interessanterweise entsprechen diese Proportionen denen des Durchschnittsgesichts.«

Tatsächlich hat sich das mathematische Gesicht des Göttlichen an vielen weiteren überraschenden Orten gezeigt.

2011 verblüffte Aidan Dwyer, ein 13-jähriger Siebtklässler aus Northport, New York, die Energieforschungs-Fachwelt mit einer Entdeckung, die Solarenergie mit der Fibonacci-Folge in Verbindung bringt. Er wies nach, dass Solarpaneele, die wie die Blätter an einem Baum angeordnet sind – einem Muster folgen, das nach dem italienischen Mathematiker Leonardo von Pisa (später bekannt als Fibonacci) aus dem 18. Jahrhundert benannt wurde – zwischen 20 und 50 Prozent mehr Energie erzeugen, als wenn die Paneele auf herkömmliche Weise angebracht werden. Fasziniert von der geordneten Art und Weise, wie die Äste an einem Baum spiralförmig nach oben austreiben, erkannte Aidan, dass dieses natürliche Muster die Aufnahme von Sonnenlicht durch die Blätter optimiert und mit der Zeit den größten Ertrag liefert. Im Gegensatz dazu müssen herkömmliche Solaranlagen entweder mechanisch dem Sonnenstand nachgeführt – ein kostspieliger, energieaufwendiger Prozess – oder an festen Positionen installiert werden, die nur kurze Zeit am produktivsten sind, nämlich dann, wenn die Sonne direkt auf sie scheint.

Die Fibonacci-Folge ist eine Variation des Goldenen Schnitts. Sie besteht aus einer Zahlenreihe, die bei 1 beginnt und in der jede Zahl gleich der Summe der beiden vorangegangenen Zahlen ist. Daraus ergibt sich die folgende Reihe: 1,

* Siehe Pressemitteilung der University of Toronto: »Researchers Discover New ›Golden Ratios‹ for Female Facial Beauty«, *EurekaAlert!* (online), 16. Dezember 2009, https://www.eurekalert.org/news-releases/489725#:~:text=Sie%20entdeckten%20zwei%20goldene%20Verh%C3%A4ltnisse,Prozent%20der%20Gesichtsbreite%20

1, 2, 3, 5, 8, 13, 21, 34 … Es ist vielleicht kein Zufall, dass das Verhältnis zwischen zwei aufeinanderfolgenden Zahlen in der Fibonacci-Folge dem Goldenen Schnitt entspricht.

Viele behaupten, das durch den Goldenen Schnitt entstehende Muster, das in der Natur allgegenwärtig ist, sei der virtuelle Fingerabdruck Gottes und zeige eindeutig, dass es im Universum eine Ordnung gibt. Die weitverbreitete Anwendung des Goldenen Schnitts und anderer hoher geometrischer Harmonien in der klassischen antiken Kunst und in der Tempelarchitektur sei, so wird argumentiert, ein überzeugender Beweis für den großen Fortschritt in den alten Kulturen, während die chaotische Natur der modernen Zivilisation – die keiner erkennbaren Ordnung gehorcht – als Beweis für einen fortschreitenden und weitverbreiteten Verfall gelten könne.

Die Geometrie des Geistes

Anhänger des Sufismus im Islam glaubten lange, dass die sich drehenden Tänzer, die sogenannten Derwische, in einzigartiger Weise mit dem Geist Gottes in Kontakt treten. In einer 2013 im *New Journal of Physics* veröffentlichten Studie vermutet ein internationales Forschungsteam, dass die langen weißen Röcke der Tänzer geheimnisvolle Muster erzeugen, die die natürlichen Corioliskräfte widerspiegeln – die augenscheinlichen Kräfte, die infolge der Erdrotation bewegliche Objekte (wie z. B. Luftströme) auf der nördlichen Hemisphäre nach rechts und auf der südlichen Hemisphäre nach links ablenken. »Ihre Röcke zeigen sehr auffällige, lang anhaltende Muster mit scharfen, zipfeligen Ausformungen, die eher kontraintuitiv wirken«, sagte James Hanna von der Virginia Tech, einer der Autoren der Studie. Durch Anwendung der Prinzipien des Coriolis-Effekts konnten die Forscher die seltsamen Muster der Röcke mathematisch beschreiben.*

Drehende Derwische sind zwar antiken Ursprungs, aber in der Türkei nach wie vor eine beliebte Touristenattraktion. Der berühmte russische spirituelle Lehrer G. I. Gurdjieff, selbst ein Sufi-Eingeweihter, glaubte, dass die Derwische wie auch Praktizierende anderer uralter Tanzrituale durch ihre komplexen Bewegungen fortgeschrittene uralte Weisheit, die aus vorschriftlicher Kommu-

* Der Aufsatz, veröffentlicht von IOP und der Deutschen Physikalische Gesellschaft, ist online zu lesen unter: https://iopscience.iop.org/article/10.1088/1367-2630/15/11/113055

nikation stammt, zu vermitteln, eine Weisheit, wie man sie auch in der heiligen Geometrie und in der Kunst vorfindet.

Drehende Derwische in der Türkei.

Eine weitere Studie, die sich mit dem rätselhaften Volk der Pikten in Schottland befasst, zeigt, dass piktische Handwerker und Architekten bereits um 500 n. Chr. beim Bau christlicher Kapellen den Goldenen Schnitt anwendeten. Die Pikten galten lange als unzivilisiertes, wenn auch sehr künstlerisches Volk. Archäologische Untersuchungen eines Piktenklosters in Portmahomack auf der Halbinsel Tarbat in Schottland offenbaren jedoch eine unerwartete Beherrschung fortgeschrittener Konstruktionsprinzipien.*

Ähnliches behaupten alternative Gelehrte über die Erbauer der Großen Pyramide in Ägypten, denen man nachsagt, den Goldenen Schnitt in ihre Konstruktion einbezogen zu haben. In »Divine Proportion«, einem Artikel für *Atlantis Rising* von 2013, stellt der Autor Patrick Marsolek fest, dass die Neigung der Seiten der Großen Pyramide praktisch identisch mit der Neigung einer theoretischen »Gol-

* Weitere Einzelheiten über die Pikten und ihre überraschenden Errungenschaften finden Sie in Ian Johnston, »The Truth about the Picts«, *The Independent* (online), 6. August 2008, https://www.independent.co.uk/news/science/the-truth-about-the-picts-886098.html

denen Pyramide«, die die Verhältniszahl Phi als integralen Bestandteil ihrer Geometrie enthält, ist. Der Lehrmeinung zufolge gibt es keine »historischen« (d. h. textlichen) Belege dafür, dass die Ägypter Phi kannten oder in der Lage waren, eine so anspruchsvolle Berechnung durchzuführen, aber, so fragte sich Marsolek, sollte ihre offensichtliche Präsenz tatsächlich reiner Zufall sein?*

Der Hilton of Cadboll Stone, ein piktisches Steinmonument aus Nordschottland.

Der große französische Gelehrte René Adolphe Schwaller de Lubicz, der Verfasser von *Le Temple de l'homme* (1957), einer umfassenden Studie über den riesigen antiken Tempel im ägyptischen Luxor, erbrachte umfangreiche Nachweise dafür, dass die Ägypter Phi kannten und es im gesamten Tempel kodierten. Tatsächlich weist der Luxor-Tempel eine Art proportionales Wachstum auf, ähnlich der geometrischen Progression, die in der Fibonacci-Folge zum Ausdruck kommt. Dabei führt das Hinzufügen einer neuen Reproduktion oder

* Eine Analyse der Anwendung des Goldenen Schnitts beim Komplex der Großen Pyramide und anderen altägyptischen Bauwerken finden Sie in: Gary Meisner, »Golden Ratios in Great Pyramid of Giza Site Topography«, GoldenNumber.net (online), 14. Mai 2016, https://www.goldennumber.net/great-pyramid-giza-complex-golden-ratio/.

Darstellung einer bestimmten Zahl zum bestehenden Muster zu einer größeren Version der ursprünglichen Struktur, aber mit der gleichen Form. Dieses Muster gilt als physikalische Signatur des Goldenen Schnitts. Sie zeigt sich in vielen Tierkörpern in der Art und Weise, wie sich harte Gewebe wie Knochen, Zähne, Schalen und Hörner entwickeln; denken Sie etwa an die Schale der Nautilusschnecken mit ihrem gekammerten Innenraum.

De Lubicz wies nach, dass Teile des Luxor-Tempels (wie auch viele Hindu-Tempel) eine solche Progression aufweisen, wobei weitere Abschnitte des Tempels auf den vorherigen aufbauen und sich dabei an den Phi-Proportionen orientieren. Außerdem zeigte de Lubciz, dass der Tempel einem kompletten menschlichen Körper entspricht, wobei die verschiedenen Abschnitte unterschiedliche anatomische Teile darstellen.

De Lubicz betonte jedoch, dass Phi eine abstraktere Bedeutung hat, die über das physikalische Maß in der Tempelanlage hinausreicht. In Analogie dazu schlug er vor, man solle sich eine drehende Kugel vorstellen, was ja das Vorhandensein einer Achse voraussetzt. Wir können uns eine solche Achse zwar veranschaulichen, aber sie ist nicht objektiv vorhanden. Dennoch kann eine solche imaginäre Achse zur Berechnung von Eigenschaften, Bewegung und Masse der Kugel herangezogen werden. Die Steine des Tempels von Luxor, so de Lubicz, sind eine Dokumentation des numerischen Ausdrucks von Phi. Phi ist in seinem universellen Aspekt nicht manifest, aber es durchzieht den Tempel, so wie die Achse die physische Manifestation der Kugel prägt.

De Lubicz war nicht der Einzige, der Phi so sah. Der deutsche Mathematiker und Astronom Johannes Kepler aus dem 17. Jahrhundert hielt den Goldenen Schnitt für ein grundlegendes Werkzeug, mit dem Gott das Universum erschaffen hat. Später beschrieb der Schweizer Architekt Le Corbusier, der sich mit Systemen von Harmonie und Proportion befasste, die Eigenschaften des Goldenen Schnitts als »dem Auge sinnlich fassbare und in ihren Beziehungen untereinander offenbare Rhythmen. Und diese Rhythmen sind der Ursprung alles menschlichen Handelns. Sie erklingen im Menschen durch eine organische Unvermeidlichkeit, dieselbe feine Unvermeidlichkeit, die dafür sorgt, dass Kinder, alte Menschen, Wilde und Gebildete von sich aus den Goldenen Schnitt zeichnen.«*

* Siehe Le Corbusier, *Vers une architecture*, Crès, Paris 1923; deutsch: *Ausblick auf eine Architektur*, aus dem Französischen von Hans Hildebrandt, neu überarbeitet von Eva Gärtner, Neuausgabe Ullstein 1963, S. 65; der Autor zitiert aus: *Towards a New Architecture*, 1927; Neuausgabe Martino Fine Books 2014.

Schale einer Nautilusschnecke mit gekammertem Innenraum.

Ruinen des Luxor-Tempels in Ägypten.

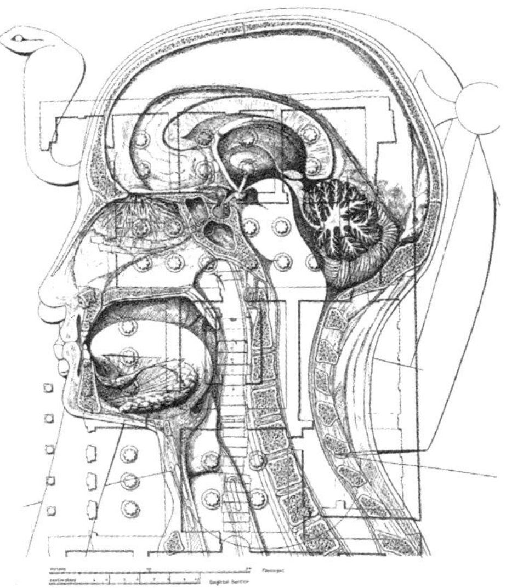

Abschnitt des Luxor-Tempels, der dem menschlichen Kopf entspricht.

Sphärenmusik

In der Januar-Ausgabe 2015 von *Atlantis Rising* schrieb Julie Loar über die *musica universalis*, die »Sphärenmusik«, ein altgriechisches philosophisches Konzept, das die Proportionen der Bewegungen der Himmelskörper – Sonne, Mond und Planeten – als eine Form von *musica* (das im Mittelalter verwendete lateinische Wort für Musik) betrachtet. Musik in dieser Form ist nicht hörbar, sondern wird als mathematisches Konzept verstanden. Als Urheber dieser Idee gilt der griechische Philosoph Pythagoras, der sie aus seiner mystischen und mathematischen Philosophie und dem damit verbundenen numerologischen System abgeleitet hatte. Auch die Entdeckung der geometrischen Beziehung zwischen Mathematik und Musik wird Pythagoras zugeschrieben. Die Pythagoräer glaubten, diese Beziehung verleihe der Musik Heilkräfte, da sie den aus dem Gleichgewicht geratenen Körper »harmonisieren« könne.

Der Überlieferung nach, so Loar, konnte Pythagoras die Sphärenmusik hören und dadurch entdecken, dass konsonante musikalische Intervalle in einfachen Proportionen kleiner ganzer Zahlen ausgedrückt werden können. Um das Vertrauen der ägyptischen Priester zu gewinnen, erzählte ihnen Pythagoras, der Gott Thoth habe ihm die Fähigkeit verliehen, diese »Musik« zu hören. Er glaubte, dass nur Ägypter der richtigen Blutlinie, die bestimmte Einweihungsriten erfolgreich bestanden hatten, die Tempel betreten und die Mysterien, die von göttlichen Wesen am Anbeginn der Zeit eingerichtet worden waren, erlernen konnten. Platon und andere übertrugen die Konzepte des Pythagoras auf Modelle vom Aufbau des Universums und ordneten die platonischen Körper den Planeten und alchemistischen Elementen zu: Erde-Tetraeder, Wasser-Würfel, Luft-Oktaeder, Feuer-Dodekaeder und Quintessenz-Ikosaeder. Man glaubte, die Sphären stünden in Beziehung zu den ganzzahligen Proportionen reiner musikalischer Intervalle, wodurch Harmonien entstünden.

Der griechische Philosoph Pythagoras auf Raffaels Fresko *Die Schule von Athen* (16. Jh.).

Nach Manley P. Hall war der britische Gelehrte Thomas Stanley im 18. Jahrhundert ein führender Experte für die musikalische Weisheit des Pythagoras. In seinem 1731 erschienenen Buch *The History of Philosophy* gab Stanley folgende Erklärung, warum Pythagoras heute allgemein als Entdecker der diatonischen Tonleiter gilt:

Nachdem er von den Priestern der verschiedenen Mysterien, in die er aufgenommen worden war, die göttliche Musiktheorie erlernt hatte, dachte Pythagoras mehrere Jahre lang über die Gesetze von Konsonanz und Dissonanz nach. Wie er das Problem tatsächlich gelöst hat, ist nicht bekannt, aber es wurde folgende Erklärung erfunden.

Als Pythagoras eines Tages über das Problem der Harmonie nachdachte, kam er zufällig an einer Kupferschmiede vorbei, in der Arbeiter ein Stück Metall auf einem Amboss mit Hämmern bearbeiteten. Er achtete auf die Tonhöhenunterschiede zwischen dem Klang großer Hämmer und dem der kleineren Werkzeuge und schätzte sorgfältig die Harmonien und Dissonanzen ab, die sich aus den Kombinationen dieser Klänge ergaben. So erhielt er den ersten Hinweis auf die musikalischen Intervalle der diatonischen Tonleiter.

Nach einer sorgfältigen Untersuchung der Werkzeuge des Kupferschmieds notierte Pythagoras deren Gewicht und ging dann nach Hause, wo er einen Holzbalken an einer Wand anbrachte, der sich in den Raum erstreckte. Daran befestigte er in regelmäßigen Abständen vier Saiten und beschwerte sie mit Gewichten, die jeweils dem Gewicht der Hämmer des Kupferschmieds entsprachen: die erste Saite mit zwölf Pfund, die zweite mit neun, die dritte mit acht und die vierte mit sechs Pfund.

Daraufhin entdeckte Pythagoras, dass die erste und die vierte Saite, wenn sie zusammen angeschlagen werden, das harmonische Intervall der Oktave ergeben, denn die Verdoppelung des Gewichts hatte den gleichen Effekt wie die Halbierung der Länge der Saite. Da die Spannung der ersten Saite doppelt so hoch war wie die der vierten, wurde ihr Verhältnis als 2:1 oder »doppelt« bezeichnet. Durch ähnliche Experimente stellte er fest, dass die erste und die dritte Saite die Harmonie der Diapente oder das Intervall der Quinte erzeugen. Da die Spannung der ersten Saite halb so groß war wie die der dritten Saite, wurde ihr Verhältnis als 3:2 oder als Sesquialter bezeichnet. Ebenso brachten die zweite und vierte Saite, die das gleiche Verhältnis wie die erste und dritte Saite hatten, eine Harmonie der Diapente hervor. Im weiteren Verlauf seiner Untersuchung entdeckte Pythagoras, dass die erste und die zweite Saite die Harmonie des Diatessarons oder das Intervall der Quarte ergaben. Da die Spannung der ersten Saite um ein Drittel größer war als die der zweiten Saite, wurde ihr Verhältnis als 4:3 oder Sesquiterz bezeichnet. Die dritte und vierte Saite, die das gleiche Verhältnis wie die erste und zweite Saite haben, ergeben eine weitere Harmonie des Diatessarons. Dem [Pythagoras-Biographen, Anm. d. Ü.] Iamblichus zufolge standen die zweite und die dritte Saite im Verhältnis 8:9 oder Epogdoan.

Stanley fügte hinzu: »Der Schlüssel zu den harmonischen Verhältnissen liegt in der berühmten pythagoreischen Tetraktys, der Punktepyramide, verborgen. Die Tetraktys besteht aus den ersten vier Zahlen – 1, 2, 3 und 4 –, die in ihren Proportionen die Intervalle der Oktave, der Diapente und des Diatessarons ergeben. Während das Gesetz der harmonischen Intervalle, wie oben dargelegt, wahr ist, wurde in der Folge bewiesen, dass Hämmer, die auf diese Weise auf Metall schlagen, [wie angegeben funktionieren].«*

In einer chaotischen Welt, in der Disharmonie zu herrschen scheint, mag ein Wechsel zur Harmonie unwahrscheinlich sein, doch John Michell, der inzwischen verstorbene Autor und Kenner atlantischer Überlieferungen (*The View Over Atlantis*, 1969), blieb optimistisch. Dissonante Musik, sagte er, »wird sich von selbst erledigen«. In einem Interview mit *Atlantis Rising* erklärte er 1995: »Musik gilt seit jeher als die mächtigste der Künste. Wie Platon sagte, folgen die Regierungsformen am Ende den Formen der Musik. Deshalb haben die alten Kulturen die Musik sehr sorgfältig kontrolliert – Kakophonie war nicht erlaubt. Bei Festspielen wurde jedes Jahr dieselbe Musik gespielt, und die Menschen standen unter einer Art Verzauberung, bei der der Geist unter einem einzigen Einfluss blieb. Musik ist bei Weitem das stärkste therapeutische Mittel. Sicherlich droht die Musik – und auch die anderen Kunstformen –, die wir heute erleben, die Gesellschaft ins Chaos zu stürzen. Sie ist ein Medium, das nicht nur widerspiegelt, was geschieht, sondern tatsächlich bestimmt, was geschehen *wird*. Ich habe keine Ahnung, worauf das hinausläuft. Ich glaube mehr und mehr, dass es in den Händen Gottes liegt, und dass jetzt ein alchemistischer Prozess im Gange ist und Veränderungen durch die Natur erfolgen – durch den natürlichen Prozess von Ursache und Wirkung. Die Dinge sind chaotisch, und wir reagieren darauf mit einer Sehnsucht nach einer Quelle der Ordnung – es wird danach gesucht, sie wird angerufen, und dann folgt eine Offenbarung.«

* Siehe Manley P. Hall, *The Secret Teaching of All Ages*, First Thus edition, A & D Books 2013.

6

Die Geheimnisse der Portolane

Woher könnten die mittelalterlichen Seeleute ihre Tricks erlernt haben?

Die alten Seefahrer besaßen kein GPS, kein Radar und kein Sonar, das sie hätte leiten können. Um ihr Ziel zu erreichen, waren sie auf das Geschick und die Erfahrung des Steuermanns ihres Schiffes angewiesen – von seinem Wagemut gar nicht erst zu reden. Im späten 13. Jahrhundert wurden wertvolle Navigationskarten entwickelt, die sogenannten Portolane (Italienisch *portolano* von *porto* für Hafen). Darauf waren die Küstenlinien sowie Richtungen und Entfernungen zu verschiedenen Häfen im Mittelmeer und im Schwarzen Meer eingezeichnet. Mit Beginn des sogenannten Zeitalters der Entdeckungen Anfang des 15. Jahrhunderts hüteten Spanien und Portugal, beides *die* Seemächte der damaligen Zeit, Portolane wie ein strenges Staatsgeheimnis. Später nutzten die Holländer und die Engländer sie für ihre Raubzüge und Handelsmissionen.

Die Wissenschaft hält die Portolankarten seit Langem für ein Produkt der gebündelten Erfahrung von Seeleuten im Mittelmeerraum. Sie liefern wichtige Kompasspeilungen und Entfernungsschätzungen, die über Generationen durch Versuch und Irrtum gewonnen worden waren. Beweise für die tatsächliche Herkunft der Portolankarten lassen sich jedoch kaum erbringen, und bis heute bleibt ihr wahrer Ursprung ein ungelöstes Rätsel.

Nach intensiven, von dem Geodäten Roel Nicolai von der niederländischen Universität Utrecht 2016 veröffentlichten Forschungen können diese realistischen Seekarten, die erstmals Ende des 13. Jahrhunderts in Form der *Carta Pisana* auftauchten (diese »Pisaner Karte« wurde von Hand auf Schafshaut gezeichnet und bildet das gesamte Mittelmeer ab), unmöglich im mittelalterlichen Europa entstanden sein. Nicolais Forschungen zufolge gibt es keine Anhaltspunkte für frühere, einfachere Vorläufer, aus denen sie sich entwickelt haben könnten, und die Navigationsinstrumente waren damals noch nicht so ausgereift, dass sie die für die verblüffende Genauigkeit der Portolane erforderlichen Daten hätten liefern können.

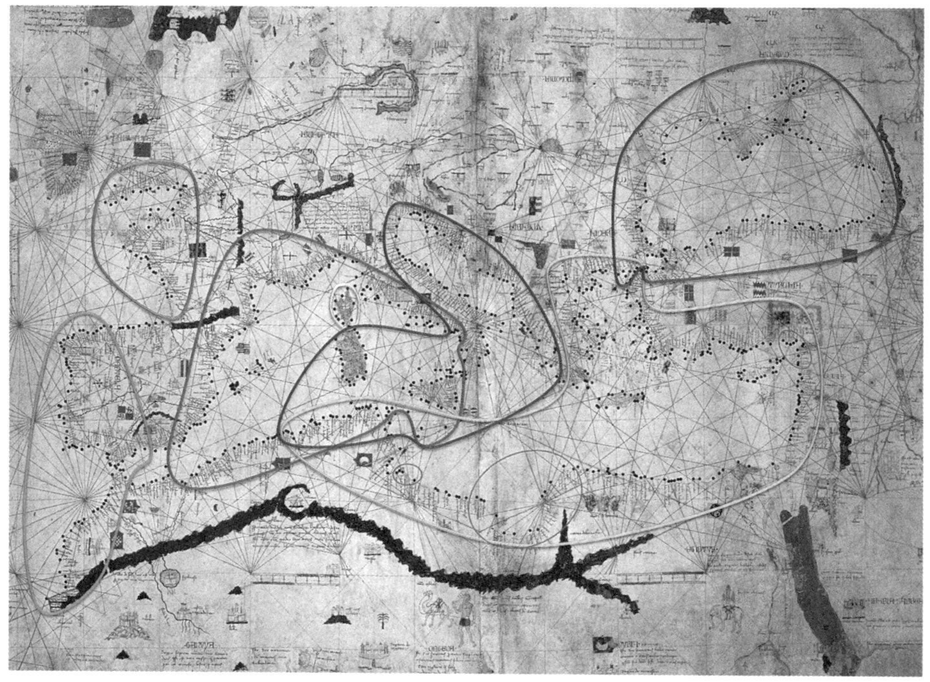

Durch Mittelung der Daten zahlreicher Beschreibungen einzelner Segler versuchte Dr. Nicolai, die Methode zu replizieren, mit der die Portolankarten vermutlich erstellt wurden.

Roel Nicolai

In einer Pressemitteilung zu Nicolais Forschung heißt es:

> Bisher ging man davon aus, dass Seeleute sorgfältig Daten über ihre Kurse und Entfernungen aufzeichneten, die sie auf viel befahrenen Schifffahrtsrouten zurücklegten. Man nahm an, dass ihre Messungen in sogenannten Portolanen, Büchern mit Navigationsanweisungen, zusammengestellt und schließlich von Kartographen verarbeitet [d. h. zu Karten gemacht] wurden. Nicolai hat jedoch gezeigt, dass sehr wahrscheinlich der nautische Kompass nicht rechtzeitig zur Verfügung stand und die damaligen Navigationsmethoden nicht so ausgefeilt waren, dass Entfernungen mit diesem Genauigkeitsgrad bestimmt werden konnten.*

Bei dem Versuch, die vermutliche Methode, mit der Portolankarten erstellt worden sind, zu replizieren, ermittelte Nicolai die Daten aus zahlreichen einzelnen Beschreibungen von Seglern, in denen die Lage von Häfen, die Fahrtrichtung und so weiter angegeben waren. Die Genauigkeit seiner Ergebnisse war um das Zehnfache schlechter als die der echten Portolankarten. Das galt selbst dann, wenn er Methoden zur Berechnung von Durchschnittswerten verwendete, die erst gegen Ende des 17. Jahrhunderts zur Verfügung standen. Erst im 19. Jahrhundert gelang es Kartographen schließlich, wieder an die Genauigkeit der Portolankarten heranzureichen.

Nach Nicolai hat eine neuere Analyse der ältesten erhaltenen Portolankarte – der des portugiesischen Kartographen Jorge de Aguiar von 1492 – ergeben, dass ihre Ursprungsdaten aus früheren unbekannten Karten abgeleitet oder kopiert worden sein müssen und nicht aus Aufzeichnungen von Seefahrern der damaligen Zeit. Tatsächlich hatten die Kopisten der Karte, die sicherlich mittelalterliches Pergament verwendeten, wahrscheinlich keine Ahnung von der unglaublichen Genauigkeit der Details, die sie übertrugen. »Wir erkennen auf dem Portolan sofort die Form des Mittelmeers«, sagt Nicolai, »aber selbst im Spätmittelalter war diese Form auf Karten bei Weitem noch nicht festgelegt. Niemand wusste wirklich, wie alle Küstenlinien des Mittelmeers verliefen.«

Nicolais Forschungen zeigen zudem, dass die Portolankarten aus verschiedenen Quellen kopiert wurden: »Es gibt offenkundige Unterschiede in Maßstab

* Weitere Informationen in der vollständigen Pressemitteilung der Universität Utrecht: »Origin of ›Medieval‹ Sea Charts Disproven«, Utrecht University News (online), 3. März 2014, https://www.uu.nl/en/news/origin-of-medieval-sea-charts-disproven

und Orientierung zwischen verschiedenen Gebieten auf den Portolankarten. Dies zeigt nicht nur eindeutig, dass sie aus verschiedenen Karten zusammengestellt wurden, sondern auch, dass die mittelalterlichen Kartographen die Techniken, die zur Herstellung dieser verschiedenen Quellen verwendet worden waren, nicht kannten.«

Diese vollständige Karte ist ein Mosaik aus mehreren Portolankarten, die offensichtlich aus älteren Quellen kopiert wurden. Die Küstenlinien laut Portolankarte sind blau. Die tatsächlichen Küstenlinien sind rot. In der Zusammensetzung ist das Mittelmeer viel genauer dargestellt, als es die üblichen nautischen Kenntnisse der damaligen Zeit erlaubt hätten. Dies deutet darauf hin, dass die Quellkarten ein fortschrittlicheres geographisches Wissen enthielten, als es die Kopisten der Karten besaßen.

Erstaunlicherweise wies Nicolai auch nach, dass die Erfinder der Portolane 300 Jahre vor Mercator über die mathematische Fertigkeit verfügten, die Erdkrümmung auf eine ebene Fläche zu projizieren. Das ist gar nicht so einfach.

Der Hauptgrund, warum die meisten antiken Karten für moderne Augen plump oder primitiv aussehen, liegt darin, dass sie die Rundung der Erde nicht in der Art und Weise wiedergeben, wie wir es heute erwarten. 1569 legte der flämische Kartograph Gerardus Mercator eine Methode zur Projektion der Erdoberfläche auf einen gedachten Zylinder vor, die es ermöglichte, Linien mit konstantem Verlauf, sogenannte Rumbenlinien oder Loxodrome, darzustellen. Bei dieser Technik bleibt die Winkeltreue zu den Meridianen erhalten. Der lineare Maßstab war um jeden beliebigen Punkt in allen Richtungen gleich, was die Navigation vereinfachte. Mit anderen Worten: Gerade Linien auf einer Karte entsprechen geraden Linien auf See. Die Mercator-Projektion, die eine fortschrittliche mathematische Umrechnungsformel erforderte, hatte zur Folge, dass der scheinbare Maßstab von Gebieten in der Nähe der Pole vergrößert und von Regionen in der Nähe des Äquators verkleinert wurde, aber gegenüber früheren Methoden stellte sie eine bedeutende Verbesserung dar.

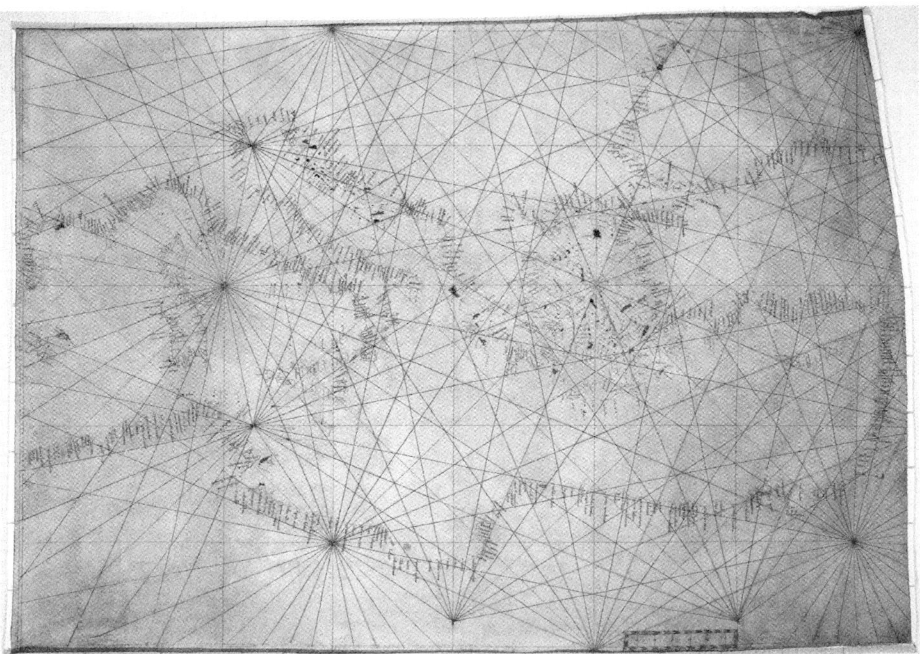

Referenzkarte für Kurs und Entfernung zu verschiedenen mittelalterlichen Häfen, verwahrt in der U.S. Library of Congress.

Es wurden keine Belege dafür gefunden, dass zum Zeitpunkt der Herstellung der Portolane das für die Projektion der Krümmung erforderliche Wissen vorhanden war. Der Nachweis, dass die Portolane auf solchen Projektionsmethoden beruhten, könnte ein echter Wendepunkt sein.

Bei seiner Suche nach der ursprünglichen Quelle der geheimnisvollen Karten zog Nicolai das alte Konstantinopel zwar zunächst in Betracht, schloss es dann aber aus. Die Byzantiner, so glaubte er, mehrten die wissenschaftlichen Kenntnisse, die sie aus der Klassik übernommen hatten, kaum, sondern stellten lediglich einen Wissensspeicher für antikes griechisches und arabisches Wissen dar. Außerdem sah er keinen Grund, warum die Byzantiner auch nur versuchen sollten, englische und französische Küstenlinien zu kartieren, die weit jenseits ihrer Interessensbereiche lagen.

Die Roselli-Karte, eine typische Portolankarte für die Navigation aus dem 13. Jahrhundert.

Könnten Portolane arabischer Herkunft gewesen sein? Immerhin waren die Araber versierte Astronomen und Navigatoren. Doch, so Nicolai, die Genauigkeit der Portolane übertraf auch die arabischen Navigationsfähigkeiten jener Zeit, und soweit wir wissen, auch die wissenschaftlichen Kenntnisse der Römer und Griechen. Er räumte zwar ein, dass die Araber Europa wissenschaftlich voraus waren und über beträchtliche Kenntnisse im Bereich der Kartenprojektion verfügten, hielt aber nicht für überzeugend belegt, dass sie über die erforderlichen Kenntnisse verfügten, um die beobachtete Erdkrümmung auf eine flache Kartenoberfläche zu übertragen.

Die unausweichliche Folge war nach Nicolais Auffassung, dass die Geschichte teilweise neu geschrieben werden muss. »Das muss sie selbst dann, wenn ich mich irre«, erklärte er, »denn [die Schöpfer der Portolane] verfügten im Mittelalter über weitaus mehr Wissen, als wir glauben.« Für ihn ist die Vorstellung, dass es solche mittelalterlichen Entwicklungen in Europa gegeben haben könnte (und dass wir sie überhaupt nicht wahrgenommen haben), unplausibel. Schließlich, so erklärt er, waren die Karten anderer Teile Europas nachweislich weniger genau als die Portolane von Mittelmeer und Schwarzem Meer.

Plausibel erschien ihm hingegen, dass die Portolankarten auf eine Überlieferung zurückgehen, die heute verloren ist. Auf Spekulationen über untergegangene Kulturen wollte er sich nicht einlassen. Vorerst war er jedoch überzeugt, dass wir Schritt für Schritt zurückdenken müssen.

Wenn diese hoch entwickelte kartografische Technik nicht von den Griechen, den Römern, den Byzantinern, den Arabern oder gar den Phöniziern stammt, bleibt die brennende Frage: Wo könnte sie herkommen?

Sonderbarerweise könnte die Antwort, so glauben einige, schon ein halbes Jahrhundert zuvor von einem Pionier und Professor an einem kleinen College in Neuengland vorgeschlagen worden sein.

Die Karte des Kolumbus

Wie sich herausstellte, waren die Portolane von Mittelmeer und Schwarzem Meer nicht die einzigen hochpräzisen, wenn auch ungewöhnlichen Karten, die aus der Antike erhalten geblieben sind. 1966 veröffentlichte Charles Hapgood, ein Kartograph und in Harvard ausgebildeter Professor für Anthropologie und Geschichte am Keene State College in New Hampshire, sein Werk *Maps of the Ancient Sea Kings*.* Das Buch zeigt viele Karten, die eindeutig auf fortschritt-

* Deutsch: *Die Weltkarten der alten Seefahrer: Die Entdeckung der Antarktis vor 6000 Jahren und Amerikas vor Kolumbus*, aus dem Amerikanischen von Ulrike Bischoff, Zweitausendeins 2002. Die Zitate sind der 2018 im Kopp Verlag erschienenen Neuausgabe entnommen: *Die Weltkarten der alten Seefahrer: Beweise für eine Hochkultur in vorgeschichtlicher Zeit*, aus dem Amerikanischen von Theresia Übelhör.

liches Wissen aus einer unbekannten Quelle schließen lassen. Diese Karten, so glaubte Hapgood, lieferten »den sicheren Beweis dafür, dass es vor den der Geschichte bekannten Menschen hoch entwickelte Personen gegeben hat«.

Hapgood war kein gewöhnlicher Professor an einem kleinen College. Er war Amtsträger in der Regierung von Präsident Franklin Roosevelt, und in den 1950er-Jahren beriet er Präsident Eisenhower hinsichtlich der Evidenz vorzeitlicher Karten. Albert Einstein persönlich schrieb ein Vorwort für eines seiner Bücher.

Was das Rätsel um die Portolankarten betrifft, so räumte Hapgood ein, dass die meisten dem Mittelmeer und dem Schwarzen Meer galten, aber er wusste, dass auch gut gesicherte Karten von anderen Gebieten erhalten waren – Karten, die eine ähnliche Genauigkeit aufwiesen, aber in einem viel größeren Maßstab. Im Vorwort zu *Die Weltkarten der alten Seefahrer* erklärte er unumwunden, dass »diese frühen Seefahrer von Pol zu Pol segelten«. Weiter schreibt er: »So unglaublich es auch erscheinen mag, weisen Indizien darauf hin, dass einige Völker die Antarktis bereits in einer Zeit erkundeten, als deren Küsten noch eisfrei waren. Darüber hinaus ist klar, dass sie ein Navigationsinstrument zur Bestimmung der geografischen Längen besessen haben müssen, das all jenen Werkzeugen deutlich überlegen war, die den Menschen der Antike, des Mittelalters und der Neuzeit bis zur zweiten Hälfte des 18. Jahrhunderts zur Verfügung standen.«

Charles Hapgood.

Die bemerkenswerteste Karte aus Hapgoods Buch wurde 1929 im Topkapi-Palast (oder Serail), der ehemaligen kaiserlichen Residenz in Konstantinopel, entdeckt. Sie stammt von Piri Reis, einem türkischen Admiral aus dem 16.

Jahrhundert. Randnotizen behaupten, der westliche Teil, der die amerikanischen Küsten zeigt, sei von einer Karte kopiert worden, die sich im Besitz von Christoph Kolumbus befunden habe, aber zusammen mit dem Beutegut von acht spanischen Schiffen, die 1501 oder 1508 in einer Schlacht vor der Küste Valencias gekapert worden waren, in die Hände des Admirals gefallen sei.

Diese Karte, so Hapgoods These, war Teil einer größeren Karte, die Kolumbus 1492 auf seiner legendären Entdeckungsreise begleitet hatte. In einem Brief an Präsident Eisenhower warb Hapgood für eine erneute Suche nach der Karte, die sich seiner Einschätzung nach noch in spanischem Besitz befinden musste.

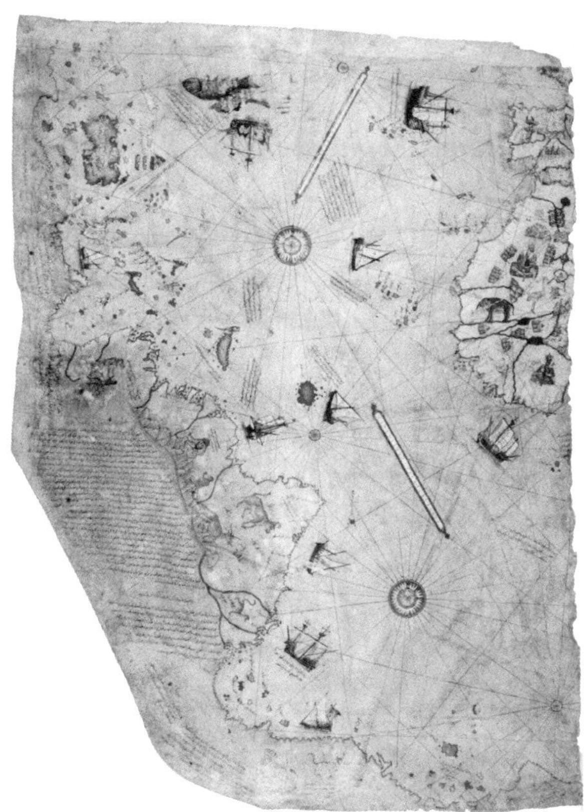

Die Karte des Piri Reis

»Das bemerkenswerteste Detail der Karte von Piri Reis, das auf ihr enormes Alter hinweist«, schrieb Hapgood an Eisenhower, »wurde vor einigen Jahren von Captain Arlington H. Mallery hervorgehoben. [Mallery] erklärte, der untere Teil der Karte zeige die subglaziale Topographie von Queen Maud Land, der Antarktis und des Palmer-Archipels. Nach vierjährigen Untersuchungen der Karte kamen wir zu dem Schluss, dass die Angaben von Captain Mallery korrekt sind. Da wir aber eine möglichst zuverlässige Überprüfung unserer Schlussfolgerungen wünschten, haben wir die Daten dem kartographischen Stab des Strategic Air Command vorgelegt.« Hapgood fügte seinem Brief die Untersuchung der Air Force bei. Er fuhr fort: »Es erübrigt sich zu erwähnen, dass dies eine Angelegenheit von großer Bedeutung für die Kartographie und für die Geschichtsforschung ist. Die antarktische Eiskappe ist über den Gebieten, die auf der Piri-Reis-Karte verzeichnet sind, gegenwärtig anderthalb Kilometer dick. Konsultationen mit geologischen Fachleuten haben zweifelsfrei ergeben, dass die Daten auf der Karte viele Tausend Jahre alt sind. Es scheint, als würde die antarktische Eiskappe die Küste von Queen Maud Land [seit mindestens] 6000 Jahren bedecken. (...) Die Informationen auf der Karte müssen bereits davor erhoben worden sein, entweder von den Phöniziern oder von einem noch älteren (und unbekannten) Volk.«

Die antiken Seekarten, darunter auch die Karte von Piri Reis und andere, spiegelten nach Hapgoods Ansicht den Besitz hochpräziser Informationen wider, die über Jahrtausende von Mensch zu Mensch weitergegeben worden waren. Er hielt es für möglich, dass die Minoer (aus dem alten Kreta, die größten Seefahrerkönige der Antike) und die Phönizier an der Weitergabe, wenn auch nicht unbedingt an der Entstehung, der Informationen beteiligt waren. In seinem Buch lieferte Hapgood Beweise dafür, dass in der großen Bibliothek von Alexandria antike Karten gesammelt und studiert wurden und dass die dort arbeitenden Geographen Kompilationen davon erstellten. Diese Bibliothek wurde, wie bereits erwähnt, Ende des 4. Jahrhunderts vollständig zerstört, und ihr Bestand ging restlos verloren.

Nun ja, vielleicht nicht völlig restlos ...

Hapgood wusste auch, dass Kopien dieser Karten nach Konstantinopel gebracht worden waren. Rand Flem-Ath, der zusammen mit seiner Frau Rose das Buch *Atlantis beneath the Ice* (2012)* geschrieben hat, stand in regem Briefkontakt mit Hapgood. In seinem Buch schreibt Flem-Ath, Hapgood sei überzeugt, diese Karten hätten das europäische »Zeitalter der Entdeckungen und insbeson-

* *Atlantis beneath the Ice* (Bear and Company 2012) ist die überarbeitete und erweiterte Neuausgabe von *When the Sky Fell* (Weidenfeld & Nicholson 1995), das in deutscher Übersetzung vorliegt: *Atlantis: Der versunkene Kontinent unter dem ewigen Eis*, aus dem Amerikanischen von Sebastian Vogel, Hoffmann und Campe 1996, Anm. d. Ü.

dere die Expeditionen unter der Leitung des portugiesischen Königs Heinrich der Seefahrer angeregt«.

In *Atlantis Rising* Nr. 78 (November/Dezember 2009) erklärte Flem-Ath in seinem Artikel »The Lost World Map of Christopher Columbus«, Hapgood befürchte, dass die Spanier die Suche nicht fortsetzen würden, aus Sorge, es könnte sich herausstellen, dass das Verdienst der Entdeckung Amerikas nicht Kolumbus, sondern einem anderen zukommt. Dennoch folgte Eisenhower dem Vorschlag des Professors und beauftragte John David Lodge, seinen Botschafter in Spanien, mit der Suche nach der Karte.

Doch ihr Verbleib ist bis zum heutigen Tage ungeklärt.

Die Verbindung zu Atlantis

In seinen professionellen akademischen Publikationen zog Hapgood es vor, Karten wie die von Piri Reis inspirierten den alten Ägyptern zuzuschreiben und scheute sich, Atlantis zu erwähnen. Allein das Wort war – und ist es größtenteils immer noch – ein Tabu. Seinen Studenten gegenüber war er jedoch sehr offen und ermutigte sie sogar, das Thema gründlicher zu erforschen. Laut Flem-Ath, der das persönliche Archiv von Hapgood in Yale ausgewertet hat, war die Vorstellung von Atlantis sogar der Grund für seine Faszination für die Karten der großen antiken Seefahrer. Die Inseln St. Peter und St. Paul im mittleren Atlantik stimmten, so Hapgood, tatsächlich mit Platons Beschreibung der Ebene überein, auf der einst die Stadt Atlantis lag.

Die Sankt-Peter-und-Sankt-Pauls-Felsen, wie sie offiziell genannt werden, liegen 100 Kilometer nördlich des Äquators und sind die einzigen brasilianischen Meeresinseln in der nördlichen Hemisphäre. Ihre gesamte Landmasse über Wasser beträgt etwa 1,3 Hektar, und ihre höchste Erhebung, auf der größten Insel Belmonte, liegt nur 18 Meter über dem Meeresspiegel. Wikipedia zufolge besteht der Archipel aus zahlreichen Felsen, fünf kleinen Felseninseln und fünf größeren Inseln. 1832 besuchte Charles Darwin auf der ersten Etappe seiner berühmten Weltreise mit der HMS Beagle diese Felsen. Darwin notierte sämtliche Fauna, die er finden konnte, und stellte fest, er habe auf der Insel nicht eine einzige Pflanze, ja nicht einmal eine Flechte entdecken können.

»Als [Hapgood] diese mittelatlantischen Inseln ausfindig machte«, sagte Flem-Ath dem Magazin *Atlantis Rising*, »dachte er sofort – Atlantis! Er versuchte sogar,

Präsident Kennedy für die Suche zu interessieren.« Sein Timing war allerdings denkbar schlecht. Nachdem er im Oktober 1963 den Ball ins Rollen gebracht hatte, hoffte er, JFK noch vor Weihnachten sprechen zu können, aber – wie wir heute alle wissen – kamen ihm die Ereignisse in Dallas in die Quere.

Offen bleibt die Frage, welche untergegangene antike Zivilisation das Wissen besessen haben könnte, das für die Anfertigung der Karte von Piri Reis und die der Portolane erforderlich war. Für alle, die sich ernsthaft mit der Materie beschäftigen, besteht jedoch kein Zweifel, dass es auf diesem Planeten einst eine geheimnisumwitterte große Zivilisation gab, eine Zivilisation, die dem Untergang geweiht war. Man braucht sich nur die fortschrittlichen Techniken vor Augen zu führen, die beim Bau mysteriöser Monumente wie der Großen Pyramide, Angkor Wat oder auf der Osterinsel zur Anwendung gekommen sein müssen, dann wird einem klar, dass wir sehr vieles vergessen haben.

Die Chiffren der Eingeweihten

Und wir? Wie viel können wir zu lernen hoffen?

Die Suche nach verschollenem Geheimwissen kann viele Formen annehmen. Die Überlebenden von Atlantis könnten, so glauben manche, Maßnahmen ergriffen haben, um ihr fortschrittliches Wissen vor dem dunklen Zeitalter, das sie kommen sahen, zu schützen und es für die Wiederentdeckung durch eine zukünftige, ähnlich fortgeschrittene Gesellschaft zu erhalten. Ihr Wissen, so die Spekulationen, könnte in gut versteckten Archiven aufbewahrt worden sein. Edgar Cayce, der berühmte schlafende Prophet aus Virginia Beach, sagte voraus, dass wir mehr als eine »Halle der Aufzeichnungen« finden würden, und bis heute suchen viele danach. Unabhängig davon, ob ein solches Archiv zu finden ist oder nicht, gibt es vielleicht einen anderen Ort, an dem man nach verlorenem Wissen aus der Vergangenheit auf die Suche gehen kann. Denn wie sich herausstellt, haben einige der größten Denker und Schriftsteller der Geschichte wichtige Geheimnisse in ihre Werke eingebettet, wo nur Eingeweihte, die wussten, wonach sie suchen mussten, sie finden konnten und wo sie, wie der Inhalt eines verborgenen Archivs, vielleicht immer noch auf ihre Entdeckung warten.

Der Codex Copiale

In einer Pressemitteilung der University of Southern California heißt es: »Ein eigenartiges deutsches Manuskript aus dem 18. Jahrhundert wirkt, als entstamme es direkt der Fiktion – eine handgeschriebene Botschaft in abstrakten Symbolen und lateinischen Buchstaben, die sich mit Akribie über 105 vergilbte Seiten erstreckt und in den Tiefen eines akademischen Archivs verborgen lag. Heute, über dreihundert Jahre nach seiner Entstehung, ist der Codex Copiale mit seinen 75.000 Zeichen endlich geknackt. Das mysteriöse Kryptogramm, das in grüngoldenes Brokatpapier gebunden ist, enthüllt die Rituale und die politische Ausrichtung eines Geheimbundes aus dem 18. Jahrhundert in Deutschland. Die in dem Dokument beschriebenen Rituale deuten darauf hin, dass die Gesellschaft offenbar eine Begeisterung für Augenchirurgie und Augenheilkunde hegte, obwohl die Mitglieder der Gesellschaft anscheinend keine Augenärzte waren.«*

Natürlich könnten die biblischen Gleichnisse über die, die »Augen haben zu sehen«, von Uneingeweihten auch optometrisch verstanden worden sein, aber das hätte deren Sinn verfehlt.

Die Entzifferung des Codex Copiale »öffnet ein Fenster für Menschen, die sich mit Ideengeschichte und der Geschichte von Geheimgesellschaften befassen«, sagte Kevin Knight, Computerlinguist und Mitglied des Teams, das den Code schließlich geknackt hat. »Historiker glauben, dass Geheimgesellschaften bei Revolutionen eine Rolle gespielt haben, aber das alles muss noch genauer untersucht werden, was zu einem großen Teil daran liegt, dass sehr viele Dokumente verschlüsselt sind.«

Um den Codex zu knacken, machten Knight und seine Kolleginnen Beáta Megyesi und Christiane Schaefer von der Universität Uppsala in Schweden erst einmal das Originalmanuskript ausfindig, das nach dem Kalten Krieg in der Ostberliner Akademie entdeckt worden war und sich heute in einer Privatsammlung befindet. Das Team transkribierte den Text in eine maschinenlesbare Version und nutzte ein von Knight entwickeltes Computerprogramm, um das gemeinsame Auftreten bestimmter Symbole und anderer Muster zu quantifizieren.

»Wenn man einen neuen Code erhält und ihn sich ansieht, sind die Möglichkeiten nahezu unbegrenzt«, so Knight. »Hat man dann auf Grundlage seiner menschlichen Intuition erst einmal eine Hypothese entwickelt, kann man sehr viel Routinearbeit an den Computer abgeben.«

Beim Codex Copiale kannte das Entschlüsselungsteam zunächst nicht einmal die Sprache des chiffrierten Dokuments. Da sie aber aufgrund der römischen und griechischen Schriftzeichen, die über das gesamte Manuskript verteilt sind,

* Siehe die Pressemitteilung der University of Southern California: »USC Scientist Cracks Mysterious ›Copiale Cipher‹«, University of Southern California (online), 25. Oktober 2011, https://pressroom.usc.edu/usc-scientist-cracks-mysterious-copiale-cipher/.

eine Vermutung hatten, isolierten sie diese von den abstrakten Symbolen und setzten bei ihnen als dem eigentlichen Code an.

»Das hat ziemlich lange gedauert und war ein völliger Fehlschlag«, erklärte Knight. Nachdem sie es mit achtzig Sprachen versucht hatten, erkannte das Kryptographie-Team schließlich, dass die römischen Zeichen »Leerzeichen« waren, die den Leser in die Irre führen sollten. Die Botschaft steckte in den abstrakten Symbolen.

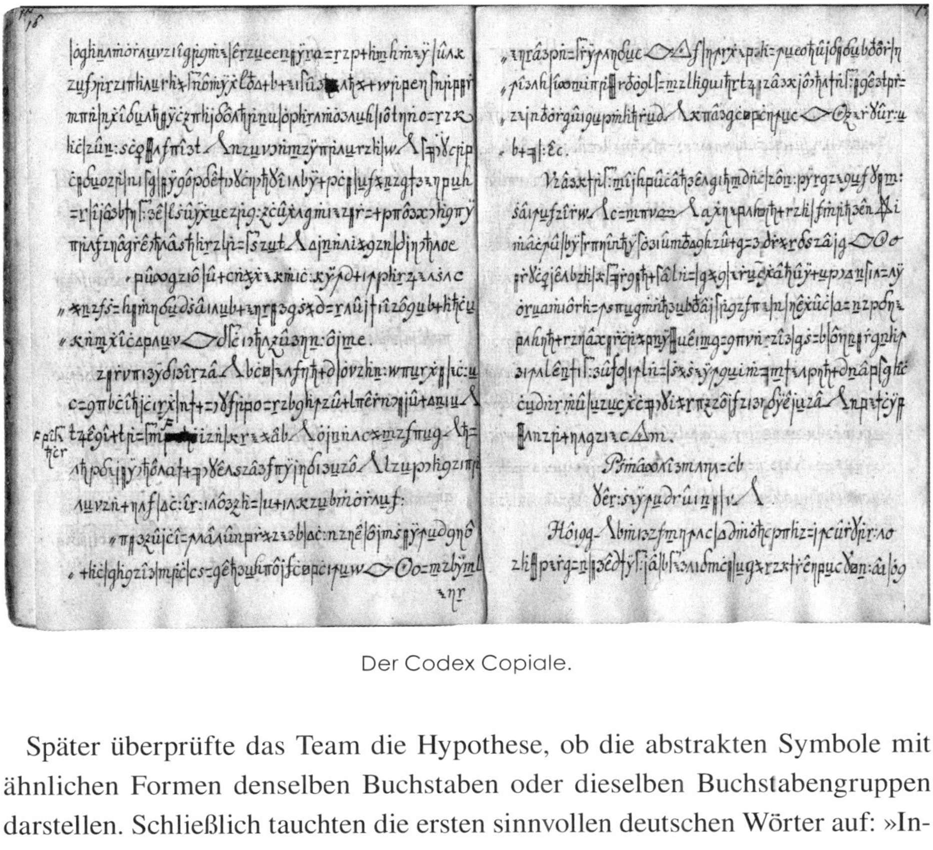

Der Codex Copiale.

Später überprüfte das Team die Hypothese, ob die abstrakten Symbole mit ähnlichen Formen denselben Buchstaben oder dieselben Buchstabengruppen darstellen. Schließlich tauchten die ersten sinnvollen deutschen Wörter auf: »Initiationszeremonien«, gefolgt von »Geheimabteilung«.

In der Pressemitteilung der USC heißt es: »Knight hatte vor, danach weitere verschlüsselte Botschaften ins Visier zu nehmen, darunter auch die des Zodiac-Killers, eines Serienmörders, der höhnische Nachrichten an die Presse schickte und nie gefasst wurde. Knight wollte seine computergestützte Software zum Knacken von Codes auch auf andere berühmte ungelöste Codes anwenden, etwa auf den letzten Abschnitt von *Kryptos*, einer Skulptur mit einer verschlüsselten Nachricht, die aus vier großen Kupferplatten herausgearbeitet ist und auf dem Gelände des CIA-Hauptquartiers in Langley, Virginia*, steht, sowie auf das Voynich-Manuskript, ein geheimnisvolles mittelalterliches Dokument, das professionelle Kryptographen seit Jahrzehnten vor ein Rätsel stellt. Einige der kuriosesten und komplexesten Kodizes sind uns jedoch von den größten Genies der Geschichte überliefert worden.

Kryptos, Skulptur auf dem Gelände des CIA-Hauptquartiers in Langley, Virginia.

Das Rätsel um Francis Bacon

Wie Millionen Fans von Dan Browns Buch *Sakrileg: The Da Vinci Code* (dt. Der Da Vinci Code, 2017) wissen, wird Leonardo nachgesagt, in seinen Gemälden und Zeichnungen tiefe Geheimnisse christlichen Ursprungs versteckt zu haben. Und er ist vielleicht nicht der einzige Renaissance-Künstler, der zu einer

* Weitere Einzelheiten über den geheimnisvollen *Kryptos* in: Julian Borger, »Interest Grows in Solving Cryptic CIA Puzzle after Link to Da Vinci Code«, *The Guardian* (online), 11. Juni 2005, https://www.theguardian.com/world/2005/jun/11/danbrown.books.

solchen Taktik gegriffen hat. Vor Kurzem behaupteten zwei kunstbegeisterte brasilianische Ärzte, sie hätten geheime Lehren über die menschliche Anatomie entschlüsselt, die Michelangelo in seinen Gemälden an der Decke der Sixtinischen Kapelle im Vatikan hinterlassen habe.*

Die Dechiffrierung von Geheimcodes, welche die Giganten der westlichen Kultur hinterlassen haben, ist für manche Forscher zu einer wahren Leidenschaft geworden. Noch immer durchstöbern Spürnasen – sowohl Profis als auch Amateure – staubige Archive und Bibliotheken auf der Suche nach verborgenem Wissen. Unter allen Anwärtern auf den Titel »größtes literarisches Geheimnis« gibt es nach Ansicht einiger Wissenschaftler nichts, was faszinierender wäre als die Geheimnisse in Shakespeares Stücken. Viele kluge Männer, darunter Mark Twain und Friedrich Nietzsche, waren überzeugt, der geheime Autor der Stücke – oder zumindest der Kopf der Gruppe der »Geister« von Gray‘s Inn, die sie hervorgebracht und mit geheimen Botschaften versehen habe – sei Francis Bacon gewesen.

Ignatius L. Donnelly, amerikanischer Kongressabgeordneter und Autor von *Atlantis: The Antediluvian World***, schrieb 1880 in seinem Buch *The Great Cryptogram*, Bacon habe seine Urheberschaft an Shakespeares Werken durch geheime Chiffren im Text verraten. Ein paar Jahre später ging Orville Ward Owen noch einen Schritt weiter. Der Arzt Owen benutzte ein von ihm entwickeltes »Chiffrierrad« zur Entschlüsselung zahlreicher Kryptogramme in Shakespeares Werken. Mithilfe seiner Maschine konnte Owen rasch gedruckte Seiten aus den Werken von Shakespeare, Bacon und anderen Autoren zusammenstellen und Passagen miteinander kombinieren, die einen Zusammenhang zu Schlüsselwörtern oder -sätzen aufzuweisen schienen. In seinem 1893 erschienenen Werk *Sir Francis Bacon‘s Cipher Story* (mehrere Bände, 1893–1895) behauptete Owen, in Bacons/Shakespeares Werken nichts Geringeres als eine geheime Geschichte des Elisabethanischen Zeitalters entdeckt zu haben. Bacon soll auch der Mann sein, der hinter den Kulissen die Entstehung der King-James-Bibel steuerte. Owen und andere leiten daraus ab, dass Bacon das heimliche Kind der Liebe von Königin Elisabeth I. und Robert Dudley, Earl of Leicester, war und aufgrund der hochsensiblen Natur seiner

* Siehe Sam Savage, »Brazilian Doctors Uncover ›Michelangelo Code‹«, RedOrbit.com, 16. Juni 2005, https://www.redorbit.com/news/science/156539/brazilian_doctors_uncover_michelangelo_code/.

** Deutsch: *Atlantis: die vorsintflutliche Welt*, Übersetzung von Wolfgang Schaumburg, Leipzig, Schnurpfeil 1895.

persönlichen Geschichte gezwungen war, bei der Verbreitung seines Wissens auf Chiffren zurückzugreifen.

Chiffren sind ein System zur Kodierung, damit Menschen mit besonderen Kenntnissen – manche würden sie als Eingeweihte bezeichnen – versteckte Botschaften finden können, die an Orten hinterlassen werden, an denen Uneingeweihte nichts von Interesse entdecken würden. Bacon wird die Erfindung der buchstabenbasierten Kodierung zugeschrieben, die der Steganographie (der Übermittlung geheimer Nachrichten, die nicht als solche erkennbar sind) dient. In einem ansonsten harmlosen Text konnte eine versteckte Nachricht untergebracht werden, die mit einem vorher festgelegten Schlüssel zur Identifizierung der Buchstaben, welche die geheime Nachricht bilden, herausgelesen werden konnte. Nur der vorgesehene Empfänger wusste, dass er überhaupt nach einer Nachricht suchen musste. Bacon schrieb, er habe seine buchstabenbasierte Kodierung als junger Mann in Paris entwickelt. Er selbst und die von ihm gegründete Rosenkreuzer-Bruderschaft nutzten Kodierungen unterschiedlicher Art. Die Chiffren waren in diversen Publikationen enthalten, die nach außen hin unter anderem Namen oder Pseudonymen veröffentlicht wurden, und dienten dazu, Nachrichten an Eingeweihte zu übermitteln. Von Bacons Verschlüsselungstechniken wurden viele Jahre später von Geheimdiensten verschiedener Weltmächte und schließlich von modernen Computerprogrammierern aufgegriffen, um Binär- und Maschinencodes zu entwickeln.

Der Forscher William Henry gehört zu dem Personenkreis, der glaubt, dass Bacon als Schlüssel zu vielen seiner Kodierungen ein kryptisches Doppel-A (ein helles und ein dunkles: A **A**) verwendet hat. Faksimiles der Sonette sowie von *Hamlet* und *König Richard III.*, die zu Shakespeares Zeit veröffentlicht wurden, tragen alle auf ihren Titelseiten das helle A und das dunkle A. Auch in der King-James-Bibel von 1611 erscheinen die beiden Buchstaben.

Ob Bacon nun tatsächlich Shakespeare ist oder nicht, er wird allgemein als einer der größten Denker, die je gelebt haben, geschätzt, als ein Denker mit einer außergewöhnlichen prophetischen Vision. »Er schien durch die Zeit hindurchsehen zu können«, meinte Henry (»Bacon and the Double A«, *Atlantis Rising* Nr. 45, Mai/Juni 2004), »und beschrieb sehr fantasievolle Erfindungen wie eine Lichtsäule im Zentrum des *Neuen Atlantis*«. Als wahrer Eingeweihter verbarg Bacon seine Geheimnisse in Kryptogrammen, versteckt in Schriftstücken aus seiner Werkstatt, von denen viele das A **A** in der Kopfleiste tragen, darunter auch Bücher, die von anderen Autoren, aber unter seiner Ägide verfasst worden sind.

Fünf konkurrierende Verlage haben unabhängig voneinander Shakespeares Werke mit dem A **A** in der Kopfleiste herausgegeben, was die Vermutung erhärtet, dass es sich um die Signatur eines geheimen Autors handelt, nämlich Bacon.*

Orville Ward Owens Chiffrierrad.

Bacon hatte eigene Holzblöcke mit Vorrichtungen oder Emblemen, die teils von ihm selbst entworfen waren, und jedes unter seiner Leitung entstandene Buch, ob von ihm selbst verfasst oder nicht, wurde mit einem oder mehreren dieser Logos versehen. Zu seinen Autoren gehörten Edmund Spenser, Christopher Marlowe, Shakespeare, Walter Raleigh und andere.

Seine meisterhafte Kenntnis von Chiffren und Symbolen erlaubte es Bacon, so vermuten Experten, diese Werke zu nutzen, um Botschaften oder Lehren zu übermitteln. Nach Henry könnte Bacons größter Code die englische Sprache selbst gewesen sein. »Die englische Sprache«, schrieb Henry, »beruht anerkanntermaßen auf der englischen Übersetzung der King-James-Bibel (die, wie manche glauben, von Gott ermöglicht und von Bacon geleitet wurde) sowie auf den Dramen und Schauspielen von Shakespeare. In den Stücken gibt es etwa 22.000

* Einen Überblick über einige der fraglichen Chiffren und Codes finden Sie in: Richard Tingstad, »Summary of Most Convincing Bacon Ciphers in Shakespeare«, Rictin.com 2010, http://www.rictin.com/a/bacon-cipher/

verschiedene englische Wörter, davon *7000 neue*, die – laut Murray's Oxford Dictionary – erstmals in die englische Sprache eingeführt wurden.«

Zwei Beispiele für Francis Bacons Doppel-A-Insignien.

Die Prophezeiungen in der Thora

Wenn die englische Sprache ein Code ist, der viele uralte Geheimnisse birgt, dann könnte Hebräisch ein weiterer sein. Leute wie der Bestsellerautor Michael Drosnin haben behauptet, Gott selbst habe die Ereignisse aller Zeiten, auch die der unseren, in einem Code vorausgesagt, der in den Buchstaben der hebräischen Thora verborgen sei. *Der Bibel-Code**, Drosnins 1997 erschienenes Buch, basiert auf den Erkenntnissen des israelischen Mathematikers Eliyahu Rips.

Rips, der für seine Forschungen auf dem Gebiet der geometrischen Gruppentheorie weithin anerkannt ist, wurde der breiten Öffentlichkeit als Mitautor einer Arbeit über die seiner Meinung nach in der Thora enthaltenen verschlüsselten Botschaften bekannt. Ende der 1970er-Jahre begann Rips, mithilfe des Computers nach solchen Codes zu suchen. Zusammen mit Doron Witztum und Yoav Rosenberg veröffentlichte er 1994 in der Zeitschrift *Statistical Science* den Artikel »Equidistant Letter Sequences in the Book of Genesis«, in dem er behauptet, verschlüsselte Botschaften im hebräischen Text der Genesis entdeckt zu haben. Dieser Artikel war es, der Drosnin zu seinem Buch inspirierte.

* Michael Drosnin, *Der Bibel-Code*, aus dem Amerikanischen von Elisabeth Parada Schönleitner, Heyne 1997.

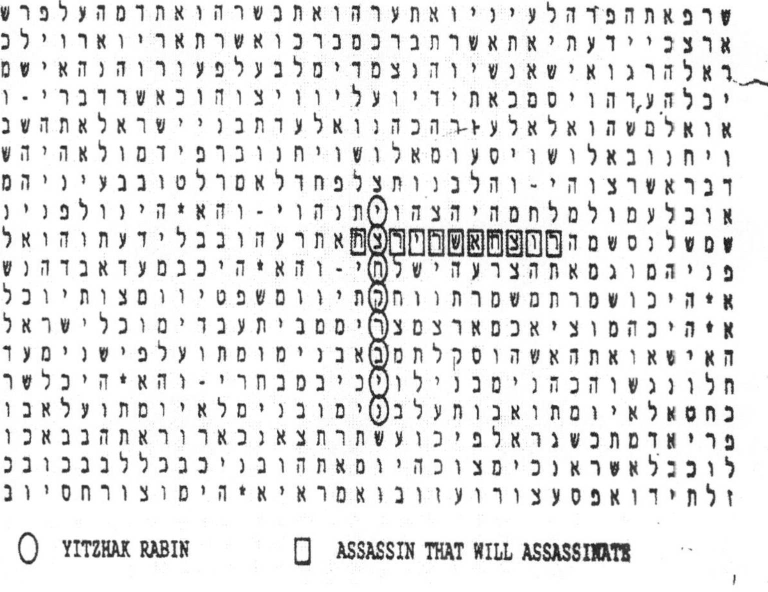

Beispiel für den Bibel-Code aus Drosnins Buch.

1994 schrieb Rips dem israelischen Premierminister Yitzhak Rabin einen Brief, in dem er über seine Forschungen berichtete: »Ich erzähle Ihnen davon, weil an der einzigen Stelle, an der Ihr voller Name – Yitzhak Rabin – in der Bibel verschlüsselt ist, die Worte ›Mörder, der morden wird‹ Ihren Namen kreuzen. Das sollten Sie nicht ignorieren, denn auch die Morde an John und Robert Kennedy sowie an Anwar el-Sadat (dem ägyptischen Staatschef) sind in der Bibel verschlüsselt – im Falle Sadats mit Vor- und Zunamen seines Mörders, Datum sowie Ort und Ausführungsart des Mordes. Ich glaube, dass Sie sich tatsächlich in Gefahr befinden, aber dass die Gefahr abgewendet werden kann.«

Am 4. November 1995, etwa ein Jahr, nachdem Rips' enger Freund, der Dichter Chaim Guri, Rabin seinen Brief übergeben hatte, wurde Rabin ermordet – von einem Mann in den Rücken geschossen, der glaubte, er sei im Auftrag Gottes unterwegs. Rips zufolge war dieser Mord vor 3000 Jahren in der Bibel verschlüsselt worden.*

* Eine Analyse des Bibelcodes und von Drosnins Buch zum Thema ist zu finden in: Paul Ratner, »Scientists Claim the Bible Is Written in Code That Predicts Future Events«, *Big Think* (online), 19. November 2018, https://bigthink.com/the-present/scientists-clai-the-bible-is-written-in-code-that-predicts-future-events/

Seit Erscheinen von Drosnins Buch wurde die Theorie, dass die Bibel einen solchen versteckten Code enthält, von den meisten Experten verworfen. Ähnliche Muster ließen sich praktisch in jeder ausreichend großen Buchstabengruppe finden, sagen sie. Die Möglichkeit einer derart göttlichen Kodierung hat jedoch viele fasziniert, nicht zuletzt Sir Isaac Newton. In dem Buch *Temple at the Center of Time: Newton's Bible Codex Deciphered and the Year 2012* behauptet der Forscher David Flynn, Newtons »einheitliche Feldtheorie der biblischen Prophezeiung« entschlüsselt zu haben und vermutet, dass der Tempel Salomons mehr als nur ein Ort der Anbetung ist – sondern dass sich hier Zeit und Dimensionen schneiden, was ihn zu einem prophetischen und übernatürlichen Bauwerk macht, quasi zu »Gottes Zeitbombe«.

Flynn führt eine Reihe von Anomalien rund um den Tempel auf, darunter Newtons *Prisca Sapientia* (unberührte Weisheit), die besagt, dass die Entfernung zwischen dem Tempel in Jerusalem und der Hauptstadt jeder Nation, welche die Chroniken von Jerusalem historisch beeinflusst, auf übernatürliche Weise verbunden sein würde.

»Die Beschreibung Jerusalems als irdischer Mittelpunkt findet sich in Philos *Legatio und Gaium*«, merkt Flynn an. »Die Welt ist wie ein menschlicher Augapfel. Das Weiße des Auges ist der Ozean, der die Welt umgibt, die Iris ist dieser Kontinent, die Pupille ist Jerusalem, und das Bild in der Pupille ist der Heilige Tempel.«

Der Platon-Code

Immer wieder kommen weitere potenzielle antike Quellen mit geheimem Inhalt ans Licht. Sogar die Schriften des griechischen Philosophen Platon gelten heute bei einigen Wissenschaftlern als verschleiertes esoterisches Gedankengut. J. B. Kennedy, Wissenschaftshistoriker an der Universität Manchester in Großbritannien, behauptet sogar, den sogenannten »Platon-Code« geknackt zu haben – die seit Langem umstrittenen geheimen Botschaften, die in den Schriften des großen Philosophen verborgen sein sollen.

Der Philosoph Platon, der weithin als der größte Geist des Goldenen Zeitalters Griechenlands gilt, hat das Fundament der westlichen Kultur und Wissenschaft gelegt. In einem 2010 in der Zeitschrift *Apeiron* erschienenen Artikel enthüllt Kennedy, dass Platon ein regelmäßiges Symbolmuster verwendete, das er aus den 100 Jahre älteren Lehren des Pythagoras übernommen hat, um seinen Büchern eine musikalische Struktur zu verleihen. Pythagoras hatte erklärt, dass die Planeten und Sterne eine unhörbare Harmonie ergeben, die »Sphärenmusik«. In seinen Schriften imitiert Platon diese verborgene Musik.

Platon-Büste

Die verborgenen Codes zeigen, so Kennedy, dass »Platon die wissenschaftliche Revolution 2000 Jahre vor Isaac Newton vorweggenommen und ihre wichtigste Idee entdeckt hat – das Buch der Natur ist in der Sprache der Mathematik geschrieben. Die entschlüsselten Botschaften eröffnen zudem eine überraschende Möglichkeit zur Vereinigung von Religion und Wissenschaft. Die Ehrfurcht und Schönheit, die wir in der Natur empfinden, bekunden Platon zufolge deren Göttlichkeit; die wissenschaftliche Ordnung der Natur zu entdecken bedeutet, sich Gott zu nähern. Dies könnte die heutigen Kulturkriege zwischen Wissenschaft und Religion transformieren.«[*]

Fünf Jahre lang beschäftigte sich Kennedy mit Platons Schriften und fand heraus, dass er in seinem bekanntesten Werk, *Der Staat*, jeweils nach einem Zwölftel des Textes – nach dem ersten Zwölftel, dem zweiten Zwölftel und so weiter – Wortgruppen mit Bezug zur Musik eingefügt hat. Dieses regelmäßige Muster entspricht den zwölf Noten einer griechischen Tonleiter. Manche Töne

* Siehe die Pressemitteilung der University of Manchester zu Kennedys Projekt: »Science Historian Cracks the ›Plato Code‹«, *ScienceDaily* (online), 29. Juni 2010, https://www.sciencedaily.com/releases/2010/06/100628111846.htm

sind harmonisch, andere dissonant. An den Stellen mit harmonischen Tönen spricht er von Klängen, die mit Liebe oder Lachen verbunden werden, wohingegen die Stellen mit dissonanten Tönen durch kreischende Geräusche, Krieg oder Tod gekennzeichnet sind. Dieser musikalische Code war der Schlüssel zur Dechiffrierung von Platons gesamtem symbolischen System.

Kennedy sagte: »Wenn wir seine [Platons] Bücher lesen, folgen unsere Gefühle dem Auf und Ab einer Tonleiter. Platon spielt seine Leser wie ein Musikinstrument.«

Platons *Der Staat* auf einem antiken Papyrus.

Platon entwarf seine geheimen Muster jedoch nicht – wie Bacon – zum reinen Vergnügen, sondern um sein Überleben zu sichern. Denn tatsächlich stellten seine Ideen eine große Bedrohung für die offizielle griechische Religion der damaligen Zeit dar. Mathematische Gesetze und nicht die Götter lenken das Universum, lautete seine These. Platons Lehrer Sokrates war wegen Ketzerei hingerichtet worden. Geheimhaltung war in alten Kulturen üblich, insbesondere bei esoterischem und religiösem Wissen, aber für Platon war sie eine Frage von Leben und Tod. Einzig die Verschlüsselung seiner Vorstellungen in geheimen Mustern bot ihm Sicherheit, glaubt Kennedy.

Das Interesse an geheimen Codes aller Art wächst ungebrochen. Es besteht Grund zu der Hoffnung, dass die jüngere Forschung neues Licht in einige

Ecken, die lange im Verborgenen lagen, bringen kann. Von der NASA entwickelte Technik, etwa zum Einsatz bei Satellitenbildern, ist heute ein weiteres vielversprechendes Instrument, um alte Manuskripte zu untersuchen. Die Hoffnung ist, dass die verblasste Tinte solcher Schriften letztendlich die Geheimnisse untergegangener Welten preisgeben könnte. Viele Wissenschaftler warten nun gespannt darauf, was die Technik ihnen über Dokumente wie die Schriftrollen vom Toten Meer, die Nag-Hammadi-Schriften, das Voynich-Manuskript oder vielleicht eine noch zu entdeckende Botschaft einer untergegangenen Kultur verraten kann.

Geschichte, die nicht gelehrt wird

Was wirklich geschehen sein könnte

Zweifelhafte Zeitachsen

Wie alt ist die Menschheitsgeschichte auf dem amerikanischen Kontinent wirklich?

Die Vorstellung, dass Menschen wie wir – mit der Fähigkeit, Werkzeuge herzustellen und Kunst zu schaffen – erst vor etwa 40.000 Jahren auf der Bildfläche erschienen, wird stärker infrage gestellt denn je. Nach Ansicht von Experten weltweit stellt eine wachsende Anzahl von Belegen – hoch entwickelte Harpunenspitzen aus dem Kongo, kunstvolle Höhlenmalereien aus Indonesien, Felsmalereien aus Australien und vieles mehr – die gesamte Zeitachse der menschlichen Entwicklung ernsthaft infrage.* Plötzlich ist es salonfähig geworden, darüber zu spekulieren, dass es Menschen wie uns schon seit mindestens 100.000 Jahren gibt – vielleicht sogar schon viel länger.

Tatsächlich sind die kunstvoll gefertigten Harpunenspitzen aus Afrika über 90.000 Jahre alt. Handschablonen an den Wänden indonesischer Höhlen sind 40.000 bis 50.000 Jahre alt – genauso alt wie ihre beeindruckenden Pendants in den europäischen Höhlen Lascaux und Chauvet. Das deutet darauf hin, dass die ursprüngliche Entwicklung solcher Fertigkeiten in der Menschheitsgeschichte viel weiter zurückliegt, als Wissenschaftler dies einst für möglich hielten.

Tatsächlich zeigt Höhlenkunst, wie sie überall auf der Welt ans Tageslicht geholt wurde, differenzierte zeichnerische und malerische Darstellungen vieler Tierarten, und dies mindestens 10.000 Jahre *früher*, als es sie unserer Auffassung nach überhaupt gegeben hat. Diese erstaunliche Kunst offenbart eindeutig

* Mehr über diese und andere Entdeckungen in Robin McKie, »Cave Art and Harpoon Tips Show African Roots of Our Creative Genius«, *The Guardian* (online), 11. Oktober 2014, https://www.theguardian.com/science/2014/oct/11/cave-paintings-indonesia-african-roots

die Handschrift brillanter Künstler, deren Beherrschung von Linien und anatomischen Details selbst die kritischsten Experten von heute beeindruckt.

Schablone einer menschlichen Hand in einer indonesischen Höhle; Foto: Kinza Riza, mit freundlicher Genehmigung von *Nature*.

In der Grotte Chauvet-Pont d'Arc in Frankreich wurden die Malereien an den Höhlenwänden durch die Datierung von Holzkohle und anderen Überresten bisher einem Zeitraum zwischen 22.000 und 18.000 v. Chr. zugeordnet. Doch 2015 entdeckte man, dass Kunstwerke in einer Höhle auf der indonesischen Insel Sulawesi 35.000 bis 40.000 Jahre alt sind. Bald darauf tauchte ein neues Papier auf – die Datierung der Kunst aus der Grotte Chauvet wurde überprüft, und es konnte nun eindeutig nachgewiesen werden, dass sie auf einen Zeitraum von vor 33.500 bis 37.000 Jahren zurückgeht. Tatsächlich reklamierte Frankreich für die Grotte Chauvet (und seinen Tourismus) sofort und voller Stolz den Titel »älteste Tierkunst der Welt«.*

In Platons Atlantis-Erzählung wird der griechische Gesetzgeber Solon von den ägyptischen Priestern in Saïs darauf hingewiesen, dass die Zivilisation mehrfach auf- und untergegangen sei. Inzwischen ist die theoretische Zeitachse für die Entwicklung des Menschen endlich so weit ausgedehnt, dass langfristi-

* Siehe A. Quiles, H. Valladas, H. Bocherens, et al., »A High-Precision Chronological Model for the Decorated Upper Paleolithic Cave of Chauvet-Pont d'Arc, Ardèche, France«, *Proceeding of the National Academy of Sciences* 113, Nr. 17 (2016): 4670-4675. https://www.smithsonianmag.com/smart-news/new-timeline-zeroes-creation-chauvet-cave-paintings-180958754/.

ge Entwicklungen wie Zivilisationen nicht nur einmal, sondern eventuell sogar mehrfach im Bereich des Möglichen sind.

Der Satz »Es ist viel älter, als man je für möglich gehalten hat« fällt bei archäologischen Erkenntnissen so häufig, dass es scheint, als sollten alle modernen Zeitachsen für die Geschichte des Menschen auf der Erde verworfen werden und als sollten wir einfach von ganz neuen Annahmen ausgehen.

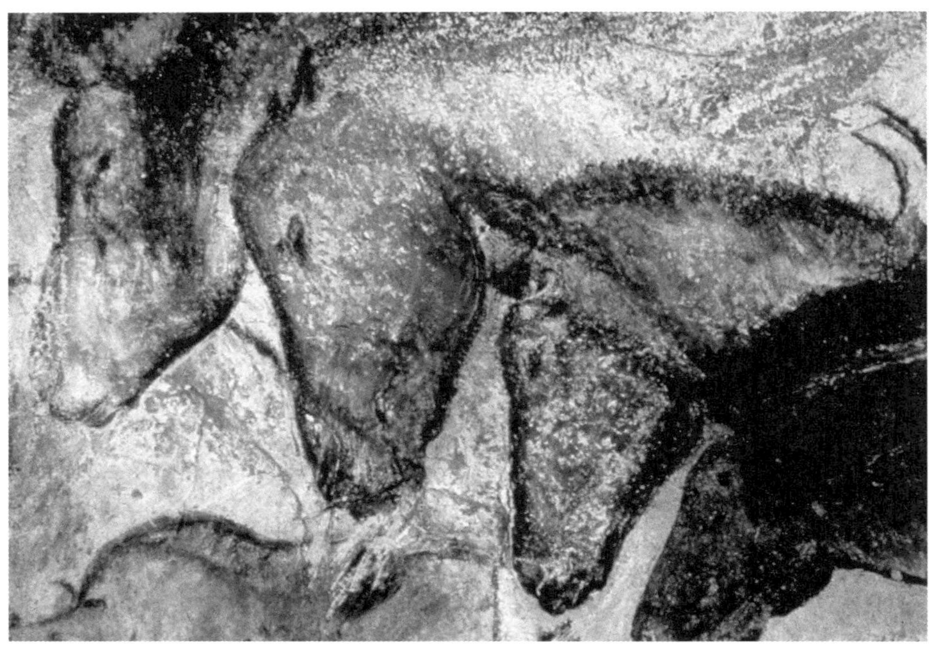

Pferdezeichnungen an der Wand der Grotte Chauvet in Frankreich.

Der Lohn des Hüters der Zeit

Im *Timaios* und im *Kritias*, in denen Platon seinen Bericht über Atlantis formuliert (geschrieben 360 v. Chr.), lesen wir, nach jahrtausendelanger Vorgeschichte sei der Inselstaat etwa 9600 v. Chr. untergegangen.

Im 17. Jahrhundert veröffentlichte der irische Bischof James Ussher eine biblische Chronologie, in der er erklärt, die Schöpfung habe am Sonntag, dem 23. Oktober 4004 v. Chr. (nach dem julianischen Kalender) stattgefunden.

Heute beharren die meisten Naturhistoriker, dass die Erde zwischen vier und fünf Milliarden Jahre alt ist und die ersten Menschen wie wir vor etwa

1.000.000 Jahren auf der Bildfläche erschienen. Das, so die einhellige Meinung, würde immer noch nicht ausreichen, um mehr als einmal bis in unsere heutige »luftige Höhe« aufgestiegen zu sein.

Sie können nicht alle recht haben, und so tobt der Streit um die glaubwürdigste Zeitachse immer noch und wird wahrscheinlich so lange weitertoben, wie es Menschen gibt. Dabei geht es allerdings um mehr als nur um das Recht auf akademische Prahlerei. Es geht um die Autorität, die damit einhergeht, wenn man von der Gesellschaft zum offiziellen Hüter der Wahrheit erklärt wird und die damit verbundenen Vergünstigungen für sich beanspruchen kann. Tatsächlich geht es bei den meisten Debatten über Zeitachsen ebenso sehr darum, wer das Sagen hat, wie darum, wer Recht hat.

Nehmen wir einmal die Behauptung, Atlantis sei eigentlich eine Vulkaninsel im Mittelmeer gewesen, nämlich Santorin (Thíra), die während der Bronzezeit explodierte. Die Theorie versöhnt sich mit Platon, wenn sie behauptet, es habe sich bei den Zahlern ein Fehler eingeschlichen. Auch wenn er von 9000 Jahren spricht, habe Platon eigentlich 900 Jahre gemeint. So heißt es zumindest. Letztere Zahl ist für die Wissenschaft natürlich viel bequemer, entspricht sie doch genau dem Standardparadigma, was die Entwicklung der Zivilisation anbetrifft. Nach konventioneller Auffassung waren die Menschen in der Zeit, die Platon tatsächlich nennt, erst einfache Jäger und Sammler und zu einer Zivilisation nicht fähig. Es bleibt natürlich die kuriose Tatsache, dass die Zeitangabe 9600 v. Chr. zufällig mit dem gut dokumentierten Ende der letzten großen Eiszeit zusammenfällt – ein Ereignis, von dem Platon angeblich nichts wusste. Darüber hinaus machen neue Entdeckungen in Göbekli Tepe in der Türkei, in Tell Qaramel in Syrien, im Golf von Khambhat vor der indischen Küste und anderswo deutlich, dass die Menschheit schon mindestens so lange zur Zivilisation fähig ist, wie Platon behauptet.

Die Mächtigen, ob in Kirche, Staat oder Wissenschaft, wissen sehr wohl, wie wichtig die Kontrolle darüber ist, welche Zeitachsen von der Gesellschaft akzeptiert werden, und sie sind sich der Gefahr des Verlustes dieser Kontrolle bewusst, also wehe allen, die das herkömmliche Wissen infrage stellen.

Die Vorstellung, dass moderne Menschen oder auch Neandertaler oder Denisova-Menschen vor über 12.000 Jahren auf dem amerikanischen Kontinent gelebt haben könnten, ist schon lange umstritten, und Entdeckungen, die diese These stützen, werden seit jeher von der anerkannten Wissenschaft geleugnet, diskreditiert oder ignoriert. So wies die angesehene Archäologin Virginia Steen-McIntyre

1966 mithilfe anerkannter Datierungsmethoden, einschließlich Uranreihen- und Spaltspurendatierung, nach, dass eine vorzeitliche Stätte unweit des mexikanischen El Horno in Mexiko vor fast einer Viertelmillion Jahren menschliche Aktivität aufwies. McIntyre wurde daraufhin von der akademischen Welt mit Verachtung gestraft, und schon bald konnte sie ihre berufliche Laufbahn nicht mehr fortsetzen. Ihre Belege, so überzeugend sie auch sein mochten, wurden kurzerhand als falsch abgetan. Schließlich stellten sie die anerkannte wissenschaftliche Lehrmeinung infrage, wonach die erste Einwanderung von Menschen nach Amerika vor gerade einmal 12.000 Jahren über die Landbrücke von Sibirien nach Alaska stattgefunden hat. Dr. McIntyres Erkenntnisse gelten vielleicht immer noch als zu radikal, aber das konventionelle Wissen bewegt sich in ihre Richtung.*

Auf vielen paläologischen Konferenzen werden Sie heute kaum noch jemanden finden, der die sogenannte Clovis-Ursprungstheorie vertritt (benannt nach Clovis, im US-Bundestaat New Mexico, wo angeblich die ersten Menschen siedelten). Neue Belege haben dieses alte Paradigma beiseitegefegt und weisen auf Daten hin, die dreimal so weit und noch weiter zurückreichen.

Neuere Funde an der heute als Cerutti Mastodon bekannten Fundstelle in der Nähe von San Diego, Kalifornien, deuten darauf hin, dass vor mehr als 130.000 Jahren jemand Steinwerkzeuge benutzte, um die Knochen von Mastodonten aufzubrechen.** Man vermutet, dass damit das nahrhafte Knochenmark gewonnen werden sollte. Dem Archäologen Steven Holen zufolge, sind die Beweise »recht überzeugend«.

Die Tragweite dieser Entdeckung ist kaum zu überschätzen. »In den Medien wird oft behauptet, eine neue Studie ›verändere alles‹, was wir bisher wissen«, sagte Chris Stringer vom Natural History Museum in London dem Fachblatt *New Scientist.* »Wenn dieses Ergebnis einer genauen Überprüfung standhält, ändert es tatsächlich alles, was wir über die früheste menschliche Besiedlung des amerikanischen Kontinents zu wissen glauben.« Daher überrascht es nicht, dass die Verfechter des Status quo verärgert reagieren und behaupten, die Belege könnten durch »natürliche« Prozesse entstanden sein. Andere erklären, es könne

* Mehr über Dr. McIntyres Erkenntnisse in: »Hueyatlaco Site-›Extreme Dating Controversy‹« (undatiert), auf s8int.com, http://s8int.com/hueyatlaco.html. (Anm. d. Ü.: Der Artikel ist nicht mehr auf s8int.com zu finden. Stand: 13.02.2023.)

** Das San Diego Natural History Museum zeigt die Ausstellung »The Cerutti Mastodon Discovery« über den Mastodon-Fund. Weitere Informationen, Fotos und Interviews mit den Archäologen sind auf der Website des Museums unter der Rubrik »The Cerutti Mastodon Discovery« zu finden: https://www.sdnhm.org/exhibitions/the-cerutti-mastodon-discovery/.

sich eher um das Werk von Neandertalern oder Denisova-Menschen und nicht von modernen Menschen handeln, aber dennoch bringt es alle herkömmlichen Zeitachsen ins Wanken. Außerdem sollte man nicht vergessen, dass dies – die Funde von Steen-McIntyre in El Horno nicht einmal mitgerechnet – nicht der erste Beweis für eine extrem alte menschliche Besiedlung auf dem amerikanischen Kontinent ist.*

Bereits in den 1990er-Jahren wies die Linguistin Johanna Nichols in einem Aufsatz nach, dass die 150 Sprachen der amerikanischen Indigenen, die sie untersucht hatte, unmöglich in weniger als 30.000 bis 40.000 Jahren entstanden sein können.** Heute kommen DNA-Analysen von amerikanischen Indigenen zu ähnlichen Ergebnissen.

Archäologe an der Grabungsstelle Cerutti Mastodon in der Nähe von San Diego.

Weitere DNA-Untersuchungen, die 2016 publiziert wurden, schlossen die sibirische Route für eine Besiedlung des amerikanischen Kontinents früher als

* Siehe Colin Barras, »First Americans May Have Been Neanderthals 130,000 Years Ago«, *New Scientist* (online), 26. April 2017, https://www.newscientist.com/article/2129042-first-americans-may-have-been-neanderthals-130000-years-ago/.

** Siehe die Pressemitteilung der University of California in Berkeley: »Incredible Journeys of Our Native Tongues«, von Patricia McBroom, in der Universitätszeitung *Berkeleyan* vom 11. März 1998, https://www.berkeley.edu/news/berkeleyan/1998/0311/linguistics.html.

vor 12.600 Jahren praktisch aus. Die im Magazin *Nature* veröffentlichte Studie zeigt, dass der Korridor vor dieser Zeit »biologisch nicht überlebensfähig« – mit anderen Worten: unmöglich – gewesen wäre. Die Forschenden kamen zu dem Schluss, dass Menschen die Route zwar nach diesem Zeitpunkt bereist haben könnten, dass sie aber davor unpassierbar gewesen wäre, da es an wichtigen Ressourcen wie Holz für Brennmaterial und Werkzeuge sowie Wildtieren als Nahrung fehlte. Die Studie wurde geleitet vom dänischen Evolutionsgenetiker Eske Willerslev an der britischen Cambridge University. »Die Quintessenz ist, dass der physische Korridor zwar schon vor 13.000 Jahren offen war, es aber noch mehrere Hundert Jahre dauern sollte, bis man ihn nutzen konnte«, sagte Willerslev. »Das bedeutet, dass die ersten Menschen, die in das Gebiet der heutigen USA, Mittel- und Südamerikas kamen, eine andere Route genommen haben müssen. Ganz unabhängig davon, ob man glaubt, dass es sich bei diesen Menschen um Clovis oder um andere gehandelt hat, sie können schlicht nicht durch den Korridor gekommen sein, wie lange behauptet wurde.«[*]

Das *Smithsonian Magazine* berichtete über eine Reihe von Entdeckungen, die an Orten wie Monte Verde in Chile und Aucilla River in Florida die Fundamente der Orthodoxie in ähnlicher Weise auf die Probe stellen.[**] Belege für alternative Zeitachsen kommen auch aus der Chesapeake Bay. In einem Gebiet, das seit 14.000 Jahren nicht mehr über Wasser liegt, wurden ein 22.000 Jahre alter Mastodon-Schädel sowie ein besonders fein ausgearbeitete Feuersteinmesser geborgen. Die vom Geologen Darrin Lowery von der University of Delaware analysierten Artefakte deuten darauf hin, dass Amerika nicht von Nordwesten her kolonisiert, sondern möglicherweise von Osten (d. h. von Europa) her von urzeitlichen Seefahrern besiedelt wurde. Die sogenannte Solutréen-Hypothese findet schon seit einiger Zeit immer mehr Anhänger, aber viele konservative Archäologen sind nach wie vor nicht bereit, das lieb gewonnene Clovis-Narrativ aufzugeben.[***]

---

* Im *Smithsonian Magazine* ist über die Studie zu lesen: Jason Daley, »First Humans Entered the Americas Along the Coast, Not Through the Ice«, *Smithsonian Magazine* (online), 11. August 2016, https://www.smithsonianmag.com/smart-news/humans-colonized-americas-along-coast-not-through-ice-180960103/

** Siehe Guy Gugliotta, »When Did Humans Come to the Americas?« *Smithsonian Magazine* (online), Februar 2013, https://www.smithsonianmag.com/science-nature/when-did-humans-come-to-the-americas-4209273/.

*** Mehr über die Solutréen-Hypothese und die Funde von Lowery in der Chesapeake Bay sowie über weitere Beweise für frühe Migrationen von Menschen nach Amerika ist nachzulesen in: »Migration of Early Humans to America«, factsanddetails.com (online), März 2020, https://factsanddetails.com/world/cat56/sub361/entry-5987.html.

Werkzeuge aus dem Solutréen, gefunden in Frankreich.

In den letzten Jahren wurden sowohl in Nord- als auch in Südamerika zahlreiche von Menschen geschaffene Artefakte entdeckt, die weit älter sind als 13.000 Jahre. So hat die Archäologin Niède Guidon in Pedra Furada in Brasilien Felszeichnungen gefunden, die 48.700 Jahre alt sind.* Wenn die Felsmaler, wie die neueren Forschungen zeigen, nicht über den Korridor Sibirien-Alaska gekommen sein können, woher kamen sie dann? Die Sache wird langsam spannend, und wieder einmal scheint es, als müssten die Schulbücher neu geschrieben werden.

Ob im Krieg oder im Diskurs, Geschichte, so heißt es, wird von den Siegern geschrieben, was die Kluft zwischen dem, was heute als Geschichte gilt, und der tatsächlichen Wahrheit weitgehend erklären könnte.

Felskunst in Pedra Furada in Brasilien.

* Mehr über Guidon und Pedra Furada ist nachzulesen in: »The Rock Art of Piedra Furada: Research by Niede Guidon«, im South America Rock Art Archive der Bradshaw Foundation (online), https://www.bradshawfoundation.com/south_america/serra_da_capivara/pedra_furada/index.php

Alternative Geschichte

Seit Jahrtausenden wird bei den indigenen Heiltsuk in British Columbia von Generation zu Generation die mündliche Überlieferung weitergegeben, dass ihre Vorfahren den harten Bedingungen der letzten Eiszeit auf einer Insel mit gemäßigtem Klima vor der Küste Kanadas entkommen sind. 2016 leitete die Archäologin Alishu Gauvreau von der University of Victoria eine Ausgrabung auf Triquet Island an der kanadischen Küste. Ungeachtet der bereits erwähnten Willerslev-Studie gehören die Artefakte von Triquet Island, darunter eine Speerspitze und ein Mastodon-Rippenknochen sowie Holzkohleflocken, die auf die Zeit vor etwa 14.000 Jahren datiert wurden, zu den ältesten, die jemals in Kanada gefunden wurden.*

Wo die Wissenschaft einst zweifelsfrei akzeptiert hat, dass die ersten Amerikaner aus Asien über eine eisfreie Landbrücke von Sibirien nach Alaska kamen, lassen neue Belege nun für viele die Vermutung zu, dass die frühen Amerikaner eher mit dem Schiff kamen. Doch selbst mit diesen Zugeständnissen untergraben Entdeckungen von South Carolina über Brasilien bis Chile das Vertrauen in das herkömmliche Wissen so stark wie nie zuvor.

Im Süden Chiles, in Monte Verde, deuten neu entdeckte Belege inzwischen darauf hin, dass die umstrittenen Schlussfolgerungen aus den 1970er-Jahren sogar noch zu kurz gegriffen und die menschliche Besiedlung des amerikanischen Kontinents weitaus älter sein könnte, als selbst viele führende Experten vermutet haben. Als der renommierte Archäologe Tom Dillehay von der Vanderbilt University seine ersten Entdeckungen in Monte Verde machte, die einen Paradigmenwechsel bedeutet hätten, gab er das Alter der menschlichen Besiedlung mit 14.500 Jahren an. Das trug ihm den Spott und die Kritik seiner skeptischen Kollegen ein. Diese Erfahrung entmutigte ihn derart, dass er das Interesse an einer Fortführung seiner Forschungen verlor. Aber nach eindringlicher Überzeugungsarbeit seitens der chilenischen Regierung und anderer erklärte er sich 2013 widerwillig zu einer neuerlichen Untersuchung der Grabungsstätte bereit. Im Ergebnis wurden viele *neue* Artefakte entdeckt und Dillehays Datierung der menschlichen Besiedlung nun auf

* Siehe Brigit Katz, »Found: One of the Oldest North American Settlements«, *Smithsonian Magazine* (online), 5. April 2017, https://www.smithsonianmag.com/smart-news/one-oldest-north-american-settlements-found-180962750/

ein Alter von 19.000 Jahren korrigiert – über 4000 Jahre älter als seine vorherige Schätzung und mehrere Tausend Jahre vor dem Ende der letzten großen Eiszeit.*

Wieder einmal waren konventionell denkende Skeptiker empört, aber inzwischen hat Dillehay akzeptiert, dass das Schicksal ihn offenbar an die Monte-Verde-Geschichte und die sich rasch entwickelnden Nachweise für eine frühe menschliche Besiedelung in Amerika binden möchte.

An anderer Stelle konnten menschliche Abfälle, die in den Paisley-Höhlen in Oregon gefunden worden waren, von Wissenschaftlern der University of Oregon auf ein Alter von 14.300 Jahren datiert werden, über tausend Jahre vor den Clovis-Siedlungen in New Mexico. Außerdem konnte nachgewiesen werden, dass die Paisley-Gemeinschaft aromatische Kräuter auf dem Speiseplan hatte, deren Entwicklung einige Zeit in Anspruch nahm, was darauf hindeutet, dass diese Gemeinschaft schon seit sehr langer Zeit dort gelebt hatte.**

Archäologe Tom Dillehay von der Vanderbilt University.

Von der Insel Triquet in British Columbia über die Paisley-Höhlen in Oregon und den Monte Verde in Chile bis zur Chesapeake Bay in Virginia haben viele archäologische Stätten einen Berg von Belegen erbracht, welche die einst unbestrittene gängige Zeitachse infrage stellen. Inzwischen ist klar, dass die Menschen schon etliche tausend Jahre länger auf dem amerikanischen Kontinent unterwegs sind, als die etablierte Wissenschaft uns weismachen will. Vielleicht sogar noch viel länger.

* Siehe T. Dillehay, C. Ocampo, J. Saavedra, et al., »New Archaeological Evidence for an Early Human Presence at Monte Verde, Chile«, *PLoS ONE* 10, Nr. 11 (2015): e0141923, https://journals.plos.org/plosone/article?id=10.1371/journal.pone.0141923.

** Siehe die Pressemitteilung der University of Oregon: »Pre-Clovis Human DNA Found in 14.300-Year-Old Feces in Oregon Cave Is Oldest in New World«, *ScienceDaily* (online), 3. April 2008, https://www.sciencedaily.com/releases/2008/04/080403141109.htm.

Zwar werden die megalithischen Stätten in Sacsayhuamán und an vielen weiteren Orten in Peru und Bolivien offiziell mit dem Anden-Imperialismus in Verbindung gebracht, der nur 600 Jahre zurückreicht, doch die Tempelkomplexe in Puma Punku und im nahen Tiahuanaco bieten umfangreiche Belege für ein noch komplexeres Steinwerk, das der Inka-Kultur um mehrere Tausend Jahre vorausging. Dem inzwischen verstorbenen Arthur Posnansky, der Anfang des 20. Jahrhunderts Direktor des bolivianischen Nationalmuseums war, zufolge ergab eine archäoastronomische Analyse von Tiahuanaco, dass es vor 17.000 Jahren von einer Kultur erbaut wurde, die nicht mit den lokalen Stämmen der Aymara-Indios verwandt war. Posnansky wies außerdem auf architektonische Ähnlichkeiten zwischen Puma Punku und der 3500 Kilometer westlich des chilenischen Festlands gelegenen Osterinsel hin, was darauf schließen lässt, dass beide Orte unabhängig voneinander von einer früheren Hochkultur beeinflusst wurden. Es stellt sich die Frage: Wissen wir auch nur annähernd so viel über die sehr frühe Vergangenheit, wie wir dachten?

Menschlicher Koprolith aus den Paisley-Höhlen in Oregon.

Bedenken Sie Folgendes: Die industrielle Zivilisation auf der Erde gilt in der Regel als etwas »Menschliches«. Ohne Menschen keine Zivilisation, so die These. Aber wissen wir das mit Sicherheit? Einige Astrophysiker der NASA sagen nun, die Antwort laute nein. In einem 2019 veröffentlichten Aufsatz mit dem

Titel »The Silurian Hypothesis: Would It Be Possible to Detect an Industrial Civilization in the Geological Record« werfen Gavin A. Schmidt und Adam Frank einen Blick auf den Fossilbericht, also die Gesamtheit aller wissenschaftlich dokumentierten Fossilienfunde, aus dem 50 Millionen Jahre alten Paläozän und stellen die Frage, ob die massiven Mengen an unterirdischem Kohlenstoff, die wir heute finden, darauf hindeuten könnten, dass hier lange vor den Menschen eine industrielle Zivilisation existiert hat. Haben sich in der extrem frühen Vergangenheit andere Arten als der Mensch so weit entwickelt, dass sie ihrerseits eine globale Erwärmung verursacht haben könnten? Ausgehend von der Tatsache, dass alle Überlieferungen aus unserer Zeit, abgesehen vielleicht von Stickstoffdünger und Plastikbehältern, in ein paar Millionen Jahren verschwunden sein könnten, folgern Schmidt und Frank: Wir können es nicht ausschließen.*

* Siehe Gavin A. Schmidt und Adam Frank, »The Silurian Hypothesis: Would It Be Possible to Detect an Industrial Civilization in the Geological Record?«, *International Journal of Astrobiology* 18, Nr. 2 (2019): 142-150, https://www.cambridge.org/core/journals/international-journal-of-astrobiology/article/silurian-hypothesis-would-it-be-possible-to-detect-an-industrial-civilization-in-the-geological-record/77818514AA6907750B8F4339F7C70EC6

Die Neandertaler-Connection

Ist der Missing Link der Zivilisation gefunden?

Eine 2012 veröffentlichte Studie eines Forschungsteams der Eotvos Universität im ungarischen Budapest legte dar, dass prähistorische Künstler in der Darstellung der Bewegungen von Tieren wissenschaftlich genauer waren als ihre modernen Kollegen. Durch den Vergleich von Zeichnungen vierbeiniger Tiere, die an Höhlenwänden gefunden wurden, mit ungefähr parallelen Zeichnungen aus den 1880er-Jahren konnten die Forscher aufzeigen, dass bei modernen Darstellungen der Lauf- oder Trabbewegungen von Tieren die Position der Beine häufiger falsch war als bei den prähistorischen. Hatten die prähistorischen Künstler eine Fehlerquote von 46,2 Prozent, so lagen die modernen Künstler in 83,5 Prozent der Fälle falsch.*

Hier zeigt sich wieder einmal, dass die Mainstream-Geschichte des Menschen auf der Erde unzureichend ist. Lange Zeit war es Konsens, dass die Prozesse, die schließlich zur Zivilisation führen sollten, erst vor etwa 6000 Jahren, als der Mensch das Rad erfand, richtig in Gang kamen. Davor, in den 4000 Jahren nach der großen Erwärmung am Ende der letzten Eiszeit, waren die Menschen bestenfalls primitive Bauern. Noch davor waren wir etwa 40.000 Jahre lang im Wesentlichen Jäger und Sammler, Wilde oder »Höhlenmenschen«, die nicht viel mehr konnten, als gute Speerspitzen anzufertigen. Diese Erzählung lernen wir

* Siehe Gabor Horvath, Etelka Farkas, Ildiko Boncz, Miklos Blaho, und Gyorgy Kriska, »Cavemen Were Better at Depicting Quadruped Walking Than Modern Artists: Erroneous Walking Illustrations in the Fine Arts from Prehistory to Today«, *PLoS ONE* 7, Nr. 12 (2012): e49786, https://www.researchgate.net/publication/233889775_Cavemen_Were_Better_at_Depicting_Quadruped_Walking_than_Modern_Artists_Erroneous_Walking_Illustrations_in_the_Fine_Arts_from_Prehistory_to_Today

alle in der Schule. Wer etwas anderes behauptet, muss mit dem Spott des wissenschaftlichen Establishments rechnen. Doch wie die Leserinnen und Leser des Magazins *Atlantis Rising* wissen, gibt es eine Fülle gegenteiliger überzeugender Beweise, und jeden Tag kommen neue hinzu. Allein schon die erstaunliche künstlerische Fertigkeit der Höhlenmaler scheint ausreichend, um das konventionelle Wissen auf den Kopf zu stellen.

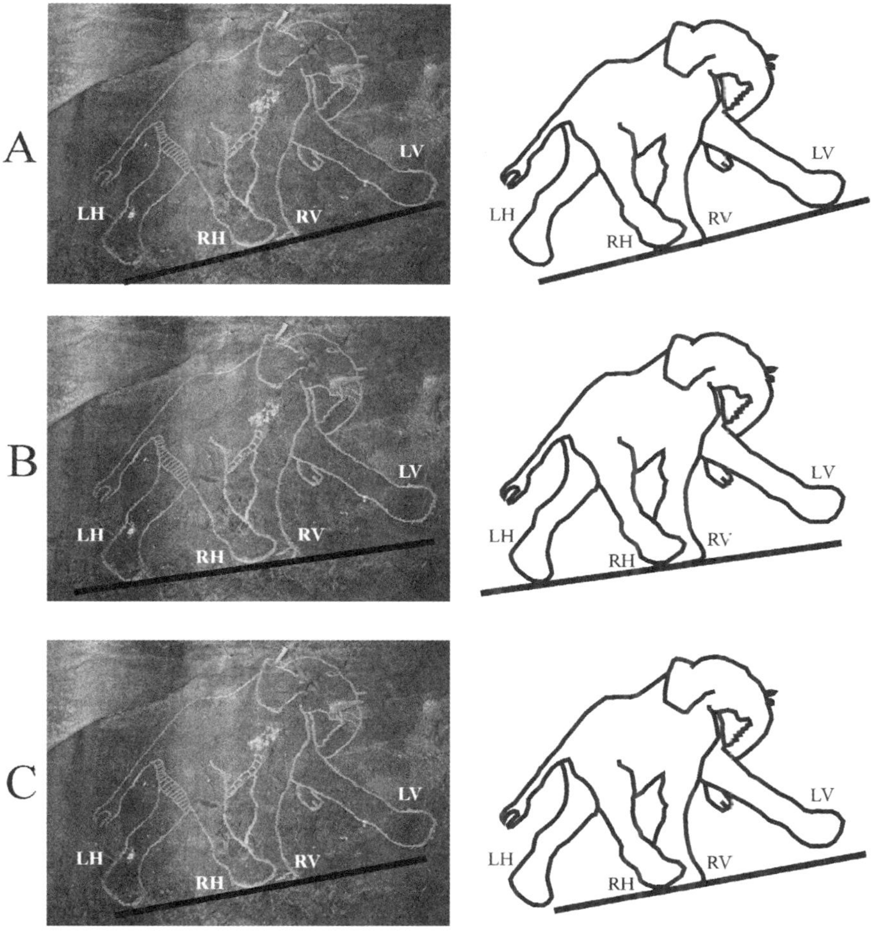

Prähistorische Zeichnungen von vierbeinigen Tieren an Höhlenwänden im Vergleich zu etwa parallelen Zeichnungen aus den 1880er-Jahren. Die Forscher zeigten, dass bei modernen Darstellungen die Beine häufiger falsch positioniert waren als bei den prähistorischen.

Vor 35.000 Jahren schufen Maler in der Höhle von Coliboaia in Rumänien anspruchsvolle Porträts zahlreicher Tiere, darunter ein Pferd, Bärenköpfe und ein Rhinozeros. Die Künstler verwendeten schwarze Farbe. Die Kunstwerke sind sogar noch älter als die berühmten Meisterwerke, die zuvor in anderen europäischen Höhlen wie Lascaux und Chauvet entdeckt wurden (datiert auf ein Alter von annähernd 20.000 Jahren). Inzwischen wurde sogar noch ältere Höhlenkunst entdeckt, aber dazu später mehr.

Solche Funde werfen sicher viele Fragen auf: Wo haben die frühen Künstler die Techniken erlernt, die erst nach vielen Tausend Jahren wiederentdeckt werden sollten? Wurden sie einfach als Genies geboren, oder haben sie ihre erstaunlichen Fähigkeiten von Kulturträgern aus einer früheren, vergessenen Epoche übernommen? Könnten ihre beeindruckenden Meisterwerke tatsächlich die letzten Überreste einer viel älteren und vergessenen Kultur sein – einer Kultur, die sich nicht im Aufgang, sondern in ihrem Niedergang befand?

Aus rein menschlicher Sicht sind die Rätsel, die sich stellen, schon komplex genug, aber wie sieht es aus, wenn man das Ganze um unsere sogenannten »Vettern vom Land«, die Neandertaler, erweitert? Dann wird die Geschichte von den Ursprüngen der Zivilisation tatsächlich sehr mysteriös. Es stellt sich nämlich heraus, dass viele Meilensteine, die wir für exklusiv menschliche Errungenschaften halten, auch von dieser einst verspotteten Gruppe erzielt wurden, allerdings viel früher.

Wenn eine Firma wie der US-Versicherungskonzern GEICO damit wirbt, etwas sei »so einfach, dass sogar ein Höhlenmensch es könne«, erweist dies den Höhlenmenschen nicht den Respekt, den sie verdienen. Wenn wir davon ausgehen, dass diese »Höhlenmenschen« größtenteils Neandertaler waren, verfügten sie sicherlich über viel mehr Fähigkeiten als man ihnen gemeinhin zutraut.

Manche glauben sogar, dass die Neandertaler der Ursprung eben jener großen untergegangenen Kultur sein könnten, nach der viele von uns suchen. Neben anderen behauptet auch der Geologe und Anthropologe Dr. Robert Schoch, dass den Neandertalern viel mehr Anerkennung für sehr frühe Entwicklungen gebührt, die bisher den sogenannten modernen Menschen zugeschrieben werden. Sogar die Mainstream-Wissenschaft hat inzwischen akzeptiert, dass die Neandertaler zumindest Körperbemalung verwendeten, Schmuck trugen und Werkzeuge benutzten; und heute wissen wir, dass sie bereits Jahrtausende vor den Menschen außergewöhnliche Höhlenkunst schufen.

Neandertaler kamen wahrscheinlich vor mehr als einer Viertelmillion Jahren nach Europa, wie die Wissenschaft einräumt. Das bedeutet, dass sie viel mehr Zeit für die Weiterentwicklung ihrer Kultur hatten als die Menschen zum Aufbau der ihren. Man nimmt an, dass der moderne Mensch erst vor etwa 42.000 Jahren nach Europa kam. Und inzwischen sieht es ganz so aus, als hätten die Neandertaler schon vor mindestens 37.000 Jahren Farbe über ihre Hände gepustet, um Schablonen herzustellen. So alt ist die Kunst, die vor Kurzem in der spanischen Höhle El Castillo entdeckt wurde.*

Die Wissenschaft erkennt mittlerweile an, dass alle Zeichen dafür sprechen, dass sowohl die Menschen als auch die Neandertaler sehr viel älter sind als ehemals angenommen. Es ist nicht mehr umstritten, von mindestens einer halben Million Jahren zu sprechen. So stellt sich die Frage: Könnte die große, untergegangene alte Kultur, nach der so viele suchen, tatsächlich Neandertal gewesen sein?

Die Bugeci-Sphinx, benannt nach ihrem Standort im Bugeci-Massiv in den südlichen Karpaten in Rumänien.

Wie Robert Schoch und Oana R. Ghiocel in »The Enigma of the Carpathian Sphinx« (*Atlantis Rising* Nr. 89, September/Oktober 2011) erklärten, könnten

* Siehe Ker Than, »World's Oldest Cave Art Found – Made by Neanderthals?«, *National Geographic* (online), 14. Juni 2012, https://www.nationalgeographic.com/news/2012/6/120614-neanderthal-cave-paintings-spain-science-pike/

einige sehr alte Artefakte existieren, die wir einfach nicht erkannt haben, weil wir sie schlicht für natürliche Formationen halten. Schoch und Ghiocel zufolge könnte insbesondere eine Formation in den südlichen Karpaten in Rumänien, die sogenannte Bugeci-Sphinx, ein Beweis für eine sehr alte und sehr fortgeschrittene untergegangene Kultur sein. Einige Wissenschaftler, darunter der Rumäne Dan Braneanu und der Peruaner Daniel Ruzo, legen Argumente für eine solche Theorie vor. Sie behaupten, dass lange vor der frühesten von konservativen Historikern anerkannten Zivilisation eine Ur-Kultur zerstört wurde.

Uralte Saga

Benannt nach dem deutschen Neandertal, wo sie 1856 erstmals entdeckt wurden, sind die Neandertaler, eine Unterart der Gattung *Homo*, seit etwa 32.000 Jahren ausgestorben. Fossile Überreste von Neandertalern, die man in vielen Teilen Europas gefunden hat, wurden auf ein Alter von bis zu 600.000 Jahren datiert. In Kroatien wurden in der Vindija-Höhle Überreste gefunden, die auf einen Zeitraum von vor 33.000 bis 32.000 Jahren datiert wurden. Ein Großteil der jüngsten und erstaunlichsten Forschungen stammt von der iberischen Halbinsel, wo man Fossilien auf ein Alter von 45.000 Jahren datierte. Die Mainstream-Archäologie ordnet den Neandertalern in der Regel mehrere kulturelle Klassifizierungen zu. Die früheste ist die Steinwerkzeugkultur aus dem Moustérien, die etwa 300.000 Jahre zurückreicht.

Das Gehirn des Neandertalers soll mindestens so groß gewesen sein wie das des Menschen. Eine Studie, bei der computergestützte 3D-Rekonstruktionen von Neandertaler-Säuglingen verwendet wurden, deren Überreste man in Russland und Syrien gefunden hatte, offenbarte, dass die Gehirne von Menschen und Neandertalern bei der Geburt zwar gleich groß waren, das Gehirn eines erwachsenen Neandertalers aber größer war als das eines Menschen. Neandertaler waren auch körperlich viel größer und stärker als Menschen.*

Genetische Studien legen heute nahe, dass der moderne Mensch einen Teil seiner DNA dem Neandertaler verdankt, und es gibt viele Spekulationen darüber,

* Siehe Marcia S. Ponce de León, Lubov Golovanova, Vladimir Doronichev, et al., »Neanderthal Brain Size at Birth Provides Insights into the Evolution of Human Life History«, *Proceedings of the National Academy of Sciences* 105, Nr. 37 (2008): 13764-13768, https://www.researchgate.net/publication/23245353_Neanderthal_brain_size_at_birth_pro-vides_insights_into_human_life_history_evolution

dass es vor 80.000 bis 50.000 Jahren in erheblichem Umfang zu Kreuzungen zwischen Mensch und Neandertaler gekommen sein könnte.*

So wurde zum Beispiel 1997 mitochondriale DNA aus einer Probe von 1856 extrahiert. Da die einzige Ursache für Veränderungen in der mitochondrialen DNA zufällige Mutationen sind, die, wie es heißt, mit einer ziemlich konstanten Rate von zwei Prozent alle eine Million Jahre auftreten, betrachtet die Wissenschaft diese Art der DNA als gut geeignet für Untersuchungen.

Untersuchungen dieser DNA brachten zutage, dass es zwischen der mDNA des modernen Menschen und der des Neandertalers etwa 25 Unterschiede gibt, was darauf hindeutet, dass sich die beiden Arten im Stammbaum des Menschen vor etwa 600.000 Jahren getrennt haben. Dies stimmt mit der Vorstellung überein, dass die Neandertaler vor etwa einer halben Million Jahren zum ersten Mal in Erscheinung getreten sind, denn man nimmt an, dass es einige »Zwischenstadien« gegeben haben muss, bevor sie sich zu ihrer letzten bekannten Form entwickelt haben.

Die Neandertaler lebten in einem Zeitraum, der üblicherweise als Mittelpaläolithikum bezeichnet wird, auch bekannt als mittlere Steinzeit. Das Mittelpaläolithikum, so sagt man uns, ist gekennzeichnet durch unterschiedliche Umgebungen, von den fruchtbareren, Tundra-ähnlichen Bedingungen in Europa bis hin zu den Savannen und semiariden Wüsten in Afrika. Die Nahrung variierte je nach Umgebung. In Europa gibt es Hinweise darauf, dass die Neandertaler viele Tiere gejagt haben, aber wie wir sehen werden, waren sie keine reinen Fleischesser.

Neue Forschungen haben sicher dazu beigetragen, unser zumeist klischeehaftes Bild der Neandertaler – unbeholfene, behaarte Schwachköpfe – radikal zu verändern. Heute wissen wir, dass sie viel höher entwickelt waren als bisher angenommen. Zu den zahlreichen Entdeckungen, die dies belegen, gehören unter anderem aufsehenerregende neue Erkenntnisse aus der El-Sidrón-Höhle in Nordspanien.

El Sidrón in der nordspanischen Region Asturien bietet die beste Ansammlung von Überresten der Neandertaler auf der Iberischen Halbinsel und gilt als

* Das Smithsonian National Museum of Natural History bietet eine einfache Erklärung für die Studie über die Vermischung von Mensch und Neandertaler; siehe unter dem Stichwort »Interbreeding« auf der Website des Museums unter https://humanorigins.si.edu/evidence/genetics/ancient-dna-and-neanderthals. Eine Erklärung auf Deutsch ist auf der Website der Universität Tübingen zu finden: https://uni-tuebingen.de/universitaet/aktuelles-und-publikationen/newsfullview-aktuell/article/was-fossilien-ueber-die-kreuzung-frueher-menschen-verraten/, Anm. d. Ü.

eine der wichtigsten Forschungsstätten weltweit. Sie wurde 1994 entdeckt und birgt rund 2000 Skelettteile von mindestens 13 Individuen, die etwa 50.000 Jahre alt sind.

Vor Kurzem haben Wissenschaftlerinnen und Wissenschaftler aus Spanien, Großbritannien und Australien, so die Studie, »die Pyrolyse-Gaschromatographie-Massenspektrometrie mit der morphologischen Analyse pflanzlicher Mikrofossilien kombiniert, um Material zu identifizieren, das im Zahnstein (kalzifizierter Zahnbelag) von fünf Neandertalern am Fundort eingeschlossen war«.

Die Ergebnisse, die in der Zeitschrift *Naturwissenschaften* veröffentlicht wurden, liefern molekulare Beweise dafür, dass die Neandertaler Heilpflanzen nutzten. Rückstände auf den Zähnen zeigen, dass sie bittere Lebensmittel – Pflanzen – gegessen haben. Es war bereits bekannt, dass die Neandertaler das Gen für den Bittergeschmack besaßen. Wenn sie also trotz des Geschmacks bittere Pflanzen verzehrt haben, erscheint es einigen Beobachtern wahrscheinlich, dass sie wussten, dass dies gut für ihre Gesundheit war. Mit anderen Worten: Sie wussten, wie sie sich selbst heilen konnten, etwas, das wir Menschen erst nach vielen Tausend Jahren gelernt haben.

»El Sidrón hat viele unserer Vorurteile über die Neandertaler aus dem Weg geräumt«, sagt Antonio Rosas vom Museum für Naturgeschichte in Madrid. »Aus früheren Studien wissen wir, dass sie sich um Kranke gekümmert, Tote bestattet und ihren Körper geschmückt haben. Mit Bezug auf ihre Ernährung und Selbstmedikation ist nun eine weitere Dimension hinzugekommen.«*

Eine Grabstätte in Sima de las Palomas, ebenfalls in Spanien, unterstreicht Rosas‘ Argumentation. Dort wurden nebeneinander drei Skelette von Neandertalern gefunden, die vor etwa 50.000 Jahren bestattet wurden und die Hände auf die gleiche Weise erhoben haben. Der Archäologe Michael Walker hält dies für ein Anzeichen einer Art ritueller Bestattung, die auf Überlegungen zum Leben nach dem Tod und damit implizit auch auf ein komplexes Zukunftsdenken schließen lässt.

Was die Höhlenmalerei betrifft, so wies man in den Höhlen von Altamira in der spanischen Region Kantabrien nach, dass die Bilder, die einst dem Men-

* Siehe die Pressemitteilung über die Studie der University of York: »Neanderthals in northern Spain had knowledge of plants' healing qualities, study reveals«, *ScienceDaily* (online), 18. Juli 2012, https://www.york.ac.uk/news-and-events/features/el-sidron/; siehe ebenso Enrico de Lazaro, »Study Reveals Neanderthals Used Medicinal Plants«, Sci-News.com (online), 19. Juli 2012, https://www.sci.news/othersciences/anthropology/article00476.html

schen zugeschrieben wurden, älter sind als die Ankunft der ersten Menschen aus Afrika. Daher ordnet man sie jetzt den Neandertalern zu. Einige dieser Malereien sind mindestens 40.800 Jahre alt, zeugen aber von einer fortgeschrittenen Beherrschung des Mediums.

Wissenschaftlerin in der spanischen El Sidrón-Höhle;
Foto mit freundlicher Genehmigung von CSIC Comunicación

Antonio Rosas bei der Arbeit in der El Sidrón-Höhle in Spanien; Foto mit freundlicher Genehmigung von CSIC Comunicación.

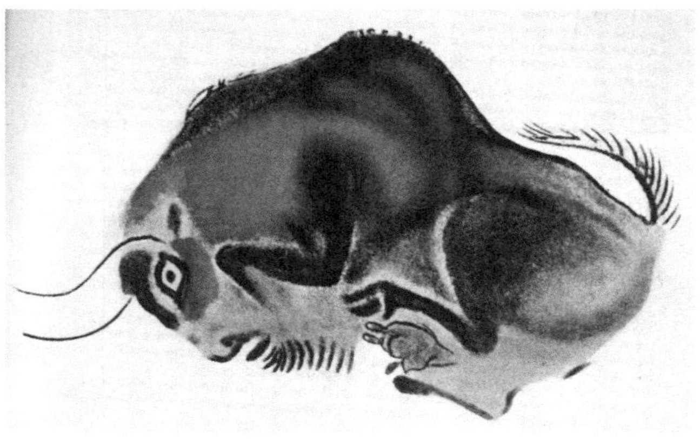

Höhlenzeichnung eines Bisons in Altamira, Spanien, vermutlich etwa 36.000 Jahre alt.

Die künstlerische Darstellung für das Cover von *Atlantis Rising* (September/Oktober 2013) basiert auf der Gesichtsrekonstruktion eines Neandertaler-Schädels, der in einer Höhle in Altamira gefunden wurde und derzeit im Smithsonian Institute in Washington D.C. aufbewahrt wird. Das untere Symbol an der Decke wurde auf mindestens 35.600 Jahre datiert und ist damit 20.000 Jahre älter als der Bison auf dem Bild unten.

Ein unterschätztes Vermächtnis

Der inzwischen verstorbene britische Psychologe Stan Gooch war wie viele andere der Meinung, dass wir bei den Neandertalern völlig umdenken müssen. In Büchern wie *The Dream Culture of the Neanderthals* und *Cities of Dreams* plädierte er für eine radikale Neuinterpretation ihres Vermächtnisses. Ihr Gehirn war zwar genauso groß oder sogar größer als unseres, aber ganz anders strukturiert. Im menschlichen Gehirn finden wir ein Großhirn und ein Kleinhirn, aber, so Gooch, das Kleinhirn der Neandertaler war viel größer. Das Kleinhirn ist, so Gooch, für Intuition, Träume, Einsicht, paranormale Fähigkeiten und Magie zuständig, was einst zu einer »Hochkultur der Träume« führte. Neandertaler, schrieb er, entwickelten ein tiefes Verständnis der natürlichen Welt, aber nicht unbedingt in der rationalen, logischen, »wissenschaftlichen« Art und Weise, die der moderne Mensch heute erwartet und akzeptiert. Gooch erklärte: »Ich glaube, dass sie [die Neandertaler] ihr Wissen nicht logisch und wissenschaftlich, sondern intuitiv erworben haben.« Die Neandertaler seien die ursprünglichen Schöpfer, die Erfinder der Hochkultur, der symbolischen Werte und des religiösen Empfindens gewesen, die der frühe moderne Mensch (Cro-Magnon) kopiert und ohne wirkliches Verständnis übernommen habe. Die Kultur der Neandertaler war keine Zivilisation der Hochtechnologie, sondern eine Kultur des Geistes und der Seele, die heute in unserem Glauben, unseren Mythen, unserer Folklore und unseren religiösen Praktiken weiterlebt (Schoch und Ghiocel).

2006 veröffentlichte der mittlerweile verstorbene alternativwissenschaftliche Autor Colin Wilson sein Buch *Atlantis and the Kingdom of the Neanderthal: 100 000 Years of Lost History*. In *Atlantis Rising* Nr. 60 (»Atlantis and the Neanderthals«, November/Dezember 2006) erläuterte Wilson, wie sich seine Sicht des Beitrags der Neandertaler zur Zivilisation entwickelt hatte.

Unter Berufung auf Forschungen der Autoren Charles Hapgood (*Earth's Shifting Crust*) und Rand Flem-Ath (*Atlantis: Der versunkene Kontinent unter dem ewigen Eis*) erklärte Wilson, er sei zu der Überzeugung gelangt, dass die Zivilisation auf der Erde sehr, sehr alt ist. Vor allem zwei Faktoren hätten ihn beeindruckt: (1) dass die Neandertaler weitaus intelligenter gewesen seien als angenommen und (2) antike Messungen bewiesen, dass der Mensch die genaue Größe der Erde schon Jahrtausende vor dem Griechen Eratosthenes (240 v. Chr.) gekannt habe.

»Schon wenige eigene Nachforschungen bestätigten beide Aussagen schnell«, so Wilson. »Der Neandertaler war kein watschelnder Affe, sondern hatte ein größeres Gehirn als wir, besaß gute astronomische Kenntnisse, spielte Musikinstrumente und erfand sogar den Hochofen. Für die Größe der Erde hatten die alten Griechen ein Maß, das sie *stadion* nannten – nach der Länge eines Stadions. Der polare Umfang der Erde beträgt genau 216.000 *stadia* oder Stadien. Doch die Griechen kannten die Größe der Erde nicht. Sie müssen das *stadion* von jemandem übernommen haben, der sie kannte.« Im Laufe seiner Nachforschungen fand Wilson noch viele weitere derartige Leckerbissen, die ihm klar machten, dass das höchste Wissen aus den Anfängen der westlichen Zivilisation von einer viel früheren Kultur ererbt worden sein muss, die bedeutend mehr wusste als die vermeintlichen Begründer unserer Welt.

Wilson führt in seinem Buch zahlreiche bemerkenswerte Entdeckungen an, darunter die Ausgrabung eines eine halbe Million Jahre alten Bretts, das auf einer Seite sorgfältig plan geschliffen worden war. Seiner Auffassung nach besaßen die Neandertaler ein sehr hohes Maß an Intelligenz. Er verweist in diesem Zusammenhang auf die 100.000 Jahre alten Roter-Ocker-Minen in Südafrika sowie die Skulptur von Berekhat Ram, die auf eine Zeit vor einer Viertelmillion Jahren zurückgeht.

Die Zivilisation, so war Wilson überzeugt, muss mindestens 100.000 Jahre alt sein, was bedeutet, dass die Neandertaler die Zivilisatoren gewesen sein müssen, da die Menschen zu diesem Zeitpunkt offenbar noch nicht hoch genug entwickelt waren. Aber wie Gooch vertrat auch er die Meinung, dass eine solche fortgeschrittene Zivilisation nicht unbedingt unserem heutigen Modell entsprochen hätte. Sie wäre vielmehr eher schamanisch geprägt gewesen und hätte ein Gruppenbewusstsein vorausgesetzt, »die Art von telepathischem Bewusstsein, die es Vogel- und Fischschwärmen ermöglicht, gleichzeitig die Richtung zu ändern. Die Menschen der Urzeit haben sicher eine derartige telepathische Fähigkeit besessen.«

»Gesellschaften wie das alte Ägypten waren mit ziemlicher Sicherheit kollektiv«, argumentiert er, »was erklären könnte, warum sie in der Lage waren, gewaltige Gewichte zu stemmen.« Eine solche Gesellschaft hätte ein besonderes Verständnis für Proportionen gehabt und wäre mathematisch sehr versiert gewesen.

Wilson zitiert auch die außergewöhnlichen Entdeckungen von John Michell, »der darauf hinwies, dass die Ninive-Zahl (eine riesige 15-stellige Zahl, die auf einer assyrischen Tontafel in den Ruinen der Bibliothek von Assurbanipal gefunden wurde) durch die Durchmesser von Sonne und Mond geteilt werden kann und dass hinter solch uralter Wissenschaft ein mathematisches Prinzip namens ›der Kanon‹ zu stehen scheint: die Vorstellung, dass unser Universum nach mathematischen Gesichtspunkten aufgebaut ist – der ›Zahlencode, der das Universum strukturiert‹, was impliziert, dass hinter diesem Aufbau eine Intelligenz steht.« Ein Beispiel dafür ist die Zahlenreihe der Fibonacci-Folge, die in der Natur eine ganz grundlegende Rolle spielt, von Spiralnebeln bis zu Muscheln.

Für viele Forschende ist klar, dass in der Geschichte der Zivilisation, wie sie derzeit gelehrt wird, wichtige Teile fehlen. Möglicherweise bleiben 100.000 Jahre unberücksichtigt. Es erscheint alles andere als unbedeutend, dass diese fehlenden Teile endlich ans Licht gebracht werden – was wiederum die Frage aufwirft: Wenn eine so große Zivilisation einst existiert hat, wo könnten wir dann ihre Überreste finden? Die Antwort könnte in der geplanten Erforschung der Unterwasserregionen vor den meisten heutigen Küsten liegen. Vor dem Ende der letzten Eiszeit vor 12.000 Jahren, in der jüngeren Dryaszeit, lagen weite Teile dieser Regionen über Wasser. Vielleicht werden wir also noch erfahren, was damals dort geschehen ist. Wenn es soweit ist, wissen wir sicherlich viel mehr darüber, woher unsere Zivilisation stammt, als heute.

Erwarte das Unerwartete.

Biblische Ausmaße

Stützt das Buch der Bücher Platon?

Die Verfasser der hebräischen Bibel konnten besser und früher lesen und schreiben, als Archäologen bisher vermutet haben. So lautet die Schlussfolgerung aus Handschriften auf Keramikscherben aus dem 7. Jahrhundert v. Chr., die man in Arad, einer abgelegenen Festung weit weg von Jerusalem in Israel gefunden hat.

Dem Bibelwissenschaftler Israel Finkelstein von der Universität Tel Aviv zufolge, Mitautor einer Studie von 2016, dokumentiert die Computeranalyse der Handschrift, dass die Alphabetisierung im alten Juda weitverbreitet war: Das lässt erwarten, dass es ein gewisses Bildungssystem gegeben haben muss. Die Wissenschaft hat lange darüber debattiert, ob biblische Schreiber zu einem so frühen Zeitpunkt überhaupt in der Lage gewesen sein können, die biblischen Berichte zu verfassen. Die Scherben mit den Handschriften, die an der Grabungsstelle gefunden wurden, zeigen jedoch, dass selbst viele einfache Soldaten des Lesens und Schreibens mächtig waren. Das lässt eindeutig auf Bildung schließen und deutet darauf hin, dass die biblischen Berichte fast in Echtzeit aufgezeichnet worden sein könnten. Es hätten nicht erst Jahrhunderte vergehen müssen, bis sie von gebildeteren – wenngleich weniger sachkundigen – Schreibern verfasst wurden. Das heißt, dass die biblischen Geschichten wohl als historisch zuverlässiger gelten können als bisher angenommen.*

* Siehe Shira Faigenbaum-Golovin, Arie Shaus, Barak Sober, et al., »Algorithmic Handwriting Analysis of Judah's Military Correspondence Sheds Light on Composition of Biblical Texts«, *Proceedings of the National Academy of Sciences* 113, Nr. 17 (2016): 4664–4669, https://www.pnas.org/content/113/17/4664. Siehe auch Tia Ghose, »The Bible Is Really Old, Handwriting Analysis Shows«, LiveScience (online), 11. April 2016, https://www. livescience.com/54368-bible-compiled-early.html.

Die Paradiesflüsse

In der Bibel steht, dass Gott im Osten einer Region namens Eden einen Garten angelegt hat. Weiter heißt es, aus diesem Garten seien entweder vier Flüsse entsprungen oder ein Fluss habe sich in vier Flüsse geteilt: Tigris, Euphrat, Pischon und Gihon (auch Gichon). Über die Identität der letzten beiden Flüsse wird viel diskutiert, aber Tigris und Euphrat sind keineswegs mythisch. Tatsächlich wurde und wird das fruchtbare, gut bewässerte antike Land Mesopotamien – wörtlich »zwischen zwei Flüssen« – durch sie definiert. Allerdings gibt es nirgendwo einen einzelnen Fluss, der sich in diese beiden teilt, wie die Bibel offenbar vermuten lässt.

In *Atlantis Rising* Nr. 87 (Mai/Juni 2011) berichtet der Forscher William B. Stoecker in seinem Artikel »The Garden under the Sea«, dass Tigris und Euphrat, obwohl sie über mehrere Hundert Kilometer praktisch parallel fließen, auf entgegengesetzten Seiten eines Kammsystems liegen. Heute fließen sie in einem Delta zusammen, bevor sie in das nördliche Ende des Persischen Golfs münden, aber in der Antike waren sie in ihrem gesamten Verlauf bis zum Golf getrennt.*

Weiter heißt es in der Genesis, dass Gott den ersten Mann, Adam, und dann die erste Frau, Eva, erschuf und sie im Garten lebten. Doch wie wir alle wissen, wurden sie bald ungehorsam gegen Gott und aßen von der Frucht des Baums der Erkenntnis. Daraufhin vertrieb Gott das erste Paar aus dem Garten, und um ihre Rückkehr zu verhindern, ließ er am Eingang einen Engel mit einem Feuerschwert postieren.

Obwohl die biblische Erzählung eher wie eine einfache Fantasiegeschichte anmutet, könnte sie sehr wohl auf Tatsachen beruhen, auch wenn sie nicht *wortwörtlich* zu nehmen ist. Tigris und Euphrat entspringen zum Beispiel nicht als ein einziger Fluss. Aber im Hebräischen kann *adam* »Menschheit« bedeuten, und das Wort für Erde oder Boden ist *adamah*. In der Genesis heißt es außerdem, dass Gott den Menschen aus Erde oder Lehm schuf. Nach dieser Interpretation könnte der Garten eine Art Fortpflanzungsgemeinschaft für die Vorfahren des Menschen gewesen sein.

---

* Eine andere Auffassung über die vier Flüsse ist zu finden in Rob McRoberts, »Do the Four Rivers Lead Us to the Garden of Eden?«, *Ancient Origins* (online), 15. Oktober 2017, https://www.ancient-origins.net/human-origins-religions/do-four-rivers-lead-us-garden-eden-008971

Im Hebräischen bedeutet *eden* »Wonne« und im Sumerischen (der Sprache des frühen Südmesopotamiens) bedeutet es »Ebene«. Das südliche Mesopotamien (der heutige Irak) ist immer noch eine ziemlich flache Ebene, und ein Garten, wie er in der Genesis beschrieben wird, wäre dort bestimmt eine Wonne. Könnte die Geschichte vom Sündenfall aufgrund des Ungehorsams gegenüber Gott ein versteckter Hinweis auf den Übergang von einer Jäger- und Sammlerkultur zu einer landwirtschaftlichen Gesellschaft sein, in der die Menschen lernten, viele Stunden zu arbeiten, um genug Nahrung zum Überleben zu erhalten? Die Geschichte vom erstgeborenen Sohn Adams und Evas, dem Bauern Kain, der seinen Bruder, den Hirten Abel, ermordet, wird von manchen als Hinweis auf uralte Konflikte zwischen Ackerbauern und Viehhütern gedeutet. Könnte dies der Ursprung der bis heute andauernden Kämpfe zwischen Landwirten und Viehzüchtern sein? Nobelpreisträger John Steinbeck deutet in seinem 1952 erschienenen Roman *Jenseits von Eden* etwas in dieser Richtung an.

Vertreibung aus dem Garten Eden, Gemälde von Thomas Cole (19. Jh.).

Aber gab es wirklich einen Garten Eden, und wenn ja, wo befand er sich? Genauso wie die Menschen sich Atlantis praktisch überall auf der Welt vorgestellt haben, außer dort, wo es sich laut Platon befunden hat, vermuten einige den Garten Eden in den unterschiedlichsten Weltregionen. Dabei deutet der Hinweis auf Tigris und Euphrat doch offenbar auf eine ganz bestimmte Region hin.

Einige Wissenschaftlerinnen und Wissenschaftler vermuten, dass der Garten in einem Tal im Zagros-Gebirge unweit der Quelle von Tigris und Euphrat lag. Das Gebiet gehört zur paläarktischen Tigris-Euphrat-Ökoregion, die den Irak sowie Teile der Türkei, Syriens, Irans, Saudi-Arabiens, Kuwaits und Jordaniens umfasst. Während des holozänen Optimums, von etwa 10.000 BP (Before Present = vor unserer Zeit, Zeitangabe bei Radiokarbonmessungen) bis etwa 6000 BP war es auf der Erde wärmer und feuchter als je zuvor, und das Zagros-Tal könnte damals einem Paradies geglichen haben.

In nahe gelegenen Regionen in Anatolien (im asiatischen Teil der Türkei) lebten zumindest einige Jäger und Sammler. Sie waren allerdings in der Lage, große Strukturen aus behauenen und gemeißelten Steinen zu errichten, wie etwa in Göbekli Tepe. Das widerspricht fast allem, was allgemein über solche Kulturen vermutet wird. Vor allem der Archäologe Klaus Schmidt glaubte, dass seine Entdeckung in Göbekli Tepe der Standort des Gartens sein könnte.*

Aufgrund neuerer Entdeckungen mutmaßen einige Forschende, dass sich der Garten Eden am oder sogar unter dem heutigen Persischen Golf befunden haben könnte. Der Meeresspiegel war damals niedriger, und ein Großteil des Golfs war ein Flusstal über dem Meeresspiegel. Neben Tigris und Euphrat könnten einst zwei weitere Flüsse ins nördliche Ende des Golfs gemündet sein. Der saisonale und heute aufgestaute Fluss Karun im Iran war möglicherweise einer davon, und während des holozänen Optimums floss der Wadi al-Rummah (in seinem unteren Abschnitt Wadi al-Batin) aus Nordarabien in den oberen Golf.

Ralph Ellis, der Autor von *Jesus, Last of the Pharaohs* (1997) und vielen weiteren Büchern, welche die hebräische Geschichte mit Ägypten verknüpfen, glaubt, dass es eine einfachere Erklärung für den Garten Eden gibt als die bekannte Mesopotamien-Hypothese. Es gibt in der Region, so betont er, nur einen einzigen Fluss, der durch einen »Garten« fließt und sich dann in vier Arme teilt: den Nil, der durch die Taloase Ägyptens strömt, bevor er sich im Delta

* Siehe Andrew Curry, »Gobekli Tepe: The World's First Temple?« *Smithsonian Magazine*, November 2008, https://www.smithsonianmag.com/history/gobekli-tepe-the-worlds-first-temple-83613665/

verzweigt. Heute hat der Nil nur zwei Arme, im Altertum jedoch vier. Auf das Argument, die Thora nenne ausdrücklich Tigris und Euphrat, entgegnet Ellis, dass die Thora diese berühmten Flüsse tatsächlich *keineswegs* erwähnt. Auf Hebräisch nennt sie den Chiddeqel, was ein anderer Name für den Tigris sein soll, und den Parath, den man für den Euphrat hält. Einige Bibelstellen stützen das Tigris-/Euphrat-Argument nicht ohne Weiteres, sagt Ellis, sondern deuten sogar eher auf Ägypten und den Nil hin.*

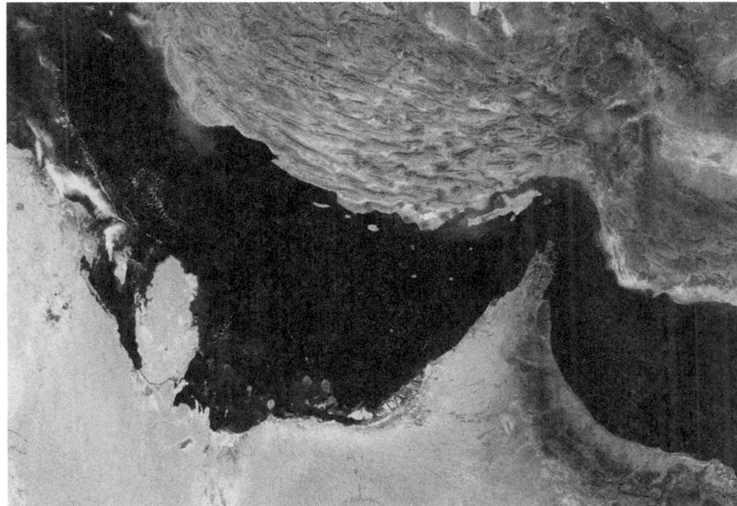

Satellitenbild vom Persischen Golf.

Noahs Geschichte

Noah, der Film von 2014 mit Russell Crowe in der Hauptrolle, versuchte, die uralte Geschichte des Mannes nachzuerzählen, der der Bibel zufolge eine große Arche gebaut hat, damit Vertreter aller Lebewesen (jeweils paarweise) eine weltweite Flut überleben und die Erde danach neu bevölkern konnten. *Noah* bekam nicht nur die volle Hollywood-Dröhnung, sondern etwa zur gleichen Zeit tauchte im British Museum ein antikes Keilschrift-Artefakt auf, das offenbar eine Anleitung zum Bau eines sehr großen Bootes enthielt, das diesen Zweck hätte erfüllen können.

* Ellis erläutert einige seiner Gedanken zum Thema Ägypten als Standort von Eden in: »Eden in Egypt-Part 1«, *Ancient Origins* (online), 7. Juli 2014, https://www.ancient-origins.net/opinicn-guest-authors/eden-egypt-part-1-001827.

Auf einer Pressekonferenz im Jahr 2014 zeigte Museumskurator Irving Finkel eine antike Tontafel, die seiner Meinung nach genau erklärt, wie man eine solche Arche konstruieren könnte. Bibelgläubige weisen darauf hin, dass die Anleitung auf der Tafel sich auf ein riesiges rundes Boot oder Coracle bezieht, während die Bibel eindeutig eine lange, rechteckige Konstruktion beschreibt. Finkel sagt, er sei sich zu »107 Prozent« sicher, dass die Arche nie gebaut wurde, aber wenn doch, dann zeige die von ihm präsentierte antike Tafel, wie es möglich gewesen wäre.*

Noah und seine Arche, Gemälde von Charles Willson Paele (19. Jh.).

Auseinandersetzungen über die Arche Noah drehen sich anscheinend überwiegend darum, ob die biblische Geschichte wörtlich zu nehmen ist oder nicht. Gläubige vertrauen natürlich auf den Bericht aus dem Buch Genesis – in der Regel so, wie er in der King-James-Version der Bibel steht (bzw. im deutschen Sprachraum in der Luther-Übersetzung, Anm. d. Ü.) – und begeistern sich daher sehr für die vielen noch unbewiesenen Behauptungen, dass ein solches Schiff auf dem türkischen Berg Ararat aufgetaucht sein könnte, was die biblische Geschichte zu bestätigen scheint. Es gibt jedoch praktisch keine Belege dafür, dass es sich bei dem in der Genesis erwähnten »Ararat« um ebendiesen Ort handelt.

* Siehe Maev Kennedy, »Babylonian tablet shows how Noah's ark could have been constructed«, *The Guardian*, 24. Januar 2014, https://www.theguardian.com/culture/2014/jan/24/babylonian-tablet-noah-ark-constructed-british-museum.

Für die weniger Buchstabengläubigen, die aber dennoch den Wahrheitsgehalt der alten Schriften respektieren, lautet die wohl wichtigste Schlussfolgerung aus der Noah-Geschichte, dass es sich um einen archetypischen Bericht über die Ereignisse rund um das Ende der letzten Eiszeit, der Jüngeren Dryas, handelt. Für diese Menschen ist die Geschichte, möglicherweise eine Nacherzählung des babylonischen Gilgamesch-Epos, nur eine von vielen Flutlegenden, darunter auch Platons Atlantis-Erzählung, die weltweit zu finden sind und die das katastrophale Ende des einen Zeitalters sowie die Geburt eines neuen beschreiben – das Ende der vorsintflutlichen und den Beginn der nachsintflutlichen Welt, nämlich der unseren.

Der Turmbau zu Babel, Gemälde von Marten van Valckenborch (16. Jh.).

Die Noah-Geschichte ist jedoch nicht die einzige Bibelstelle, die auf Atlantis hinweisen könnte. Der Bericht über den Garten Eden in der Genesis könnte sich, wie wir gesehen haben, auf den Übergang von der Viehzucht zum Ackerbau beziehen. Er könnte aber auch ein versteckter Hinweis auf ein untergegangenes, wenngleich erleuchtetes Zeitalter sein, in dem die Menschen direkt mit Gott kommunizierten, eine Zeit, die jedoch in einer Katastrophe mündete. So betrachtet könnten einige düstere Prophezeiungen, wie etwa in der Offenbarung des Johannes über ein kommendes »Jüngstes Gericht« für die »Bösen« in Wirklichkeit vage Erinnerungen an einen längst vergessenen schrecklichen Untergang einer Kultur wie Atlantis sein. Ähnlich ließe sich beim Turmbau zu Babel (alias Babylon) argumentieren.

Der 2021 verstorbene Autor Steven Sora vertrat die Meinung, dass die Erzählung über Babel nicht bloß ein abschreckendes Beispiel sein soll, sondern uns auch viel über unsere vergessene Geschichte verrät. Eine babylonische Stele, die Nebukadnezar II. vor mehr als 2500 Jahren hinterlassen hat, deutet darauf hin, dass es sich beim Turmbau zu Babel um eine heute zerstörte Zikkurat namens Etemenanki handeln könnte. Dass einige Berichte aber auch von Überschwemmungen, Dürren und anderen Katastrophen sprechen, hat manche zu der Schlussfolgerung verleitet, die Erzählung könnte ein auf Tatsachen beruhender Hinweis auf den Zusammenbruch und die Zerstreuung der Zivilisation nach dem Ende der letzten Eiszeit sein.*

Jonas Reise

Ein direkterer biblischer Hinweis auf Atlantis, so Sora, könnte im Buch Jona zu finden sein. In der Bibel heißt es, Gott habe Jona aufgetragen, der Stadt Ninive (dem heutigen Mosul in Assyrien) zu predigen, einem damals wie heute gefährlichen Ort. Die Niniviten verehrten Ishtar, und Jona sollte dem Volk seinen hebräischen Gott bringen, was, wie er befürchtete, nicht gut ankommen würde. Anstatt sich also auf den Weg nach Osten zu machen, ging er der Bibel zufolge nach Joppe und bestieg ein Schiff, das nach Westen in Richtung eines Ortes namens Tarsis fuhr. Die Geschichte über Jonas Reise, den aufkommenden Sturm und die Tatsache, dass er schließlich von einem »Walfisch« verschluckt und wieder ausgespuckt wurde, ist allseits bekannt. Weniger bekannt ist die Geschichte von Tarsis.

Tarsis ist der biblische – wahrscheinlich aramäische – Name für Tartessos. Die Jona-Erzählung war einer der frühesten bekannten Hinweise auf diese untergegangene Kultur, aber man nimmt an, dass tartessische Schiffe während der Herrschaft von König Salomon Waren aus dem Westen nach Juda und Israel brachten und dabei Silber, Gold und Kupfer sowie Berberaffen einführten. Wir wissen, dass Spanien über reiche Silbervorkommen verfügte und Gibraltar für seine Berberaffen berühmt ist, sodass wir also Hinweise auf die Lage von Tartessos haben. Manche sagen, ganz Spanien sei Tartessos gewesen, andere

* Die Stele ist Teil der Schøyen-Collection mit Sitz in London und Oslo. Ein Foto der Stele ist zu finden im Artikel »The Tower of Babel, King Nebuchadnezzar II and the Schøyen Collection«, Archaeology Wiki (online), 29. Dezember 2011, https://www.archaeology.wiki/blog/2011/12/29/the-tower-of-babel-king-nebuchadnezzar-ii-and-the-sch%C3%B8yen-collection/

meinen, es handele sich um das als Andalusien bekannte Gebiet an der Südküste der Iberischen Halbinsel. Herodot beschrieb Tartessos einst als »jenseits der Säulen des Herkules« gelegen und erinnerte damit an Platons berühmte Verortung von Atlantis.

Es könnte sein, so Sora, dass die Tartesser Abkömmlinge der iberischen Völker waren. Beide Gruppen haben viele Gemeinsamkeiten, darunter eine Sprache, die bis vor Kurzem nicht entzifferbar war. Die neuen Übersetzungen beruhen auf der Einbeziehung des Phönizischen aus der Zeit um 1200 v. Chr. Das Baskische, das Etruskische und das Tartessische sind Beispiele für eine kleine Gruppe nicht indoeuropäischer Sprachen. Die Iberer waren schon in der Antike in Spanien bekannt. Manche glauben, dass sie aus Nordafrika kamen, und der Linguist Barry Fell behauptet, diese Sprachen hätten ein gemeinsames Schriftsystem. Fell identifizierte auch verwandte baskische Wörter, wie etwa *arano*, was in beiden Sprachen »Adler« bedeutet. Eine gälische Überlieferung behauptet, die Iren stammten ursprünglich aus Iberien; der älteste gälische Name für Irland lautet Ibheriu.

Jona wird vom Wal ausgespuckt, Kupferstich von Gustave Doré (19. Jh.).

Die Kaufleute aus Tartessos waren berühmt für ihren Reichtum und bekannt dafür, dass sie bis in den Atlantik segelten, wo der in Psalm 48 erwähnte »Sturm aus dem Osten« die »großen Schiffe zerbrechen« und Seeleute auf den Ozean hinaustreiben konnte. Im Buch Hesekiel liest man, dass sie Reichtümer aller Art zu den Märkten des Ostens brachten, insbesondere in die Hafenstadt Tyrus, darunter Silber, Eisen, Blei und Zinn. Der Tonfall von Jesaja lässt vermuten, dass die Semiten ihre Handelspartner als notwendiges Übel betrachteten. Die Phönizier, so dachten sie, würden den Tartessern das Monopol auf Metalle streitig machen.

Der wissenschaftliche Konsens über Tyrus lautet, dass Hesekiel vom phönizischen Stadtstaat Tyros oder Tyre spricht, dessen Lage an der Küste des heutigen Libanon, etwa 80 Kilometer südlich von Beirut, immer noch erkennbar ist. Aber ist das schon die ganze Geschichte?

Dave Hershiser, dem Autor von *Beyond the Pillars of Hercules*, zufolge behauptete H. P. Blavatsky, die Begründerin der Theosophischen Gesellschaft, in ihrem Buch *Die Geheimlehre* aus dem Jahr 1888, dass es in Hesekiels Bericht über Tyrus eigentlich um Atlantis geht. Viele Beschreibungen bei Hesekiel und anderen biblischen Propheten beziehen sich auf eine Stadt, die sich sowohl historisch als auch geographisch erheblich vom phönizischen Tyros unterscheidet, so Hershiser. Auch wenn sie einander in mancher Hinsicht ähneln, scheinen Hesekiels Tyrus und das phönizische Tyros zwei völlig verschiedene Städte zu sein. Tatsächlich ähnelt Hesekiels Beschreibung Platons Atlantis mehr als allem anderen.*

Hershiser ist der Ansicht, dass Veränderungen der in der King-James-Bibel von 1611 verwendeten Sprache, die heute in vielen modernen Übersetzungen zu finden sind, Beschreibungen von Tyrus liefern, die erheblich von denen in der King-James-Version abweichen. Infolgedessen sind alle Verbindungen zwischen Tyrus und Atlantis verwischt, wenn nicht sogar vollständig unkenntlich geworden. Moderne Übersetzungen haben, so behauptet er, die gängigen Thesen übernommen, dass es sich bei Hesekiels Tyrus um das phönizische Tyros gehandelt haben muss, und die Beschreibung der Stadt wurde entsprechend angepasst.

In der King-James-Version von Hesekiel 27,3 wird Tyrus jedoch als »am Zu-

* Professor Mark Verman von der Wright State University in Dayton, Ohio, bespricht Hesekiels Darstellung von Tyrus sehr ausführlich in »Ezekiel, the Wordsmith, and His Prophecies against Tyre«, *Jewish Bible Quarterly* (online), 26. Juni 2017, https://jbqnew.jewishbible.org/uncategorized/ezekiel-wordsmith-prophecies-tyre/.

gang zum Meer gelegen« beschrieben (auch in der Lutherbibel 2017, Anm. d. Ü.). Diese Passage ist aus zwei Gründen von Bedeutung: Erstens handelt es sich bei dem Meer, von dem hier die Rede ist, offensichtlich um das Mittelmeer, und zweitens ist der Zugang zum Mittelmeer die Straße von Gibraltar. Mit anderen Worten, der Zugang soll auf der Atlantikseite der Straße von Gibraltar liegen – am westlichen Ende des Mittelmeers. Das stimmt mit der Lage von Atlantis überein, die Platon im *Kritias* angibt. Der äußerste Teil der Insel Atlantis reichte laut Platon bis kurz vor die Säulen des Herkules (so nannten die alten Griechen die Straße von Gibraltar) und lag im Südwesten Spaniens, damals Gadeira genannt.

Der kritische »New Interpreter's Bible Commentary« zu dieser Passage zeichnet ein anderes Bild, sagt Hershiser. Darin heißt es, Hesekiel sei ein Meister der metaphorischen Sprache gewesen und habe die phönizische Stadt Tyros, die am östlichen Ende des Mittelmeers liegt, auf die westliche Seite verlegt – allerdings auf »literarische« Weise. Der Abschnitt in der King-James-Bibel ist jedoch detailgenau und nicht metaphorisch formuliert. Er stimmt eindeutig nicht mit den geographischen Gegebenheiten des phönizischen Hafens überein. Die Stadt Tyros, so die gängige Interpretation, lag auf einer kleinen, etwa anderthalb Kilometer langen Insel und befand sich einige Hundert Meter vor der Küste des heutigen Libanon, der natürlich am östlichsten Rand des Mittelmeers liegt, wo er keinen Zugang zu irgendetwas bildet – wodurch jede Korrelation mit dem antiken Tyrus sicherlich Madame Blavatskys Missfallen erregt hätte.

Jesus und die Gnostiker

Gibt es da etwa eine Verbindung zu Atlantis?

Im November 2018 meldeten Archäologen die Entdeckung eines 1500 Jahre alten Gemäldes in der israelischen Wüste, das Jesus als jungen Mann zeigen soll. Etwa zur gleichen Zeit wurden in der Region südlich von Qumran in Palästina, wo in den 1940er- und 50er-Jahren die berühmten Schriftrollen vom Toten Meer gefunden wurden, neue Höhlen mit archäologischen Überresten bekannt. Die Geschichte sorgte zwar für Schlagzeilen, doch neue Schriftrollen sind bisher nicht aufgetaucht. Der Optimismus, dass sie noch gefunden werden könnten, wurde allerdings dadurch beflügelt, dass die Höhlen nicht geplündert worden waren. Den Archäologen Randall Price von der amerikanischen Liberty University und Oren Gutfield von der Hebräischen Universität Jerusalem zufolge enthielten die als 53b und 53c bezeichneten Höhlen zahlreiche gut erhaltene Töpferwaren und Kochgeschirr.* Wenn Sie dies lesen, sind vielleicht bereits neue Schriftrollen und neue Belege aus der Zeit Jesu entdeckt worden.

Kurioserweise kam 2018 in einer damit offenbar nicht zusammenhängenden Entwicklung eine weitere Einzelheit aus der traditionellen Jesus-Erzählung ans Licht, als nämlich der Ring des Pontius Pilatus als solcher erkannt wurde. Das kleine Schmuckstück aus einer Kupferlegierung, das 1968 im Palast von König Herodes in der Nähe von Bethlehem im Westjordanland gefunden worden war, war ein halbes Jahrhundert lang unerkannt geblieben, bis eine ordnungsgemäße

* Mehr über die Entdeckung in: »Newly Discovered Caves May Hold More Dead Sea Scrolls«, *Times of Israel* (online), 1. Dezember 2018, https://www.timesofisrael.com/newly-discovered-caves-may-hold-more-dead-sea-scrolls/

Analyse seinen wahrscheinlichen historischen Besitzer offenbarte.* Der Mann, der der Bibel zufolge die Kreuzigung Jesu befohlen hat, wird seither verunglimpft. Doch paradoxerweise hat Pilatus gerade dadurch, dass er greifbare Beweise für seine Rolle in der Geschichte geliefert hat, möglicherweise ungewollt einen Beitrag zur heutigen Debatte über die Realität eines historischen Jesus geleistet. Der Streit über dieses Thema ist gewiss nicht neu, aber eine jüngere Kontroverse hat die Sache wieder ins Rampenlicht gerückt. Das mag zum Teil erklären, warum der pakistanische Premierminister Imran Khan ebenfalls 2018 in Lahore erklärte: »Jesus wird historisch nicht erwähnt.« In einer Rede, in der er eine internationale Konvention zum Verbot von Formulierungen forderte, die für Muslime als beleidigend gelten könnten, versuchte Khan nach Ansicht einiger, Jesus in einen ungünstigen Gegensatz zu Mohammed zu stellen, den er als »Allahs letzten Propheten [und] historisch verbürgt« bezeichnete. Merkwürdigerweise vergaß Khan zu erwähnen, dass auch Jesus im Islam verehrt wird.

Die Debatte über die historische Realität Jesu wird nicht nur zwischen Gläubigen und Nichtgläubigen geführt. Tatsächlich gibt es zahlreiche nicht christliche Instanzen, welche die Existenz Jesu bestätigen. So erwähnt zum Beispiel Flavius Josephus, ein jüdischer Historiker, in seinem Werk *Jüdische Altertümer* aus dem Jahr 93 n. Chr. Jesus und seinen Bruder Jakobus sowie Johannes den Täufer. Der römische Historiker Tacitus berichtet über den Tod Jesu durch Pontius Pilatus, und der römische Politiker Plinius der Jüngere aus dem 1. Jahrhundert erwähnt Erkenntnisse über Jesus, die bei Verhören von Christen gewonnen worden seien. Weitere direkte und indirekte frühe Hinweise finden sich in der jüdischen rabbinischen Literatur, bei dem griechischen Philosophen Kelsos und anderswo.**

Im letzten Jahrhundert hat die Archäologie einige sehr interessante Belege zutage gefördert, die noch lange nicht vollständig ausgewertet sind. Die viel beachteten gnostischen Evangelien – 13 in Leder gebundene Papyruskodizes, die in einem versiegelten Gefäß vergraben waren – wurden 1945 in der Nähe von Nag Hammadi in Ägypten entdeckt. Die Kodizes umfassen 52 meist gnostische

* Siehe Cnaan Liphshiz, »Israeli Archaeologists Say They Found the Ring of Jesus' Killer«, *Jewish Telegraphic Agency* (online), 30. November 2018, https://www.jta.org/quick-reads/israeli-archaeologists-say-found-ring-jesus-killer.

** Siehe Zelda Caldwell, »Here's the Historical Evidence from Non-Christian Sources That Jesus Lived and Died«, *Aleteia* (online), 12. April 2018, https://aleteia.org/2018/04/12/heres-the-historical-evidence-from-non-christian-sources-that-jesus-lived-and-died/. Siehe außerdem Lawrence Mykytiuk, »Did Jesus Exist? Searching for Evidence beyond the Bible«, *Bible Archaeology Review*, Januar/Februar 2015, https://www.biblicalarchaeology.org/daily/people-cultures-in-the-bible/jesus-historical-jesus/did-jesus-exist/.

Abhandlungen, darunter drei Werke aus dem 3. und 4. Jahrhundert. Vergleichbare gnostische Texte aus dieser Zeit enthalten zahlreiche Hinweise auf eine besondere Beziehung zwischen Jesus und Maria Magdalena. Es gibt sogar ein Evangelium der Maria Magdalena.

Es erübrigt sich zu erwähnen, dass die Römisch-Katholische Kirche den gnostischen Evangelien und ihren Implikationen nie freundlich gesinnt war. Von Anfang an erklärten die frühen Kirchenväter die Lehren der Gnostiker offiziell für Ketzerei. Zu der Zeit, als die Evangelien von Nag Hammadi vergraben wurden, hätte man allein für ihre Lektüre gefoltert und getötet werden können, was zweifellos erklärt, warum sie versteckt wurden.

Ein Besucher von einem anderen Planeten würde vielleicht erwarten, dass die beiden großen Religionen, die um die weltweite Vorherrschaft kämpfen – Christentum und Islam – in der Frage der historischen Authentizität Jesu unterschiedlicher Meinung sind, aber da irrt er sich. Beide Religionen sind sich einig darin, dass Jesus existiert hat. Seltsamerweise halten sich gerade einige derjenigen, die die historische Existenz Jesu noch am ehesten ablehnen, für Christen und befürworten eine eher allegorische und profane Erklärung seiner Bedeutung. Paradox ist zudem, dass viele von denen, die fest an eine wörtliche Auslegung der biblischen Geschichten glauben, sich im Konflikt mit Belegen sehen, die jetzt ans Licht kommen und auf die reale Existenz eines Mannes namens Jesus hindeuten, der aber ganz anders war, als sie ihn sich wahrscheinlich vorgestellt haben. Für sie lautet die wichtigste Frage nicht unbedingt »Hat Jesus existiert?«, sondern eher »Wenn ja, was für ein Mensch war er?«

Vor einigen Jahren waren strenggläubige Christen geschockt, als sie in Dan Browns Roman *Sakrileg: The Da Vinci Code* (dt. Der Da Vinci Code, 2017) die Behauptung lasen, dass Jesus nicht nur eine Identität aus Fleisch und Blut hatte, sondern auch verheiratet war und einen Stammbaum begründete, der bis heute fortbesteht. Ralph Ellis, ein weiterer Forscher, Autor von *Jesus, Last of Pharaohs* und Verfasser mehrerer Artikel für *Atlantis Rising*, behauptet, Jesus sei in Wirklichkeit eine historische Persönlichkeit in Palästina gewesen – bekannt als Jesus von Gamala. Er solle von der ptolemäischen Dynastie in Ägypten abstammen. Der populäre ägyptische Autor Ahmed Osman (*Wer war Jesus wirklich?*) ist der Meinung, Jesus sei in Wirklichkeit Tutanchamun gewesen. Derart erheblich voneinander abweichende Ansichten unter einen Hut zu bringen, mag unmöglich erscheinen, aber in einem Punkt sind sich die meisten alternativen

Forscher einig: Jesus stand wahrscheinlich mit der geheimnisvollen Gemeinschaft jener Asketen in Verbindung, die später als Gnostiker bekannt wurden.

Die Apokalypse des Jakobus

Jüngere archäologische Entdeckungen verdeutlichen dies. Nur wenige Texte aus der Bibliothek von Nag Hammadi wurden auf Griechisch gefunden, also in der Sprache, in der sie ursprünglich verfasst worden waren. Doch 2017 ergänzten die Religionswissenschaftler Geoffrey Smith und Brent Landau von der University of Texas in Austin (UTA) die Liste um die Entdeckung mehrerer griechischer Fragmente des gnostischen Evangeliums, das aus dem 5. oder 6. Jahrhundert stammt und als (Erste) Apokalypse des Jakobus bekannt ist. Bisher hatte man angenommen, dass es nur in seinen koptischen Übersetzungen erhalten ist.

Geoffrey Smith und Brent Landau.

Fragment einer koptischen Übersetzung der (Ersten) Apokalypse des Jakobus, gefunden in der Bibliothek von Nag Hammadi.

Nach einer Pressemitteilung der UTA beschreibt diese uralte Erzählung, wie Jesus seinem Bruder Wissen über das Himmelreich und zukünftige Ereignisse, einschließlich des unvermeidlichen Todes des Jakobus, offenbart. Mit anderen Worten, Jesus weihte Jakobus in ein esoterisches Bewusstsein oder besondere Erkenntnisse ein, die den Eingeweihten oder Auserwählten vorbehalten sind – ein wiederkehrendes Thema in der gnostischen Literatur.*

Die Beziehung zwischen Jesus und seinem Bruder Jakobus steht im Mittelpunkt der Debatte über die Rolle der Gnostiker des 1. Jahrhunderts in Jesu Leben. Ein 1980 im Jerusalemer Stadtteil East Talpiot entdecktes Grab, das mehrere beschriftete Ossuarien mit Namen enthält, die Jesus und seinen in den Evangelien erwähnten Angehörigen, darunter auch Maria, entsprechen, gilt als Jesu eigentliches Familiengrab. 2007 erschienen dazu ein Dokumentarfilm des Senders Discovery Channel (*The Lost Tomb of Jesus*, dt.: *Das Jesus-Grab*) sowie ein dazugehöriges Buch, *The Jesus Family Tomb*, von Simcha Jacobovici und Charles Pellegrino.

2002 gaben der Discovery Channel und die Biblical Archaeological Society die Entdeckung des »Jakobus-Ossuars« bekannt – eines Knochenkastens aus Kalkstein, der aus dem 1. Jahrhundert stammt und die Knochen von Jakobus enthalten soll. Der Fund wurde zunächst mit großer Skepsis aufgenommen und sein Entdecker Oded Golan wegen Fälschung angeklagt, schließlich aber freigesprochen. Seither sind viele Wissenschaftler zu der Überzeugung gelangt, dass das Ossuar tatsächlich echt sein könnte. Robert Eisenman, der Autor von *Jakobus, der Bruder von Jesus*, der als einer der bedeutendsten Experten auf dem Gebiet des frühen Christentums gilt, äußert hingegen starke Zweifel an der Echtheit des Ossuars.**

Das Ossuar trägt eine aramäische Inschrift, die besagt, dass es sich bei dem Kästchen um das des Jakobus handelt, des Sohnes Josephs und Bruders Jesu. Bis heute konnte nicht genau festgestellt werden, woher das Ossuar stammt, aber dem kanadisch-israelischen Filmemacher Jacobovici und dem Geoarchäologen Arye Shimron zufolge kann es direkt mit einem vermeintlichen Familiengrab Jesu in Verbindung gebracht werden, das erstmals 1980 entdeckt wurde. Jacobo-

* Siehe die Pressemitteilung der University of Texas: »UT Austin Professors Discover Copy of Jesus' Secret Revelations to His Brother«, *UT News* (online), 29. November 2017, https://news.utexas.edu/2017/11/29/ut-austin-professors-discover-copy-of-jesus-secret-teaching/.

** Siehe Robert Eisenman, »›The James Ossuary‹ and Its Authenticity«, *The Jerusalem Post*, 24. Januar 2011, https://www.jpost.com/blogs/the-eisenman-line/the-james-ossuary-and-its-authenticity-367865.

vici und Shimron führten eine umfassende statistische Analyse der Bevölkerung Jerusalems im 1. Jahrhundert sowie verschiedener, damals populärer jüdischer Namen durch und stellten fest, dass die Inschriften sowohl auf dem Grab als auch auf dem Ossuar mit hoher Wahrscheinlichkeit der echten Familie Jesu zuzuordnen sind. Darüber hinaus behaupten die Forscher, dass eine einzigartige chemische Signatur das Grab eindeutig mit dem Ossuar verbindet.

Zwar scheinen die neuen Forschungen vielen Aspekten der orthodoxen Leben-Jesu-Erzählung der Evangelien zu widersprechen, doch einige Wissenschaftler, so etwa James Tabor von der University of North Carolina, sind anderer Meinung. Für Tabor ist das Wichtigste, dass es neue Beweise für die Existenz des historischen Jesus gibt.*

Eine russische Ikone von Jakobus, dem Bruder Jesu, auch bekannt als Jakobus der Gerechte (19. Jh.).

Das angebliche Ossuar des Jakobus.

* Mehr dazu in »The Controversial James Ossuary and the Talpiot Tomb«, in James Tabors Blog *TaborBlog*, https://jamestabor.com/the-controversial-james-ossuary-and-the-talpiot-tomb/.

Esoterisches Christentum

Befürworter eines eher esoterischen Christentums, wie die Gnostiker es praktiziert haben, weisen darauf hin, dass die Bibel in ihrer jetzigen Zusammenstellung das Produkt kirchlicher Konzile ist. Diese wurden einberufen, um frühe Kontroversen zu klären. Das Konzil von Nicäa etwa wurde 325 n. Chr. von Konstantin I., dem frisch konvertierten christlichen Kaiser von Byzanz, einberufen. Ganz oben auf der Tagesordnung stand die sogenannte arianische Häresie. Der Streit drehte sich um die Göttlichkeit Jesu – auf der einen Seite die sogenannten Gnostiker oder Arianer, auf der anderen Seite die Nicäer. Die Gnostiker strebten nach direkter persönlicher Gotteserkenntnis (Gnosis) und nahmen Aussagen von Jesus wie »Wisst ihr nicht, dass ihr Götter seid?« und »Das Himmelreich ist in euch« sehr ernst. Die Nicäer hingegen sahen in Jesus den absolut notwendigen Vermittler zwischen Gott und den Menschen. Die Gnostiker wurden überstimmt und ihre Lehren daraufhin größtenteils aus der kirchlichen Doktrin entfernt.

Einige Forscher, darunter Michael Baigent, Richard Leigh und Henry Lincoln in ihrem Buch *The Messianic Legacy*, behaupten, die Gnostiker des 4. Jahrhunderts hätten den Mantel des Apostels Jakobus, des Bruders Jesu und Oberhaupts der Kirche im 1. Jahrhundert, geerbt. Nur wenige wissen heute, dass in den ersten Jahren der Kirche viele Evangelien und Bücher entstanden sind, die angeblich von Menschen verfasst wurden, die unmittelbar mit Jesus verbunden waren (etwa das Thomas-Evangelium und das Evangelium der Maria Magdalena). Die meisten wurden von der herrschenden Klasse der Kirche vernichtet, da sie keine Einmischung in ihre Pläne wünschte. Einige dieser einst verschmähten Bücher wurden in Nag Hammadi wiederentdeckt. In ihrem 1989 erschienenen Bestseller *Versuchung durch Erkenntnis: Die gnostischen Evangelien* hat Elaine Pagels, Professorin für Religionswissenschaften an der Princeton University, zahlreiche Auszüge daraus veröffentlicht.

Die gnostischen Texte scheinen die Lücken zu füllen, die durch die Entdeckung der sogenannten Schriftrollen vom Toten Meer in der Nähe von Qumran in Palästina in den 1940er- und 50er-Jahren entstanden sind. Trotz des erbitterten Widerstands der orthodoxen Wissenschaft glauben viele angesehene Forschende, dass die Schriftrollen von einer unter der Bezeichnung Essener bekannten Sekte erstellt wurden, der möglicherweise auch Jesus und seine Anhänger angehört haben. Zwischen den Schriftrollen vom Toten Meer und seinen Lehren lassen sich mühelos viele gemeinsame Elemente erkennen.

Die Bekehrung Kaiser Konstantins von Peter Paul Rubens.

Außerdem sagt Norman Golb, der Autor von *Qumran: Wer schrieb die Schriftrollen vom Toten Meer?*, eine Handschriftenanalyse zeige, dass mindestens 500 Schreiber beteiligt waren. Für viele Wissenschaftlerinnen und Wissenschaftler deutet dies darauf hin, dass die Texte von einer breiten, über ganz Palästina und Judäa verteilten Bewegung stammen müssen und nicht nur von einer kleinen, abgeschotteten Sekte. Diese Ansicht wird von Robert Eisenman unterstützt.

Baigent und Leigh stützen sich in ihrem Buch *Verschlusssache Jesus: Die Qumranrollen und die Wahrheit über das frühe Christentum* auf Eisenman, gehen aber noch weiter. So behaupten sie, die Bewohner Qumrans und die frühen Christen seien nicht nur ein und dieselbe Gruppe gewesen, sondern auch militante Nationalisten, sogenannte Zeloten, die versuchten, ihren Priesterkönig Jesus auf dem israelischen Thron zu hieven, und nach ihm möglicherweise seinen Bruder Jakobus. Sie berufen sich, wie auch das Matthäus-Evangelium, auf die Abstammung Jesu von König David. In ihren Augen wird er zu einem anderen als dem traditionellen Jesus, zu einem buchstäblichen König der Juden und vielleicht zu einem Freiheitskämpfer gegen die römische Besatzung. In Baigents, Leighs und Lincolns Buch *Der heilige Gral und seine Erben* sowie später in Dan Browns *Sakrileg: The Da Vinci Code* werden weitere Elemente dieser Erzählung dargelegt, die sich auf die europäische Geschichte ausgewirkt haben könnten.

Vor Kurzem in der Nähe von Qumran entdecktes Schriftrollenfragment.

Enthüllungen wie diese aus der Alternativforschung lieferten überzeugende neue Erkenntnisse zu den Ursprüngen des Christentums. Aus dem Nebel der Antike tritt ein Bild von Intrigen und Verrat zutage, das zeigt, wie die ursprünglichen subtilen Lehren Jesu umgemünzt wurden in eine grobe Reihe von Gesetzen und Doktrinen, die von einer priesterlichen Elite in Zusammenarbeit mit weltlichen Fürsten, die ihre Autorität wahren wollten, durchgesetzt wurden. Der Hintergedanke war, die Menschen von der störenden Vorstellung ihrer individuellen Unsterblichkeit abzubringen und an deren Stelle das Schreckgespenst einer sündhaften Schuld zu setzen, die die Fürsprache und das stellvertretende

Sühneopfer Jesu erforderte. Diese Doktrin verlangte die Verehrung Jesu als des vollkommen einzigartigen Sohnes Gottes und bürdete ihm allein die Last der Sühne für alle Fehler der Menschen auf. Auf diese Weise wurden die Menschen davon abgehalten, die Verantwortung für das zu übernehmen, was sie säen, und damit effektiv der Macht beraubt, sich gegen ihre Unterdrücker zu wehren und letztendlich ihre Lebensumstände zu überwinden – mit anderen Worten, sie wurden daran gehindert, ihre Herrscher zu gefährden.

Verbindungen zu Ägypten

Eine der interessantesten alternativen Interpretationen der Bedeutung des Lebens Jesu ergibt sich aus Vergleichen zwischen der christlichen Lehre und der des alten Ägyptens.

»Die zentrale Figur der altägyptischen Religion war Osiris«, schrieb der Ägyptologe Sir E. A. Wallis Budge, »und die wichtigsten Grundlagen seines Kultes waren der Glaube an seine Göttlichkeit, seinen Tod, seine Auferstehung und seine absolute Kontrolle über das Schicksal von Leib und Seele der Menschen. Zentraler Punkt der Religion eines jeden Osirianers war die Hoffnung auf Auferstehung in einem gewandelten Körper und auf Unsterblichkeit, die er nur durch Tod und Auferstehung des Osiris erlangen konnte.«

Klassische Autoren beschreiben Osiris als einen halbgöttlichen König, der den Kannibalismus abschafft, Männer und Frauen lehrt, nach dem Gesetz der *Maat* (göttlichen Ordnung) zu leben, ihre Moral hebt und sich, erfüllt von Liebe für die Menschheit, auf Missionsreise begibt, um anderen Kulturen in der Welt die Segnungen der Zivilisation näher zu bringen. Nachdem er von seinem eifersüchtigen Bruder Seth ermordet wurde, bewirkt seine Gemahlin und Schwester Isis auf magische Weise seine Wiedergeburt. Sein zweiter Tod, wiederum herbeigeführt von Seth, der seinen Körper zerstückelt und die Teile in den Nil wirft, der sie im ganzen Land verteilt, wird in einer epischen Schlacht von Osiris‘ Sohn Horus gerächt.

Man nimmt an, dass Osiris Ägypten in der sogenannten Zep-Tepi-Periode, der Ersten Zeit, regiert hat, die als die Epoche der letzten Eiszeit oder der Jüngeren Dryas gilt. Mit anderen Worten, das »Ägypten« des Osiris war eine antediluvianische Kultur, vergleichbar der von Atlantis, das die Priester von Saïs Platons Ahnherrn Solon beschrieben. Gemäß dieser Denkschule wäre Jesus als der neuzeitliche Erbe des Vermächtnisses des Osiris der gesalbte Priesterkönig von Atlantis gewesen.

Die ägyptische Göttin Isis stillt Horus, ihren Sohn von dem ermordeten Osiris; mit freundlicher Genehmigung des Musée des Beaux-Arts Lyon.

Viele wichtige Symbole des Christentums, darunter das Kreuz, der Hirtenstab, die besondere Rolle Marias und sogar der Bart Jesu, sind offenbar an ältere ägyptische Bräuche angelehnt. Vielleicht lässt sich die Verbindung mittels der israelitischen und letztlich auch christlichen Geschichte erklären. Es sei daran erinnert, dass der Gesetzgeber Moses zunächst ein ägyptischer Fürst war, bevor er die Grundlagen für Judentum und Christentum legte. Einige Forscher, so etwa Ralph Ellis, Robert Feather und Sir Laurence Gardner, sind der Meinung, dass es eine durchgehende, unmittelbare Linie von den Pharaonen des alten Ägyptens und ihren Traditionen über die alttestamentarische Geschichte Israels zu Jesus gibt.

Die Ägypter verglichen den Geist des Osiris mit einem himmlischen Vogel, ähnlich wie das Christentum den Heiligen Geist als strahlend weiße Taube darstellt. Die Ägypter nannten den Vogel Benu, während die Griechen ihn als Phönix bezeichneten. Der Legende nach erscheint die Kreatur in historisch entscheidenden Momenten auf wundersame Weise am östlichen Himmel, um ein neues Weltzeitalter anzukündigen. Dann setzt sie sich auf mysteriöse Weise selbst in Brand und wird zerstört. Letztendlich erhebt sie sich jedoch, erneuert und verjüngt, im Triumph über den Tod.

Die Wissenschaft geht davon aus, dass der Phönix ein Symbol für Osiris war. Die Attribute von Osiris als Phönix sind die gleichen wie die des christlichen Messias. Beide erscheinen am Osthimmel (der Stern von Bethlehem ging im Osten auf). Beide stehen von den Toten auf. Beide symbolisieren das Leben nach dem Tod durch die Auferstehung. Beide signalisieren den Beginn eines neuen Zeitalters. Und schließlich sind beide mit Prophezeiungen ihrer Wiederkunft assoziiert.

Eine Malerei aus der Commodilla-Katakombe in Rom aus dem 4. Jahrhundert ist möglicherweise die älteste, auf der Jesus als erkennbar jüdisch dargestellt wird, mit Bart und langem Haar. Die christliche Kunst in Rom hatte ihn einst in der Gestalt des Orpheus abgebildet.

Die gnostischen Christen stellten Leben und Lehren Jesu in erster Linie als einen Einweihungsweg dar, auf dem der Christus, der eher als Priester denn als König auftrat, Jünger wie seinen Bruder Jakobus – also die, die »Augen haben, um zu sehen, und Ohren, um zu hören« – durch verschiedene Reinigungsrituale führte, die in Erleuchtung und Befreiung gipfelten. In diesem Sinne steht die Rolle Jesu als gesalbter Offenbarer der heiligen Mysterien im Einklang mit der reinsten und ältesten Tempelweisheit und -praxis.

Die Götter von Atlantis

Woher kommen unsere Helden?

So haarsträubend das Endergebnis auch häufig ausfällt, an Hollywood-Produktionen ist immer etwas Wahres dran. Die Titanen der Traumfabrik nehmen gerne ein oder zwei Fakten als Ausgangspunkt und begeben sich dann auf eine Fantasiereise, wenn sie glauben, dass es einen Markt dafür gibt. Mutantenkräfte wie in *X-Men* basieren auf tatsächlichen medizinischen Anomalien, Cyborgs der Zukunft (*Iron Man*) beginnen bei heutigen Laborexperimenten, außerirdische Pläne (*Roswell*) werden aus Entführungsfällen extrapoliert, und so weiter.* Alle Fakten, die zur Untermauerung einer solchen Fiktion zusammengetragen werden, sollen der Unterhaltung dienen und das willentliche Ausschalten des kritischen Denkens erleichtern – so lautet zumindest die Theorie.

Hollywood weiß längst, dass die Menschen bereit sind, dafür zu bezahlen, wenn sie große Katastrophen miterleben können – sowohl echte als auch erfundene. Von *Die Höllenfahrt der Poseidon* bis *Die letzten Tage von Pompeji* – die Faszination für spektakuläre Untergänge ist vielleicht ein weiteres Symptom der weltweiten Amnesie. Diese verhindert, dass die Erinnerung an und die Konfrontation mit dem verdrängten Wissen über antike Katastrophen wie etwa den Untergang der Titanic – oder von Atlantis – wieder wach wird. Unsere tief vernarbte kollektive Psyche sucht anscheinend geradezu zwanghaft nach den vergessenen Szenen einer zerstörten Vergangenheit.

Vielleicht ist auch etwas noch Tiefergehendes am Werk – eine angeborene

* Die Liste der Kräfte von Superhelden/Mutanten in der Online-Superhelden-Datenbank ist eine interessante Lektüre; siehe https://www.superherodb.com/powers/.

menschliche Fähigkeit, eine größere Wahrheit zu erkennen, etwas, das bei den Prämissen, die wir in Form von leichter Unterhaltung intuitiv akzeptieren können, eine grundlegende Rolle spielt. Schließlich erleben wir alle dieselbe Traumlandschaft, die uns von Anfang an begleitet und die seit Langem von Priestern und Schamanen, aber auch von weisen Pionieren wie Carl Gustav Jung und Joseph Campbell erforscht wird.

Taucher entdecken unter Wasser eine Göttin, Werbegrafik von 1985 für *The Atlantis Dimension*, ein Drehbuch von Tom Miller und Doug Kenyon.

Der letzte Tag von Pompeji, Karl Pawlowitsch Brjullow (1827–1833).

Der Kontakt mit dieser Traumwelt – dem universellen Unbewussten – bringt uns in Berührung mit Motiven und Archetypen, die wir alle verstehen können. George Lucas hat oft gesagt, dass er solche Elemente bewusst in seine *Star-Wars*-Geschichten eingebaut hat, und das Gleiche gilt für die Macher vieler

Filmklassiker, von *Casablanca* über *Lord Jim* und *Moby Dick* bis *Apocalypse Now.* Wie es die Geschichtenerzähler schon seit Jahrtausenden tun, versuchen die Besten der Branche immer noch, jene universelle Quelle der Erkenntnis anzuzapfen, die schon Homer inspiriert hat. Ob sie damit Erfolg haben, hängt von ihrem erzählerischen Talent ab, nicht von der Kraft der Quelle.

Aus herkömmlicher materialistischer Sicht ist die menschliche Psyche das konditionierte Produkt einer Massenkultur und spiegelt einfach die Reize wider, mit denen sie gefüttert wird. Anders ausgedrückt, durch die Wahl unseres Unterhaltungsangebots bringen wir lediglich die Vorlieben zum Ausdruck, auf die wir programmiert wurden. Wenn das stimmt, dann spielt es wirklich keine Rolle, welche Bilder uns gezeigt werden, denn wir werden brav so darauf reagieren, wie es uns beigebracht wurde. Wie Pawlows Hunde läuft uns das Wasser im Mund zusammen, sobald die Essensglocke ertönt. Nehmen wir jedoch einmal an, dass in uns allen ein tieferer Mechanismus zum Erkennen der Wahrheit am Werk ist – eine Verbindung zum »Absoluten«, an die auch die erfolgreichsten Filmemacher nicht herankommen. Könnte es in jedem Menschen ein unbewusstes Wissen über letzte Wahrheiten geben, eine Art kristalline Geometrie, die, obwohl sie normalerweise schlummert – und vielleicht auch etwas vernarbt ist – beim Klang eines bestimmten Tons plötzlich zu singen beginnt?

Trotz aller Programmierung bleibt die Unterscheidung zwischen Fakt und Fiktion eine zutiefst persönliche Erfahrung. Dass dies wahr ist, wird schon lange von großen spirituellen Lehrern aller Epochen aus Ost und West gelehrt und regelmäßig von den Wenigen erfahren, die versuchen, einen spirituellen Weg zu gehen. Die Realität einer solchen Fähigkeit oder Intuition wird natürlich von all denen geleugnet, deren innere Stimmgabel nicht mehr schwingt. Dennoch bemühen sogar sie sich, den verlorenen Effekt wiederherzustellen, auch wenn sie seine Existenz leugnen, nämlich um andere zu kontrollieren. Ihre verfälschten Darstellungen sind vielleicht sehr medienwirksam, aber für alle, die einen Blick auf das Wahre erhascht haben, sind diese Illusionen wenig reizvoll.

Die Legenden von Atlantis

In *Atlantis Rising* Nr. 124 (Juli/August 2017) weist Steven Sora darauf hin, dass der Herkules-»Mythos« wahrscheinlich auf einem realen Menschen beruht, der vor dem Beginn der uns bekannten Geschichtsschreibung Heldentaten vollbracht hat. Sora beschreibt mehrere Elemente in der Herkules-Geschichte, die auf eine faktische Grundlage hinzudeuten scheinen. So wird zum Beispiel Homers Odysseus-Erzählung mit den Berichten über die zwölf Aufgaben des Herkules in Verbindung gebracht. Beide Geschichten weisen besondere Verbindungen zu den Sternen auf, was darauf hindeutet, dass Odysseus und Herkules in einer vergessenen Epoche vor dem Ende der letzten Eiszeit – vielleicht dem Zeitalter von Atlantis – ein und dieselbe Person gewesen sein könnten.

Die erste Aufgabe des Herkules: einen Löwen töten. Bild: *Herkules kämpft mit dem Nemeischen Löwen* von Peter Paul Rubens.

Der wichtige Kernpunkt hier ist, dass die griechische Mythologie auf den Geschichten von Menschen basiert, die zwar Götter *wurden*, davor aber Menschen waren wie wir auch. Diesen Gedanken gibt es nicht nur in der Herkules-Erzählung. Platon bezeichnete Zeus, Apollon und Athene als seine »Götter und Vorfahren«. Sicher ergibt die Praxis der modernen Anthropologie, eine ausgeprägte Verehrung der Vorfahren, wie sie in vielen Kulturen anzutreffen ist, als eine Form des Ahnenkults einzustufen, mehr Sinn, wenn man berücksichtigt, dass die Menschen nach allgemeiner Überzeugung durch zahlreiche Inkarnationen in der Lage waren, sich zu höheren Ebenen weiterzuentwickeln und praktisch unsterblich zu werden, womit sie auch die Fähigkeit erlangten, ihre Nachkommen zu führen.

Ein Schrein zur Verehrung der Ahnen in einem vietnamesischen Haus.

Robert Bowie Johnson jun., der Autor von *The Parthenon Code: Mankind's History in Marble* und *Noah in Ancient Greek Art*, nennt die Göttin Athene als Beispiel für einen Menschen, der zur Göttin wurde. Sie ist, so Johnson, ein Bindeglied zur »vorsintflutlichen Welt«, das heißt der Welt vor dem Ende der Eiszeit. Er glaubt, dass Athene auch unter vielen weiteren Namen bekannt war, unter anderem als Naama, die in Erzählungen aus Babylon und Sumer verehrt wird. Das biblische Buch Genesis identifiziert Athene laut Johnson als »die letzte Person, die in Kains Abstammungslinie genannt wird: ›Und die Schwester des Tubal-Kain war Naama‹ (Genesis 4:22). Sie war die Tochter von Lamech, dem letzten Herrscher der Kainiten vor der Sintflut.«*

* Der vollständige Artikel von Johnson ist zu finden unter: »The Hidden Identity of the Woman Glorified as Athena: Her Link to the Pre-Flood World«, *Ancient Origins* (online), 24. August 2017, https://www.ancient-origins.net/myths-legends-europe/hidden-identity-woman-glorified-athena-her-link-pre-flood-world-008663

Statue der Athene im Parthenon von Nashville, Tennessee, eine Nachbildung des Originals in Griechenland.

Julie Loar zufolge war Athene in späteren griechischen Mythen die Tochter des Zeus, die als erwachsene Kriegsgöttin in voller Rüstung geboren wurde. In »Athena or Aphrodite« (*Atlantis Rising* Nr. 104, März/April 2014) sagt Loar, frühere Mythen erkannten Athene als das Prinzip der Weisheit, das den Kosmos erschaffen hat. Athene ist die Göttin von Weisheit, Recht und Gerechtigkeit, gerechter Kriegsführung, Mathematik, Strategie, Kunst, Handwerk und Geschicklichkeit. Minerva ist ihre römische Entsprechung. Auch die Verarbeitung von Metall zu Waffen stand unter ihrem Schutz. Sie hat große Ähnlichkeit mit der ägyptischen Göttin Neith. Athene setzte auf Diplomatie und erklärte den Krieg nur als letztes Mittel. Schlachten führte sie dann in der disziplinierten, strategischen Form des Krieges, im Gegensatz zu ihrem Bruder Ares (Mars), dem Gott der Gewalt, des Blutrausches und des Gemetzels.

Die Athener bauten ihr zu Ehren den Parthenon auf der Akropolis. Die Verehrung der Athene als Schutzpatronin Athens bestand offenbar schon seit frühester Zeit und war so ausgeprägt, dass archaische Mythen umgeschrieben wurden, um sie den kulturellen Veränderungen anzupassen. Die Verbindung zwischen Schlangen und Athene war im antiken Griechenland offensichtlich, und Loar zufolge waren Schlangen in vielen Traditionen Symbole der Weisheit. Die Statue der Göttin als strenge Wächterin der Akropolis stellt sie in Begleitung einer mächtigen Schlange dar, die sich um ihren Schild windet. Herodot berichtet, dass es in Athen »eine große Schlange gibt, welche die Akropolis bewacht und der man jeden Monat Honigkuchen opfert, der gnädig angenommen wird. Während des Einfalls der Perser lehnte die Schlange die Opfergaben ab. Als die Priesterin dies verkündete, verließen die Athener die Stadt, weil sie glaubten, die Göttin habe die Akropolis verlassen.«

Die archaische Athene war keine griechische Göttin; ihr Name weist keine griechische Etymologie auf. Sie war, so Loar, ein Anklang an eine uralte Göttin, vielleicht eine Vogelgöttin aus dem alten Kreta, wo Frauen beträchtliche Macht besaßen. Athenes Name, »Herrin von Athen«, ist auf Schrifttafeln in der Linearschrift B aus minoischer Zeit überliefert. In der Dichtung seit Homer lautet Athenes häufigster Beiname *glaukopis*, was gewöhnlich als »helläugig« oder »mit leuchtenden Augen« übersetzt wird. *Glaux*, »Eule«, besitzt den gleichen Wortstamm, vermutlich wegen der markanten Augen des Vogels. Die Eule, ebenfalls ein Symbol der Weisheit, war Athenes ständige Begleiterin.*

Die Geschichte der Athene ist jedoch noch vielschichtiger als die meisten orthodoxen Historiker zugeben wollen. Francis Bacon, der Initiator der geheimen Rosenkreuzer-Gesellschaft, die bei der Gründung der Vereinigten Staaten eine entscheidende Rolle spielte, widmete seine Dienste der Athene, der griechischen Göttin der Weisheit. Dem Buch *The Martyrdom of Francis Bacon* von Alfred Dodd (1945) zufolge glaubte man, dass Pallas Athene über die intellektuelle und moralische Seite des menschlichen Lebens wacht. An griechischen Tempeln wird sie in der Regel mit einem Helm dargestellt, der ihren stillen Kampf gegen Faulheit und Unwissenheit anzeigt. Außerdem trägt sie einen Speer, der Wissen symbolisiert, bereit, die Schlange zu erschlagen, die unter ihrem Fuß zappelt und bei manchen als Symbol der Unwissenheit gilt. Dodd schreibt: »Wenn die morgendlichen Sonnenstrahlen auf der Waffe glitzerten und sie scheinbar er-

* Mehr über die Verbindung zwischen Athene und den Minoern in: Gregory Nagy, »From Athens to Crete and Back«, *Classical Inquiries* (online), 10. September 2015, https://classical-inquiries.chs.harvard.edu/from-athens-to-crete-and-back/

zittern ließen, pflegte das einfache Volk lächelnd zu sagen: ›Athene schüttelt wieder ihren Speer‹. Daher kannte man sie auch als die ›Speerschüttlerin‹. Dies ist nur einer von vielen Gründen, warum einige glauben, dass der Name Shakespeare (wörtl. »Schüttelspeer«, Anm. d. Ü.) ein Pseudonym war, das Bacon benutzte, um insgeheim die Stücke zu schreiben, die William Shakespeare zugeschrieben werden.

Wer immer noch daran zweifelt, wie groß Athenes stiller Einfluss auf die moderne Welt ist, braucht sich nur die riesige *Statue of Freedom* auf dem US-amerikanischen Kapitol anzuschauen. Das Kapitol wurde von den freimaurerischen Gründern Amerikas als moderner griechischer Tempel geplant, und viele erkennen in der Statue eine kaum verhüllte Darstellung der Athene, komplett mit Helm und Schwert (anstelle des Speers). Vielleicht sollten sie auch bedenken, dass Götter und Göttinnen einst Menschen waren und dass auch heute noch Menschen das Potenzial haben, Götter und Göttinnen zu werden.

Der Kampf der Archetypen

Solange wir zurückdenken können, sagen Prognostiker nahendes Unheil voraus, aber bisher ist die »vorausgesagte Zeit« noch nicht eingetreten. Natürlich kann es sein, dass es uns geht wie dem Mann, der aus dem zehnten Stock sprang, und als er am fünften Stock vorbeikam, ausrief: »So weit, so gut.«

Der Hauptgrund für die Fülle negativer Prophezeiungen ist vermutlich eher subjektiver als objektiver Natur. Das soll jedoch nicht heißen, dass wir zuverlässige Vorhersagen nicht beachten sollten, wenn wir sie denn finden können. Einen guten Wetterfrosch können wir alle brauchen. Der eigentliche Zweck wahrer Prophetie ist, so heißt es, die Warnung. In diesem Sinne ist eine Weissagung, die tatsächlich eintrifft, eine gescheiterte Weissagung.

In der Bibel wird dem Propheten Jona aufgetragen, nach Ninive zu gehen und die Stadt vor ihrer bevorstehenden Zerstörung zu warnen. Als er sich weigert, so die Erzählung, wird er von einem Wal verschluckt. Nachdem er jedoch rechtzeitig wieder ausgespuckt wird, beschließt er, dem göttlichen Auftrag Folge zu leisten und die Niniviten vor ihrem bevorstehenden Untergang zu warnen. Daraufhin bereuen die Menschen ihre bösen Taten und ihnen bleibt der Tag der Abrechnung erspart. Dieser Ausgang gefällt Jona gar nicht, denn offenbar hat er das Gefühl, dass seine Glaubwürdigkeit als Prophet Schaden genommen hat.

Daraufhin tadelt Gott ihn und bedeutet ihm, dass der Ausgang besser ist, als zu erwarten gewesen wäre.

Die Ursache für die meisten falschen Prophezeiungen liegt jedoch eher darin, dass die ursprüngliche Quelle missverstanden wird und man Dinge unbedingt wörtlich nehmen will, die nie so gemeint waren. Die biblische Offenbarung, so könnte man argumentieren, ist keine Vorhersage von Weltereignissen, sondern ein Bericht über konkurrierende Archetypen, die in der inneren Welt spirituell Strebender um Vorherrschaft ringen. Aus dieser Sicht ist es wahrscheinlich sinnlos, die Worte des Johannes wie eine Zeitung zu interpretieren – auch wenn es heißt, dass äußere Ereignisse, selbst auf der Weltbühne, letztlich ein Spiegelbild innerer Realitäten sind und potenzielle größere Veränderungen ankündigen könnten.*

Freedom, Statue von Thomas Crawford auf der Kuppel des US-amerikanischen Kapitols (geschaffen 1863).

* Einen Überblick über die Kongruenz zwischen apokalyptischen Archetypen in der psychoanalytischen Arbeit und im religiösen Kanon bietet etwa Mortimer Ostow, »Archetypes of Apocalypse in Dreams and Fantasies, and in Religious Scripture«, *American Imago* 43, Nr. 4 (Winter 1986): 307-334, https://www.jstor.org/stable/26303943?seq=1#page_scan_tab_contents.

Veränderung ist der Schlüsselbegriff. Alle wollen sie, aber niemand scheint sich wirklich darüber im Klaren zu sein, was sie bedeutet. Umwandlung allein ist ganz sicher nicht die Antwort auf jedes Problem. Schließlich wäre es auch eine Veränderung, wenn sich die Dinge plötzlich verschlechterten, aber das will wohl niemand. Zweifellos wollen die Menschen Umgestaltung in der Form, dass alles besser wird, aber auch was das bedeutet, ist offenbar unklar. Was für den einen Fortschritt bedeutet, heißt für den anderen Rückschritt, so ist es nun einmal.

Zu einer Veränderung, die tatsächlich etwas bewirken könnte, gehört eine dramatische Episode und das, was man früher als Metamorphose, Katharsis, Transmutation und Ähnliches bezeichnet hat, also eine Transformation, die tiefgreifender ist als jedes gängige Klischee von Veränderung. Dies muss zuerst dem Einzelnen geschehen, bevor es sich in der Gesellschaft vollziehen kann. Offenbar liegt es in der Natur des Menschen, nach Umwandlung zu streben – sei es bewusst oder unbewusst –, und wenn sie fehlt, erzeugt dies eine starke Kraft zur Umgestaltung des Status quo. Wird Veränderung zu lange verhindert, kann dies zu Explosionen führen und die Lage verschlimmern, anstatt sie zu verbessern. Politiker manipulieren diese Kräfte auf eigene Gefahr.

Die Erleuchteten aus alter Zeit wussten sehr wohl um die Notwendigkeit einer solchen Veränderung und machten es sich zur Aufgabe, diese zu fördern und zu unterstützen. So war es tatsächlich das Ziel der antiken Tempelpraxis, durch verschiedene Übergangsriten sich vom weltlichen Bewusstsein zu befreien. Heutige Filme stehen bis zu einem gewissen Grad ebenfalls in dieser Tradition, und wenn sie für ihr Publikum eine Katharsis anstreben, sind sie damit immer noch Teil der alten Tempelarbeit. Die Magie des Dramatischen, selbst in der Hollywood-Variante, liegt zum Teil in der Wahrheit begründet, dass ein Publikum durch die Darstellung von Kräften, die unser Bewusstsein formen – nennen wir sie Archetypen, Götter oder Helden – zur Erkenntnis geführt werden kann. Von der Einführung des Helden und des Antihelden, des Konflikts und aller Nebenfiguren, über das erregende Moment bis hin zum Höhepunkt und der Auflösung kann der Prozess das Publikum zu einer gewissen Katharsis und Einzelne sogar zu echter Veränderung führen. Die Formel, die bei den alten Griechen und bei Shakespeare funktioniert hat, gelingt heute immer noch, wie jeder bezeugen kann, der schon einmal von einem großartigen Film bewegt worden ist.

Die wahre Debatte findet heute nicht zwischen denen statt, die Veränderung wollen und denen, die sie nicht wollen. Sondern zwischen denen, die das ewige

Aufblühen der Seele, wie es sich in dramatischen Episoden zeigt, feierlich begrüßen und denen, die es leugnen.

Die Gesetze der Veränderung, die in Filmen eine Rolle spielen, sind natürlich ein Spiegelbild der Prinzipien, die in der Natur für Umwandlung sorgen. Raupen werden zu Schmetterlingen, und Pflanzen kommen zur Blüte durch die ewige Entfaltung subtiler geometrischer Prozesse, die von eben denselben Prinzipien geleitet werden, die die alten Tempelriten prägten. Davon lassen sich wiederum die besseren modernen Filme leiten.

Einst nannte man Menschen, die auf der Suche nach der Befreiung ihrer Seele bewusst mit den Gesetzen der Veränderung experimentierten, Alchemisten. Heute nennt man sie manchmal Filmproduzenten, auch wenn sie diese Bezeichnung vielleicht nicht verdienen.

Untergegangene
Welten
Vergessene Kulturen
rund um den Globus

13 Die große Atlantis-Jagd

Bringen uns neue Forschungen einer genauen geografischen Lage näher?

Fragt man Wissenschaftlerinnen und Wissenschaftler, die etwas auf sich halten, ob sie glauben, dass Atlantis ein realer Ort gewesen sein könnte, erntet man meist nur ein müdes Lächeln. Platons Dialoge *Kritias* und *Timaios*, so wird man Ihnen sagen, sind die einzige Grundlage für fantastische Legenden über eine versunkene »Stadt«. Alles andere ist gekupfert und nicht ernst zu nehmen. Die Frage einer größeren antediluvianischen Zivilisation, die sich über höhere Lagen und Küstenregionen erstreckte und schließlich von den Fluten überschwemmt wurde, mit denen unsere letzte Eiszeit, die sogenannte Jüngere Dryas, endete, wird zumindest in der akademischen Welt nur selten angesprochen. Aber unter Menschen, die es wagen, die Orthodoxie infrage zu stellen, hat es schon lange vor Platon viele Denkschulen gegeben. Tatsächlich haben sogar Stimmen aus der etablierten Wissenschaft den Verdacht geäußert, dass zwischen dem Datum, das Platon dem Untergang von Atlantis zuordnet (vor etwa 11.500 Jahren), und dem Ende der Jüngeren Dryas ein sinnvoller Zusammenhang bestehen könnte. Die zeitliche Korrelation ist sicherlich auffällig.

Für die alternative Forschungsgemeinschaft scheint festzustehen, dass ein katastrophales Ereignis – vielleicht der Einschlag eines großen Meteors oder Kometen – vor etwa 12.000 Jahren die Wollhaarmammuts ausgelöscht und die Menschheit in die Steinzeit zurückgeworfen hat. Von der Bibel bis zu Platon berichten viele antike Quellen von einer solchen Katastrophe, aber die universitäre Wissenschaft lehnt die Vorstellung ab, dass sich so etwas auf der Erde vor weniger als etlichen Millionen Jahren zugetragen haben könnte. Und obwohl es viele Indizien für eine Mini-Eiszeit gibt, die etwa zu der Zeit einsetzte, als Atlantis laut Platon unterging, war der Krater, den ein solcher gigantischer Einschlag verursacht hätte, bis vor Kurzem noch nicht gefunden worden.

Im November 2018 jedoch veröffentlichte die Zeitschrift *Science Advances*, deren Artikel vor Erscheinen von Fachleuten begutachtet werden, einen Bericht, der die Wende bringen könnte. Unter dem Titel »A Large Impact Crater beneath Hiawatha Glacier in Northwest Greenland« dokumentiert der Text, dass vor erst 12.000 Jahren ein riesiger Eisenmeteorit in Grönland einschlug und unter dem heutigen Hiawatha-Gletscher einen Krater mit einem Durchmesser von 32 Kilometern hinterließ. Der kilometerlange Meteor gehört zu den 25 größten Boliden, die je auf unserem Planeten eingeschlagen sind. Der Einschlag hätte die Kraft von 700 Millionen Atombomben gehabt und Welleneffekte in der gesamten Region, vielleicht sogar weltweit ausgelöst. In ihrem Aufsatz räumen die Forscher ein, dass das Ereignis die einst umstrittene »Jüngere-Dryas-Impakt-Hypothese« tatsächlich als erwiesene Tatsache etablieren könnte. Die Vorstellung, dass ein großer Einschlag dieser Art in Nordamerika vor etwa 12.000 Jahren riesige Waldbrände in weiten Teilen Amerikas und Europas, ein großes Säugetiersterben und Wetterveränderungen über dem Atlantik verursacht haben könnte, ist nicht neu, aber die Entdeckung in Grönland ist die erste, die tatsächlich einen Einschlagkrater identifiziert.*

Die Entdeckung hat dem ewigen Bestreben, Platons Atlantis-Erzählung mit Begriffen zu erklären, die für die etablierte Wissenschaft akzeptabel sind, neues Leben eingehaucht, auch wenn solche Bemühungen häufig im Widerspruch zu vielem stehen, was Platon tatsächlich gesagt hat.

Atlantis im Mittelmeer

Das übliche Spiel, bei dem man behauptet, das eigene Land oder dessen Umgebung sei einst die geografische Lage von Atlantis gewesen, wird immer noch gespielt. Mit den Jahren ist so fast jeder Ort auf der Welt im großen Topf der Atlantis-Lotterie gelandet. Vom Schweden Emanuel Swedenborgs und Otto Rudbecks bis zu den Britischen Inseln vieler Anglophiler, von den Argumenten

* Der vollständige Bericht ist zu finden unter: K. H. Kjaer, N. K. Larsen, T. Binder, et al., »A Large Impact Crater beneath Hiawatha Glacier in Northwest Greenland«, *Science Advances* 4, Nr. 11 (2014), https://advances.sciencemag.org/content/4/11/eaar8173

für Süd- und Nordamerika bis zu Europa und dem Mittelmeerraum – alle haben neue und chauvinistische Interpretationsmöglichkeiten für Platon gefunden. Eine der jüngsten kommt von der italienischen Insel Sardinien und wird – wenig überraschend – von einem Italiener vertreten.

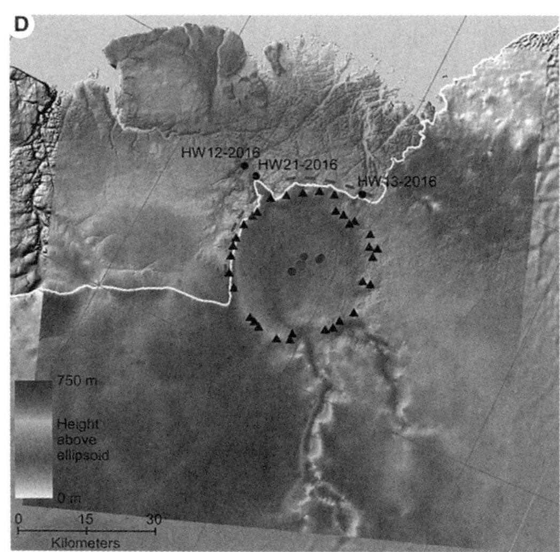

Einschlagkrater unter dem Hiawatha-Gletscher in Nordwestgrönland; Topographie basierend auf NASA-Daten (Alfred-Wegener-Institut [AWI]).

Mit seinem 2009 erschienenen Buch *Le colonne d'Ercole* (dt.: *Atlantika: eine detektivische Untersuchung des antiken Mittelmeerraums*) hat der Journalist Sergio Frau in manchen Kreisen einiges Interesse geschürt. Die UNESCO veranstaltete zur Förderung dieses Gedankens sogar ein Symposium in Paris. Frau zufolge war Platon der erste Schriftsteller, der Sardinien erwähnt, eine Insel, die durch eine Naturkatastrophe zerstört wurde. Manche glauben, dass es sich dabei um einen Tsunami irgendwann im 3. oder 4. Jahrhundert v. Chr. gehandelt hat. Fraus Hauptargument lautet, dem alexandrinischen Geographen und Bibliothekar Eratosthenes sei bei der Lokalisierung der Säulen des Herkules ein Fehler unterlaufen, der dann zur Grundlage für unsere moderne Bezeichnung des Ortes wurde. Frau behauptet, die Säulen, die Platon erwähnt, befänden sich in Wirklichkeit auf Sizilien. Wenn das stimmt, dann liegt Sardinien als Standort für Atlantis auf der Hand, so seine Schlussfolgerung.*

* Mehr dazu unter: »Italian Researcher ›Discovers‹ Lost Island of Atlantis«, *Sputnik* 30. August 2016, https://sputniknews.com/art_living/201608301044761690-sardinia-atlantis-lost-island/. Anm. d. Ü.: Im Zuge des Angriffskrieges gegen die Ukraine ist die Verbreitung der russischen Staatsmedien RT und Sputnik in der EU seit dem 2. März 2022 verboten. Der Link ist daher nicht mehr abrufbar.

Frau glaubt, dass es sich bei der bronzezeitlichen Nuraghenkultur, von der auf Sardinien noch berühmte Ruinen existieren, um die Atlanter handelte. Man nimmt an, dass die Nuraghenkultur um 1175 v. Chr. durch einen Tsunami ausgelöscht wurde.

Ruinen der Nuraghenkultur.

Wie bei den meisten anderen Mutmaßungen über Atlantis im Mittelmeerraum – beispielsweise Santorin, das Jacques Cousteau populär gemacht hat –, nimmt Frau viele originale Detailangaben zu Atlantis bei Platon nicht ernst. Zum einen die Größe des Inselreichs – größer als Libyen und Kleinasien zusammen. Zum anderen das hohe Alter – über 9000 Jahre vor Platon. Dadurch, dass er Platons Darstellung derart ignoriert, erweckt Frau den Anschein, als ginge es ihm eher um die Akzeptanz bei der orthodoxen Wissenschaft, die sich über jedes Argument lustig macht, das Platon beim Wort nimmt. Doch obwohl ein wörtlich verstandenes Atlantis bei Platon von der etablierten Wissenschaft nahezu universell abgelehnt wird, wird die Kampagne, ihn wegzuerklären, paradoxerweise bis heute unvermindert geführt.

Verbindungen zu Kuba

Zu Beginn des 21. Jahrhunderts erregten augenscheinliche Entdeckungen auf Guanahacabibes, einer Halbinsel an Kubas Westspitze, die Gemüter. Könnte es sich um antediluvianische Unterwasserruinen handeln? Die Entdeckung eines riesigen Ruinenkomplexes in über 600 Metern Tiefe durch die kanadische Meeresingenieurin Paulina Zelitsky löste einen kurzen Flächenbrand der Neugier aus, nicht nur in der Gemeinschaft der alternativen Atlantis-Forschung, sondern auch in der breiten Öffentlichkeit. Von NPR bis Associated Press stürzten sich die klassischen Medien auf die Geschichte, nachdem Manuel Iturralde, ein führender kubanischer Geologe, verlautbart hatte, er könne die Stätte mit keiner naturgeologischen Standardtheorie erklären. BBC News berichtete: »Das Forschungsteam entdeckte die Unterwasserstadt zum ersten Mal im vergangenen Jahr, als das Sonar Bilder von symmetrisch angeordneten Steinstrukturen lieferte, die an eine städtische Bebauung erinnerten.«* Der anschließende öffentliche Rückzug der National Geographic Society aus dem Projekt erwies sich für die Untersuchungen nahezu als Totschlag. Selbst der Forscher Andrew Collins, der in seinen viel gelesenen Büchern behauptet, Kuba sei die geografische Lage von Atlantis, äußerte Zweifel am menschlichen Ursprung der Fundstätte bei Guanahacabibes und erklärte, für ihn sehe das Ganze ziemlich natürlich aus.

Dr. Paula Zelitsky.

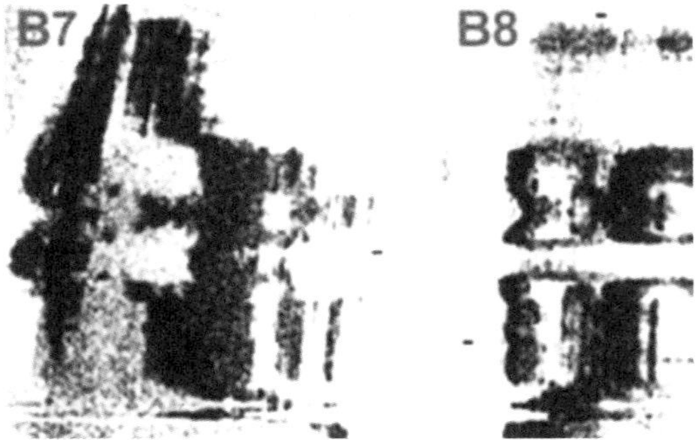

Seitensichtsonar-Bilder der Unterwasser-Strukturen bei Guanahacabibes.

* Siehe »›Lost City‹ Found beneath Cuban Waters«, *BBC News* (online), 7. Dezember 2001, http://news.bbc.co.uk/2/hi/americas/1697038.stm

Seit J. Manson Valentine, Professor an der University of Miami, 1969 die sogenannte Bimini Road entdeckte, eine lineare Formation aus rechteckigen Kalksteinblöcken in den Gewässern zwischen Florida und den Bahamas, strömten Atlantis-Sucher aus aller Welt in die Region, um nach Hinweisen auf die alte Hochkultur zu suchen. Valentines Entdeckung, die die Prophezeiung von Edgar Cayce zu bestätigen schien, wonach der Beginn des Aufstiegs von Atlantis aus der Karibik um 1968 oder 1969 zu erwarten sei, sorgte für eine vorübergehende Sensation, aber als keine weiteren größeren Entdeckungen mehr zu erwarten waren, erlahmte das Interesse. Einige Forscher investierten weiterhin Zeit und Energie in das Gebiet, andere hingegen schmissen hin und zogen weiter. Aber haben sie zu früh aufgegeben?

Dem Geologen William Hutton zufolge sagte Cayce voraus, dass nach den Funden auf Bimini neue Entdeckungen in der angrenzenden Region im Südwesten gemacht würden. Cayces Worte: »Denn dies [die Überreste von Atlantis auf Bimini] stammt von der ersten höchsten Kultur, die in einigen angrenzenden Regionen im Westen und Süden der Inseln entdeckt werden wird, verstehen Sie?« Viele nehmen an, dass Cayce Yucatán gemeint hat, aber könnten sie dabei Kuba vergessen haben?

Die kanadische Explorationsgesellschaft Advanced Digital Communication (ADC) aus British Columbia untersuchte das Gebiet vor der Westküste Kubas mit Sonargeräten und entdeckte dabei ein riesiges Plateau mit deutlichen Zeichen einer städtischen Entwicklung. Von oben sind Umrisse schlammbedeckter Pyramiden, Straßen und Gebäude zu sehen, so Zelitsky. »Es ist atemberaubend. Was wir auf unseren hochauflösenden Sonarbildern sehen, sind grenzenlose, hügelige, weiße Sandebenen, und inmitten dieses schönen weißen Sandes gibt es deutlich erkennbare, von Menschenhand geschaffene, großflächige architektonische Strukturen. Es sieht genauso aus, wie wenn man mit einem Flugzeug über eine städtische Siedlung fliegt und Autobahnen, Tunnel und Gebäude sieht«, sagte Zelitsky der Nachrichtenagentur Reuters.* Die meisten offiziellen Stellen, die Kenntnis von den Entdeckungen hatten, hielten sich mit öffentlichen Spekulationen zurück, aber die kubanische Akademie der Wissenschaften gab die Fundstelle zur Untersuchung frei.

Zelitsky vermutete, dass es sich bei den Ruinen möglicherweise um die einer

* Siehe »Looking for lost riches in Cuba's seas: Underwater surveyors say they may have found sunken city«, Reuters, 14. Mai 2001.

Stadt handelt, die während der letzten Eiszeit auf einer Landbrücke zwischen Kuba und der mexikanischen Halbinsel Yucatán lag. Die zugrunde liegende Idee ist, dass in der Eiszeit riesige Mengen Wasser aus den Ozeanen der Erde in den Eisschilden gespeichert waren, die weite Teile Nordamerikas und Eurasiens bedeckten. Dadurch sank der Meeresspiegel und legte Landgebiete frei, die sich heute unter Wasser befinden, wie zum Beispiel die Landbrücke zwischen Kuba und Yucatán. Der kubanische Geologe Manuel Iturralde äußerte sich dazu. »Iturralde meinte«, so berichtet National Geographic News, »dass ein schlüssiger Beweis für von Menschenhand geschaffene Strukturen an dieser Stelle einige mündliche Überlieferungen der Maya und der Ureinwohner Yucatáns bekräftigen könnte. Diese Menschen erzählen sich immer noch uralte Geschichten über eine Insel, die von ihren Vorfahren bewohnt war und in den Fluten versank.«

2012 erklärte Keith Fitzpatrick-Matthews, der den Skeptiker-Blog *Bad Archaeology* betreibt, in seinem Bericht über diesen Fall, die Tiefe (über 600 Meter) der angeblichen versunkenen Überreste bei Kuba sei ein großes Problem. Er wies darauf hin, dass der Meeresspiegel während der letzten Eiszeit maximal um etwa 100 Meter gesunken ist – was nicht ausreicht, um diesen speziellen Landstreifen freizulegen.* Unerwähnt blieb allerdings, dass in diesem Gebiet tatsächlich einst eine Landbrücke, wie Zelitsky sie beschreibt, existiert hat, wenn auch zu einem viel früheren Zeitpunkt, als es vermutlich den modernen Menschen noch nicht gab.

Michael Cremo, gemeinsam mit Richard Thompson Autor des 1999 erschienenen Buchs *Verbotene Archäologie: Sensationelle Funde verändern die Welt* ist der Meinung, dass es den Menschen schon viel länger gibt, als die Paläontologen zugeben wollen. Er lehnt die Vorstellung ab, dass der moderne Mensch erst vor nicht einmal 200.000 Jahren in Erscheinung getreten ist. In der September-/Oktober-Ausgabe 2017 von *Atlantis Rising* (Nr. 125) schreibt er, es gebe Beweise dafür, dass Menschen wie wir bereits vor mehreren Hundert Millionen Jahren existiert haben. Tatsächlich war der Golf von Mexiko/die Karibik in der frühen Jurazeit (vor 145 bis 201 Millionen Jahren) ein trockenes Becken, bevor sich die Region im mittleren Jura mit Meerwasser füllte, so der Ozeanograph R. M. Darnell in seinem 2015 erschienenen Buch *The American Sea: A Natural History of*

* Siehe »An Underwater City West of Cuba«, *Bad Archaeology* (Blog), 28. Oktober 2012, https://badarchaeology.wordpress.com/2012/10/28/an-underwater-city-west-of-cuba/.

the Gulf of Mexico. Mit Verweis auf die Puranas, die historischen Schriften aus dem alten Indien, argumentiert Cremo, dass es damals bereits Menschen gab, und er ist überzeugt, dass diese frühen Menschen die von Zelitsky und ihren Kollegen entdeckten Ruinen geschaffen haben.

Voreiszeitliche Struktur auf den Bahamas in der Nähe von Pino Turolla's Column; Foto mit freundlicher Genehmigung von Edgar Cayces A.R.E.

Was die jüngeren Eiszeiten betrifft, so untersuchten die Doktoren Greg und Lora Little, die beide im Auftrag der Association for Research and Enlightenment (A.R.E.) forschen, 2009, und damit einige Jahre nach Zelitskys Fund, die unter Wasser befindlichen Überreste eines – dem Anschein nach – eingestürzten Gebäudes mit mehreren Räumen auf den Bahamas, und zwar in einem Gebiet, das als *Pino Turolla's Columns* bekannt ist. Das Fundament des Gebäudes ist eindeutig von Menschenhand geschaffen, es weist auf Gehrung geschnittene Kalksteinecken sowie weitere Trümmer innerhalb der Außenwände auf. Laut einer Pressemitteilung der A.R.E. wurde eine Probe von sogenanntem Beachrock (in tropischem bis subtropischem Klima aus Strandablagerungen durch schnelle Gesteinsbildung entstehendes flaches Gestein, Anm. d. Ü.) von einer langen, geraden Fundamentmauer an der Stätte per Radiokarbonmethode auf

21.520 bis 20.610 v. Chr. datiert. Konventionelle archäologische Erkenntnisse besagen, dass die ältesten Nachweise für Menschen in der Region nur bis etwa 1000 v. Chr. zurückreichen.*

Auch wenn das Beachrock-Material offensichtlich älter ist als das Gebäude, in dem es gefunden wurde, handelt es sich doch um einen bedeutenden Fund. »Beachrock bildet sich am Rand der Küstenlinie«, erklärt Greg Little in *Atlantis Rising* Nr. 90, November/Dezember 2011, »dort, wo sich die Wellen am Strand vor- und zurückbewegen.« Als sich dieses Beachrock-Gestein bildete, lag der Meeresspiegel etwa 100 Meter unter dem heutigen Niveau und begann um 15.000 v. Chr. zu steigen. »Wir müssen davon ausgehen, dass [die Erbauer] nicht unter Wasser gegangen sind und diese Platten hochgeholt haben. (…) Um 4000 v. Chr. war der Meeresspiegel etwa fünf Meter niedriger als heute, sodass dieses Bauwerk damals im Wesentlichen an der Küstenlinie gestanden hätte. Die Schlussfolgerung lautet daher, dass das Bauwerk irgendwann zwischen 21.000 und weit vor 4000 v. Chr. auf hohem Grund errichtet wurde.«

Forscher erkunden die Region seit Ende der 1960er-Jahre und entdeckten viele ungewöhnliche, offenbar von Menschenhand geschaffene Unterwasserformationen. Doch diese Fundstelle wurde als Erste mit der Radiokarbonmethode datiert, und die Ergebnisse deuten eindeutig darauf hin, dass vor der Küste der Bahamas einst eine hoch entwickelte voreiszeitliche Kultur gelebt haben könnte.

Platon beim Wort genommen

Auf Grundlage neuer paläoglaziologischer und geomorphologischer Daten plädiert der russische Geologe Viatcheslav Koudriavtsev dafür, dass man Platon wörtlich nehmen sollte. Unter anderem stimmt Platons Datierung des Untergangs von Atlantis auf etwa 9500 v. Chr. recht gut mit dem Ende der letzten Eiszeit überein, ein Faktum, das die alten Griechen nach Koudriavtsevs Ansicht keinesfalls kennen konnten. Die Veränderungen des atlantischen Meeresspiegels, die mit dem raschen Abschmelzen der großen nordeuropäischen Eisschilde verbunden waren, könnten tatsächlich für katastrophale Ereignisse verantwortlich sein, wie Platon sie beschrieb. Koudriavtsev glaubt jedoch nicht, dass der versunkene Kontinent

---

* Siehe »Pre-Ice Age Complex Found Off Bahamas Coast« auf der Website der Organisation »Edgar Cayce's A.R.E«, https://www.edgarcayce.org/the-readings/ancient-mysteries/atlantis/pre-ice-age-complex-found-off-bahamas-coast/.

an bisher vermuteten Stellen wie den Azoren, den Kanarischen Inseln, Island oder den Bahamas zu finden ist, sondern in relativ flachen, noch unerforschten Regionen vor den Küsten Europas und den Britischen Inseln, insbesondere in der Umgebung eines unter Wasser gelegenen Hügels namens Little Sole Bank auf dem britischen Schelf der Keltischen See.* Und seltsamerweise ist diese Stelle nicht die einzige in diesem Gebiet, die Atlantis sein könnte.

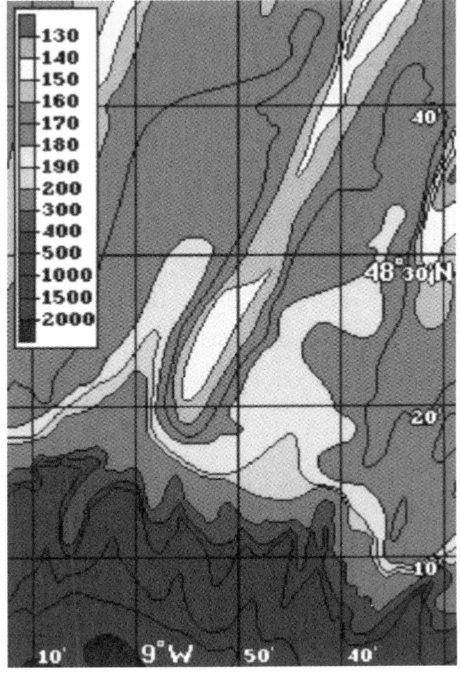

Topologie des Gebiets um die Little Sole Bank, eine Sandbank im Atlantik südwestlich von Cornwall, Großbritannien.

Ob nun mythisch oder real, eine eigenartige Insel vor der Westküste Irlands, die auf antiken Karten als Hy-Brasil bezeichnet wird, zieht bis heute die Aufmerksamkeit auf sich. Manche behaupten, sie sei alles, was über Wasser von dem Ort, den Platon Atlantis nennt, übrig geblieben ist. Die Brasilinsel taucht bereits 1325 n. Chr. auf Karten auf. In seinem Aufsatz »Worlds without End« (*Atlantis Rising* Nr. 114, November/Dezember 2015) erwähnt der Buchautor William Stoecker die Insel: »Es gibt die alte Legende von Hy Brasil, einer Insel, die etliche Hundert Kilometer westlich von Irland liegt und nach der das Land

* Weitere Einzelheiten in: Viatcheslav Koudriavtsev, »Atlantis: New Hypothesis«, Moskau, Institut für Metahistorik, 1. November 1997.

Brasilien benannt sein soll – oder auch nicht, je nachdem, welchen Bericht Sie lesen.« Und in einem Artikel der *Epoch Times* aus dem Jahr 2015 heißt es: »Die Insel war auf einer Karte des genuesischen Kartographen Angelino Dulcert aus dem Jahr 1325 verzeichnet, wo sie als ›Bracile‹ bezeichnet wurde. Später erschien sie im katalanischen Atlas von 1375, der sie als zwei separate Inseln mit dem gleichen Namen ›Illa de Brasil‹ auswies. 1436 tauchte sie als ›Sola de Brasil‹ auf der venezianischen Karte des Kartographen Andrea Bianco auf.«*

In seinem Artikel »The Perilous Plight of Rockall Island« (*Atlantis Rising* Nr. 90, November/Dezember 2011) vermutet Steven Sora, dass es sich bei Hy-Brasil um das sehr abgelegene Rockall-Eiland in der Region der Porcupine-Bank handeln könnte. In seinem Buch *Rockall* von 1956 bezeichnet der britische Naturforscher James Fisher die Insel als »den abgeschiedensten kleinen Felsen in den Weltmeeren«. In dem Bemühen, die umliegende Gegend vor Ölbohrungen zu schützen, versuchte Greenpeace 1997, die unbewohnte Granitinsel als eigenständiges Land zu beanspruchen und nannte sie Waveland. Heute heißt sie wieder Rockall und liegt nach wie vor in der ausschließlichen Wirtschaftszone Großbritanniens. Doch wenn man Seevögel – oder die Geister von Atlantis – nicht mitzählt, ist sie völlig unbewohnt.

Kupferstich von der ersten britischen Landung auf Rockall im Jahr 1811.

* Siehe Bryan Hilliard, »Hy-Brasil: Truth behind the Legendary Phantom Island of Ireland?«, *Epoch Times* (online), 13. Oktober 2015 (aktualisiert am 19. Oktober 2015), https://www.theepochtimes.com/hy-brasil-truth-behind-the-legendary-phantom-island-of-ire-land_1755165.html.

Der Rockall-Granitfelsen.

14 Das polare Festland

Was liegt bis heute unter kilometerdickem Eis begraben?

Auch ein Vierteljahrhundert nach der Entdeckung des Wostoksees lautet die brennende – oder sollten wir sagen die eiskalte? – Frage in Bezug auf diesen riesigen subglazialen See aus flüssigem Wasser in der Antarktis nach wie vor: Werden wir dort Leben finden? Nach konventioneller Auffassung ist der Wostoksee wahrscheinlich steril. Immerhin ist es dort unten sehr kalt und unwirtlich. Aber wieder einmal scheint die konservative Wissenschaft die Fähigkeit des Lebens unterschätzt zu haben, in Welten, die fremdartiger sind als bisher angenommen, zu existieren und sogar zu gedeihen.

Die ersten Eisbohrkerne aus dem Wostoksee, der rund vier Kilometer unter dem Eis der Antarktis liegt, wurden einer sorgfältigen Analyse unterzogen, und laut Dr. Scott Rogers von der Bowling Green State University in Ohio fanden die Forscher »viel mehr Komplexität als gedacht«. In einem Aufsatz von 2013 berichten Rogers und Kollegen, dass sie mithilfe der genetischen Sequenzierung im Wostoksee nicht weniger als 3500 Arten identifiziert haben, darunter Bakterien, die üblicherweise im Verdauungssystem von Fischen, Krustentieren und Ringelwürmern vorkommen, sowie Pilze und zwei Arten von Archaeen, also Einzellern, die normalerweise in einer extremen Umgebung vorkommen. Wie zu erwarten, waren unter den Organismen solche, die bekanntermaßen in extremer Kälte leben, aber überraschenderweise wurden auch einige wärmeliebende Thermophile gefunden. Dies deutet nach Ansicht der Wissenschaftler auf das Vorhandensein von hydrothermalen Schloten tief im See hin. Mit anderen Worten: Dort unten könnte es warm sein. Außerdem, so Rogers, lässt das Vorhandensein von Salz- und Süßwasserarten darauf schließen, dass der See einst mit dem Meer verbunden war und Süßwasser durch den darüber liegenden Gletscher eingetragen worden sein könnte.*

Viele Jahre gehörte das *Atlantis Rising Magazine* zu den Stimmen, die dafür plädierten, dass an der Geschichte der Antarktis im Allgemeinen und des Wostoksees im Besonderen viel mehr dran sein könnte, als die konservative Wissenschaft uns glauben lässt. Angesichts der jüngsten Beweise für »wimmelndes« Leben unter dem Eis hielten wir es für lohnend, einige eher außergewöhnliche Möglichkeiten der Region neu zu überdenken.

Flüssiges Wasser unter dem Eis

Als größter der fast 400 bekannten subglazialen Seen in der Antarktis befindet sich der Wostoksee am sogenannten Kältesüdpol unterhalb der russischen Wostok-Station (wo mit minus 89°C die kälteste jemals auf der Erde gemessene Temperatur registriert wurde) auf dem zentralen ostantarktischen Eisschild. Die russische Forschungsstation liegt 3488 Meter über dem Meeresspiegel. Die Oberfläche des Sees liegt jedoch knapp 4000 Meter unter der Oberfläche oder etwa 488 Meter unter dem Meeresspiegel. Bei einer Länge von 250 Kilometern und einer Breite von 50 Kilometern an der breitesten Stelle erstreckt sich der See über eine Fläche von ca. 15.690 Quadratkilometern, was in etwa der Größe des Ontariosees entspricht, allerdings ist er mit durchschnittlich 432 Metern viel tiefer. Die physikalischen Eigenschaften des Wostoksees haben NASA-Wissenschaftler zu der Überlegung veranlasst, dass er als erdgebundenes Analogon zu Europa, dem eisbedeckten Jupitermond, dienen könnte.

Durch die Zusammenführung einer Vielzahl von Daten, einschließlich luftgestützter eisdurchdringender Radarbeobachtungen und Radaraltimetrie aus dem Weltraum, bestätigten 1996 sowohl russische als auch britische Wissenschaftler die Existenz des Sees. Bereits über 100 Jahre zuvor hatte jedoch der russische Wissenschaftler Peter Kropotkin die Möglichkeit von frischem, ungefrorenem Wasser unter den Eisschilden der Antarktis beschrieben. Er stellte die Theorie auf, dass der enorme Druck, der durch die kumulative Masse mehrerer Tausend

---

* Der vollständige Aufsatz ist zu finden unter: Y. M. Shtarkman, Z. A. Koçer, R. Edgar, R. S. Veerapaneni, T. D'Elia, et al., »Subglacial Lake Vostok (Antarctica) Accretion Ice Contains a Diverse Set of Sequences from Aquatic, Marine and Sediment-Inhabiting Bacteria and Eukarya«, *PLoS ONE* 8, Nr. 7 (2013): e67221, https://journals.plos.org/plosone/article?id=10.1371/journal.pone.0067221

Meter vertikalen Eises ausgeübt wird, die Temperatur in den untersten Regionen des Eisschilds so weit erhöhen könnte, dass das Eis schmelzen würde. Diese Theorie wurde vom russischen Glaziologen I. A. Zotikov weiterentwickelt, der 1967 seine Doktorarbeit über dieses Thema schrieb.

Einem spektakulären Bericht zufolge, der im Dezember 2007 von National Geographic News veröffentlicht wurde, ist die Antarktis keine karge polare Wüste, sondern eine vielfältige, komplexe Lebenswelt, in der »Flüsse, die größer sind als der Amazonas, eine Reihe von ›Seengebieten‹ miteinander verbinden, die möglicherweise dicht mit mineralienhungrigen Mikroben besiedelt sind.«* Bis 2008 wurden rund 145 Seen gefunden. Nach wissenschaftlichen Angaben bleiben die Seen flüssig, weil das Eis sie wie eine Decke überzieht und so die aus dem Erdinneren aufsteigende Wärme hält. Man befürchtet, dass diese verdeckten Seen zum derzeitigen schnellen Abschmelzen des antarktischen Eises beitragen und das größte Feuchtgebiet der Welt entstehen lassen könnten.

Die Russen hatten den Wostoksee bei einem Bohrprojekt 1989 erstmals entdeckt. Seitdem wird darüber spekuliert, was sich tatsächlich dort unten befinden könnte. Manche stellen sich eine Welt im ewigen Dämmerlicht vor – zumindest während der Sommermonate –, die von geothermischer Energie erwärmt wird und von Einzellern bis hin zu Riesenfischen bewohnt ist. Der See, so heißt es, ist seit mindestens 400.000 Jahren vom Eis versiegelt und hat wahrscheinlich eine unberührte Umwelt, die sich möglicherweise von der uns bekannten Welt unterscheidet. Viele befürchten, dass der See durch die verschiedenen geplanten Erkundungsversuche kontaminiert werden oder dass eine Katastrophe das Leben der Entdecker gefährden könnte, oder Schlimmeres.

Untergegangene Kultur

Einige Forscher, wie etwa der ehemalige Raumfahrtexperte des Fernsehsenders CBS, Richard Hoagland (Autor von *Die Mars-Connection: Monumente am Rande der Ewigkeit*), vermuten, dass der Wostoksee die Ruinen einer untergegangenen alten Kultur beherbergen könnte. Tatsächlich wurden in der Umgebung ungewöhnliche magnetische Anomalien entdeckt. Len Kasten ging

* Siehe Christine Dell'Amore, »Antarctica May Contain ›Oasis of Life‹«, National Geographic News (online), 27. Dezember 2007.

Hoaglands Behauptung nach und verfasste den Artikel »Mystery under the Ice« (*Atlantis Rising* Nr. 68, März/April 2008).

Wie Kasten schrieb, behauptete Hoagland, Anfang 2001 habe »ein Team von Wissenschaftlern der Columbia University unter der Schirmherrschaft der National Science Foundation (NSF) (…) mit einer Reihe so noch nie dagewesener Luftaufnahmen in geringer Höhe über dem Wostoksee begonnen, um die gravitativen, magnetischen und thermischen Aktivitäten unter dem Eis zu erfassen. Dabei machten sie einen erstaunlichen Fund. Entdeckt wurde eine riesige magnetische Anomalie, die sich über den gesamten südöstlichen Teil des Seeufers erstreckt.« Eine mögliche Erklärung für das Phänomen, so theoretisierte Hoagland, sei eine große Ansammlung metallischer Strukturen. Dabei könnte es sich um »die Ruinen einer alten, verborgenen Stadt« handeln. Unmittelbar nach diesem Fund, so Hoagland, zogen die Wissenschaftler ihr Programm zur Erforschung des Wostoksees zurück und gaben es an die NSA ab. Laut Hoagland erinnere dieses Szenario »auf unheimliche Weise« an die Handlung des französischen Romans *Subterranean*, »in dem Wissenschaftler in der Antarktis eine bewohnte ›untergegangene Stadt‹ unter dem Eis entdecken«.

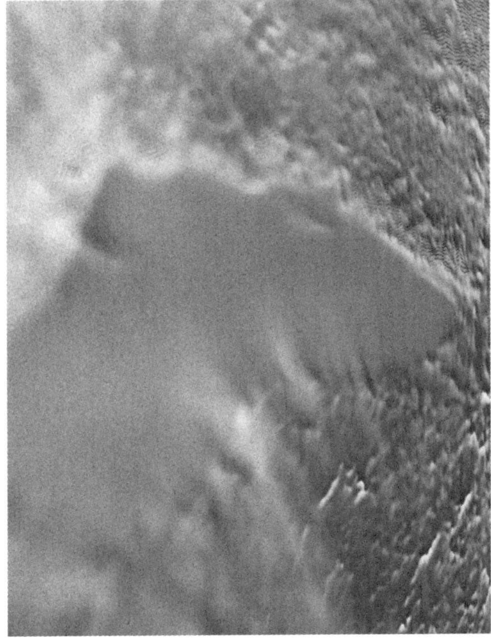

Satellitenbild vom Wostoksee.

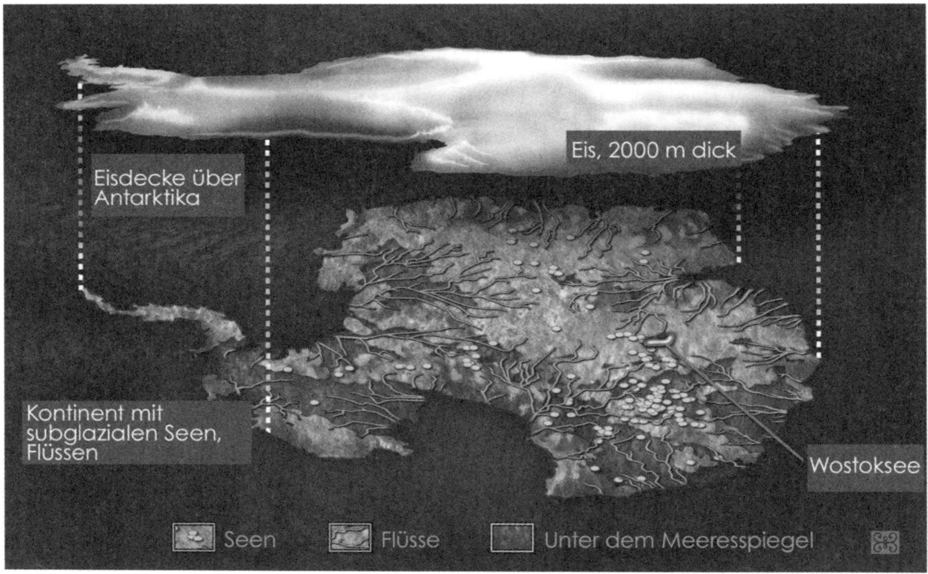

Eine Karte der National Science Foundation zeigt mögliche Wasserläufe unter dem Eis der Antarktis.

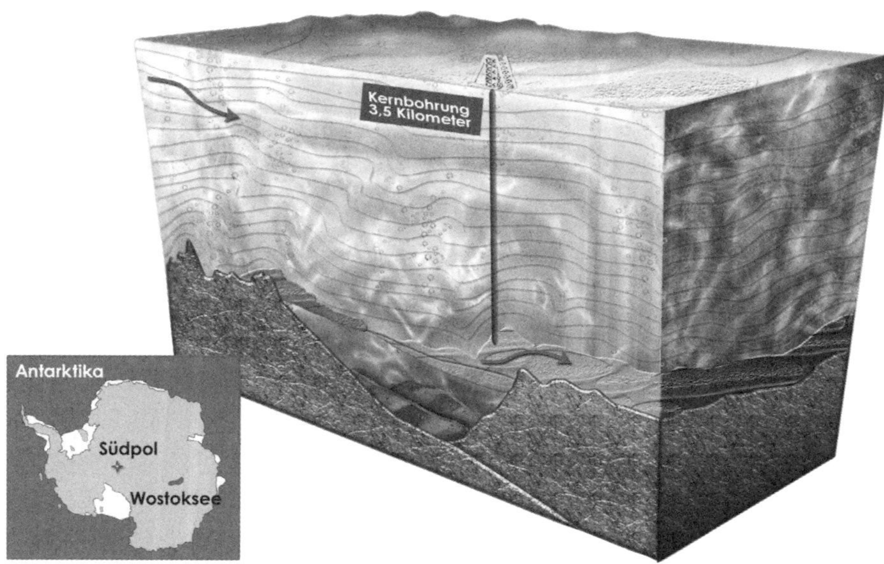

Der Wostoksee mit seiner gewaltigen Eisdecke; Illustration der National Science Foundation.

Eine Wissenschaftlerin prüft einen der aufschlussreichen Eiskerne aus dem Wostoksee; Foto von der National Science Foundation.

Seit Jahren halten sich hartnäckig Gerüchte, wonach die Nationalsozialisten vor dem und im Zweiten Weltkrieg eine Präsenz in der Antarktis aufgebaut haben und ein Großteil der UFO-Aktivitäten von Stützpunkten ausgegangen sein könnte, die nach der Niederlage der Nazis unter dem Eis aufrechterhalten wurden. Während des Krieges soll der US-Admiral Richard Byrd vor einer Bedrohung von den Polen aus gewarnt haben. Manche sagen, nach dem Krieg habe er mit einem Marineeinsatzkommando die Polarregion aufgesucht, um die deutschen Stützpunkte zu vernichten. Für solche Behauptungen gibt es kaum überzeugende Beweise, aber eine erstaunliche Erzählung über die Antarktis, für die es viele Belege gibt, hat mit dem Kartographen Charles Hapgood zu tun.

Hapgood, Professor für Anthropologie und Geschichte am Keene State College in New Hampshire, wurde von einem seiner Studenten über Atlantis befragt. Neugierig geworden, begann er seine neunjährige Untersuchung der antiken Geographie. Schließlich entwickelte Hapgood eine Theorie der periodischen

Verschiebung der annähernd 100 Kilometer dicken Erdkruste über dem Planetenkern, die offensichtlich zu Polverschiebungen führt. 1958 veröffentlichte er seine Ideen in dem Buch *Earth's Shifting Crust*. Zu den Personen, mit denen Hapgood über seine Theorie korrespondierte, gehörte auch Präsident Dwight D. Eisenhower. Das Vorwort zu Hapgoods Buch, das seine These im Wesentlichen bestätigt, wurde von Albert Einstein persönlich verfasst, der kurz darauf, 1955, starb. »Die auf diese Weise erzeugte, ständig zunehmende Zentrifugalkraft wird«, so Einstein, »wenn sie einen bestimmten Punkt erreicht hat, eine Bewegung der Erdkruste über den übrigen Erdkörper erzeugen, und dies wird die Polregionen in Richtung Äquator verschieben.« Nach Angaben des Scott Polar Research Institute im englischen Cambridge beläuft sich die Eisakkumulation in der Antarktis auf 2000 Milliarden Tonnen pro Jahr. Das reicht aus, so heißt es, um eine 25 Zentimeter dicke und 800 Meter hohe Mauer von New York nach Kalifornien zu bauen – jedes Jahr.

Hapgoods zweites Buch, *Die Weltkarten der alten Seefahrer*, das im Original 1966 erschien, zeigte drei absolut authentische alte Karten (zwei aus dem 16. und eine aus dem 18. Jahrhundert), die eindeutig ungewöhnliches Wissen enthalten: den Kontinent Antarktika – auf allen drei Karten korrekt dargestellt – in einem eisfreien Zustand. Da die Antarktis erst 1820 entdeckt wurde, ist die Tatsache, dass sie in irgendeiner Form auf diesen frühen Karten erscheint, gelinde gesagt, verwirrend. Alle drei Kartographen gaben an, dass ihre Informationen aus viel älteren Quellen stammten, die bis auf die Zeit um 4000 v. Chr. zurückgingen.

Die Möglichkeit einer eisfreien Antarktis vor gerade einmal 6000 Jahren, wie sie auf den antiken Karten dargestellt ist, brachte den kanadischen Forscher Rand Flem-Ath auf die Idee, dass der eisbedeckte Kontinent Atlantis gewesen sein könnte, und regte ihn zu einer ausführlichen Untersuchung dieser Hypothese an. Er kannte Hapgoods Arbeit zunächst nicht, kam aber zu dem Schluss, dass ein gemäßigtes oder tropisches Antarktika fast perfekt mit Platons Beschreibung von Atlantis im *Kritias* und *Timaios* übereinstimmt. Besonders beeindruckt war Flem-Ath von dem Umstand, dass die Antarktis von oberhalb des Südpols aus betrachtet in einem gedachten Zentrum der Weltmeere eine beherrschende Position einnimmt, ganz so wie Platon die Lage von Atlantis beschrieben hatte. Als Flem-Ath Hapgoods Theorie der Krustenverschiebung entdeckte, erkannte er, dass eine Verschiebung der Erdoberfläche um 30 Grad einen großen

Teil der Antarktis in eine eisfreie gemäßigte Klimazone gebracht haben könnte. Flem-Ath und seine Forschungspartnerin und Ehefrau Rose vertieften sich ins Thema Atlantis und in Hapgoods Schriften und führten schließlich beide Konzepte in ihrem Buch *Atlantis beneath the Ice: The Fate of the Lost Continent* zusammen. Ihre Argumente wurden von Graham Hancock in seinem Buch *Die Spur der Götter: Das sensationelle Vermächtnis einer verschollenen Hochkultur* sowie von so bekannten und hoch angesehenen Autoren wie Colin Wilson und John Anthony West gestützt.

Stützpunkte der Nationalsozialisten

Die Aura des Geheimnisvollen, die die Welt am unteren Ende unseres Planeten umgibt, ist mit den Jahren nicht verblasst. Inzwischen liegt sie unter einer fast vier Kilometer dicken Eisdecke, und man kann sich durchaus fragen, welche seltsamen Geheimnisse in ihren eisigen Tiefen verborgen sein mögen. Wenn es sich tatsächlich um Atlantis oder eine andere untergegangene Kultur handelt, könnten dann möglicherweise in einer oder mehreren warmen unterirdischen Höhlen noch Artefakte vorhanden sein? Offenbar waren die Nationalsozialisten von so etwas überzeugt oder haben es zumindest vermutet. Es ist gut dokumentiert, dass das Nazi-Regime 1938 eine aufwendige und teure Expedition in die Südpolregion unternahm. Wenn man sich in Erinnerung ruft, dass Deutschland damals kurz davorstand, einen Weltkrieg anzuzetteln, mit allen damit verbundenen Überlegungen und Vorbereitungen, erscheint es außergewöhnlich, dass die Mission für so wichtig befunden wurde, dass sie beträchtliche Mittel rechtfertigte, nur um Anspruch auf ein unfruchtbares Ödland ohne offensichtliche militärische Bedeutung auf der anderen Seite der Erde zu erheben. Die Nationalsozialisten holten den unerschrockenen Polarforscher Richard Byrd, der damals noch Zivilist war, nach Hamburg, wo er die Expeditionsleiter informieren sollte. Zumindest so viel lässt sich belegen. Laut dem apokryphen Verschwörungsklassiker aus den 1990er-Jahren *The Omega File* des Verschwörungstheoretikers Bruce Alan Walton (alias Branton), den es mittlerweile als kostenlos herunterladbare eBook-Schwarte gibt, »entdeckten die Deutschen weite Regionen, die überraschenderweise eisfrei waren, sowie Warmwasserseen und Höhleneingänge. Eine riesige Eishöhle innerhalb des Gletschers erstreckte sich Berichten zufolge 50 Kilometer weit bis zu einem großen geothermischen Warmwassersee in der Tiefe. Verschiedene wissenschaftliche Teams wurden in das Gebiet entsandt, unter ihnen Jäger, Fallensteller, Sammler und Zoologen, Botaniker, Agrarwissenschaftler, Pflanzenspezialisten, Mykologen, Parasitologen, Meeresbiologen, Ornithologen und viele mehr.« Zumindest eine Tatsache ist unbestritten: Um ihr vermeintliches Recht auf das kürzlich von Norwegen annektierte Gebiet geltend zu machen, warfen die Deutschen Hunderte Hakenkreuzfahnen aus der Luft ab, mit denen sie ihren Anspruch markieren wollten.

Laut dem britischen Beamten und Historiker des Zweiten Weltkriegs James Roberts gelang es den Deutschen, in einer gewaltigen Eishöhle einen unterirdischen Stützpunkt zu errichten und die von ihnen entdeckten Eingänge als Zugang zu nutzen. Roberts behauptete, britische Soldaten vom geheimen antarktischen Stützpunkt Maudheim hätten den Eingang Ende 1945 gefunden. Sie »folgten dem Tunnel kilometerweit und kamen schließlich in eine riesige unterirdische Höhle, die ungewöhnlich warm war; einige Wissenschaftler vermuteten, dass sie geothermisch erwärmt wurde. In der riesigen Kaverne befanden sich unterirdische Seen; noch rätselhafter wurde das Ganze dadurch, dass die Kaverne künstlich beleuchtet war.« Roberts erzählt: »Die Nationalsozialisten hatten in den Kavernen einen riesigen Stützpunkt errichtet und sogar Anlegestellen für U-Boote gebaut. (…) [Roberts‘ Quelle] berichtete, dass ›Hangars für merkwürdige Flugzeuge und Grabungen in Hülle und Fülle‹ dokumentiert worden seien.« Diese vermeintlich britischen Geheimdienstinformationen sowie weitere Informationen von ehemaligen deutschen U-Boot-Kapitänen sollen der Auslöser für die von den USA geführte Operation Highjump von 1946 (Dezember 1946 bis März 1947, Anm. d. Lekt.) gewesen sein.*

Die reale Operation Highjump, die offiziell den Titel »United States Navy Antarctic Developments Program« trug, hatte zum Ziel, den antarktischen Forschungsstützpunkt Little America IV zu errichten. Die Operation mit dreizehn Schiffen, darunter der Flugzeugträger *Philippine Sea*, und 4700 Soldaten stand unter der Leitung von Richard Byrd, damals Konteradmiral der Navy und vielfach ausgezeichneter Kriegsveteran. In einer Pressemitteilung vom November 1946 behauptete Byrd freundlich: »Der Zweck der Operation ist in erster Linie militärischer Natur, das heißt Ausbildung von Marinesoldaten und Erprobung von Schiffen, Flugzeugen und Ausrüstung unter den Bedingungen der Polarzo-

* Siehe James Roberts, »Britain's Secret War in Antarctica«, *Nexus* 12, Nr. 5 (2005), https://nexusmagazine.com/product/britains-secret-war-in-antarctica-part-1-3/?v=7516fd43adaa

ne.« Da die Operation jedoch von dem Kriegshelden Admiral Chester W. Nimitz geplant wurde und unter seinem Kommando stand, glauben manche, dass der eigentliche Zweck die Suche und Zerstörung einer oder mehrerer Nazi-Stützpunkte gewesen sein könnte. Die ursprünglich auf sechs Monate angelegte Operation Highjump wurde mysteriöserweise nach nur drei Monaten abgebrochen. Hatte sie ihren Auftrag erfüllt? Wir werden es wohl nie erfahren.*

Sieben Jahre später war Admiral Byrd vor der antarktischen Küste zu finden, wo er eine Expedition leitete, die auf dem Grund des Rossmeeres an eben jenen Stellen Bohrungen vornahm, an denen auf einer der von Charles Hapgood erwähnten Karten, nämlich der Weltkarte des Orontius Finaeus von 1531, verschiedene Flussbetten eingezeichnet waren. Die von Byrds Gruppe gewonnenen Bohrkerne enthielten interessanterweise feinkörnige Gesteine und gut vermischte Ablagerungen, die offenbar von Flüssen ins Meer geschwemmt worden waren, deren Quellgebiete sich in den zentralen und unerforschten Regionen des riesigen Kontinents befunden haben mussten und anscheinend nicht mit Eis bedeckt gewesen waren.**

Konteradmiral Richard E. Byrd (Mitte) informiert seine Offiziere über die Operation Highjump.

* Eine Reihe offizieller Dokumente mit Bezug zur Operation Highjump sind zu finden in: John Greenewald, »Operation Highjump«, *Black Vault* (online), 21. Februar 2015, https://www.theblackvault.com/documentarchive/operation-highjump/

** Weitere Einzelheiten über die zweite Antarktis-Expedition von Admiral Byrd in: Paul A. Siple, »The Second Byrd Antarctic Expedition-Botany. I. Ecology and Geographical Distribution«, *Annals of the Missouric Botanical Garden* 25, Nr. 2 (1938): 467-517, https://www.admiralbyrd.com/operation-deepfreeze3-1955-56.html

Unabhängig davon, ob künftige Erkundungen der Antarktis Beweise für Nazi-Technik und/oder untergegangene Kulturen erbringen werden, ist jetzt erwiesen, dass zumindest das Leben an sich unter dem Eis Fuß gefasst hat, und dies schon seit langer Zeit. Wer weiß, was für eine seltsame Geschichte am Ende dabei herauskommt?

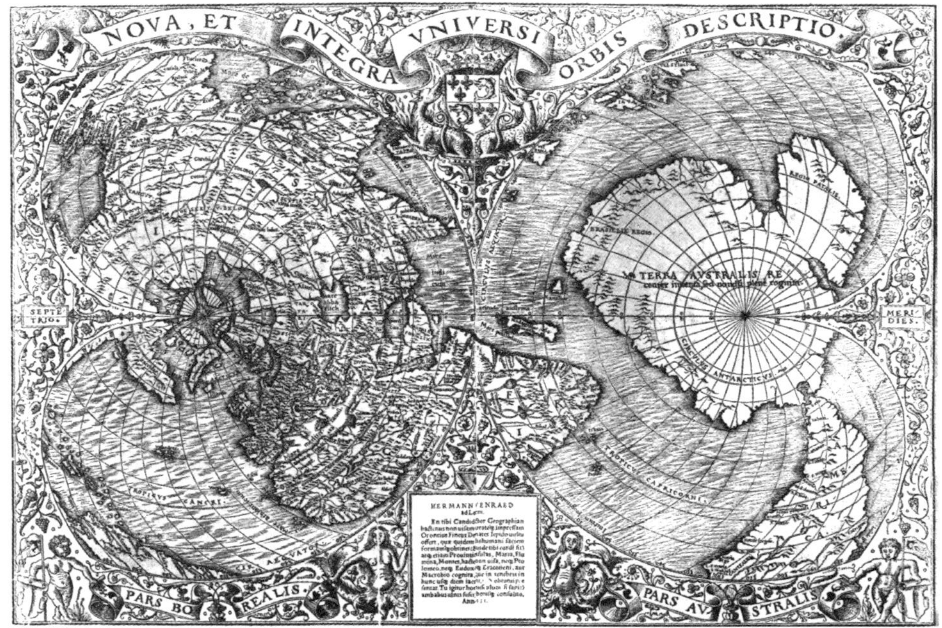

Die Weltkarte des Orontius Finaeus von 1531.

Gedenkbriefmarke von 1933 aus Anlass der zweiten Antarktis-Expedition von Admiral Byrd.

Ägypten und Zep Tepi

Die Suche nach Monumenten aus der Ersten Zeit

Die Welt der ägyptischen Archäologie wurde 2013 von skandalösen Anschuldigungen erschüttert. Danach hätten zwei deutsche Archäologen – Studenten der Universität Dresden – Farbproben von der berühmten Kartusche des Pharaos Cheops gestohlen, die sich in einer der sogenannten Entlastungskammern über der Königskammer in der Großen Pyramide von Gizeh befindet. Sie hätten das Farbmaterial aus dem Land herausgeschmuggelt und ohne Genehmigung in einem deutschen Labor untersucht. Offensichtlich wollten die Studenten nachweisen, dass das gemalte Symbol nicht aus der Herrschaftszeit von Cheops stammt und von daher nicht authentisch ist. Allen Berichten zufolge ist ihnen das gelungen – natürlich wurden ihre vermeintlichen Ergebnisse von den ägyptischen Altertumsbehörden rundweg abgelehnt, allerdings aus anderen Gründen.

Die Kartusche wurde erstmals im 19. Jahrhundert vom britischen Offizier und Archäologen William Richard Howard-Vyse aufgespürt. Da sie der einzige bisher gefundene physische Beweis dafür ist, dass die Große Pyramide in der Cheopszeit erbaut wurde und nicht – wie von vielen Alternativwissenschaftlern angenommen – Jahrtausende früher, ist die Bedeutung einer solchen Entdeckung kaum zu überschätzen.

Wie heikel die Angelegenheit ist, wurde durch die empörte Reaktion der ägyptischen Altertumsbehörden deutlich. Die etablierte Ägyptologie behandelt die Verbindung zwischen Cheops und der Großen Pyramide als gesichertes Wissen – quasi als Credo. Auch wenn die Entwendung der Farbe als Beispiel für einen absolut verwerflichen archäologischen Diebstahl dargestellt wurde, könnte an der Geschichte möglicherweise mehr dran sein.*

Der ägyptischen Zeitung *Al-Ahram* zufolge betrachtete das ägyptische Ministerium für Altertümer den Diebstahl als »eine schwere Verletzung des antiken Erbes Ägyptens und insbesondere der Großen Pyramide – des einzigen erhaltenen Monuments der sieben Weltwunder der Antike«. Der Leiter des Ministeriums, Mohamed Abdel Maqsoud, erklärte, das Ministerium werde jegliche künftige archäologische Zusammenarbeit mit der Universität Dresden und dem wissenschaftlichen Labor, in dem die gestohlenen Proben analysiert wurden, unterbinden. Wie kaum anders zu erwarten, wurde jede Andeutung, dass die Große Pyramide vor Cheops erbaut worden sein könnte, verworfen. Ahmed Saeed, Professor für altägyptische Kultur an der Universität Kairo, nannte die Erkenntnisse der jungen deutschen Archäologen »völlig falsch und unsinnig«. Maqsoud bezeichnete sie als »Amateure, keine erfahrenen Archäologen«. Zum Lohn für ihre Mühe wurden die beiden Deutschen zu Kriminellen abgestempelt und ihnen jegliche weitere Forschung in Ägypten untersagt.**

Die Kartusche wird zwar als unwiderlegbarer Beweis für die Standarddoktrin zum Bau der Cheops-Pyramide angeführt, ist jedoch schon länger umstritten. Bereits unmittelbar, nachdem sich Howard-Vyse mit Schießpulver einen Weg in die Campbell-Kammer, die oberste der sogenannten Entlastungskammern über der Königskammer, gesprengt und die Entdeckung der Kartusche bekannt gegeben hatte, wurde von mehreren Seiten Skepsis gegenüber seinen Mutmaßungen laut. Die zuvor entdeckte Davison-Kammer wies keine derartigen Zeichnungen auf. Tatsächlich finden sich solche Zeichnungen nirgendwo sonst in der Großen Pyramide. Neben anderen glaubte auch Bestsellerautor Zecharia Sitchin, die Große Pyramide sei Jahrtausende älter als offiziell behauptet. In seinem zweiten Buch, *Stufen zum Kosmos*, behauptet Sitchin, Howard-Vyse habe die Zeichen in den Räumen über der Königskammer gefälscht. Er beschuldigte Howard-Vyse (und seine Assistenten Mr. Hill und Mr. Perring), die Fälschung begangen zu

---

* Als beispielhaft für das Ausmaß der Empörung kann die Überschrift des folgenden Artikels gelten: »German Conspiracy Nuts Vandalize Part of Khufu Pyramid«, von George Dvorsky, auf *Gizmodo* (online), 2. Dezember 2013, https://io9.gizmodo.com/german-conspiracy-nuts-vandalize-part-of-khufu-pyramid-1475089395.

** Siehe Nevine El-Aref, »Penalties Imposed on Two Amateur German Archaeologists«, *Al-Ahram* (online), 25. November 2013, http://english.ahram.org.eg/News/87435.aspx.
Zum »Tathergang« ein Bericht in der Sächsischen Zeitung: »Angeklagt in Ägypten«, 7. September 2014: https://www.saechsische.de/angeklagt-in-aegypten-2921892.html, Anm. d. Ü.

haben, weil er »entschlossen war, einen großen Fund zu machen, als Zeit und Geld knapp wurden«.

In einem Interview vom November 1995 für *Atlantis Rising* führte Sitchin seine Argumentation weiter aus. Nach Erscheinen seines Buches, so sagte er, habe der Urenkel des Steinmetzmeisters, der Howard-Vyse assistierte, weiteres erhärtendes Material geliefert. Anscheinend wurde Howard-Vyse in der fraglichen Nacht im Jahr 1837 dabei beobachtet, wie er die Pyramide mit Pinsel und Farbtopf in der Hand betrat und sagte, er wolle einige Zeichen, die er gefunden habe, verstärken, angeblich, um sie besser lesbar zu machen. Nachdem es ihm nicht gelungen war, Howard-Vyse von seinem Vorhaben abzubringen, kündigte der Steinmetz. Die Geschichte wurde jedoch in der Familie weitergegeben, bis sie schließlich zu Sitchin gelangte und ihn in seiner unerschütterlichen Überzeugung vom wahren Alter der Großen Pyramide bestärkte.

William Richard Howard-Vyse.

Die Cheops-Kartusche in der Campbell-Kammer der Großen Pyramide; Foto von Robert Schoch.

Eine neue Forschungslinie lieferte weitere Unterstützung für die Hypothese von der Fälschung der Kartusche. In »Crime in the Great Pyramid« (*Atlantis Rising* Nr. 106, Juli/August 2014) zeigt der Autor und Forscher Scott Creighton Fotokopien von Seiten aus den persönlichen Tagebüchern von Howard-Vyse. Aus den Zeichnungen und Notizen darin geht hervor, dass Vyse die Platzierung der Zeichnungen in Campbells Kammer sorgfältig geplant und sich besondere Mühe gegeben hat, sie authentisch aussehen zu lassen. In seinem Buch *The Secret Chamber of Osiris* erläutert Creighton den Fall ausführlich.

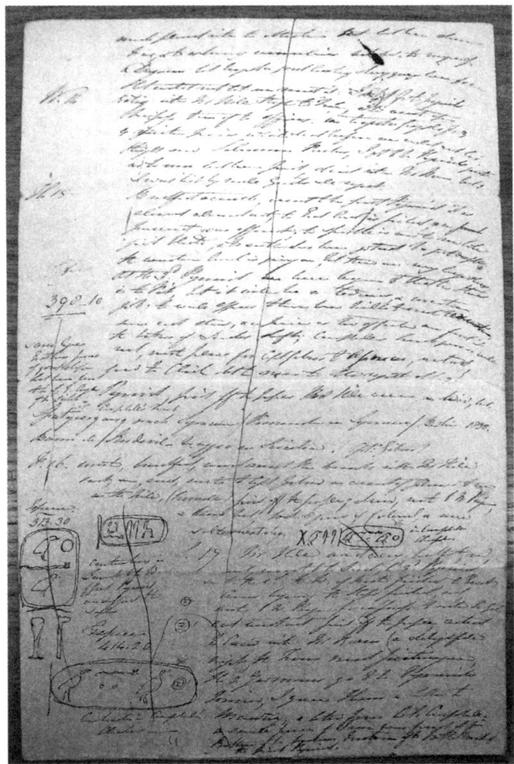

Seite aus Howard-Vyses Tagebuch.

Ein Artefakt aus Zep Tepi?

Ein mehrstöckiges Grab, das 2015 auf der anderen Nilseite unweit des Totentempels von Sethos I. in Abydos gefunden wurde, ist nach Ansicht von Ägyptologen dem mysteriösen Osireion nachempfunden, dem tempelähnlichen Bauwerk hinter dem Totentempel des Sethos. Das Kampp 327 genannte Grab wurde in Theben im Grab von Min entdeckt (man nimmt an, dass Min um das 8. Jahrhundert v. Chr. dort Bürgermeister war). In dem Grab stützen fünf Säulen eine große Halle, die dem Aufbau des Osireion in Abydos ähnelt. Aus diesem Grund galt das Grab als dessen Nachbildung.*

Dies führte dazu, dass Kampp 327 in einigen Publikationen als das Grab von Osiris bezeichnet wurde, ohne dabei zu berücksichtigen, dass der Gründergott aus der altägyptischen Schöpfungsgeschichte viele Tausend Jahre früher gelebt haben soll. Es gibt zwar keine direkten Beweise für eine Verbindung zwischen dem Osireion und Osiris, aber es könnte zumindest ein Artefakt aus seiner Zeit sein, die im ägyptischen Schöpfungsmythos als Zep Tepi oder die Erste Zeit bezeichnet wird. Die etablierte Ägyptologie bezeichnet Zep Tepi zwar als rein mythologisch, aber es gibt viele seriöse Wissenschaftler, die anerkennen, dass die uralte Legende auf historischen Fakten beruhen muss.

Vor Jahren besichtigte der Verfasser auf einer Reise nach Ägypten mit dem verstorbenen John Anthony West den Totentempel des Sethos und das Osireion, das nach Meinung vieler Ägyptologen um 1300 v. Chr. ebenfalls von Sethos I. erbaut worden sein muss. Wenn es in Ägypten einen Ort gibt, an dem die Diskrepanz zwischen den vorgefassten Meinungen der offiziellen Ägyptologie und den offensichtlichen Fakten deutlich wird, dann hier.

Der Totentempel des Sethos ist buchstäblich mit Hieroglyphen, Malereien und Flachreliefs übersät, wohingegen das Osireion keine solchen Darstellungen aufweist. Auch der architektonische Stil der beiden Bauwerke ist völlig unterschiedlich. Wie der Taltempel von Gizeh und der Sphinx-Tempel besteht das Osireion aus quadratischen Säulen, während die meisten späteren ägyptischen Bauwerke aus dieser Zeit zylindrische Säulen besitzen. Der aus gigantischen roten Granitblöcken, die jeweils bis zu hundert Tonnen wiegen und in über 400 Kilometern Entfernung abgebaut wurden, errichtete Bau ist zumindest eine atemberaubende technische Meisterleistung. Er wurde auf einem viel niedrigeren Niveau als der Totentempel des Sethos errichtet, so dass er heute vom Wasser des Nils überschwemmt würde, wenn dieses nicht ständig abgepumpt würde. Wie auch bei der Großen Pyramide ist gut möglich, dass solche

* Mehr über die Entdeckung ist online nachzulesen; siehe »Ancient Replica of Osireion Unearthed in Egypt«, Sci-News.com, 10. Januar, http://www.sci-news.com/archaeology/science-ancient-replica-osireion-egypt-02396.html.

megalithischen Ruinen die baulichen Fähigkeiten der dynastischen Ägypter überstiegen haben.*

Das Osireion im ägyptischen Abydos.

John Anthony West, der Geologe Robert Schoch und andere führen die erstaunliche Technik, die in diesen Tempeln zu sehen ist, als Beweis für eine fortgeschrittene Kultur an, die bereits vor dem Ende der letzten Eiszeit existiert haben muss – mit anderen Worten, in Zep Tepi.

Unabhängig davon, ob die technische Meisterschaft der Baumeister aus der Zeit des Osiris an die dynastischen Ägypter weitergegeben werden konnte oder nicht, besteht kaum ein Zweifel daran, dass zumindest das spirituelle Erbe dieser Ära bis in die Gegenwart weiterlebt. Die vielen Verbindungen zur altägyptischen Osiris-Religion, die in modernen Religionen wie Judentum, Christentum und Islam zu finden sind, sind schlicht nicht von der Hand zu weisen.

---

* Zum wahren Alter des Osireion siehe Freddy Silva, »The True Age of the Osirion at Abydos, an Antediluvian Temple«, *Ancient Origins* (online), 5. August 2019, https://www.ancient-origins.net/history/osirion-abydos-0012397.

Ein Besuch bei der roten Pyramide

Der britische Schriftsteller und Informatiker Matthew Sibson betreibt einen populären YouTube-Kanal mit dem Titel *Ancient Architects*. Laut seiner Facebook-Seite schreibt Sibson »derzeit die Geschichte der Landschaft um Stonehenge mit neuen Deutungen der neolithischen Monumente neu«. Er gehört zu denjenigen, welche die orthodoxe Ägyptologie regelmäßig infrage stellen, aber er tut dies mit einer Detailgenauigkeit und Faktenkenntnis, die ihn ziemlich respekteinflößend und nicht so leicht widerlegbar machen. Zu seinen Argumenten gehört, dass viele Monumente, die dem dynastischen Ägypten zugeschrieben werden, in Wirklichkeit viel älter sind. Besonders angetan waren wir von seiner Präsentation »The Secret Chamber of the Red Pyramid« vom 18. Juni 2018.

In diesem Beitrag konzentriert sich Sibson auf die merkwürdige Kammer, die unter der Roten Pyramide von Dahschur gefunden wurde und manchmal, allerdings ohne Nachweis, als »Grabkammer« bezeichnet wird. Sibson zitiert John Anthony West, der glaubte, die Kammer sei ein Überrest aus einer Zeit, die noch älter ist als die Rote Pyramide selbst, von der man übrigens annimmt, dass sie älter ist als die berühmteren Pyramiden von Gizeh.

1999 *finanzierte* Atlantis Rising eine von West geleitete Ägyptenreise, bei der der Verfasser laut auf die seltsame Diskrepanz zwischen der Kammer und der Pyramide hinwies. Mehrere Aspekte stachen hervor. Die Steine in der Grube am Boden der Kammer waren eindeutig anderer Art als die des darüberliegenden Baus. Außerdem war die Pyramide mit hoher Präzision errichtet worden, die Grube hingegen war eher chaotisch. Und obwohl die Steine zweifellos künstlich behauen worden waren, waren ihre Kanten auf eine Art und Weise abgerundet, die für mich auf Verwitterung durch Wasser hindeutete. Meiner Meinung nach musste dieser Ort Teil einer viel älteren Stätte sein, über der die Pyramide errichtet worden war, möglicherweise zum Gedenken an einen heiligen antediluvianischen Ort. Egal welche Form der Verwitterung stattgefunden hatte, sie war durch die schützende Pyramide aufgehalten worden. Ich dachte, ich spräche nur aus, was ohnehin auf der Hand lag, aber West, der mich gehört hatte, war begeistert. »Ich glaube, Sie haben absolut recht«, rief er aus. »Ich sehe keine andere Erklärungsmöglichkeit.«

In *Atlantis Rising* Nr. 19 (Juni 1999) schrieb ich in »Pushing Back the Portals of Civilization« über unsere Diskussion: »West sprach immer wieder von einer seiner Meinung nach wirklich wichtigen Entdeckung, nannte die Kammer sogar ›Kenyon-Kaverne‹ und fügte hinzu, er glaube, dass dieser Ort dazu beitragen könnte, seine Argumente [für ein weitaus höheres Alter des alten Ägyptens als von den etablierten Ägyptologen angenommen] zu untermauern. (…) Die Gegner sagen immer: ›Wie kann die Sphinx der einzige Beweis für diese frühere Zivilisation sein? Nun, das ist sie nicht.‹«

Nachdem ich Sibsons Video gesehen hatte, schickte ich eine Nachricht an Wests Kollegen Dr. Robert Schoch und fragte ihn, ob er meine Geschichte gehört habe. Er antwortete sofort per E-Mail: »Ich kenne die Kammer gut, und ja, John Anthony West hat mir erzählt, dass Sie ihr vermeintlich höheres Alter beobachtet haben – eine wirklich wichtige Beobachtung.« In Bezug auf die Steine unterstützt Schoch ebenfalls die Verwitterungshypothese und deren brisante Implikationen für die Datierung des alten Ägyptens.

Die Grabkammer unter der Roten Pyramide im ägyptischen Dahschur.

John West muss der Wahrheit sehr nahegekommen sein, glaubt Sibson, aber die wichtigste Entdeckung an diesem Ort könnte seiner Meinung nach erst noch bevorstehen. An der Wand gegenüber der Aussichtsplattform deutet er auf etwas, das mit einiger Sicherheit ein herausnehmbarer Block sein könnte, der womöglich zu einem unbekannten inneren Hohlraum führt. Außerdem, so verrät er, sind an den Kanten des Steins Werkzeugspuren zu erkennen, die seiner Meinung nach zeigen, dass schon einmal jemand – möglicherweise erfolgreich – versucht hat, in den geheimnisvollen »Hohlraum« in der Roten Pyramide vorzudringen.

Das Alter der großen Sphinx

Auf der Jahreskonferenz 1991 der Geological Society of America (GSA) in San Diego versetzten West und Schoch der Ägyptologie zum ersten Mal einen seismischen Schock. Die Vorstellung, dass die Sphinx viel älter sein könnte, als offiziell behauptet wird, löste weltweit einen Flächenbrand an Schlagzeilen aus.

Die Große Sphinx von Gizeh.

Das Argument von West und Schoch war einfach, aber überzeugend: Die Große Sphinx, die sich derzeit in der Wüste befindet, weist starke Verwitterungen durch Regenwasser auf, das in dieser Gegend seit Urzeiten nicht mehr in nen-

nenswerter Menge gefallen ist. Daher muss sie Jahrtausende früher als bisher angenommen gemeißelt worden sein. Daraus ergibt sich zwangsläufig, dass die offizielle Geschichte der fernen Vergangenheit umgeschrieben und unser Verständnis der Zivilisationsstufe der Vorzeit radikal revidiert werden muss. Klar ist, dass die Wasserverwitterung der Sphinx und die sich daraus ergebenden Schlussfolgerungen eine wissenschaftliche Revolution in Gang setzen könnten, die ebenso dramatisch und weitreichend ist wie die, die Galilei ausgelöst hat.

Nach der ersten Präsentation vor der GSA versuchten einige Archäologen, Ägyptologen und Geologen, die Beweise zu entkräftigen. Doch ihre Einwände wurden wiederum von Schoch, West und anderen gründlich widerlegt.* Darüber hinaus haben die Befürworter der West-/Schoch-Argumentation in den vergangenen Jahren weitere unterstützende Belege aus Ägypten zusammengetragen, die häufig zum ersten Mal auf den Seiten von *Atlantis Rising* veröffentlicht wurden.

2011 wurde der Streit bei der Konferenz der GSA in Reno, Nevada, wieder aufgegriffen. Vor einem mit fast 500 professionellen Geologen besetzten Saal trug Dr. Schoch in etwa 15 Minuten einen gemeinsam mit West verfassten Aufsatz mit dem Titel »Further Evidence Supporting a Pre-2500 BC Date for the Great Sphinx of Giza, Egypt« vor. Mit Ausnahme zweier verärgerter Ägyptologen, die versuchten, die Veranstaltung niederzuschreien, nahm das Publikum die vorgestellten Ideen offenbar wohlwollend auf.

Das Papier war die Antwort von Schoch/West auf die Einwände des ägyptologischen Establishments gegen ihre Behauptungen von 1991. Kritiker hatten vorgebracht, ungeachtet der geologischen Beweise gebe es keinen archäologischen Kontext, der die These vom höheren Alter der Sphinx stützen könnte. In Reno trug Schoch mehrere Argumente vor, darunter Zitate aus kürzlich abgeschlossenen Studien, die seine Arbeit untermauern, dazu eine Liste mit bestätigenden Fakten aus einer Reihe von ägyptischen Grabungsstätten. In den Konferenzunterlagen heißt es: »Dazu gehören weitere Monumente in Gizeh und anderswo, die unter oder innerhalb von Reparaturarbeiten und Bauwerken aus dem Alten

* Als Beispiel für die scharfe Debatte zwischen Geologen und Ägyptologen, siehe Lee Dye, »Sphinx‘s New Riddle – Is It Older Than Experts Say? Archeology: Geologists Cite Study of Weathering Patterns. But Egyptologists Say Findings Can't Be Right«, *Los Angeles Times*, 23. Oktober 1991; und John Noble Wilford, »Sphinx's Newest Riddle: How Old Is Sphinx«, *New York Times*, 24. Oktober 1991. Schochs Aufschlüsselung der Beweise, die seine und Wests Hypothese stützen, ist zu finden unter »Redating the Great Sphinx of Giza«, *Circular Times* (online), 1992, http://www.robertschoch.net/Redating%20the%20Great%20Sphinx%20of%20Giza.htm.

Reich (ca. 2575–2150 v. Chr.) erhaltene Merkmale der Wasserverwitterung aufweisen.« Zu diesen Stätten gehörten das Grab der Königin Chentkaus in Gizeh, eine verwitterte Kammer innerhalb der Roten Pyramide aus dem Alten Reich in Dahschur, stark verwitterte Schachtgräber neben oder in der Nähe von deutlich weniger verwitterten Strukturen aus der Dritten Dynastie (ca. 2600 v. Chr.) und mehr.

Das Hauptargument der lautstarken Kritiker lässt sich wie folgt umschreiben: Seit Jahrhunderten wird die Sphinx von mittlerweile Tausenden Ägyptologen untersucht, und sie kann unmöglich älter sein als traditionell angegeben. (Tatsächlich haben aber nur eine Handvoll Menschen, darunter Schoch und West, die Sphinx genau untersucht). Andere Argumente, die die Zwischenrufer vorbrachten, waren von vergleichbarem Wert.

An der anschließenden Pressekonferenz nahmen fast keine Medien teil, was möglicherweise eher auf die Ablenkung durch die laufenden Präsidentschaftswahlen in den USA zurückzuführen ist als auf mangelndes Interesse an dem Thema. Sicherlich nicht zum ersten Mal wurden so Entdeckungen von großer Tragweite von Ereignissen überschattet, die sich letztlich als weit weniger folgenreich erwiesen haben.

16

Freispruch für Rapa Nui

Neue Belege schließen »Ökozid« aus

Seit einiger Zeit schon lautet die politisch korrekte Leier über die vorzeitliche Osterinsel, ihre Bewohner hätten »ökologischen Suizid« begangen. Doch im Juli 2017 wurde in einer neuen Arbeit, die im *American Journal of Physical Anthropology* veröffentlicht wurde, praktisch widerlegt, was zu einem der beliebtesten Meme der Populärwissenschaft geworden ist – die Vorstellung, dass die Inselbewohner in einem Akt von »Ökozid« ihren eigenen Lebensraum rücksichtslos zerstört haben.

Das früheste bekannte Gemälde der Osterinsel, von William Hodges (1775–1776)

Die Existenz Hunderter riesiger, in Stein gehauener Köpfe, *Moai* genannt, an einem derart abgelegenen Ort, praktisch ohne erklärenden Kontext, fasziniert natürlich seit Generationen Millionen von Menschen. Die inhärenten Widersprüche aber haben die Wissenschaft gezwungen, so behaupten einige, mit oder ohne angemessene Belege eine Erzählung zu fabrizieren, die ihren Standardvorstellungen nicht widersprechen würde.

»Die klassische Erzählung«, so Anthropologieprofessor Carl Lipo von der Binghamton State University in New York, »lautet, dass die Bewohner von Rapa Nui [alias Osterinsel] ihre Ressourcen mit der Zeit verkonsumierten und ihnen die Nahrung ausging. Eine der Ressourcen, die sie angeblich aufbrauchten, war [der Wald], der auf der Insel wuchs. Diese Bäume lieferten Kanus, und mangels Kanus konnten sie nicht mehr fischen. Deshalb griffen sie zunehmend auf Nahrungsquellen an Land zurück. Mit der Abhängigkeit von Land-Nahrungsmitteln ging aufgrund von Bodenerosion die Produktivität zurück, was zu Ernteausfällen führte. So malt man das Bild einer Katastrophe. »Dies«, sagt Lipo, ist »das klassische Narrativ«.

In »Diet of the Prehistoric Population of Rapa Nui (Easter Island, Chile) Shows Environmental Adaptation and Resilience« analysierten Lipo und sein Team menschliche, tierische und botanische Überreste aus archäologischen Grabungsstätten auf Rapa Nui. Das Team »nutzte Kohlenstoff- und Stickstoff-Isotopenanalysen sowie spezifische Isotopenbestimmungen von Aminosäureverbindungen in Kollagen, das aus prähistorischen menschlichen und tierischen Knochen isoliert wurde, um die Nutzung von marinen beziehungsweise terrestrischen Ressourcen zu bewerten und die zugrunde liegenden Basiswerte zu untersuchen«. Die Ergebnisse deuten auf konzertierte Bemühungen zur Regulierung landwirtschaftlich genutzter Böden hin und legen nahe, dass die prähistorische Bevölkerung von Rapa Nui umfassende Kenntnisse darüber besaß, wie man schlechte Bodenfruchtbarkeit beheben, die Umweltbedingungen verbessern und eine nachhaltige Nahrungsmittelversorgung sicherstellen konnte. Diese Aktivitäten »zeigen eine beträchtliche Anpassungsfähigkeit und Resilienz gegenüber Umweltproblemen« – ein Ergebnis, das mit einem Ökozid-Narrativ nicht vereinbar ist.*

---

* Siehe »Easter Island Not Victim of ›Ecocide‹, Analysis of Remains Show«, *BingU News* (der Online-Newsletter der Universität Binghamton), 14. Juli 2017, https://www.binghamton. edu/news/story/697/easter-island-not-victim-of-ecocide-analysis-of-remains-show.

Einige Monate davor waren Lipo und sein Team in einem anderen Aufsatz zu dem Schluss gekommen, dass die Osterinsulaner entgegen der landläufigen Meinung auch nicht kriegerisch waren. Der wichtigste Beweis für die Kriegertheorie war eine Fülle von scharfen, dreieckigen Objekten aus Obsidian, die von europäischen Entdeckern als Kriegswaffen gedeutet wurden. Lipo bewies das Gegenteil. Nach einer gründlichen Analyse der als *Mata'a* bezeichneten Objekte mithilfe modernster morphometrischer Techniken kam Lipo zu dem Schluss, dass sie für den Krieg völlig ungeeignet gewesen wären. Sie waren *keine* Speerspitzen. Im Gegensatz zur gängigen Auffassung erklärt Lipo, dass die Osterinsulaner in Wirklichkeit eine »erstaunliche und erfolgreiche Gesellschaft« bildeten und die *Mata'a* wahrscheinlich für rituelle Aufgaben wie Tätowierungen oder die Verarbeitung von Pflanzen verwendet wurden. »Die Bevölkerung war erfolgreich und lebte bis zum Kontakt mit Europäern nachhaltig auf der Insel«, so Lipo.*

Dr. Carl Lipo mit *Moai*.

Mit anderen Worten, es ist offenkundig, dass die Bewohner der Osterinsel vor 600 bis 900 Jahren sehr wohl wussten, wie sie sich ernähren, friedlich leben und für ihre Welt sorgen konnten, und dass ihr Untergang durch etwas anderes verursacht worden sein muss als durch mangelnde Sensibilität für die Umwelt oder Angst vor ihren Mitmenschen.

Wären die Ökozid- und die Kriegertheorie die einzigen zweifelhaften Szenarien, die von Akademikern verbreitet werden, könnte man darüber hinwegse-

* Siehe die Pressemitteilung der Binghamton University: »Easter Island Not Destroyed by War, Analysis of ›Spear Points‹ Shows«, *ScienceDaily* (online), 16. Februar 2016, https://www.sciencedaily.com/releases/2017/12/171220122027.htm.

hen. Aber wie sich herausstellt, werden die größten Geheimnisse der Osterinsel seit fast 300 Jahren systematisch wegerklärt, oft trotz eindeutiger gegenteiliger Beweise. Tatsächlich stellt die abgelegene Insel seit ihrer Entdeckung am Ostersonntag des Jahres 1722 durch den holländischen Seefahrer und Forschungsreisenden Jacob Roggeveen eine klare Bedrohung für die Kohärenz der etablierten Wissenschaft dar. Die bekannten Fakten mit vorgefassten Meinungen über die Weltgeschichte zu verknüpfen, war bestenfalls ungeschickt.

Andererseits behaupten »alternative Theoretiker« von James Churchward und Arthur Posnansky bis Augustus Le Plongeon und Percy Fawcett seit vielen Jahren, dass es einst eine unvorstellbar alte, heute untergegangene Kultur gab, die über den gesamten Pazifik verbreitet war. Solche Behauptungen wurden bestenfalls als unbewiesen abgetan, aber ironischerweise hat es jetzt den Anschein, als spräche mehr für die Hypothese von der untergegangenen Kultur als die Orthodoxie je durchblicken ließ. Könnte die Gesellschaft, die die *Moai* der Osterinsel geschaffen hat, tatsächlich um Jahrtausende älter sein als die relativ junge Kultur, die Professor Lipo heute in Schutz nimmt?

Die Langlebigkeit der Steinköpfe von Rapa Nui

Die derzeit gängige Meinung – die von Wikipedia und anderen Mainstream-Quellen als Tatsache dargestellt wird – lautet, dass Rapa Nui zwischen 700 und 1100 n. Chr. besiedelt wurde. Darüber hinaus, so erklärt die Online-Enzyklopädie, »deuten laufende archäologische Studien auf ein noch späteres Datum hin: ›Radiokarbondaten für die frühesten stratigraphischen Schichten in Anakena, Osterinsel, und die Analyse früherer Radiokarbondaten deuten darauf hin, dass die Insel erst spät, um 1200 n. Chr., besiedelt wurde. Signifikante ökologische Eingriffe und große kulturelle Investitionen in Monumentalarchitektur und Statuen begannen also bald nach der ersten Besiedelung.‹«

In seinem Artikel »The Astonishing Antiquity of Easter Island«, der in *Atlantis Rising* Nr. 102 (November/Dezember 2013) erschien, hält der Forscher und Entdecker David Childress dagegen, dass die konventionelle Datierung der Osterinsel auf dem Radiokohlenstoffgehalt von Holz, Knochen und Muscheln basiert, die in und um die Statuen und den Steinbruch von Rano Raraku in der Erde gefunden wurden. Wir wissen nicht, so Childress, wie tief diese Objekte im Boden waren. Es ist durchaus möglich, dass das datierte Material lange nach der Entstehung der Statuen dort abgelegt wurde. Zwar können sich durchaus vor 500 Jahren Ureinwohner in der Nähe der Statuen aufgehalten und allerlei datierbares Material für spätere Analysen hinterlassen haben, aber es gibt keinen Beweis dafür, dass diese Menschen auch die Schöpfer der Statuen sind. Tatsächlich könnten die *Moai* schon damals dort gestanden haben, genauso rätselhaft wie heute. »Vielleicht graben Archäologen in Zukunft ein Bruchstück einer Colaflasche aus dem Jahr 2013 aus«, sagt Childress, »und deuten ihren Fund ähnlich falsch.«

Die Vorstellung, dass die *Moai* viel älter sein könnten als allgemein vermutet, wird in wissenschaftlichen Kreisen noch immer belächelt, und auch über ähnliche Behauptungen in Bezug auf hoch entwickelte Steinbauten, die an der Westseite Südamerikas entdeckt wurden, macht man sich lustig. Könnte es eine vergessene Verbindung zwischen diesen beiden weit auseinanderliegenden uralten Gesellschaften geben? Obwohl die massiven Steinbauten von Sacsayhuamán in der Nähe von Cuzco und vielen anderen Orten in Peru und Bolivien offiziell den Inkas von vor 600 Jahren zugeschrieben werden, weisen die Tempelkomplexe in Puma Punku und im nahe gelegenen Tiahuanaco hoch entwickelte Strukturen auf, die Jahrtausende älter sein könnten als die Inka-Kultur.

Wie bereits in Kapitel 8 erwähnt, führte Arthur Posnansky, der Direktor des bolivianischen Nationalmuseums, Anfang des 20. Jahrhunderts eine Analyse durch, die zeigte, dass Tiahuanaco vor 17.000 Jahren von einem Volk erbaut wurde, das mit den dort ansässigen Aymara nicht verwandt war. Außerdem stellte Posnansky architektonische Ähnlichkeiten zwischen Puma Punku und der Osterinsel fest, die Tausende Kilometer vor der chilenischen Küste liegt, was darauf hindeutet, dass beide unabhängig voneinander von der gleichen früheren Hochkultur beeinflusst wurden.*

Posnanskys Beobachtungen stimmen mit denen von James Churchward überein, der in *Mu, der versunkene Kontinent* und ähnlichen Büchern eine fortgeschrittene Kultur namens Mu beschrieb, die seinen Angaben zufolge bereits lange vor der Entstehung hoch organisierter Gesellschaften in Peru oder auf der Osterinsel im Zentralpazifik eine Blütezeit erlebte. Churchward zufolge sandte Mu vor seiner Zerstörung durch eine Reihe von Naturkatastrophen vor etwa

* Eine kurze biografische Skizze von Posnansky, einer umstrittenen Figur in der Geschichte Boliviens, findet sich in: E. J. Marsh, »Arthur Posnansky, the Czar of Tiwanaku Archaeology«, *Bulletin of the History of Archaeology* 29, Nr. 1 (2019): 1; https://doi.org/10.5334/bha-605.

12.000 Jahren *Naacals* oder »Schlangenpriester« als Kulturträger durch ganz Polynesien und bis nach Südamerika, wo sie die Grundlagen für Stätten wie die Osterinsel und Tiahuanaco schufen.

Eine teilweise zerstörte Mauer in Vinapu auf der Osterinsel belegt dies. Die megalithische Mauer, die aus riesigen, sehr kunstvoll aufeinandergeschichteten Platten besteht, ist einzigartig auf der Insel, aber nicht auf der Welt. Childress staunte aufrichtig über das Bauwerk, das seiner Meinung nach denen in Cuzco, Machu Picchu, Sacsayhuamán und Ollantaytambo in den Hochanden nicht nur ähnelt, sondern mit ihnen fast identisch ist.

Die Mauer in Vinapu.

Wie diese Bauwerke ist auch die Mauer in Vinapu perfekt ausgeführt – aus unregelmäßig geformten Steinen mit abgerundeten Kanten und kleinen, dreieckigen Steinen, die die Lücken füllen. Die Konstruktion in den Anden könnte man genauso beschreiben, so Childress – polygonale Blöcke, geglättet und abgerundet, perfekt zugeschnitten und zusammengefügt, mit kleinen Scheitelsteinen, damit das Bauwerk Erdbeben standhält. Obgleich praktisch undatierbar, sind diese Steinmetzarbeiten, so behauptet er, die ausgeklügeltsten der Welt – im Grunde unerreicht, sogar bis heute.

Tiahuanaco wirkt eindeutig vorinkaisch und jahrtausendealt, aber die massiven Ruinen in der Nähe von Cuzco, einer nach wie vor lebendigen Stadt, sollen erst vor ein paar Hundert Jahren von den Inkas errichtet worden sein. Doch obwohl die Ruinen von Vinapu auf der Osterinsel praktisch baugleich mit denen in Peru sind, behauptet niemand, dass die Inka es bis auf die Osterinsel geschafft haben. Es lässt sich durchaus plausibel argumentieren, dass die beiden Stätten von derselben untergegangenen Gesellschaft erbaut worden sein müssen, lange bevor die Inka in die Stadt kamen und sich in den vorhandenen antiken Bauwerken, die sie vorfanden, einrichteten.

Zu den größten Rätseln der Osterinsel gehört neben der bildhauerischen Gestaltung der *Moai* auch die Frage, wie die unzivilisierten Menschen die *Moai* kilometerweit von den Steinbrüchen, in denen sie gefertigt wurden, über Berg und Tal und viele Hindernisse transportieren konnten. Die gängige Erklärung lautet, dass sie wie riesige Kühlschränke von Mannschaften, die sie an Seilen zogen, »Schritt für Schritt« vorgerückt worden sein könnten. Die Zeitschrift *National Geographic* illustrierte diese Theorie auf einem Titelbild aus dem Jahr 2012. Childress fragt jedoch: »Warum versuchen unzivilisierte Menschen überhaupt, gigantische Statuen zu bewegen, die mindestens fünf, normalerweise aber eher 20 bis 40 Tonnen wiegen?«

Ein Titelbild der Zeitschrift *National Geographic* aus dem Jahr 2012 spekuliert darüber, wie die Bewohner der Osterinseln ihre riesigen Statuen transportiert haben könnten.

Bei einem *Moai*, den Thor Heyerdahl 1956 ausgrub, wurde ein Mastschiff in den Bauch gemeißelt. Heyerdahl glaubte, es handele dabei sich um ein altes Segelschiff, das von Entdeckern aus Peru benutzt wurde. Andere sagen, es sei eine frühe Darstellung eines europäischen Schiffes. Das Problem bei letzterer Erklärung ist, dass die Abbildung erst entdeckt wurde, nachdem Heyerdahl mehrere Meter Erde um den *Moai* herum abgetragen hatte.*

Thor Heyerdahl und eine seiner *Moai*-Ausgrabungen von 1956.

Lange vor 1000 n. Chr. – das Gegenteil kann niemand beweisen – könnten die *Moai* genauso dagestanden haben, wie man sie heute vorfindet, weitgehend im Erdboden vergraben, der sich über viele Jahrhunderte angesammelt hat. Zumeist sind sie zwölf bis 15 Meter hoch (der größte, der noch im Steinbruch steht, ist höher als ein siebenstöckiges Gebäude). Der *Moai* mit dem Schiff auf dem Bauch ist sicherlich viel älter als die umliegenden Überreste.

Zu den wichtigsten Grundsätzen der herkömmlichen Geschichtsschreibung gehört, dass mit der Erfindung des Rads und der Schrift vor etwa 5000 Jahren die Zivilisation entstand. Davor gab es einfachen Ackerbau und noch davor Jäger- und Sammlergesellschaften, die zu organisierten Aktivitäten größeren

* Auf der Website des Kon-Tiki-Museums und dort auf der Seite über Thor Heyerdahls Expedition zur Osterinsel gibt es viele Fotos, darunter eines von Heyerdahl neben dem *Moai* mit dem eingravierten Segelschiff: https://www.kon-tiki.no/expeditions/easter-island-expedition/.

Umfangs nicht in der Lage waren. Dies waren die Nachwirkungen der letzten großen Eiszeit, die vor etwa 12.000 Jahren mit weltweiten Überschwemmungen und Chaos (alias Sintflut) endete. In zivilisatorischer Hinsicht herrschte davor nur Finsternis. Das erzählt uns die Mainstream-Archäologie, und daran hält sie fest. Die Behauptung, dass es vor dem Ende der letzten Eiszeit irgendeine Art von Zivilisation gegeben haben könnte, erntet nur Spott. Neue weltweite Entdeckungen auf vielen Gebieten stellen diese These jedoch stärker infrage denn je.

An anderer Stelle in diesem Buch geht es um Göbekli Tepe in der Türkei, Gunung Padang in Indonesien und den indischen Golf von Khambhat, die jeweils eindeutige Beweise für eine fortgeschrittene vorsintflutliche Kultur liefern. Auf der ganzen Welt, von den Pyramiden von Gizeh bis zu den Terrassen von Machu Picchu, sind viele uralte Bauwerke jetzt mit neuen Augen zu betrachten. Es drängt sich unweigerlich der Gedanke auf, dass die großartigen Steinbauten, die den bekannten Gesellschaften zugeschrieben werden, möglicherweise von ihnen nur *ererbt* und nicht geschaffen wurden. Einige der interessantesten Beweise für diese Behauptung finden sich auf der Osterinsel.

Auch wenn die 887 riesigen und eigenartigen Statuen, die dort gefunden wurden, nur schwer in eine kohärente Vorstellung von Zivilisation nach heutigem Verständnis einzuordnen sind, erforderte ihr Transport – ganz zu schweigen von ihrer bildhauerischen Bearbeitung – eindeutig eine Art von Ingenieurskunst, wie sie nur in höher entwickelten Gesellschaften zu finden ist. Das Gleiche gilt für Göbekli Tepe, Gunung Padang und viele weitere unerklärliche Stätten.

Eine schriftkundige Gesellschaft?

Noch merkwürdiger ist, dass die Tafeln in Rongorongo-Schrift, die auf der Osterinsel gefunden wurden, für manche ein klarer Beweis für einen zivilisierten, wenn auch sehr alten Einfluss sind. Die erstmals 1864 von Eugene Eyraud, einem französischen Missionar, beschriebene und bis heute nicht entzifferte Schrift deutet ganz klar darauf hin, dass die Osterinsel irgendwann mit einer Schriftkultur in Berührung gekommen ist.*

Der Geologe und Archäologe Dr. Robert Schoch hat Jahre damit zugebracht,

* Eine englische Übersetzung von Eyrauds Brief, der diese Schrift beschreibt, ist zu finden in: Ann M. Altman (Übers.), mit Judith Schwartz, »The Sojourn of the First Missionary on Rapa Nui: Eugene Eyraud among the Kanacs, 1864«, *Rapa Nui Journal* 17, Nr. 1 (Mai 2003), https://islandheritage.org/wp-content/uploads/2010/06/RNJ_17_1_Altman_Schwartz.pdf.

die Beweise für antediluvianische Zivilisationen an vielen Orten zu analysieren, vor allem, wie im vorangegangenen Kapitel beschrieben, an der Großen Sphinx in Ägypten. Wie Professor Lipo ist er der Meinung, dass das konventionelle Szenario für die Geschichte der Osterinsel weit hinter der Wahrheit zurückbleibt. Er geht sogar noch erheblich weiter und spekuliert, dass Rapa Nui nicht nur Beweise für eine Kultur aus der Zeit vor dem Ende der letzten Eiszeit liefert, sondern auch unerwartete Hinweise darauf gibt, wie genau diese Epoche zu Ende gegangen sein könnte.

Nicht entzifferte Rongorongo-Schrift.

Der primäre Auslöser für die große Gletscherschmelze, die den Meeresspiegel auf der ganzen Welt dramatisch ansteigen ließ und zum Aussterben vieler Tierarten führte, war nach Schochs Ansicht ein plötzlicher und unerwarteter Stoß unerwünschter Energie von unserer Sonne. Diese These findet sich in seinem 2012 erschienenen Buch *Die vergessene Zivilisation: Die Bedeutung der Sonneneruptionen in Vergangenheit und Zukunft.* Die Rongorongo-Schrift könnte tatsächlich Darstellungen von »Plasma«-Ereignissen im Zusammenhang mit Sonneneruptionen enthalten, welche die Menschen in Angst und Schrecken versetzt hätten, glaubt Schoch. Er zitiert die Arbeit von Dr. Anthony L. Peratt, einem Spezialisten für Plasmaphysik am Los Alamos National Laboratory.*

* Mehr über Peratts Theorien zur Plasmakosmologie in seinem Artikel »Plasma Cosmology« in: *Sky &*

Plasmaphänomene, so erfahren wir, haben viele unverwechselbare Formen. Einige sehen aus wie ineinander verschlungene Schlangen oder Seile, andere wie aufeinandergestapelte Kreise. Tatsächlich können sich Plasmasäulen (aufgrund sogenannter »Pinch-Instabilitäten«) an einigen Stellen ausdehnen und Donut- oder Tassenformen bilden oder sich an anderen Stellen verengen, was am Himmel beobachtet worden sein könnte. Peratt und sein Team haben in alten Petroglyphen auf der ganzen Welt zahlreiche solche Plasmaformen dokumentiert, und Schoch glaubt, dass die Rongorongo-Schrift ein weiteres Beispiel dafür sein könnte. (Lesen Sie »Easter Island's Rongorongo: Records of a Cataclysm« in *Atlantis Rising* Nr. 82, Juli/August 2010, von Robert Schoch).

Ob in Jahrhunderten oder Jahrtausenden zu bemessen, ob die fortschrittliche Technik einer längst untergegangenen Kultur oder die einfache Handwerkskunst der indigenen Bevölkerung, ob schriftkundig oder nicht … welche Version der Geschichte der Osterinsel sich letztendlich auch durchsetzt, eines ist klar: Sie wird das bekannte Bild eines irren und kriegerischen Volkes ausschließen müssen, das zur Selbstzerstörung neigte, obwohl es fanatisch seine riesigen und unheimlichen Götzen verehrte. Diese Geschichte ist schon jetzt selbst am Ende. Das Narrativ könnte zwar sehr gut auf unsere eigene Gesellschaft passen, auf die Osterinseln, wie wir heute wissen, aber definitiv nicht.

Die moderne Wissenschaft, so könnte man meinen, hat ihre eigenen Unsicherheiten auf die alten Kulturen projiziert. Wenn dem tatsächlich so sein sollte, wäre das nicht das erste Mal.

Telescope (Februar 1992), https://plasmauniverse.info/downloads/CosmologyPeratt.pdf.

Die Säulen von Mu

Was sagt ein Hügel in Java über antediluvianische Kulturen aus?

Jahrtausendelang blieben die breit angelegten merkwürdigen Ruinen auf dem Berg Padang in West-Java unbeachtet, doch 1914 erkannten holländische Archäologen, dass die vielen Reihen antiker Steinsäulen an dieser Stelle künstlich angelegt worden sein könnten und meldeten die Stätte. 1979 fiel den Bauern auf, dass der Hügel, auf dem die Ruinen entdeckt wurden, nicht in die Umgebung passt. Dem Archäologen Danny Hilman Natawidjaja vom Indonesischen Institut der Wissenschaften, der an der Caltech promoviert hat, erschien dies alles sehr merkwürdig. Er vermutete, dass sich unter dem dichten Blattwerk eine Art antiker Tempel befinden könnte, und er begann deshalb 2012 mit einer entsprechenden Untersuchung.

Der unter dem Namen Gunung Padang bekannte Ort wird heute als die größte megalithische Ruine in Südostasien bezeichnet. Untersuchungen mithilfe von Kohlenstoff-14-Datierung deuten darauf hin, dass zumindest ein Teil der Anlage über 20.000 Jahre alt sein könnte. An Stonehenge erinnernde stehende Steine am höchsten Punkt der Anlage wurden auf ein Alter von »nur« 3500 Jahren datiert, aber mithilfe von Bodenradar wurden im Erdhügel unter den Steinen Räume, Terrassen und Stufen ausfindig gemacht. Die Kohlenstoffdatierung eines Teils des Mörtels, der in diesen Bauten verwendet wurde, hat ein Alter zwischen 13.000 und 23.000 Jahren ergeben, was eindeutig auf einen größeren Fortschritt zu einem viel früheren Zeitpunkt hindeutet, als man es in dieser Region und möglicherweise auf der ganzen Welt für möglich gehalten hat.

Seit Ende der 1970er-Jahre ist der Berggipfel ein wichtiges Touristenziel.

Manche halten ihn für heilig, und bevor sie den »heiligen« Aufstieg antreten, um mit ihren Fingerknöcheln und Fäusten auf die Andesit-Säulen zu klopfen, die über die Stätte verstreut sind, reinigen sich die Gläubigen in Begleitung eines *juru kunci* (»Herr der Schlüssel« oder Verwalter) zunächst mit Wasser aus einer natürlichen Quelle am Fuß der Treppe. Der Geologe Robert Schoch von der Boston University sagt, dass die Steine beim Anschlagen wie Glocken klingen und ihn an »Klangsteine« von anderen antiken Stätten wie dem Obelisken von Karnak in Ägypten erinnern.

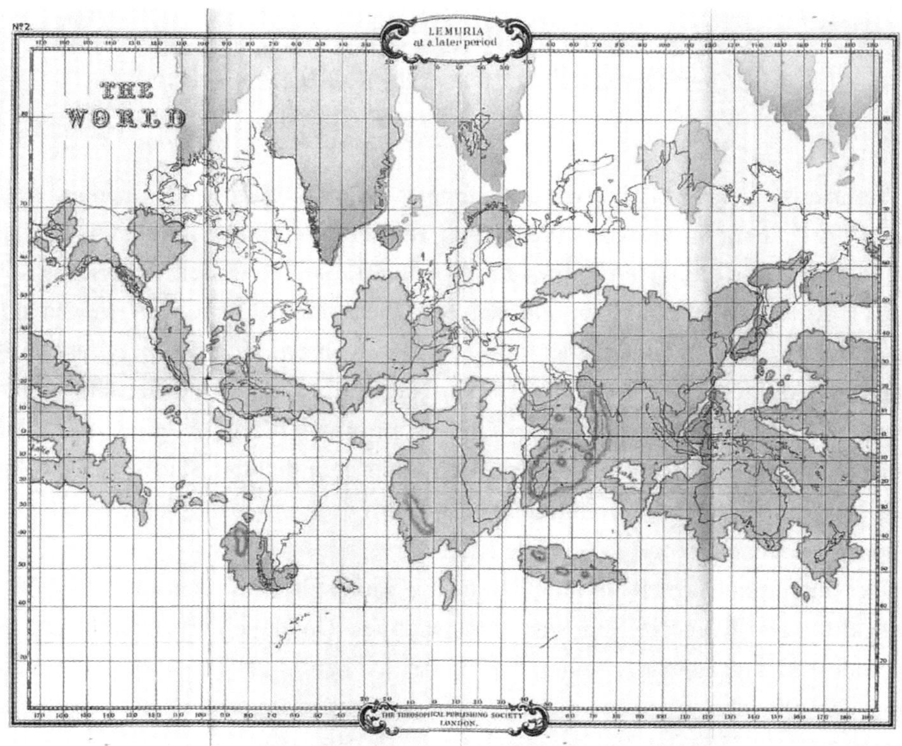

»Lemuria in einer späteren Periode«, basierend auf hellseherisch gezeichneten Karten des Theosophen Charles W. Leadbeater, veröffentlicht 1904 von der Theosophischen Gesellschaft in dem Buch *Atlantis und Lemuria* von William Scott-Elliot (dt. 2010 im Aquamarin Verlag).

Im Dezember 2018 bestätigte Dr. Natawidjaja in einem Vortrag vor der American Geophysical Union in Washington D.C., dass die jüngste Kohlenstoff-14-Untersuchung »Belege für große unterirdische Höhlen oder Kammern« aufzeigt, die bis zu 28.000 Jahre alt sind. Dr. Natawidjajas Bemühungen wurden von rivalisierenden indonesischen Archäologen, die sich für die Beibehaltung des eingeführten historischen Zeitstrahls einsetzen, in gewisser Weise durchkreuzt. Im November 2019 wartete er immer noch auf den Abschluss des Peer-Review-Verfahrens für die Veröffentlichung seines Aufsatzes, doch sein Projekt wurde von der indonesischen Regierung und von Experten wie Robert Schoch unterstützt.*

In seinem 2013 erschienenen Buch *Plato Never Lied: Atlantis in Indonesia* behauptet Natawidjaja, dass es sich bei Atlantis eigentlich um die alte Nusantara-Kultur handelt, die in Indonesien immer noch verehrt wird. Laut Schoch argumentiert Natawidjaja, Atlantis sei Sundaland, das vor 20.000 Jahren, also während des letzteiszeitlichen Maximums, ein fruchtbares Land an der Stelle des heutigen Java war.

Damals lag der Meeresspiegel bis zu 130 Meter tiefer als heute, und die heutige Javasee war überhaupt kein Meer. Hier lagen Ebenen und Wälder, die im Süden von den Bergen Javas und im Norden von Borneo begrenzt wurden, und von Westen nach Osten verlief ein großes Flusssystem. Als der Meeresspiegel nach der letzten Eiszeit anstieg, wurde das Land überflutet.

»Die wissenschaftlichen Fakten zu den natürlichen Bedingungen von Sundaland in der Eiszeit«, schreibt Natawidjaja in *Plato Never Lied*, »ergeben eine anschauliche Beschreibung und zeigen [seine] sehr schöne Natur mit günstigem Klima und außergewöhnlichen natürlichen Ressourcen … das Tiefland in Sundaland, das heute überflutet ist und zum Java- und Karimata-Meer wurde, war ein malerisches Land, das von Flüssen gespeist wurde, die so groß waren wie der Nil, das Temperaturen von nur 25 bis 20 Grad Celsius aufwies und umgeben war von Gebirgszügen mit aktiven Vulkanen. Darüber hinaus zeigen Untersuchungen von Fossilien sowie die Kartierung von DNA-Mitochondrien, dass die Besiedlung durch moderne Menschen in Nusantara und den meisten Teilen der Welt vor 60.000 bis 50.000 Jahren begonnen hat.«

Natawidjaja und sein Team haben mehrere Jahre geforscht und sind nun der Auffassung, dass es sich bei Gunung Padang nicht um einen Hügel handelt, son-

* Der vollständige Aufsatz ist zu finden unter: Danny Hilman Natawidjaja, Andang Bachtiar, Bagus Endar, Mudrik Daryono, and Andri Subandrio, »Evidences of Large Pyramid-like Structure Predating 10,000 Year BP at Mount Padang, West Java, Indonesia: Applications of Geological-Geophysical Methods to Explore Buried Large Archeological Site«, *Earth and Space Open Archive* (online), 12. Dezember 2018, https://doi.org/10.1002/essoar.10500119.1.

dern um eine mehrschichtige Reihe antiker Bauwerke, deren Fundamente bis zum Ende der letzten Eiszeit und früher zurückreichen.

»Unsere Untersuchungen«, so Natawidjaja in der Zusammenfassung seiner jüngsten Studie, »beweisen, dass die Anlage nicht nur den Gipfel bedeckt, sondern sich um die Hänge herum erstreckt und eine Fläche von mindestens 15 Hektar umfasst.« Die Bauwerke, fügt er hinzu, »sind nicht nur oberflächlich, sondern reichen bis in größere Tiefen.«

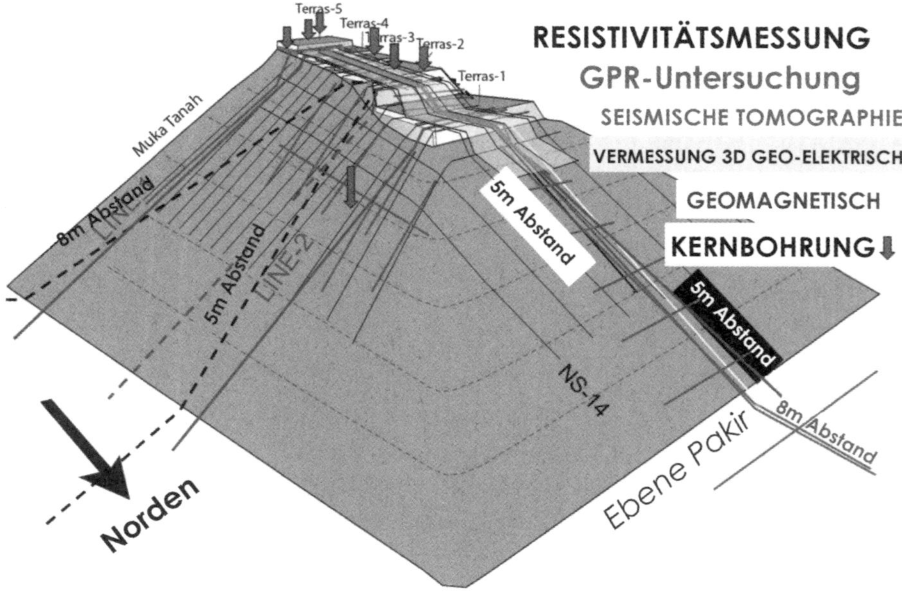

A. Die Megalithanlage Gunung Padang, von Süden aus gesehen
B. Geophysikalische Messlinien in Gunung Padang
C. Eine freigelegte Steinschicht in Gunung Padang. Aus dem Aufsatz von Dr. Danny Hilman Natawidjaja

Die Forscher setzten eine Kombination verschiedener Untersuchungsmethoden ein, darunter Bodenradar, seismische Tomographie und archäologische Grabungen, die zeigen, dass es sich bei der Stätte nicht nur um ein künstlich angelegtes Bauwerk handelt, sondern um mehrere Schichten, die in aufeinanderfolgenden prähistorischen Perioden entstanden sind. Die oberste Schicht aus megalithischen Steinsäulen, Mauern, Wegen und Räumen befindet sich über einer weiteren Schicht, die etwa ein bis drei Meter unter der Oberfläche liegt. Diese zweite Schicht, so die Studie, wurde bisher fälschlicherweise für eine natürliche Felsformation gehalten. Tatsächlich handelt es sich aber um eine weitere Anordnung säulenförmiger Steine, die in einer Matrixstruktur angeordnet sind.

Darunter befindet sich eine dritte Schicht angeordneter Steine mit großen unterirdischen Hohlräumen oder Kammern, die bis zu 15 Meter tief reicht und auf einer noch tieferen Ebene ruht. Diese vierte und unterste Schicht besteht aus Basaltgestein in Form einer »Lavazunge«, wurde jedoch von Menschenhand bearbeitet oder behauen.

Den Forschern zufolge deuten vorläufige Radiokarbondatierungen darauf hin, dass die erste Schicht bis zu etwa 3500 Jahre, die zweite etwa 8000 Jahre und die dritte zwischen 9500 und 28.000 Jahre alt sein könnte.

Der Zweck der antiken Pyramide könnte, so spekuliert Natawidjaja, religiöser Natur gewesen sein. Aber ganz gleich, was sie war, sie passt eindeutig nicht ins herkömmliche Narrativ der Vorgeschichte. Widerspruch dagegen von Wissenschaftlern vor Ort bleibt nicht aus.

Laut Wikipedia haben inzwischen 34 indonesische Wissenschaftler eine Petition unterzeichnet, die die Motive und Methoden des Natawidjaja-Teams infrage stellt. In einem Interview aus dem Jahr 2017 sagte Dr. Robert Schoch dem *Atlantis Rising Magazine* jedoch: »Ich bin überzeugt, dass es [Gunang Padang] ein ›künstliches‹ Bauwerk ist.« Viele solche angeblichen Stätten überall auf der Welt seien Hirngespinste oder »Quatsch«, aber diese sei »echt«. Außerdem machte Schoch uns gegenüber deutlich, dass er aufgrund der von den Indonesiern erhobenen Untersuchungsdaten »überzeugt [ist], dass die Stätte auf die letzte Eiszeit zurückgeht«.*

Zusammen mit dem, was er von Göbekli Tepe, der ägyptischen Sphinx und anderen Stätten und Datenreihen aus der ganzen Welt gesehen hat, bringen die Belege von Gunang Padang Schoch zu der Überzeugung, so sagt er, dass wir jetzt einem Verständnis der katastrophalen Zeiten und Ereignisse am Ende der letzten Eiszeit näherkommen. Schon vor ca. 9700 v. Chr. gab es hoch entwickelte Kulturen, die durch die Ereignisse, mit denen die letzte Eiszeit endete, vernichtet wurden, ganz ähnlich wie bei Platon beschrieben.

Die Verbindung zu Mu

Interessanterweise ist die Geschichte von Gunang Padang nicht die einzige, welche die Inseln des pazifischen Raums mit voreiszeitlicher Zivilisation verbindet. Neben der Osterinsel, der japanischen Insel Yonaguni und anderen gibt es noch eine weitere sehr merkwürdige Stätte, die ebenfalls aus Tausenden von scharfkantig behauenen vulkanischen Steinblöcken besteht, die in ihrer Fülle denen auf Gunang Padang ähneln: Nan Madol, eine riesige Ruinenstadt, die manchmal als achtes Weltwunder bezeichnet wird, auf der abgelegenen mikronesischen Insel Pohnpei.**

Nan Madol wurde aus magnetisierten Basaltsteinen erbaut, die jeweils bis zu 50 Tonnen sowie insgesamt schätzungsweise 250 Millionen Tonnen wiegen und auf künstlichen Inseln, die sich über eine Fläche von rund 18 Quadratkilometern erstrecken, zu beträchtlicher Höhe aufgeschichtet sind. Es steht auf einem Korallenriff und befindet sich zu einem großen Teil unter Wasser. Nach Angaben der Indigenen wurde es mithilfe von roher Gewalt und Zauberei errichtet. Archäologen haben sich zwar auf ein Erbauungsdatum von etwa 1000 n. Chr.

---

* Das vollständige Interview ist auf dem YouTube-Kanal *Atlantis Rising Conversations* unter https://www.youtube.com/watch?v=4K5Lu0rqXHA zu sehen.

** Einen kurzen Überblick über das klassische archäologische und historische Verständnis von Nan Madol gibt der U.S. National Park Service unter https://www.nps.gov/places/nan-madol.htm.

geeinigt, aber Beweise, die diese Behauptung stützen, gibt es kaum. Eine vom Smithsonian Museum vorgenommene Kohlenstoffdatierung von Asche, die 1960 auf dem Boden einer Feuerstelle auf der Insel gefunden wurde, ist so ziemlich alles. Und es gibt keine Beweise, welche die Asche direkt mit den nach wie vor nicht zu datierenden megalithischen Bauten von Nan Madol in Verbindung bringen. Konservative Archäologen weisen zwar jeden Hinweis auf eine antediluvianische Zivilisation in Stätten wie Gunang Padang, Nan Madol, der Osterinsel oder sogar in den erstaunlichen Bauwerken von Peru oder Bolivien postwendend zurück, tatsächlich aber ist dies nicht auszuschließen. Manche meinen sogar, es sei an der Zeit, die Arbeit in Vergessenheit geratener Wissenschaftler wie James Churchward und seines Mitarbeiters Augustus Le Plongeon und ihre umstrittenen Hypothesen über den untergegangenen Kontinent Mu, alias Lemuria, der der Legende nach viele Tausend Jahre vor Atlantis irgendwo im Pazifischen Ozean versunken sein soll, wieder aufzugreifen.

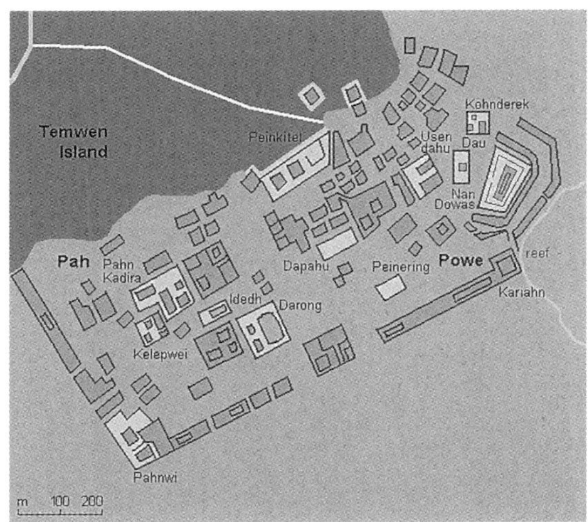

Karte von Nan Madol.

Wie der Forscher Philip Coppens in seinem Artikel »New Vindication for Colonel Churchward?« für *Atlantis Rising* Nr. 91 (Januar/Februar 2012) schreibt, war Augustus Le Plongeon – ein britisch-amerikanischer Fotograf und Amateur-Archäologe, dem die Veröffentlichung der ersten Fotografien der Ruinen von Chichén Itzá in Mexiko zugeschrieben wird – der Erste, der über Mu veröffentlichte. In seinen Büchern *Sacred Mysteries Among the Mayas and Quiches* (1886) und *Queen Móo and the Egyptian Sphinx* (1896) behauptete Le Plongeon, mit dem Codex Tro-Cortesianus ein Maya-Dokument entziffert zu haben, aus dem hervorgeht, dass die Maya die Vorfahren der alten Ägypter waren. Die Maya, so Le Plongeon, seien aus Mu hervorgegangen, einem untergegangenen Kontinent und einer Kultur, die er mit Atlantis auf eine Stufe stellt. Mu sei durch einen gewaltigen Vulkanausbruch dezimiert worden. »Königin Móo«, die offensichtlich mit Mu in Verbindung stand, war von Amerika nach Ägypten gereist und hatte unter dem neuen Namen Isis ihre Spuren in der Geschichte hinterlassen. Leider musste Le Plongeon Jahrzehnte später, als die Sprache der Maya vollständig entschlüsselt war, feststellen, dass seine Interpretation des Codex falsch war. Einige von ihm verwendete Buchstaben gab es offenbar gar nicht. Jack Churchward, Urenkel und Verteidiger von James Churchward, zufolge bestand Le Plongeons Problem darin, dass er sich auf eine Übersetzung von C. E. Brasseur de Bourbourg verließ. Der jüngere Churchward behauptete, in einer E-Mail von einem Nachfahren von Brasseur de Bourbourg sei die verpfuschte Übersetzung einem gechannelten Geist zugeschrieben worden.*

Gigantische Steinstruktur in Nan Madol.

* Mehr über Jack Churchwards Nachforschungen zu den Theorien seines Urgroßvaters ist auf seiner Website My-Mu.com nachzulesen.

Le Plongeon machte jedoch die untergegangene Kultur von Mu bekannt, wenn es auch Madame H. P. Blavatsky, Gründerin der Theosophischen Gesellschaft, vorbehalten bleiben sollte, sie als Geburtsort okkulter Traditionen, die ihr offenbart worden waren, zu bezeichnen. Der Mann aber, der Mu von einer Legende zu einer regelrechten Religion machte, war James Churchward, Erfinder und Ingenieur mit vielen Patenten. Er behauptete, er habe in einer geheimen Bibliothek in Indien höchstpersönlich eindeutige physische Belege für Mu gesehen.

Churchward sollte schließlich fünf sehr populäre Bücher zu diesem Thema schreiben. *The Lost Continent of Mu*, das ursprünglich 1926 im Eigenverlag publiziert wurde, erschien 1931 in einer überarbeiteten Ausgabe im New Yorker Verlag Ives Washburn, der nach dem Erfolg des ersten Mu-Buches vier weitere Churchward-Werke herausbrachte: *The Children of Mu* (1931); *The Sacred Symbols of Mu* (1933); *The Cosmic Forces of Mu*, Band eins (1934) und *The Cosmic Forces of Mu*, Band zwei (1935). (Auf Deutsch ist erschienen: *Mu, der versunkene Kontinent: Auf den Spuren von Wissen und Weisheit einer geheimnisvollen Kultur*, aus dem Englischen von Matthias Dehne, Windpferd 1990; Anm. d. Ü.)

Augustus Le Plongeon.

Churchward kam in Großbritannien zur Welt und ließ sich später in den USA nieder. In den Jahren davor lebten er und seine Frau allerdings in Sri Lanka, wo sie eine Teeplantage besaßen. Von dort aus reiste er nach Indien und freundete sich seinen Worten zufolge mit einem älteren Rishi (Priester) an, der ihm beibrachte, die alte, ausgestorbene Sprache der »Naacals« zu lesen. Diese, so sagte er, seien die »heilige Bruderschaft von Lemuria« (ein anderer Name für

Mu) gewesen. Der Priester und zwei weitere Personen waren laut Churchward die einzigen Menschen weltweit, die diese Sprache lesen konnten. Sie war auf zahlreichen Tafeln verzeichnet, die der Priester Churchward zu lesen gab. In seinen Büchern behauptet Churchward, er habe den Priester dazu gebracht, ihm die Tafeln zu zeigen und ihm die Bedeutung der darauf eingravierten ausgestorbenen Sprache beizubringen. Churchward erkannte bald, dass die Tafeln, die er vor sich hatte, keineswegs die vollständige Bibliothek waren, aber durch Hinzuziehung anderer Quellen und Experten war er dennoch in der Lage, eine ungefähre, aber in sich kohärente Geschichte der untergegangenen Kultur zusammenzustellen.

Die Ereignisse um Churchwards Entdeckung spielten sich Ende des 19. Jahrhunderts ab, doch er veröffentlichte sein Material über Mu erst 1924, viele Jahre nach Beginn seines selbst auferlegten Schweigens. Kritiker ließ dies vermuten, dass Churchward lediglich eine vermeintliche Marktchance witterte und seine Glaubwürdigkeit erhöhen wollte, indem er fälschlicherweise behauptete, er habe sich viele Jahre mit der Materie beschäftigt. Diese Theorie wird jedoch durch dokumentierte Beweise widerlegt. Churchward interessierte sich tatsächlich schon seit vielen Jahren für alte Kulturen. Aus seinen Notizen geht hervor, dass er in den 1890er-Jahren persönlich mit Le Plongeon und seiner Frau Alice über das Thema Mu gesprochen hat.

Colonel James Churchward.

Jack Churchward fügt hinzu, dass die Notizen seines Urgroßvaters – unveröffentlicht, aber in seinen Büchern erwähnt – beschriftet sind als »Kopien von

Steintafeln, die von William Niven in Santiago Ahuizoctla in der Nähe von Mexiko-Stadt entdeckt wurden«. Niven, ein bekannter Archäologe und Mineraloge, entdeckte 1921 die ersten von über 100 Andesit-Tafeln im heutigen nordwestlichen Teil von Mexico City. Die nicht zu entziffernden Zeichen auf diesen Tafeln waren in Nivens letzten Lebensjahren Gegenstand zahlreicher Auseinandersetzungen und wurden von Churchward als Bestätigung für seine Entdeckung der Naacal-Tafeln in Indien angeführt. Manche bringen die Tafeln mit skandinavischen Petroglyphen in Verbindung, die der schottische Prähistoriker Ludovic Mann zitiert, und Churchward erwähnt sie auch in *The Children of Mu*.

Churchwards Entdeckung der Naacal-Tafeln im 19. Jahrhundert wurde berühmt, als die Zeitung *New York American* am 10. November 1924 in einem großen Artikel seine Behauptungen über Mu veröffentlichte. Die Mu-Kultur oder das »Reich der Sonne« hatte laut Churchward 64 Millionen Einwohner, die sogenannten Naacals, die priesterliche Bruderschaft, die Hüter der heiligen Weisheit, die vor 50.000 Jahren lebten. Alle bekannten alten Kulturen – Indien, Ägypten und die Maya – waren die zerfallenen Überreste der zahlreichen Kolonien von Mu.

»Sieben Jahre lang habe ich in der gesamten mir zur Verfügung stehenden Zeit gewissenhaft bei diesem alten Rishi studiert und die Sprache von Mu, ihre Symbole, ihr Alphabet und ihre Schriften gelernt, um etwas über den vorzeitlichen Menschen herauszufinden«, erklärte er bei einem Vortrag vor der American Society for Psychical Research in New York. »Damals hatte ich noch nicht die Absicht, meine Erkenntnisse zu veröffentlichen. Ich habe das Studium rein zur Befriedigung meiner persönlichen Neugierde betrieben. Ich war der Einzige, dem dieser alte Rishi jemals Unterweisungen zu diesem Thema erteilt hat.«

Allerdings hat Churchward nie einen handfesten Beweis für seinen Besuch in der Naacal-Bibliothek erbracht, weshalb es nicht überrascht, dass viele seinen Behauptungen mit Skepsis begegneten.

Philip Coppens zufolge stammen einige Aspekte der Legende von Mu von Churchward, andere hingegen nicht. Le Plongeon schrieb 1896 als Erster über die Naacal. Dabei identifizierte er sie als Eingeweihte und Missionare der Maya, wobei das Wort *naacal* »erhaben« bedeutet. Danach bezeichnete Le Plongeon jedoch Mittelamerika und nicht Mu im Pazifischen Ozean als ihr Heimatland. Diese Idee stammt von Churchward.

Sowohl Blavatsky als auch Churchward behaupteten, sie seien in Indien mit »verlorenem Wissen« in Berührung gekommen. Blavatskys zitierte Quelle war das Buch Dzyan, das, wie sie sagte, in Atlantis geschrieben und ihr von den indischen Mahatmas gezeigt worden war.

Einige behaupten, Churchward habe für seine Enthüllungen über Mu lediglich bei Blavatsky und Le Plongeon abgeschrieben, deshalb könnten sie gar nicht wahr sein. Ebenso gut könnte man aber auch argumentieren, dass seine Geschichte lediglich die Behauptungen von Blavatsky und Le Plongeon bestätigt und möglicherweise alle drei die Wahrheit sagen – so wie sie sie verstanden haben.

18

Legenden vom Saraswati

Hinweise auf eine untergegangene Kultur aus dem Golf von Khambhat

Im Jahr 2006 zogen Wissenschaftler des indischen National Institute of Ocean Technology, die Untersuchungen über eine mögliche untergegangene Kultur am Grund des Golfs von Khambhat (oder Cambay, wie er anglisierend auch genannt wird) an der indischen Westküste angestellt hatten, verblüffende Schlussfolgerungen über Alter und Entwicklungsstand einer bisher unbekannten antediluvianischen Gesellschaft. In dem Bericht des leitenden Geologen Badrinaryan heißt es, Belege zeigten eindeutig, dass vor etwa 13.000 bis 3000 Jahren in der Region Khambhat eine Kultur ihre Blütezeit erlebt habe, und es gebe deutliche Hinweise darauf, dass die menschliche Besiedlung dort bis zu 31.000 Jahre zurückreichen könnte. Weiter sagte Badrinaryan, er sei überzeugt, dass diese »Mutterkultur« tatsächlich die Vorläuferin der geheimnisvollen Harappa-Kultur sei, von der man einst annahm, sie sei *eine* der ältesten – wenn nicht *die* älteste – der Welt.

Auf Grundlage von Untersuchungsdaten, die mit den neuesten Hightech-Methoden wie Seitensichtsonar, sedimentechografischer Vermessung und Fächerecholot gewonnen wurden, liefert der Bericht gute Argumente, die viele konventionelle Thesen über die Ursprünge der Zivilisation umstoßen könnten.*

* Der Bericht ist nachzulesen in: Badrinaryan Badrinaryan, »Gulf of Cambay Cradle of Ancient Civilization«, veröffentlicht auf GrahamHancock.com, 1. Februar 2006, https://grahamhancock.com/badrinaryanb1/.

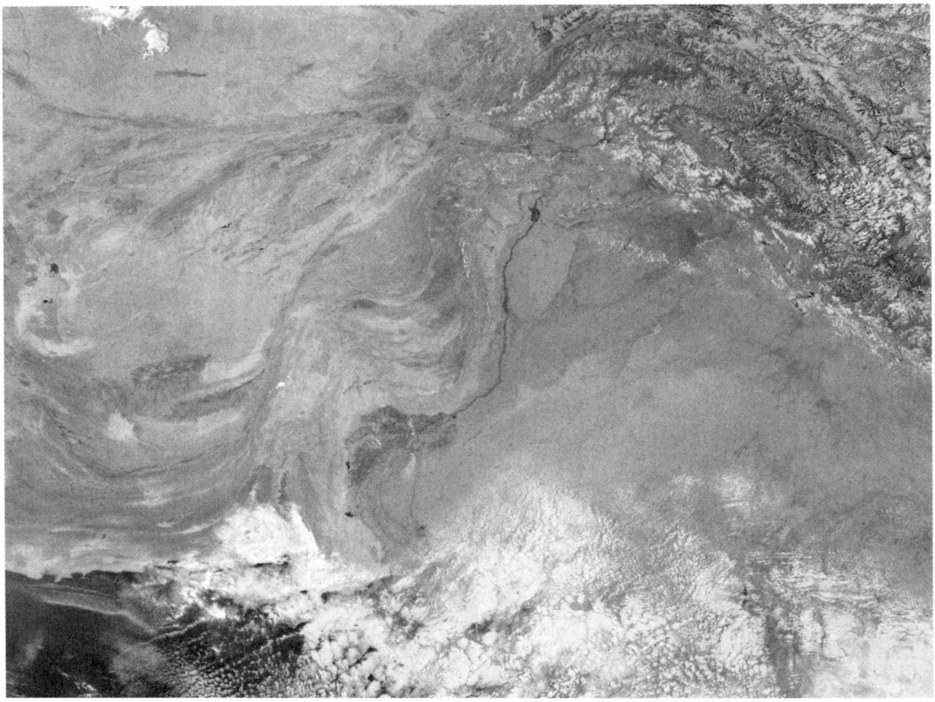

NASA-Satellitenbild des Industals nahe der indisch-pakistanischen Grenze; der Golf von Khambhat befindet sich unten links.

Ein 40 mal 19 Meter großes Seitensichtsonarbild eines Gebäudes mit Stufen im Golf von Khambhat; Foto: Indian National Institute of Technology.

Eine 2001 bekannt gegebene ältere Entdeckung offensichtlicher Überreste einer antiken Stadt entlang eines zehn Kilometer langen Abschnitts des Meeresbodens von Khambhat vor der Küste von Gujarat im Westen Indiens sorgte für weltweites Aufsehen. Denn daraus ergab sich, dass dort, wo das Meer heute rund 40 Meter tief ist, einst eine hoch organisierte Gesellschaft existiert haben könnte. Wissenschaftler vor Ort gaben an, die Strukturen einer großen Siedlung entdeckt zu haben, vergleichbar den großen Städten des Industals oder der Harappa-Kultur. Diese wiesen die regelmäßigen geometrischen Muster einer hoch entwickelten Kultur auf, darunter vermutlich eine Kornkammer, ein großes Bad und eine Zitadelle. Auch kanalartige Strukturen fand man. Leider ist das Wasser in diesem Gebiet trüb und hat sehr starke Strömungen, was eine direkte visuelle Beobachtung praktisch unmöglich macht. Dennoch wurden viele kleine, von Menschenhand geschaffene Artefakte geborgen, untersucht und in dem Bericht aufgeführt. Die Reaktionen der archäologischen Fachwelt fielen erwartungsgemäß skeptisch aus. Viele argumentierten, die geometrischen Muster würden vom Sonarsystem selbst verursacht, und die Artefakte seien wahrscheinlich aus bekannten zivilisierten Regionen im Landesinneren in das Gebiet geschwemmt worden.

Keramikfragment aus dem Golf von Khambhat; Foto: Indian National Institute of Technology.

Badrinaryans Bericht von 2006 zufolge bestätigten jedoch umfangreiche Untersuchungen der bei der Erkundung von 2001 gewonnenen Belege die ursprünglichen Schlussfolgerungen. So wurden beispielsweise die ersten Seitensichtsonarbilder durch sedimentechografische Vermessung und modernste magnetische Methoden bestätigt, die wiederum weitere Hinweise auf relativ hochentwickelte menschliche Technik lieferten. Darüber hinaus hat die sorgfältige geochemische Analyse der gefundenen Artefakte, darunter auch Keramik, gezeigt, dass sie vollständig aus vor Ort vorhandenen Materialien hergestellt und nicht aus einer anderen Region angeschwemmt worden waren. Was die Datierung anbelangt, so wurden zahlreiche Artefakte in einigen der renommiertesten Labors der Welt, darunter in Oxford (England) und Hannover (Deutschland), einer Analyse mittels Radiokarbon, Thermolumineszenz, optisch stimulierter Lumineszenz und anderen Methoden unterzogen. Alle Ergebnisse haben die ursprünglichen Behauptungen weiter untermauert.

Die Anfänge der Harappa-Kultur

Niemand weiß genau, wann die Harappa-Kultur im Industal in Pakistan und Indien ihren Anfang nahm, aber die Wissenschaft räumt mittlerweile ein, dass sie mindestens 2000 Jahre älter ist als bisher von einigen Experten vermutet.* Radiokarbondaten, die 2012 aus Bhirrana, einer archäologischen Stätte im nordindischen Bundesstaat Haryana, gewonnen wurden, haben die Anfänge der Harappa-Kultur bis auf 7380 v. Chr. nach hinten verschoben. Sie ist sicherlich viel älter als die anerkannten Kulturen Ägyptens und des Fruchtbaren Halbmonds, mit denen sie verglichen wurde.

Die erstmals in den 1920er-Jahren entdeckten Überreste von Mohenjo-Daro, einer prähistorischen Stadt im Industal, stellen die Wissenschaft seither vor ein Rätsel. Die Stadt, die zweifellos das Produkt einer fortgeschrittenen Kultur mit hoch entwickelten Sanitäranlagen und Schriftzeichen ist, wurde zunächst auf etwa 4000 Jahre alt datiert. Selbst diese zeitliche Einordnung schockierte die damalige akademische Welt, da sie darauf hindeutete, dass die Zivilisation im Industal eine Pionierkultur war und nicht die Folge einer Invasion aus dem Westen – eine Vorstellung, die bei Akademikern im Westen einst als überliefertes Wissen galt.

Viele Forschende sind heute der Auffassung, dass die Kultur im Industal in Wirklichkeit viel älter ist und dass es sich dabei tatsächlich um die letzten Überreste der antediluvianischen Kultur am vorzeitlichen, heute verschwundenen Fluss Saraswati handelt, der in alten hinduistischen Schriften erwähnt wird und sich bis zum heutigen Golf von Khambhat erstreckt hat. Man vermutet, dass diese Kultur der Ursprung der uralten vedischen Kultur gewesen sein könnte.

---

* Mehr über die revidierte Datierung in Jason Overdorf, »Archaeologists Confirm Indian Civilization Is 2000 Years Older Than Previously Believed«, auf der Website des öffentlichen Radionetzwerks *The World*, 28. November 2012, https://www.pri.org/stories/2012-11-28/archaeologists-confirm-indian-civilization-2000-years-older-previously-believed.

Kernpunkt der Argumentation ist eine mysteriöse und bisher unleserliche Schrift, die in der gesamten Region auf Artefakten, meist Keramiksiegeln, gefunden wurde. Hieroglyphen, die dieser Schrift sehr ähnlich sind, wurden sogar auf der Osterinsel entdeckt. Die Frage lautet: Waren die Symbole Teil einer Schriftsprache oder lediglich die einfachen Piktogramme einer vorschriftlichen Kultur? Eine spektakuläre neue Studie, die auf fortschrittlichen statistischen Analysen beruht, belegt nun, dass die Hieroglyphen aus dem Industal tatsächlich eine Schriftsprache war. Die Untersuchung stützt die These, dass die Induskultur viel weiter fortgeschritten war als bisher angenommen.

Ruinen in Mohenjo-Daro.

2018 konnte eine gemeinsame amerikanisch-indische Studie unter der Leitung von Rajesh Rao von der University of Washington mithilfe von Computern und mathematischen Berechnungen Muster aus der Schrift extrahieren und dokumentieren, dass Anordnung und Verteilung der Symbole die unverwechselbaren Merkmale von Sprache aufweisen. Das daraus resultierende statistische Modell offenbart die grundlegende Grammatik einer Schriftsprache. »Ein solches Modell kann«, so Rao, »für Entschlüsselungen wertvoll sein, denn jede Bedeutung, die einem Symbol zugeschrieben wird, muss im Kontext anderer Symbole, die diesem vorausgehen oder nachfolgen, Sinn ergeben.« Die Studie wurde in der Zeitschrift *Proceedings of the National Academy of Sciences* veröffentlicht.*

Statue eines augenscheinlichen Priesterkönigs, gefunden in Mohenjo-Daro.

Ein Siegel aus dem Industal zeigt Schriftsymbole und eine Person im yogischen Lotossitz.

* Weitere Informationen über die Studie in: Hannah Hickey, »Computers Unlock More Secrets of the Mysterious Indus Valley Script«, *UW News* (der Online-Newsletter der University of Washington), 3. August 2009, https://www.washington.edu/news/2009/08/03/computers-unlock-more-secrets-of-the-mysterious-indus-valley-script/.

Man hat Artefakte, Schmuck und sogar Kinderspiele gefunden, aber keine Kriegswaffen. Der Forscher Andrew Robinson formuliert es so: »Die Induskultur hat offenbar 700 Jahre lang floriert, ohne Rüstung, Waffen, Ungleichheit oder Königtum.«* Heute werden den Bewohnern des Industals eine fortschrittliche öffentliche Wasserversorgung – einschließlich Sanitäranlagen in Gebäuden sowie ausgeklügelten Bewässerungs- und Abwassersystemen – sowie viele weitere Elemente zugeschrieben, die auf eine komplexe Stadtplanung hinweisen. Dazu gehören auch mehrstöckige Ziegelbauten und lange, gerade Straßen, die an einem Raster ausgerichtet sind.

Das »Utopia« im Industal bestand, so die orthodoxe Archäologie, von 2600 bis 1900 v. Chr., aber auch diese Aussage scheint einer Aktualisierung zu bedürfen. Eine Studie von 2016 führt Belege an, die mithilfe modernster optisch stimulierter Lumineszenztechnologie an Keramiken in der Umgebung von Mohenjo-Daro gesammelt wurden. Diese Keramiken werden nun auf ein Alter von über 9000 Jahren, also etwa auf 7000 v. Chr. datiert.** Das ist mindestens 2500 Jahre älter als bisher angenommen. Mit anderen Worten, sie sind um Jahrtausende älter als die Pyramiden in Ägypten oder die Megalithen in Stonehenge (gemessen an deren bisher, zumindest von konventionellen Fachleuten, vermutetem Alter). Die Studie wurde von Wissenschaftlern des Archaeological Survey of India (ASI) durchgeführt.

Die von vielen eurozentrischen Historikern und Wissenschaftlern lange verachtete uralte vedische Weisheit Indiens erlebt jetzt – im Zuge zahlreicher wichtiger, neuerer Entdeckungen – eine bemerkenswerte Renaissance, nicht nur in Indien, sondern weltweit. Es gibt nun Grund, sich erneut mit der Behauptung auseinanderzusetzen, dass die vedische Kultur, die ihren Ursprung in so alten Schriften wie dem Mahabharata und den Upanischaden hat, viel älter ist als bisher geglaubt, und dass Belege für Schrift sowie große architektonische und technologische Leistungen aus der Zeit vor dem Ende der letzten Eiszeit endlich ernst genommen werden müssen. Damit kippen viele orthodoxe Theorien der letzten anderthalb Jahrhunderte – etwa die Hypothese von der »arischen Invasi-

* Siehe Andrew Robinson, »The Real Utopia: This Ancient Civilisation Thrived without War«, *New Scientist* (online), 14. September 2016, https://www.newscientist.com/arti-cle/mg23130910-200. Robinson schrieb anschließend ein Buch über den Stand der Forschung zur Kultur im Industal: *The Indus: Lost Civilizations* (2016).

** Siehe A. Sarkar, A. D. Mukherjee, M. K. Bera, et al., »Oxygen Isotope in Archaeological Bioapatites from India: Implications to Climate Change and Decline of Bronze Age Harappan Civilization«, *Scientific Reports*, 25. Mai 2016, https://doi.org/10.1038/srep26555.

on«, welche die indische Kultur auf einen geheimnisvollen Zustrom westlicher Kulturträger zurückführt, der um 1500 v. Chr. begonnen haben soll.

Im 18. Jahrhundert staunten die britischen Herrscher Indiens über die ungeheure Ausdehnung der puranischen Zeit. Vor Darwin hatten britische Wissenschaftler die gängige biblische Chronologie von Bischof Ussher akzeptiert, welche die Erschaffung Adams auf etwas mehr als 4000 v. Chr. festlegte. Sir William Jones (1746–1794), britischer Beamter und Gelehrter in Indien, setzte Manu (gemäß der hinduistischen Mythologie der Stammvater der Menschheit und Geber der religiösen Gesetze von Manu) mit Adam gleich und datierte sein Erscheinen auf 4006 v. Chr. In dem von den Briten eingerichteten indischen Bildungssystem verbreitete man derartige Ideen.

Im 19. Jahrhundert warf die britische Wissenschaft im Zuge der Akzeptanz darwinistischer Ideen in Bezug auf solche kurzen biblischen Chronologien jedoch das Handtuch und akzeptierte rückhaltlos die riesigen Zeitspannen von Millionen und Milliarden Jahren, die Geologen wie Charles Lyell vorschlugen und die bei oberflächlicher Betrachtung den puranischen Zeitskalen ähneln. Doch anstatt die ersten Menschen an den Anfang des neuen Zeitstrahls zu stellen, kam die Wissenschaft zu der Überzeugung, dass sich Menschen wie wir aus Affen entwickelt haben und vor nicht einmal 200.000 Jahren erstmals auftraten. Paradoxerweise hat allerdings trotz der politischen Unabhängigkeit Indiens das von den Briten eingerichtete Bildungssystem weiter Bestand, und indische Gelehrte akzeptieren nach wie vor westliche wissenschaftliche Ansichten, wie auch immer diese gerade lauten mögen, und lehnen die puranischen Ideen zu Ursprung und Alter des Menschen ab, obwohl diese nicht aus Großbritannien, sondern aus Indien stammen.

Dabei sollten die alten Sanskrit-Schriften Indiens ganz im Gegenteil nicht nur als ernst zu nehmende Geschichte, sondern vielleicht auch als Prophezeiung verstanden werden, lassen neue Forschungen über die Puranas wissen. Der Forschung zufolge nennen die Puranas historische Details oft Jahrhunderte vor den tatsächlichen Ereignissen. Zum Beispiel sagte ein Purana, so der Experte für die vedische Sprache, Dr. Dhulipala Ramakrishna, den Eintritt der Gupta-Dynastie um mehrere Hundert Jahre voraus.*

* Ein Artikel über Ramakrishnas Forschung findet sich in: Syed Akbar, »Puranas Are Historical Records«, *Deccan Chronicle*, 30. November 2007, https://syedakbarindia.blogspot.com/search?q=Puranas+Are+Historical+REcords.

Dr. Ramakrishna verweist unter anderem auf eine Bestätigung für die Puranas, die in den als Jatakas bekannten alten buddhistischen Schriften zu finden sind. Angesichts ihrer weit auseinanderliegenden Ursprünge ist die Übereinstimmung zwischen vedischen und buddhistischen Schriften bemerkenswert. Ähnliche Belege werden auch aus anderen historischen und archäologischen Quellen angeführt.

Die historische Zuverlässigkeit der alten indischen Schriften war lange umstritten. Europäische Wissenschaftler wollten die Vorstellung, dass die Ursprünge Indiens älter sein könnten als die des Westens, nur ungern akzeptieren und fabrizierten zur Erklärung der Anfänge Indiens Ideen wie die Hypothese von einer arischen Invasion. Doch nun zeigt die Forschung, dass es auf dem indischen Subkontinent tatsächlich bereits lange vor ihrer Entstehung im Westen Zivilisation gab. Zu den jüngsten Entwicklungen, über die auf der Website *Archaeology Online* und anderswo berichtet wird, gehören unter anderem folgende:

- Hochauflösende Satellitenbilder bestätigen die Existenz des vermeintlich mythischen Flusses Saraswati. Sie stützen die Beschreibungen im *Rig Veda* über den Lauf des mächtigen uralten Flusses von seiner Quelle im Himalaya bis zum Arabischen Meer.
- Eine linguistische Analyse von auf Artefakten entdeckter Schrift liefert weitere Beweise. An den als Paniprastha, Sonaprastha und Indraprastha bezeichneten Stätten wurden Keramiken und Altertümer gefunden, die auf eine mit der Mahabharata-Periode übereinstimmende kulturelle Entwicklung schließen lassen und die Aussagen der vedischen Literatur bestätigen.
- Kohlenstoff- und Thermolumineszenz-Analysen haben viele Artefakte auf ein viel höheres Alter datiert als bisher angenommen und damit viele Angaben in den Schriften wissenschaftlich bestätigt. An über 35 Orten in Nordindien wurden archäologische Funde gemacht, die mit den im Mahabharata erwähnten vorzeitlichen Städten übereinstimmen. Dort wurden Kupfergeräte, Eisen, Siegel, Gold- und Silberschmuck, Terrakotta-Scheiben und bemalte Graugusskeramik gefunden. Die wissenschaftliche Datierung dieser Artefakte entspricht dem Modell des indischen Altertums ohne arische Invasion.
- Unter Wasser wurden vorsintflutliche Bauwerke gefunden, zuletzt in Mahabalipuram nach dem Tsunami von 2004. Und vor der Küste von Dwarka in Gujarat, der legendären Hafenstadt des Gottes Krishna, wurden maritime

archäologische Ruinen entdeckt, darunter massive Mauern, Piers, Anlegestellen und Stege, wie sie im Mahabharata und anderen vedischen Schriften beschrieben sind.

Atlantis in Indien

Eine prachtvolle antike Stadt und Tempelanlage, die vor Jahrtausenden versunken ist, wird plötzlich durch Naturgewalten wieder ans Licht geholt. Das mag wie eine der vielen Atlantis-Fabeln aus Hollywood klingen, ist aber keine Fiktion. Nach dem Tsunami von 2004 erlebte die archäologische Welt mit der plötzlichen Entdeckung der gewaltigen Unterwasserruinen von Mahabalipuram (auch: Mamallapuram, Anm. d. Lekt.) vor der indischen Küste eine seismische Erschütterung eigener Art.*

Ausgedehnte Tauchgänge vor der Küste förderten das Bild eines riesigen Tempels mit einer großen Vorhalle und einem offenen Innenhof sowie einer gewaltigen Mauer zutage. Quadratische Steinblöcke liegen über ein großes, mehrere Quadratkilometer umfassendes Gebiet verstreut. Sprecher des indischen National Institute of Oceanography beeilten sich zu erklären, die Ruinen stammten aus der Pallava-Dynastie, die auf das 4. Jahrhundert n. Chr. datiert wird. Doch diese These wurde von anderen Experten vehement bestritten. Der Geologe Glenn Milne von der Durham University wies 2002 darauf hin, dass es seit mindestens 5000 Jahren kaum tektonische Bewegungen gegeben hat, die die Tempel hätten versenken können.** Außerdem erzählen einheimische Fischer seit Jahrhunderten Geschichten von einer großen Flut, die vor 10.000 Jahren eine Stadt in der Gegend zerstört und mehrere Tempel ins Meer gerissen hat.

In seinem 2002 erschienenen Buch *Underworld* (dt. Ausgabe 2019 *Unterwelt*) erwähnt Bestsellerautor Graham Hancock den Tempelkomplex vor Mahabalipuram als einen Ort, den man nach Beweisen für eine antediluvianische Kultur absuchen sollte. Bei seinen eigenen Tauchexpeditionen hatte Hancock mehrere Stätten an der indischen Küste ausfindig gemacht, die Belege für eine kulturelle Entwicklung aus viel früherer Zeit zeigen, als die Wissenschaft für möglich hält.

---

* Die Nachricht von den durch den Tsunami freigelegten Ruinen verbreitete sich weltweit; siehe zum Beispiel Tim Sullivan, »Tsunami Revealed Lost Indian City«, *CBS News* (online), 17. März 2005, https://www.cbsnews.com/news/tsunami-revealed-lost-indian-city/.

** Milne teilte seine Einschätzung Graham Hancock direkt per E-Mail mit; siehe das Transkript unter »Dr. Glenn Milne dates submergence of Mahabalipuram structures to 6000 BP«, GrahamHancock.com, 10. April 2002, https://grahamhancock.com/archive-underworld7/.

Nach einer solchen Tauchexpedition in Mahabalipuram sagte Hancock: »Seit vielen Jahren vertrete ich die Ansicht, dass es sich lohnt, die Sintflutmythen der Welt ernst zu nehmen, was die meisten westlichen Wissenschaftler ablehnen. Aber hier in Mahabalipuram haben wir bewiesen, dass die Mythen recht haben.«*

Das Auftauchen der Tempelruinen könnte sich als der »rauchende Colt« erweisen, den alle schon lange suchen, die glauben, dass die Weltgeschichte, wie sie derzeit gelehrt wird, nur die Geschichte der Zivilisation seit ihrem jüngsten Auftreten ist. Alle, die glauben, dass die ursprünglichen Anfänge fortgeschrittener menschlicher Aktivität auf der Erde letztlich in um viele Tausend Jahre älteren untergegangenen Kulturen zu finden sind. Der Widerstand gegen diese Vorstellung, so meinen manche, ist die Folge einer weltweiten kulturellen Amnesie, welche die Wahrheit über die Ursprünge der Menschheit verdunkelt und damit heute den spirituellen Fortschritt blockiert. Eindeutige Beweise dafür, dass eine fortgeschrittene antediluvianische Kultur tatsächlich existiert hat, könnten einen intellektuellen Tsunami auslösen, der viele Risse im derzeitigen akademischen Paradigma offenlegen würde. Es überrascht nicht, dass sich die Machthabenden solchen Entwicklungen widersetzen.

* Siehe den Artikel von James Meek über Hancocks Forschungsarbeiten: »Divers ›Discover‹ Ancient Temple«, *The Guardian* (online), 11. April 2002, https://www.theguardian.com/uk/2002/apr/11/humanities.highereducation.

Göbekli Tepe und Steinzeit-Hightech

Muss die Geschichte grundlegend neu geschrieben werden?

Spektakuläre Entdeckungen in Göbekli Tepe, einer abgelegenen archäologischen Grabungsstätte in der Türkei einige Kilometer nördlich der syrischen Grenze bei Urfa, stellen die bisherige Geschichtsschreibung auf beispiellose Weise infrage. Bei der endgültigen Verschüttung um 8000 v. Chr. war die riesige Ansammlung kunstvoll bearbeiteter Steinstrukturen mehrere Tausend Jahre alt und damit etwa 4000 Jahre älter als Stonehenge oder die Große Pyramide. Damit widerlegt sie eindeutig den Standardmythos über die Vorgeschichte, wonach die Menschen jener Zeit ausschließlich primitive Jäger und Sammler waren.

Zahlreiche T-förmige Kalksteinmonolithen, die reichlich und kunstvoll mit Tierfiguren und abstrakten Piktogrammen verziert sind – einige fast drei Meter hoch und bis zu 25 Tonnen schwer – stehen noch immer auf römisch anmutenden Terrazzoböden. Bisher wurden sieben große kreisförmige Anlagen in der riesigen, 300 mal 200 Meter großen Stätte ausgegraben. Radar- und geophysikalische Untersuchungen deuten allerdings darauf hin, dass bis zu 20 weitere Anlagen ähnlicher Größe und Komplexität, die über 1500 Jahre, bevor die Stätte *absichtlich* zugeschüttet und aufgegeben wurde, errichtet wurden, noch auf eine Untersuchung warten.

Die Stätte wurde bereits 1964 entdeckt, doch die volle Bedeutung von Göbekli Tepe erkannte man erst 1994, als der inzwischen verstorbene deutsche Archäologe Klaus Schmidt dort mit den Ausgrabungen begann. Nahezu unmittelbar traten Spannungen innerhalb des theoretischen Mainstreams auf. Das trug womöglich dazu bei, dass die Entdeckungen zunächst kaum beachtet wurden.

Bis zu seinem Tod 2014 beharrte Schmidt darauf, dass die Stätte, die er für den ersten Tempel der Welt hielt, von Jägern und Sammlern erbaut wurde. Gleichwohl räumte er ein, dass der Bau die systematische Arbeit Hunderter Arbeiter erfordert hätte, mindestens, und dies über viele Jahre. Die Orthodoxie weigert sich, den Gedanken zuzulassen, dass es vor so langer Zeit eine Zivilisation oder gar eine Agrargesellschaft gegeben haben könnte. Daher bleibt erprobten Wissenschaftlern wie Schmidt gar nichts anderes übrig, als sich der Vorstellung anzuschließen, dass der Bau von Jägern und Sammlern stammen muss. Sollte dies der Fall sein, liegt Göbekli Tepe weit außerhalb jeglicher derzeit akzeptierter Definition einer »Jäger- und Sammlergesellschaft«.*

Als John Anthony West und Robert Schoch Mitte der 1990er-Jahre verkündeten, die Wasserverwitterung beweise, dass die Große Sphinx von Ägypten mehrere Tausend Jahre älter sei als traditionell angenommen, wurden sie vom ägyptologischen Establishment verhöhnt. Und trotz der Belege, die professionelle Geologen weitgehend akzeptierten, leugneten opportunistische Ägyptologen wie Zahi Hawass und Mark Lehner weiterhin die Möglichkeit, dass die Sphinx älter sein könnte.

»Wo«, so fragten sie, »ist der Kontext?« Welche Kultur war damals lebendig und hätte sie schaffen können? Wo sind die Artefakte? In den darauffolgenden Jahren leisteten West und Schoch Schwerstarbeit, um aufzuzeigen, dass es in Ägypten sehr viele Beweise für eine derartig frühzeitliche Leistung gibt (mehr dazu an anderer Stelle in diesem Buch). Weiteres, möglicherweise bestätigendes Material wurde an vielen Stätten weltweit gefunden, aber mit Göbekli Tepe kam genau die richtige Art von unwiderlegbaren Beweisen für eine antediluvianische (d. h. vor der Sintflut oder dem Ende der letzten Eiszeit bestehende) Kultur, von der viele alternative Theoretiker seit Langem überzeugt sind. Das von Amnesie geplagte Establishment leugnet diese aber hartnäckig und nachdrücklich.

Schoch hat die Stätte bei seinen Vorträgen über die Datierung der Sphinx oft erwähnt. »Göbekli Tepe stammt aus der gleichen oder sogar einer noch früheren Zeit als das, was wir in Gizeh haben«, sagte er *Atlantis Rising*. »Außerdem ist es unglaublich hoch entwickelt. Ich verstehe nicht, warum es nicht mehr Aufmerksamkeit bekommen hat. Vielleicht weil es so unüblich ist und einfach nicht

* Der Journalist Andrew Curry besuchte die Grabungsstätte 2008 zusammen mit Schmidt. Siehe sein Bericht »Gobekli Tepe: The World's First Temple?«, in der Ausgabe des *Smithsonian Magazine* vom November 2008, https://www.smithsonianmag.com/history/gobekli-tepe-the-worlds-first-temple-83613665/.

ins konventionelle Weltbild passt. Auf jeden Fall scheint es zu bestätigen, was manche von uns schon seit Jahrzehnten behaupten.«

Interessanterweise ist eine der wichtigsten Entdeckungen in Göbekli Tepe die gemeißelte Figur eines halb menschlichen, halb katzenartigen Wesens, das man am treffendsten als Sphinx bezeichnen könnte. Könnte dies, so fragt sich Schoch, das Vorbild für Ägyptens Große Sphinx gewesen sein? Und wichtiger noch: Was ist der noch ältere Ursprung des Bildes in Göbekli Tepe?

Doch auch wenn Mainstream-Archäologen inzwischen zähneknirschend zugeben, dass es vor dem Ende der letzten Eiszeit eine Art Kultur gegeben haben könnte, die zumindest teilweise Platons Darstellung von Atlantis bestätigt, sind sie nach wie vor davon überzeugt, dass alle abwegigen frühzeitlichen Entwicklungen, die es möglicherweise gegeben hat, nichts beinhalteten, was man als »Technologie« bezeichnen könnte, wie etwa von Edgar Cayce und anderen behauptet. Ganz zu schweigen davon, dass Göbekli Tepe selbst mit seinen fortgeschrittenen Konstruktionsdetails genau dies andeutet.

Schoch glaubt nämlich, dass es Beweise dafür gibt, dass die Erbauer von Göbekli Tepe schreiben konnten sowie über astronomische und anatomische Kenntnisse verfügten, die weit über das Standardmodell der Jungsteinzeit hinausgehen. Ein anderer Forscher, der Autor Andrew Collins, ist überzeugt, dass eine winzige Knochentafel aus Göbekli Tepe im nahe gelegenen Museum von Sanliurfa ein Schlüssel sein könnte. Ein Schlüssel dafür, nicht nur eine bewusste astronomische Ausrichtung des Komplexes zu beweisen, sondern auch eine anspruchsvolle Nutzung der dreidimensionalen Perspektive in der Kunst, viele Tausend Jahre, bevor die Künstler der italienischen und holländischen Renaissance diese Technik erneut beherrscht haben. Collins ist zudem der Meinung, dass es in Göbekli Tepe substanzielle Beweise für fortgeschrittene astronomische Kenntnisse gibt.

So bemerkenswert die Argumente für eine antediluvianische Hochkultur in Göbekli Tepe auch sein mögen, sie sind keineswegs einzigartig. Tatsächlich gibt es weitere glaubwürdige Belege dafür, dass lange vor dem Ende der letzten Eiszeit zumindest einige Menschen über Kenntnisse verfügten, die man nur als Technologie bezeichnen kann. In einem der vorangegangenen Kapitel sprachen wir über antike Karten, die ein unerklärliches Know-how von Geographie und Kartographie voraussetzen. Hier sind nun weitere Beispiele, die sich ebenfalls einer einfachen Erklärung entziehen.

Eine Säule mit Reliefs aus Göbekli Tepe. Auf der linken Seite der mittleren Ebene sehen wir einen Vogel mit einer Kugel, von der Andrew Collins glaubt, dass sie das Sternbild Schwan (Cygnus) darstellt.

Ein kleines behauenes Objekt, das in Göbekli Tepe gefunden wurde, zeigt zwei T-förmige Säulen, die in einer anspruchsvollen 3D-Perspektive mit Fluchtpunkt dargestellt sind.

Die Denissowa-Höhle

In der berühmten Denissowa-Höhle in Sibirien wurde eine prächtige »Tiara« aus Elfenbein gefunden, die vor 45.000 bis 50.000 Jahren aus dem Stoßzahn eines Wollhaarmammuts angefertigt wurde. Der Fundort im Altai-Gebirge im Süden Westsibiriens ist derselbe, an dem 2017 ein kunstvolles Steinarmband mit einem Bohrloch entdeckt wurde, das nicht ohne einen Hochgeschwindigkeitsbohrer hergestellt worden sein konnte. Die Elfenbein-Tiara – ihre Größe deutet darauf hin, dass sie für einen Mann und nicht für eine Frau bestimmt war – sollte offenbar verhindern, dass dem Träger die Haare in die Augen fallen. Sie wurde 2018 zusammen mit anderen hoch entwickelten Artefakten gefunden, darunter Elfenbeinnadeln. Nach Ansicht des Forschers Alexander Fedorchenko vom Novosibirsker Institut für Archäologie und Ethnographie widerspricht die Existenz einer solchen Technologie in dieser Epoche allen orthodoxen Theorien über die Fähigkeiten des paläolithischen Menschen.[*]

Russische Archäologen gehen davon aus, dass die Tiara – oder das Diadem – und das Steinarmband von Denisova-Menschen gefertigt wurden. In einem Interview mit der *Siberian Times* sagte Fedorchenko: »Der Fund einer der ältesten Tiaras ist etwas sehr Seltenes, nicht nur in der Denissowa-Höhle, sondern weltweit. Die Menschen der Vorzeit verwendeten Mammutelfenbein zur Herstellung von Perlen, Armbändern und Anhängern sowie von Nadeln und Pfeilspitzen.«[**]

Der davor entdeckte Armreif aus Stein war bereits als bahnbrechendes Artefakt bezeichnet worden. Dem Archäologen Anatoly Derewjanko zufolge ist das uralte Stück »überwältigend«, und seine Herstellung hätte ein sehr hohes Maß an Geschicklichkeit erfordert, was man bisher bei Denisova-Menschen für unmöglich gehalten hatte. Der Armreif aus Chlorit, der aus einer Entfernung von über 200 Kilometern importiert wurde, wurde mit einem Lederband geschlossen, das durch ein bemerkenswert winziges, fein gearbeitetes Loch geführt wurde. Für dessen Herstellung wäre ein Hochgeschwindigkeitsbohrer erforderlich gewesen – eine Technik, die ihrer Zeit 30.000 Jahre voraus war.

---

* Lesen Sie mehr über die Entdeckung auf *Live Science* (online): »50 000-Year-Old Tiara Made from Woolly Mammoth Ivory Found in Denisova Cave«, von Yasemin Saplakogu, 14. Dezember 2018, https://www.livescience.com/64297-ancient-woolly-mammoth-tiara-denisova-cave.html.

** Siehe »50 000 Year Old Tiara Made of Woolly Mammoth Ivory Found in World Famous Denisova Cave …«, *Siberian Times*, 6. Dezember 2018, https://siberiantimes.com/science/casestudy/news/50000-year-old-tiara-made-of-woolly-mammoth-ivory-found-in-world-famous-denisova-cave/.

Die Denisova-Menschen, die als eine Population der Gattung *Homo* beschrieben werden, sich aber sowohl vom *Homo sapiens* (Menschen) als auch vom *Homo neanderthalensis* (Neandertaler) unterscheiden, galten lange als weit weniger entwickelt als der moderne Mensch oder sogar der Neandertaler, aber die Artefakte aus der Denissowa-Höhle bringen dieses Denken komplett ins Wanken.

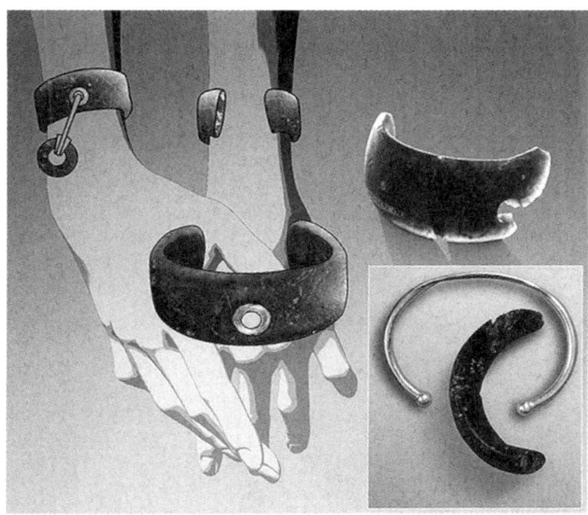

Künstlerische Darstellung, wie ein 40.000 Jahre altes Armband aus Chlorit, das in der Denissowa-Höhle in Sibirien gefunden wurde, heute getragen werden könnte (stilisiert). Um das kleine, präzise Loch nachzubilden, wäre heute ein Hochgeschwindigkeitsbohrer erforderlich.

Maltesische Akustik

Viele esoterische und spirituelle Lehren haben lange behauptet, dass unsere sehr frühen Vorfahren eine Wissenschaft des Klanges besaßen, die heute verloren ist und die ihnen vieles ermöglichte, was uns heute in Erstaunen versetzt. Einige Forscher, etwa der in Cambridge ausgebildete, mittlerweile verstorbene John Michell, gaben an, dass die Menschen der Vorzeit mit ihrer Beherrschung von Gesang und Akustik in der Lage waren, schwere Gegenstände zum Schweben zu bringen. So waren sie in der Lage, so viele gigantische Bauwerke zu errichten, die heute noch stehen und die mit moderner Technik kaum nachzubauen wären. Auch wenn niemand die frühzeitliche Levitation nachweisen konnte, zeigen neue Forschungen, dass die Menschen der Vorzeit sehr vieles über Klang wussten, was wir erst seit Kurzem wieder lernen. Auf der Mittelmeerinsel Malta haben Forscher in einem unterirdischen Totentempel, dem Hypogäum von Hal Saflieni – angeblich 5000 Jahre alt, wahrscheinlich aber sehr viel älter –, in der Orakelkammer, deren außergewöhnliches Klangverhalten legendär ist, eine starke Doppelresonanzfrequenz wahrgenommen.

Während der Tests löste eine tiefe Männerstimme im Bereich von 70 bis 130 Hertz im gesamten Hypogäum ein Resonanzphänomen aus, das als »Gänsehaut-Effekt« beschrieben wurde. Die Töne hallten bis zu acht Sekunden lang nach. Der Archäologe Fernando Coimbra berichtete, dass er »spürte, wie der Klang seinen Körper mit hoher Geschwindigkeit durchlief und ein Gefühl der Entspannung auslöste.«*

Klänge im Bass-/Baritonbereich schwingen auf eine bestimmte Art und Weise, die eine natürliche Folge der Umgebung im Hypogäum ist, genau wie im irischen Ganggrab von Newgrange, in megalithischen Steingräbern und in jeder Steinhöhle mit den richtigen Abmessungen. Es ist eindeutig, dass die Erbauer des Tempels auf Malta absichtlich architektonische Techniken eingesetzt haben, um eine »Superakustik« zu erzeugen. Glenn Kreisberg, Ingenieur für Hochfrequenztechnik in der Forschungsgruppe, stellte fest, dass im Hypogäum »die Decke der Orakelkammer, insbesondere in der Nähe des Eingangs, und die lang gestreckte eigentliche innere Kammer wie absichtlich in die Form eines Wellenleiters gehauen wirken.« Ähnliche Designelemente werden auch beim Bau heutiger hochmoderner Aufnahmestudios verwendet.

Akustisch optimierte Bauweise im Hypogäum von Hal Saflieni auf Malta.

* Die Zitate und Details in diesem Abschnitt stammen aus einer Pressemitteilung, die von der Gruppe, die das Hypogäum erforscht, veröffentlicht wurde. Zu finden auf *Science News Wire* (online): »Ancient Man Used ‚Super-Acoustics' to Alter Consciousness (… and Speak with the Dead?)«, von Linda Eneix, 16. Juni 2014, https://sciencex.com/wire-news/164386603/ancient-man-used-super-acoustics-to-alter-consciousness-and-spe.html.

Projektleiterin Linda Eneix sagt: »Wenn wir akzeptieren können, dass diese Entwicklungen kein Zufall waren, dann ist eindeutig, dass die Erbauer von Hal Saflieni wussten, wie sie eine erwünschte psychische und physische Erfahrung beim Menschen manipulieren können, unabhängig davon, ob sie sie nun erklären konnten oder nicht.«

Spurrillen aus dem Miozän

Ungewöhnliche Reifen- und Profilspuren, möglicherweise von vorzeitlichen Maschinen, die vor allem in der Türkei und Spanien, aber auch anderswo gefunden wurden, geben ein großes archäologisches Rätsel auf. Ein angesehener russischer Geologe meint, die Spuren könnten 12 bis 14 Millionen Jahre alt sein.

Dr. Alexander Koltypin, Direktor des Naturwissenschaftlichen Forschungszentrums an der Internationalen Unabhängigen Universität für Ökologie und Politologie in Moskau, hat augenscheinliche Radspuren untersucht, die seit dem mittleren bis späten Miozän versteinert sind. Da sie oft sehr alte geologische Verwerfungslinien kreuzen – und mithin älter sein müssen – können die parallelen Spurenpaare nicht als jüngeren Ursprungs abgetan werden.

Jahrmillionen alte Spurrillen in ausgehärtetem Gestein in der Türkei.

Koltypin hat zahlreiche versteinerte Stätten in Malta, Italien, Kasachstan, Frankreich und sogar in Nordamerika untersucht. In der Türkei bedeckt eine Gruppe in der Nähe von Sofia eine Fläche von über 700 Quadratkilometern. In Kappadokien gibt es mehrere solcher Areale, die an die 500 Quadratkilometer groß sind. Einige parallel verlaufende Spuren sind von der Spurweite her mit denen moderner Fahrzeuge vergleichbar, deren Reifen etwa 23 Zentimeter breit sind.

Die herkömmliche Theorie, wie sie in den wenigen Quellen, die sich bisher mit diesem Thema befasst haben, zu finden ist, besagt, dass die Spuren von leichten Karren oder Streitwagen stammen (obwohl die Orthodoxie natürlich davon ausgeht, dass es den modernen Menschen und seine Radfahrzeuge zu einem so frühen Zeitpunkt noch gar nicht gegeben hat). Die Spurrillen sind viel zu tief, sagt Koltypin, als dass sie von so kleinen Fahrzeugen stammen könnten – noch nicht einmal von solchen, die von Kamelen gezogen wurden. Nach zahlreichen Feldstudien an verschiedenen Orten und einer umfassenden Durchsicht der wissenschaftlichen Literatur über die örtliche Geologie spekuliert er, dass die Spuren von den Erbauern unterirdischer Städte stammen könnten, wie sie etwa in Kappadokien gefunden wurden, aber er sagt, sie seien viel älter als allgemein angenommen und könnten nur von schweren Maschinen stammen.*

Die Sabu-Scheibe

In Ägypten ist in einem Museum in Kairo eine Scheibe ausgestellt, die als die Sabu-Scheibe, auch dreiflügelige oder Schieferscheibe bekannt ist. Die Scheibe mit einem Durchmesser von etwa 61 Zentimetern und einer Höhe von 10,6 Zentimetern besteht aus Schiefer, einem sehr brüchigen und empfindlichen Gestein, das nahezu unmöglich zu bearbeiten sein soll. Sie ähnelt einem kleinen Essteller oder einem konkaven Lenkrad mit drei identischen, nach innen gebogenen »Flügeln« oder »Loben« und hat in der Mitte eine gerahmte Nabe, die aussieht, als solle sie die Achse eines Rads aufnehmen.

Das Objekt, das 1936 aus dem Grab von Sabu in Sakkara geborgen wurde,

* Mehr über Koltypins Forschung auf seiner Website www.earthbeforeflood.com oder in seinen Videos auf YouTube. Siehe auch Liz Leafloor, »Controversial Claim by Geologist: Mysterious Tracks in Turkey Caused by Unknown Civilization Millions of Years Ago«, *Ancient Origins* (online), 18. August 2015, https://www.ancient-origins.net/news-mysterious-phenomena/controversial-claim-geologist-mysterious-tracks-turkey-caused-unknown-020489.

sieht eher wie ein Maschinenteil und nicht wie bloße Dekoration aus. Die offenen Fragen lauten unter anderem: Wozu diente sie? Wie wurde sie hergestellt? War sie eine Art Rad? Die Beantwortung jeder Frage stellt die traditionelle Archäologie vor große Herausforderungen. Die Scheibe wird konventionell auf 3000 v. Chr. datiert, obwohl man vermutet, dass die Ägypter zu dieser Zeit nur Stein- und Kupferwerkzeuge besaßen und das Rad nicht kannten. Da es unmöglich ist, die Sabu-Scheibe zuverlässig zu datieren, halten viele sie für ein Artefakt aus dem prädynastischen Ägypten, das möglicherweise aus der Zeit vor dem Ende der letzten Eiszeit stammt – also aus Zep Tepi oder der Ersten Zeit.

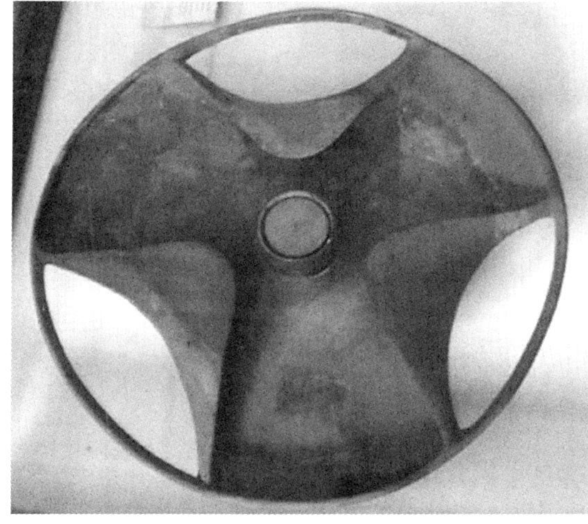

Die präzise – zu unbekanntem Zweck – gefertigte Sabu-Scheibe.

Das Museum in Kairo beherbergt auch viele steinerne Vasen und Gefäße aus der gleichen Zeit, die aus extrem hartem Diorit gehauen wurden. Sie haben schmale Hälse, aber ein vollständig ausgehöhltes Inneres hinter relativ dünnen Wänden. Selbst mit modernster Technik wäre es heute schier unmöglich, solche Gefäße nachzubauen. Der Werkzeugkonstrukteur und Autor Christopher Dunn (*The Giza Power Plant*) sieht in ihnen einen klaren Beweis für eine fortschrittliche maschinelle Bearbeitung in der Vorzeit.

Die Steinbrüche von Baalbeck

2018 wurde im Steinbruch von Baalbek im Libanon ein massiver Megalith entdeckt. Der einzelne Steinblock wiegt erstaunliche 1650 Tonnen, ist 19,6 Meter lang, 6 Meter breit und mindestens 5,5 Meter hoch. Damit ist er deutlich größer als zwei weitere Blöcke, die zuvor in dem Steinbruch entdeckt worden waren.

Monolith aus dem Steinbruch von Baalbek, über 1000 Tonnen schwer; Foto mit freundlicher Genehmigung des Deutschen Archäologischen Instituts.

Was den Ursprung der riesigen Megalithen anbetrifft, so widerspricht der Schriftsteller Graham Hancock der gängigen Ansicht, sie seien das Werk römischer Ingenieure. Vielmehr sind sie, so glaubt er, das Vermächtnis einer untergegangenen Kultur, die mehrere Tausend Jahre vor den Römern und wahrscheinlich zeitgleich mit Göbekli Tepe existiert hat. Weder waren die Römer in der Lage, Steine dieser Größe zu behauen, geschweige denn zu bewegen, noch wussten sie aller Wahrscheinlichkeit nach von deren Existenz, so Hancock. Tatsächlich könnten die Monolithen von Baalbek die Hebefähigkeit selbst unserer modernsten Technik überfordern.*

* Mehr über Hancocks Einschätzung in seinem Beitrag vom 30. November 2014, »Third Giant Megalith, Weighing 1,650 Tons, Confirmed at Baalbek«, auf seiner Website Graham-Hancock.com, https://grahamhancock.com/third-megalith-baalbek-hancock/.

Adamsbrücke – Rama's Bridge

2019 verblüffte der damalige indische Bildungsminister Ramesh Pokhriyal (alias Nishank) die Welt mit der Erklärung, eine 30 Kilometer lange Landbrücke, die Indien mit Sri Lanka verbindet, sei von altindischen Ingenieuren erbaut worden. Der Minister, der von der unsicheren und befangenen indischen Mainstream-Presse sofort wegen seiner »pseudowissenschaftlichen« Verlautbarungen verunglimpft wurde, griff lediglich jüngste Forschungsergebnisse auf. Diese verlautbaren, dass die Rama Setu, wie die Brücke genannt wird, aus Steinen besteht, die 7000 Jahre älter sind als die Sandbank, auf der sie ruht. Diese Entdeckung einer Gruppe amerikanischer Archäologen stützt alte Berichte aus den vedischen Schriften, wonach Rama Setu von Rama, dem »mythischen« indischen Herrscher aus dem Ramayana, künstlich erschaffen wurde.*

Die Adamsbrücke oder »Rama's Bridge« sorgt schon länger für Kontroversen, und Behauptungen über ihren künstlichen Ursprung sind nicht neu. Die Forscherin Rita Louise schreibt in *Atlantis Rising* Nr. 98 (»Rama's Bridge«, März/April 2013): »Dr. S. Badrinarayanan, ehemaliger Direktor des Geological Survey of India und Mitglied des National Institute of Ocean Technology (NIOT), führte eine Untersuchung des Bauwerks durch und kam 2007 zu dem Schluss, dass es von Menschenhand geschaffen wurde. Im Zuge ihrer Untersuchungen bohrten Dr. Badrinarayanan und sein Team zehn Löcher entlang der Fluchten der Adamsbrücke. Etwa sechs Meter unter der Oberfläche fand er eine durchgängige Schicht aus kalkhaltigem Sandstein, Korallen und felsenartigem Material. Etwa vier bis fünf Meter darunter entdeckte das Team eine Schicht aus losem Sand und darunter Formationen aus hartem Gestein.«

Nach hinduistischer Überlieferung lebte Rama im Treta Yuga, einer Epoche, die vor 2.165.000 Jahren begann und bis vor etwa 869.000 Jahren andauerte, also viele Jahrtausende, bevor die Menschen, wenn es sie denn überhaupt gab, zu mehr als einer äußerst unzivilisierten Existenz fähig waren.

* Die Erklärung von Minister Pokhriyal ist nachzulesen in: »Ram Sethu Was Built by Indian Engineers, Says HRD Minister«, *The Hindu* (Zeitung), 28. August 2019, https://www.thehindu.com/news/national/ram-sethu-was-built-by-indian-engineers-says-hrd-minister/article29272613.ece.

Rama Setu, eine alte Landbrücke,
die Indien und Sri Lanka miteinander verbindet.

Innere Verbindungen
Die Spuren fortgeschrittener
Kulturen in unserem Körper

20

Die Jagd nach der DNA

Hatten unsere Gene genug Zeit, um eine Kultur zu entwickeln und wieder zu verlieren, und das nicht nur einmal?

Nicht organischer kosmischer Staub, der in Form eines Plasmas in der Schwerelosigkeit gehalten wird, bildet spontan Doppelhelix-Strukturen wie die der DNA, die, wie wir wissen, die Kraft haben, sich selbst zu reproduzieren. Ein im *New Journal of Physics* veröffentlichter Bericht beschreibt Experimente auf der Internationalen Raumstation (ISS), 300 Kilometer über der Erde, bei denen durch elektromagnetische Kräfte zusammengehaltene Strukturen entstanden. Man nahm an, dass diese die Kraft besitzen könnten, sich selbst zu reproduzieren und schließlich zu einer intelligenten Konkurrenz für das uns bekannte Leben zu werden. Diese Entdeckung aus dem Jahr 2007 veranlasste ein Gremium von Wissenschaftlern des deutschen Max-Planck-Instituts, der Russischen Akademie der Wissenschaften und der Universität Sydney, öffentlich über ein mögliches spontanes Auftreten außerirdischer Lebensformen zu spekulieren, die anders sind als alles, was wir kennen. Das amerikanische National Research Council sagt, wir sollten nach »schrägem« Leben Ausschau halten.*

Doch während die materialistische reduktionistische Wissenschaft davon ausgeht, dass ein solch unerwartetes Auftreten von Ordnung zu zufälligen Entwicklungen führt, die beängstigend schiefgehen könnten, sind viele, die universell die Prinzipien der Heiligen Geometrie am Werk sehen, nicht überrascht über die im

* Siehe Stephen Battersby, »Could Alien Life Exist in the Form of DNA-Shaped Dust?«, *New Scientist* (online), 10. August 2007, https://www.newscientist.com/article/dn12466-could-alien-life-exist-in-the-form-of-dna-shaped-dust/.

ISS-Experiment entdeckten Effekte. Für sie stellt das uns bekannte Leben eine optimale – und nicht eine zufällige – Entwicklung der Gesetze von Proportion und Harmonie dar, die das Universum leiten. Ihrem Verständnis nach weisen die großen Kraftfelder des Abyssus (Abgrund, Anm. d. Lekt.) die gleichen einheitlichen Prinzipien auf wie die in unserer kleinen Welt. Mit anderen Worten: Die Belege könnten dahingehend interpretiert werden, dass außerirdisches Leben, wenn wir es denn finden, eher dem uns Bekannten ähnelt als dem, was wir nicht kennen, obwohl es sicherlich Spielraum für beträchtliche Abweichungen gibt.

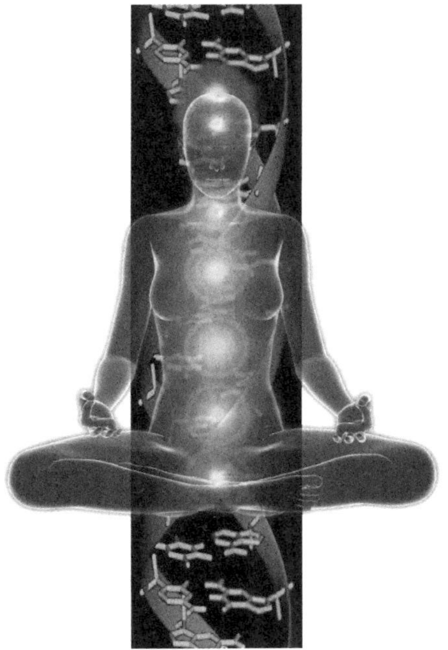

Künstlerische Darstellung des morphischen Felds und der DNA; Illustration aus *Atlantis Rising*.

Die gängige Erklärung für den Ursprung des menschlichen Geistes ist die DNA. Nach allgemeiner Auffassung sind offenbar die meisten biologischen Merkmale eine Funktion unserer genetischen Moleküle, und alle Antworten auf Fragen zu Geist und Körper liegen letztlich in unserer DNA verschlüsselt vor. Manche würden behaupten, die DNA sei unsere Identität.

Was aber, wenn unsere DNA durch unseren Geist verändert werden kann? Würde das nicht darauf hindeuten, dass die DNA eher Wirkung als Ursache sein könnte? Genau das haben jüngste Forschungen gezeigt.

James Watson und Francis Crick,
die 1953 erstmals erfolgreich die DNA modellierten.

Laut Dr. Linda E. Carlson von der University of Calgary in Alberta hat sich gezeigt, dass die aus der buddhistischen Meditation abgeleitete Achtsamkeitstherapie die Länge der Telomere in der DNA vergrößert. Telomere sind die Schutzkappen, die eine Schädigung der Chromosomen verhindern. Sie gelten als wesentlich für die Gesundheit der DNA.*

Carlsons Studie stützt die Arbeit von Wissenschaftlern wie den Biologen Robert Lanza und Rupert Sheldrake, die auf unterschiedliche Weise argumentieren, dass sich der Geist in einer Art Kraftfeld, das nicht von physischer Materie abhängig ist, über den physischen Körper hinaus erstreckt. Solche Denkansät-

* Die vollständige Arbeit von Carlson und ihrem Team ist online nachzulesen: »Mindfulness-based cancer recovery and supportive-expressive therapy maintain telomere length relative to controls in distressed breast cancer survivors«, *Cancer* 121, Nr. 3 (1. Februar 2015; erstmals online veröffentlicht am 3. November 2014): 476-484, https://acsjournals.onlinelibrary.wiley.com/doi/full/10.1002/cncr.29063

ze kommen in der Welt des materialistischen wissenschaftlichen Mainstreams nicht gut an, aber das war bei Galileis Ideen auch nicht anders.

Frühzeitliche Fußspuren

Wie wir im vorangegangenen Kapitel erfahren haben, gibt eine kunstvolle »Tiara« aus Elfenbein, die aus dem Stoßzahn eines Wollhaarmammuts gefertigt wurde und erstaunliche 45.000 bis 50.000 Jahre alt ist, der Wissenschaft Grund zu der Annahme, dass Denisova-Menschen und Neandertaler dem Menschen viele eben jener Entwicklungen vorausgehabt haben könnten, die wir heute mit unserem eigenen Weg in die Zivilisation verbinden. Neue Beweise aus dem Südwesten Frankreichs unterstreichen diese Vermutung.

2013 wurden an zwei archäologischen Stätten Bruchstücke eines hoch entwickelten Werkzeugs, eines sogenannten Lissoirs, gefunden. Die Artefakte sind etwa 50.000 Jahre alt – so alt, dass Wissenschaftler vermuten, sie seien noch vor dem ersten Auftreten des Menschen in Europa entstanden. Inzwischen sieht es sogar so aus, als ob die Menschen die Herstellung dieses Werkzeugs von ihren Vorfahren, den Neandertalern, erlernt haben könnten.

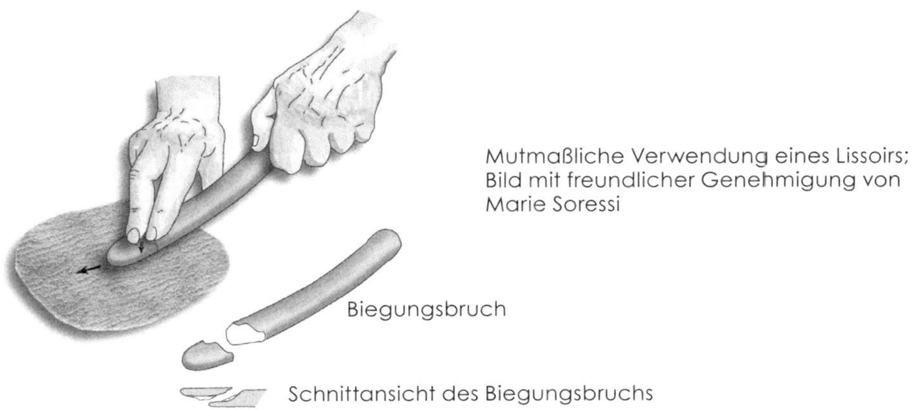

Mutmaßliche Verwendung eines Lissoirs; Bild mit freundlicher Genehmigung von Marie Soressi

Ein Lissoir kann aus Knochen oder Holz bestehen und ist ein Spezialinstrument zur Bearbeitung von Tierhäuten, um sie weicher, widerstandsfähiger, glänzender und wasserabweisender zu machen. Die Lissoirs aus Knochen, die die Archäologin Marie Soressi und ihr Team in Frankreich gefunden haben, funktionierten genauso wie die, die heute zur Herstellung modischer moderner Lederwaren wie Handtaschen verwendet werden.*

Im marokkanischen Jebel Irhoud fanden Wissenschaftler Fossilien des *Homo sapiens,* die auf 315.000 Jahre datiert wurden und damit die offizielle Entstehungszeit unserer Spezies um 100.000 Jahre nach hinten verschieben. Die Details, über die im Juni 2017 in der Zeitschrift *Nature* berichtet wurde, könnten das Szenario von der Entstehung des Menschen in Afrika, an das die meisten Paläontologen glauben, gefährden. Nun scheint klar, dass das Ostafrika-Kapitel des Menschen, auf das sich die meisten Wissenschaftler berufen, wenn überhaupt, dann eine spätere Entwicklung war und nicht das bahnbrechende Ereignis, als das es dargestellt wird. Die Forschung ist zu dem Schluss gekommen, dass sich der Mensch etwa zur gleichen Zeit in *ganz* Afrika entwickelt hat, und dies viele Tausend Jahre vor den ostafrikanischen Ereignissen, die einst als Beginn der Menschheitsgeschichte galten. Jean-Jacques Hublin, Autor der Studie und Direktor am Max-Planck-Institut für evolutionäre Anthropologie in Leipzig, meint: »Ich würde sagen, dass der Garten Eden in Afrika wahrscheinlich Afrika *ist* – und es ist ein großer, großer Garten.«** Vielleicht sogar noch größer als Professor Hublin vermutet.

Einer im Mai 2017 veröffentlichten Studie zufolge analysierte ein internationales Forscherteam 7,2 Millionen Jahre alte fossile Überreste von Hominiden, die als *Graecopithecus freybergi* klassifiziert wurden und in Bulgarien und Griechenland gefunden wurden. Das Team stellte fest, dass diese uralten Kreaturen die Vorfahren des modernen Menschen sind, was Europa, nicht Afrika, zur Wiege der Menschheit machen würde. Die Entdeckung beweist, so die Autoren, dass 200.000 Jahre vor dem frühesten afrikanischen Hominiden (die soeben beschriebenen Entdeckungen in Jebel Irhoud nicht mitgerechnet), sich in Europa bereits Vorfahren des Menschen entwickelt haben.***

Eine Schlussfolgerung kann man aus den neuen Forschungen sicherlich zie-

---

* Mehr über die Entdeckung in Soressis Artikel »Neandertals Made the First Specialized Bone Tools in Europe«, *Proceeding of the National Academy of Sciences* 110, Nr. 35 (August 2013): 14186–14190; https://doi.org/10.1073/pnas.1302730110

** Mehr über den Bericht des Hublin-Teams in »Oldest Homo sapiens Fossil Claim Rewrites Our Species' History«, von Ewen Callaway, *Nature* (online), 8. Juni 2017, https://www.nature.com/articles/nature.2017.22114#:~:text=Researchers%20say%20that%20they%20have,to%20about%20%20315%2C000%20years%20ago

*** Die Ergebnisse sind online nachzulesen; siehe »Graecopithecus freybergi: Oldest Hominin Lived in Europe, not Africa«, *Sci-News* (online), 24. Mai 2017, https://www.sci.news/othersciences/anthropology/graecopithecus-freybergi-hominin-04888.html

hen, nämlich, dass unsere Vorfahren in der langen Geschichte der Menschheit auf der Erde Zeit hatten, in viele historische Kaninchenlöcher hinabzusteigen und viele Zeitstrahle, Entwicklungen und sogar Kulturen zu durchlaufen – und dies in einem bisher von der orthodoxen Wissenschaft nicht vermuteten Ausmaß.

Eine weitere aktuelle Studie behauptet nun, dass es bereits vor 744.000 Jahren viele Tausend Neandertaler auf der Erde gegeben haben könnte – 300.000 Jahre früher als bisher gedacht. Durch den Vergleich von modernen Eurasiern, modernen Afrikanern, Neandertalern und Denisova-Menschen haben Wissenschaftler der University of Utah berechnet, dass allein in Europa Zehntausende Neandertaler gelebt haben müssen. Professor Alan Rogers und sein Team nutzten neu entwickelte DNA-Techniken, um die Frühgeschichte und die Migrationsmuster frühzeitlicher Populationen zu rekonstruieren.*

Die archäologische Ausgrabung in Jebel Irhoud, Marokko. Als die Stätte von Frühmenschen bewohnt war, muss es sich um eine Höhle gehandelt haben. Das überwölbende Gestein und viel Sediment wurden bei Arbeiten in den 1960er-Jahren abgetragen.

* Der Aufsatz wurde im August 2017 in den *Proceedings of the National Academy of Sciences* veröffentlicht. Eine Pressemitteilung über die Studie ist online nachzulesen: »New Look at Archaic DNA Rewrites Human Evolution Story«, Phys.org, 7. August 2017, https://phys.org/news/2017-08-archaic-dna-rewrites-human-evolution.html.

Bis vor Kurzem lautete eines der Hauptargumente, mit denen die mögliche Existenz untergegangener Kulturen wie zum Beispiel Atlantis entkräftet wurde, dass für eine frühere Gesellschaft einfach nicht genug Zeit zur Verfügung stand, als dass sie sich ähnlich weit hätte entwickeln können wie wir heute. Angesichts der akzeptierten Zeitspanne für die Entwicklung unserer eigenen heutigen Kultur – etwa 10.000 Jahre vom Jäger und Sammler bis zur Unternehmerin im Silicon Valley – ist jedoch leicht nachvollziehbar, dass ein solcher Fortschritt in der Vergangenheit mehr als einmal, ja vielleicht sogar noch viel öfter stattgefunden haben und dann beinahe spurlos verschwunden sein könnte.

Fehlende Geschichte

In jüngerer Zeit erzählt die DNA sogar noch überraschendere Geschichten über vergessene Migrationen und zeigt damit, wie unvollständig das Bild ist, das uns die Orthodoxie vermittelt. Hier einige Beispiele.

Über Jahrhunderte, wenn nicht gar Jahrtausende, haben sowohl Irland als auch Schottland Ursprünge in Ägypten beansprucht. Einem Bericht zufolge ging Gaedel Glas (Gaythelos), der Schöpfer der goidelischen Sprachen und Stammvater der Gälen, zur Zeit des Exodus nach Ägypten. Dort soll er Scota (Scotia), die Tochter des Pharaos, geheiratet haben. Nach der Vernichtung der ägyptischen Armee im Roten Meer ging das Paar in das spätere Portugal und floh dann weiter nach Irland. Scota, so berichten die Chroniken, kam etwa 1700 v. Chr. in Irland an. Später wurde sie in der Schlacht bei Tara getötet, doch ihre Nachkommen sollten die »Hochkönige von Irland« werden. Der Stamm der Danu soll ihren Sterbeort mit dem Lia Fáil oder Schicksalsstein markiert haben, dem Krönungsstein für die Könige Irlands – zumindest für die vor 500 n. Chr.

Einige halten diese Erzählung für eine reine Fantasiegeschichte. Doch Forscher des Trinity College Dublin und der Queen‘s University Belfast haben die Genome frühzeitlicher menschlicher Überreste in Irland sequenziert und eindeutige Beweise dafür gefunden, dass die Abstammung der ersten Menschen in Irland im Nahen Osten liegt. Die DNA einer Frau, die vor etwa 5200 Jahren in der Nähe des heutigen Belfast lebte, wies ein überwiegend nahöstliches genetisches Erbe auf, während die DNA von drei Männern aus der Bronzezeit von vor rund 4000 Jahren zeigt, dass etwa ein Drittel ihres genetischen Erbes aus »frühzeitlichen Quellen in der Pontokaspis« stammte, das heißt aus einer Steppenregion, die vom Schwarzen bis zum Kaspischen Meer reichte. Das weist auf eine verstärkte Migration von Westeuropa nach Irland hin. Trinity-Professor und Studienleiter Dan Bradley erklärt: »Es gab eine starke Welle von Genomveränderungen, die von oberhalb des Schwarzen Meeres ins bronzezeitliche Europa schwappte, und wir wissen jetzt, dass sie bis zu den Küsten seiner westlichsten Insel reichte.« Die Forschungsergebnisse lassen vermuten, dass die frühesten Bewohner Irlands, die möglicherweise aus dem Nahen Osten stammten, vor der Migration ganz anders waren als die heutige keltische Bevölkerung.*

Der Schicksalsstein auf einem Hügel in Tara, Irland.

Könnte ein weiteres verschollenes Stück biblischer Geschichte, die Bundeslade, oder das, was von ihr übrig ist, in einem staubigen Museumsregal im sim-

* Die Forschungsergebnisse wurden im Dezember 2015 in den *Proceedings of the National Academy of Sciences* veröffentlicht. Eine Pressemitteilung über die Arbeit ist online nachzulesen: »Scientists Sequence First Ancient Irish Human Genomes«, Website des Trinity College Dublin, Reiter *News and Events*, 28. Dezember 2015, https://www.tcd.ie/news_events/articles/scientists-sequence-first-ancient-irish-human-genomes/.

babwischen Harare, liegen? Das behauptet der Professor an der University of London und Möchtegern-Indiana-Jones Tudor Parfitt.

Ngoma Lungundu wird sie von ihren heutigen Hütern genannt, dem Stamm der Lemba in Simbabwe, die behaupten, Nachfahren des alten Priesterstammes der Leviten zu sein, welche die alttestamentarische Bundeslade bewacht haben. Die *Ngoma*, so sagen sie, stammt aus dem »großen Tempel in Jerusalem«.*

Der heutige Stamm der Lemba begrüßt Tudor Parfitt bei einem Forschungsbesuch 1996.

Parfitt erklärt, DNA-Studien bei den Lemba-Priestern bestätigten ihre Behauptung, sie seien hebräischer Abstammung aus der Zeit der ursprünglichen Bundeslade. Außerdem hat er an der Holztrommel im Museum, die seiner Meinung nach der einzige Überrest der ursprünglichen Bundeslade ist, eine Kohlenstoff-14-Datierung vorgenommen, und er sagt, dass alles stimmt. Der ursprüngliche Goldüberzug wurde, so vermutet man, von den Babyloniern gestohlen, als die Israeliten in Gefangenschaft gerieten, und das Relikt verschwand aus der Geschichte. Parfitts Theorie widerspricht der bekannteren Auffassung von Graham Hancock, wonach die Lade nach Äthiopien ver-

* Mehr über die Geschichte der Lemba und der *Ngoma Lungundu* in »Lost Jewish Tribe ›Found in Zimbabwe‹«, *BBC News* (online), 8. März 2010, http://news.bbc.co.uk/1/hi/8550614.stm.

bracht wurde. Zum Schicksal des wohl wichtigsten religiösen Artefakts der Geschichte gibt es noch viele weitere Hypothesen, an denen so bekannte Geheimnishüter wie die Tempelritter, die Rosenkreuzer und die Freimaurer mitgewirkt haben.

An anderer Stelle wird die frühzeitliche Abstammung der Cherokee in Amerika genauer unter die Lupe genommen. Derzeit bieten mehrere DNA-Firmen Tests an, die man online bestellen und mit denen man herausfinden kann, ob man Cherokee-Vorfahren im Stammbaum hat oder nicht. Einige der so gewonnenen Daten deuten angeblich darauf hin, dass die Tscherokesen ursprünglich aus dem Nahen Osten oder Nordafrika kommen. DNA Consultants, Inc. aus Longmont, Colorado, berichtet von starken Markern, die auf Verbindungen der Cherokee zu Berbern, Ägyptern, Türken, Libanesen, Hebräern und Mesopotamiern hindeuten.*

Sequoyah, der in den 1700er-Jahren ein Schriftsystem für die Sprache der Cherokee erfunden hat.

Zu anderen Zeiten glaubten manche Linguisten, die Sprache der Tscherokesen sei eine archaische Form des Hebräischen (obwohl sie offiziell als südirokesische Sprache gilt). Daher überrascht es nicht, dass einige sie für einen der verlorenen Stämme Israels halten. Heute glauben viele Amerikaner, darunter auch die Senatorin von Massachusetts, Elizabeth Warren, dass sie Cherokee unter ihren Vorfahren haben, aber es erscheint unwahrscheinlich, dass die Zahl der

* Ein Überblick über die Cherokee-Studie von DNA Consultants ist zu finden unter: »Cherokee DNA« auf der Website von Access Genealogy, die zu Richard Thorntons *Appalachian Colonists from the Mediterranean Basin* (2013) gehört, https://accessgenealogy.com/native/cherokee-dna.htm.

Tscherokesen jemals so groß war, dass sie eine Diaspora von solchem Ausmaß hätte begründen können. Klar ist jedoch, dass es zwischen den Tscherokesen und den Gründern Amerikas, die die Cherokee als einen der fünf »zivilisierten Stämme« betrachteten, ein hohes Maß an Interaktion und gegenseitiger Beeinflussung gab.

Viele Experten bestreiten die Behauptungen bezüglich der DNA und argumentieren, das Blut der Cherokee habe sich so sehr mit dem anderer Ethnien vermischt, dass es praktisch unmöglich sei, die Fäden zu entwirren und aussagekräftige Schlussfolgerungen zu ziehen. Dennoch zeigt ein kurzer Blick auf die Porträts führender Tscherokesen aus dem 19. Jahrhundert, dass ihre Kleidung und ihr Verhalten sich von denen anderer amerikanischer Indigener erheblich unterschieden. Auch wenn traditionelle Anthropologen und Historiker darauf beharren zu wissen, woher das indigene Volk stammt, räumen sie in der Regel ein, dass dieses Wissen jedoch viele Lücken aufweist.

Charles Darwin wies gern darauf hin, dass Organismen oft Überbleibsel früherer Entwicklungsstadien – sogenannte Rudimente – enthalten, die nicht mehr benötigt werden. Der menschliche Blinddarm, eine kleine wurmartige Fortsetzung des Dünndarms, gilt als typisches Beispiel. Zwar wird er häufig entfernt, wenn er entzündet ist, doch neue australische Forschungsergebnisse deuten darauf hin, dass der Blinddarm tatsächlich viele unbeachtete Funktionen hat – und dass Darwin sich, wie in anderen Fällen auch, geirrt hat.

Am Walter and Eliza Hall Institute of Medical Research in Melbourne haben Gabrielle Belz und ihr Team gezeigt, dass der Blinddarm beileibe kein überflüssiges Rudiment ist, sondern ein sehr bedeutender Teil des darmeigenen Immunsystems, der einen wichtigen Schutz vor Darminfektionen bietet. Wissenschaftler der Duke University kamen vor einigen Jahren zu ähnlichen Ergebnissen.*

Dass der wahre Wert natürlicher Formen unterschätzt wird, ist freilich nicht neu. In *Atlantis Rising* Nr. 116 (März/April 2016) erklärt Wissenschaftsautor Brendan D. Murphy in einem Artikel mit dem Titel »Junk-DNA or Not?«, dass die einst von Genetikern leichtfertig verworfene sogenannte »Junk-DNA« tatsächlich, wie die Forschung zeigt, einige der wichtigsten Kodierungen des Mo-

* Zum Nachlesen siehe »Immune Cells Make Appendix ›Silent Hero‹ of Digestive Health« auf der Website des Walter and Eliza Hall Institute of Medical Research vom 1. Dezember 2015. Der Text enthält eine Zusammenfassung des Aufsatzes von Dr. Belz »Complementarity and Redundancy of IL-22-Producing Innate Lymphoid Cells«, der am selben Tag in *Natural Immunology* veröffentlicht wurde: https://www.wehi.edu.au/news/immune-cells-make-appendix-silent-hero-digestive-health.

leküls enthält, die einige der geheimnisvollsten Funktionen des Körpers im Zusammenhang mit dem Bewusstsein betreffen.

Die Bereitschaft der materialistischen Wissenschaft, einige der wertvollsten Geschenke der Natur einfach wegzuwerfen, verrät mehr über deren Schwächen als über vermeintliche Unzulänglichkeiten in den Strukturen des Lebens als solchem.

Als Michael Drosnins *Der Bibel-Code* 1997 die Bestsellerlisten stürmte, wurden Millionen Menschen zum ersten Mal mit der Vorstellung konfrontiert, dass ein bis dahin verborgener Plan in den alten Schriften offenbar entschlüsselt werden kann und sich dadurch viele Fragen über die heutige Welt beantworten lassen. Für Esoterik-Begeisterte war die Vorstellung allerdings nicht neu. So hat zum Beispiel Stan Tenen nachgewiesen, dass alle Buchstaben des hebräischen Alphabets, in dem die ursprüngliche Bibel verfasst ist, nach Schatten gestaltet wurden, die die Hand wirft, und tiefe Bedeutungen enthalten, die aus einer höheren Dimension stammen.*

1999 veröffentlichten zwei amerikanische Ärzte *Healing Codes for the Biological Apocalypse*, worin sie behaupten, im Buch Numeri (4. Buch Mose) Codes gefunden zu haben, mit denen sich beschädigte DNA reparieren lässt. Dr. Joseph Puleo und Dr. Leonard Horowitz sagen, sie hätten nichts Geringeres als einen elektromagnetischen Frequenzcode für »Wunder« gefunden. Mithilfe der alten pythagoreischen Methode, die Verszahlen eines bestimmten Abschnitts im Buch Numeri auf einstellige Zahlen zu reduzieren, entdeckte Puleo eine Reihe von elektromagnetischen Tonfrequenzen. Diese sind verloren gegangen, so sagt er, obwohl die Kirche einst wusste, dass sie heilende Eigenschaften besitzen und obwohl sie in den Gregorianischen Gesängen verwendet werden.

* Tenen wurde am 15. März 1999 von dem Psychologen und Autor Dr. Jeffrey Mishlove für eine Sendung von Mishloves *Wisdom Radio* interviewt. Die Abschrift (»Interview of Stan Tenen by Dr. Jeffrey Mishlove«), die einen Teil von Tenens Arbeit erklärt, ist online auf der Website der Meru Foundation nachzulesen.

Geistige Felder

Bewusstsein und Wirklichkeit

Das Leben nach dem Tod gibt es wirklich, und es kann nachgewiesen werden, behauptet ein weltbekannter Biologe. Nach Robert Lanza von der *Wake Forest School of Medicine* ist das Universum eine Schöpfung unseres Bewusstseins, nicht umgekehrt.

Die Idee basiert auf Quantenphysik, wie etwa beim berühmten Doppelspaltexperiment, das beweist, dass das Verhalten eines subatomaren Teilchens durch die Wahrnehmung des Menschen gesteuert werden kann. Wenn Forscher ein Teilchen beim Flug durch ein mehrspaltiges Hindernis beobachten, bewegt es sich wie eine Kugel durch einen einzigen Spalt. Wenn es *nicht* beobachtet wird, bewegt es sich wie eine Welle durch mehrere Spalten. Das Universum, so Lanza, existiert nur, weil wir es bewusst wahrnehmen, deshalb kann auch der Tod, wie wir ihn uns vorstellen, in einem eigentlichen Sinne nicht existieren. Was das Leben nach dem Tod betrifft, so sieht Lanza es als eine »immergrüne Blühpflanze, die im Multiversum immer wieder aufblüht«. Diese Ideen erläutert er in seinem 2017 erschienenen Bestseller *Biocentrism: How Life and Consciousness Are the Keys to Understanding the True Nature of the Universe.*

In den beim Publikum sehr erfolgreichen *Matrix*-Filmen wird die Idee durchgespielt, unsere gesamte Welt könnte nichts anderes sein als eine riesige Computersimulation. Sicherlich beruhte ein Großteil der Popularität des Films auf der weitverbreiteten Intuition, dass es tatsächlich so sein könnte. Dieser Gedanke ist nicht verschwunden. Bei der *Isaac Asimov Memorial Debate* im American Museum of Natural History in New York City haben sich 2016 mehrere Experten mit dieser Möglichkeit beschäftigt. Neil deGrasse Tyson, der Direktor des Hayden Planetariums, ging sogar so weit zu behaupten, dass er die Chancen dafür bei 50 zu 50 sieht.*

Biologe Robert Lanza in seinem Labor.

Digitale Simulation der Realität aus dem Film *Matrix*.

2003 spekulierte der Philosoph Nick Bostrom von der Oxford University, eine hoch entwickelte Kultur mit enormer Rechenleistung könne beschlossen haben,

* Die Debatte ist im Podcast von Science at AMNH nachzuhören. Suchen Sie die Folge mit dem Titel »2016 Isaac Asimov Memorial Debate: »Is the Universe a Simulation?« https://www.amnh.org/explore/news-blogs/podcasts/2016-isaac-asimov-memorial-debate-is-the-universe-a-simulation.

ihre Vorfahren – also uns – zu simulieren.* Der Kosmologe Max Tegmark behauptet, die mathematische Struktur aller Dinge sei lediglich ein Spiegelbild des Computercodes, in dem die Schöpfung geschrieben sei. Die Vorstellung, dass unser Universum eher Information als Substanz ist und eine komplette Illusion in einer völlig synthetischen Welt sein könnte, gibt es jedoch schon länger.

Vor 2500 Jahren sprach Platon in seinem Höhlengleichnis von eben so etwas. Die Gefangenen, die in einer Höhle angekettet sind, missverstehen die Bedeutung der Schatten, die an die Wand vor ihnen geworfen werden, und halten die Realität für eine Illusion, die durch ein Feuer am Höhleneingang erzeugt wird.

Paradoxerweise haben die meisten heutigen Vorstellungen von einer Computersimulation offenbar ihren Ursprung im Kopf von Menschen, welche die Möglichkeit der Existenz eines göttlichen Wesens ablehnen. Und doch werden eben die Argumente, die jahrhundertelang für die Existenz Gottes angeführt wurden, nun für die Behauptung aufgeboten, wir seien alle von einem großen himmlischen Computerprogrammierer erschaffen worden.

Der Hauptunterschied zwischen den alten und den neuen Denkschulen liegt wahrscheinlich in der Art der Beziehung, die man zu einem »Schöpfer« für möglich hält. Traditionelle Befürworter der Gotteshypothese, Mystiker etwa, bringen im Allgemeinen eine Liebe zu der transzendenten Intelligenz zum Ausdruck, die sie hinter der Existenz sehen, wohingegen die meisten Befürworter der Computersimulationshypothese sich offenbar etwas sehr Beunruhigendes, Dystopisches und sogar der menschlichen Natur Fremdes vorstellen. Der Unterschied liegt wohl eher in der Gemütsverfassung – oder im Geist – und nicht in der Plausibilität der Mutmaßungen.

Für die moderne positivistische, reduktionistische Wissenschaft muss die Welt jedoch ein beängstigender Ort sein. Und auch wenn viele Vertreter dieser Überzeugung die Existenz von Bewusstsein möglicherweise bestreiten, sehen sie sich inzwischen in den eigenen Reihen einer wachsenden Opposition gegenüber.

Vor einigen Jahren veröffentlichte Dimitri Krioukov, Professor an der University of California in San Diego, in der Zeitschrift *Scientific Reports* eine Studie, in der er behauptet, das Universum habe Ähnlichkeit mit einem gigantischen Gehirn. In einem Interview sagte Krioukov, das Universum wachse wie ein Ge-

* Mehr über Bostroms Idee in seinem Artikel »Are You Living in a Computer Simulation?«, erschienen in: *Philosophical Quarterly* 53, Nr. 211 (2003): 243-255., https://www.simulation-argument.com/simulation.html.

hirn und baue dabei seine Netzwerke auf, wobei sich das elektrische Feuern zwischen den Gehirnzellen in Gestalt expandierender Galaxien widerspiegele. Krioukov wies allerdings umgehend darauf hin, dass dieses Muster nicht bedeutet, dass das Universum denkt. Er räumte jedoch ein, dass »dies für einen Physiker ein unmittelbares Signal ist, dass es an einem Verständnis dafür fehlt, wie die Natur funktioniert. Was manche natürlich als ›No-Brainer‹, also als Binsenweisheit bezeichnen würden.«*

Platons Höhlengleichnis; Stich von Jan Saenredam (1604).

Für die Kirche der Wissenschaft mag das wie Ketzerei klingen, aber das macht die Situation auch nicht besser. Gregory Matloff, erfahrener Physiker am New York City College of Technology, hat jetzt einen Aufsatz veröffentlicht, in dem er behauptet, der Mensch sei eine direkte Erweiterung des übrigen Universums, sowohl in der Substanz als auch im Geist. Matloff zufolge könnte sich

* Krioukov wurde von *LiveScience* interviewt. Siehe Tia Ghose, »Universe Grows Like a Giant Brain«, *LiveScience* (online), 26. November 2012, https://www.cbsnews.com/news/universe-grows-like-a-giant-brain/.

durch den gesamten Weltraum ein »Proto-Bewusstseinsfeld« erstrecken. Sterne könnten denkende Wesen sein, die ihre Bahnen absichtlich steuern. Einfacher ausgedrückt: Der gesamte Kosmos könnte sich seiner selbst bewusst sein. Diese Ansicht ist Teil einer wachsenden Bewegung, die sich *Panpsychismus* nennt, und in einigen sehr exklusiven wissenschaftlichen Kreisen gerade »in« ist. Sie ist so etwas wie die Gaia-Hypothese, die postuliert, dass die Erde ein lebendiges, atmendes, bewusstes Wesen ist, aber in diesem Fall würde das Konzept für ganze Galaxien und sogar für das gesamte Universum gelten. Oder, wie die Menschen der Antike sagen würden: »Wie oben, so unten.«*

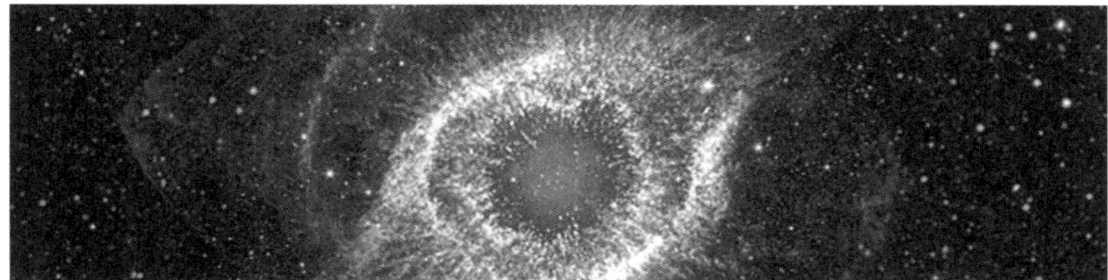

Hat das Universum ein Bewusstsein?

Für ein aufgeklärtes spirituelles Bewusstsein ist all dies natürlich schon seit Äonen grundlegend. Für die Wissenschaft könnte jedoch gelten: Besser spät als nie.

Morphische Resonanz

Die angesehene gemeinnützige Organisation TED Talks hat es sich zur Aufgabe gemacht, ihre Förderer über die neuesten Entwicklungen in den Bereichen Technologie, Unterhaltung und Design zu informieren (TED für Technology, Entertainment, Design). Obwohl TED Tausende Dollar dafür verlangt, dass man bei Konferenzen und im Life-Stream Vorträge anhören kann, für die die Organisation nichts bezahlt, hat sie eine beachtliche internationale Fangemeinde aufgebaut und bisher mehr als eine Milliarde Zuschauerinnen und Zuschauer erreicht – allerdings nicht, ohne bei Themen, die sie als bedrohlich empfindet, Partei zu ergreifen, etwa bei »Pseudowissenschaft«.

* Mehr über Matloffs Arbeit und Panpsychismus in Corey S. Powell, »Is the Universe Conscious?«, NBC News *Mach* (online), 16. Juni 2017, https://www.nbcnews.com/mach/science/universe-conscious-ncna772956.

Wegen entrüsteter Vorwürfe einer solchen Ketzerei wurden die Reden von Rupert Sheldrake und Graham Hancock auf der TEDx 2013 in Whitechapel in East London von der TED-Talks-Website entfernt. Auf heftigen Widerstand einer empörten Öffentlichkeit hin gab TED schließlich nach und stellte die Reden wieder auf die Website, wenn auch an einem weniger wünschenswerten Ort, den Hancock als »Schmuddelecke« bezeichnet.

Für seine gefeierten Theorien von der morphischen Resonanz und den Formbildungsursachen wurde der in Cambridge ausgebildete Biologe Rupert Sheldrake vom wissenschaftlichen Establishment heftig kritisiert und – manche würden sogar sagen – gekreuzigt. Sheldrakes gut belegter Vorschlag, viele sogenannte Natur-»Gesetze« sollten besser als »Gewohnheiten« beschrieben werden, die sich im Laufe der Zeit herausbilden – das heißt als »Lernen« als Reaktion auf sich ändernde Bedürfnisse – wurde von den akademischen Machthabern ins Lächerliche gezogen. Es gab sogar Stimmen, Sheldrakes Bücher zu verbrennen. Nun aber postulieren neuere Forschungen von Professor Richard Watson von der britischen University of Southhampton, dass die Evolution selbst *intelligent* sein und dass sie aus ihren Erfahrungen lernen könnte.

Ende 2015 stellte Professor Watson in einem Meinungsartikel in *Trends in Ecology and Evolution* die Frage: »Ist die Evolution intelligenter, als wir dachten?« Laut der Pressemitteilung behauptete Watson, neue Forschungsergebnisse zeigten, dass die Evolution aus früheren Erfahrungen lernen könne, was möglicherweise eine bessere Erklärung dafür biete, wie die natürliche Selektion solche anscheinend intelligenten Entwicklungen hervorbringt.

Durch eine Vereinigung von Evolutionstheorie (die, wie ihre Anhänger glauben, zeigt, dass zufällige Variation und Selektion zur Erklärung inkrementeller Anpassung ausreichen) und Lerntheorie (die, wie ihre Anhänger sagen, erklären kann, inwiefern inkrementelle Anpassung ausreicht, damit ein System intelligentes Verhalten zeigt) zeigt Watson, dass die Evolution sehr wohl zum Teil die gleichen intelligenten Verhaltensweisen an den Tag legen kann wie andere lernende Systeme (einschließlich neuronaler Netzwerke).

»Ein wesentliches Merkmal von Intelligenz«, so Watson, »ist die Fähigkeit, Verhaltensweisen zu antizipieren, die künftig Vorteile bringen. Konventionell galt die Evolution, da sie ja von zufälliger Variation abhängig ist, als ›blind‹ oder zumindest kurzsichtig – unfähig zu solcher Voraussicht. Der Nachweis aber, dass sich entwickelnde Systeme aus früheren Erfahrungen lernen können, bedeutet, dass die Evolution das Potenzial hat vorauszusehen, was für die Anpassung an künftige Umgebungen erforderlich ist, und zwar genau so, wie es lernende Systeme tun.«

Und er fährt fort: »Wenn die Evolution aus der Erfahrung lernen und so ihre Fähigkeit verbessern kann, sich im Laufe der Zeit weiterzuentwickeln, kann dies die Ehrfurcht vor den Entwicklungen, die die Evolution hervorbringt, entmystifizieren. Die natürliche Auslese kann Wissen ansammeln, das es ihr ermöglicht, sich intelligenter zu entwickeln. Das ist aufregend, denn es erklärt, warum biologische Entwicklungen so intelligent wirken.«[*]

Manche würden sagen, dass Professor Watson ein Argument für Gott oder einen »intelligenten Designer« liefert, nur unter einer anderen Bezeichnung. Juristen würden das als Haarspalterei bezeichnen.

Die Grenzen des Gehirns

Alle, die darauf gewartet haben, dass die Wissenschaft den sogenannten »Gottespunkt« im Gehirn findet, werden sich offenbar noch ein Weilchen gedulden müssen. Wissenschaftlerinnen und Wissenschaftler der University of Missouri räumen jetzt ein, dass es einen solchen Punkt im menschlichen Gehirn nicht gibt, dass «Spiritualität« ein komplexes Phänomen ist und mehrere Hirnareale dafür zuständig sind.

So erklären die Forschenden zum Beispiel, dass spirituelle Transzendenz mit einer verminderten Funktion des rechten Scheitellappens verbunden ist, andere spirituelle Funktionen, wie etwa das Interesse am Wohlergehen anderer aber mit einer erhöhten Aktivität des Frontallappens einhergehen. Laut Brick Johnstone, Professor für Gesundheitspsychologie, zeigt die Forschung eine neuropsychologische Grundlage für Spiritualität, wenngleich nicht an einer einzigen Stelle.[**]

Das ist vielleicht bereits so holistisch, wie es eine materialistische Wissenschaft eben sein kann, aber immer noch weit entfernt von der Ansicht der Mehrheit derjenigen, die sich für spiritueller halten und für die das physische Gehirn

---

* Die vollständige Pressemitteilung ist auf der Website der Universität nachzulesen: »Is Evolution More Intelligent Than We Thought?«, University of Southampton, Reiter „News and Events“ (online), 18. Dezember 2015, https://www.ecs.soton.ac.uk/news/4826.

** Die Pressemitteilung der Universität zu der Studie ist nachzulesen unter: »Distinct ›God Spot‹ in the Brain Does Not Exist, MU Researcher Says«, University of Missouri News Bureau (online), 18. April 2012, https://munewsarchives.missouri.edu/news-releases/2012/0418-distinct-%E2%80%9Cgod-spot%E2%80%9D-in-the-brain-does-not-exist-mu-researcher-says/.

lediglich ein Empfänger oder Überträger von Gedanken oder Energie ist, die vom »Geist« kommen, der außerhalb oder jenseits des physischen Körpers existiert.

Übrigens ist die außerordentliche Hirnkapazität von Einstein, wie sie von Reduktionisten lange behauptet wurde, nun ebenfalls vom Tisch. Nach einer Untersuchung des Gehirns des großen Wissenschaftlers sagt der Psychologe Terence Hine von der Pace University, dass es sich als nichts Besonderes erwiesen hat, zumindest im Hinblick auf seine physischen Eigenschaften. Dem Magazin *Discover* zufolge unterschieden sich Blindtests mit unbeschrifteten Objektträgern aus Einsteins Gehirn nicht von Objektträgern mit Material anderer ganz gewöhnlicher Gehirne.*

Albert Einstein.

Für die Vorstellung, dass »Geist« oder »Intelligenz« ausschließlich eine Funktion des physischen Gehirns ist, könnte die Studie ein schwerer Schlag sein. Für die Wissenschaft lautet die unbeantwortete Frage nun: Wenn Geist oder Bewusstsein nicht aus dem Gehirn kommen, woher kommen sie dann? Die Studie passt zu den Vorschlägen von Rupert Sheldrake und anderen, wonach der Geist in einer Art Kraftfeld sowohl innerhalb als auch außerhalb des Körpers existiert.** Der Geist fungiert als Empfänger für Intelligenz, ganz ähnlich wie ein Fernseh- oder Radiogerät Signale empfängt, die anderswo herkommen. Die Su-

* Mehr über die Studie in »The Myth of Einstein's Brain?« von Neuroskeptic (Pseudonym) in *Discover* (online), 24. Mai 2014, https://www.discovermagazine.com/mind/the-myth-of-einsteins-brain.

** Mehr über Sheldrakes Theorien in seinem Artikel »Extended Mind« in: *The Quest* (Juli/August 2003), https://www.theosophical.org/files/resources/articles/ExtendedMind.pdf.

che nach Intelligenz im Gehirn gleicht der Suche nach den kleinen Männchen, die in einem Fernseher versteckt sind. (Was jedoch nicht heißen soll, dass im Fernsehen Intelligenz zu finden wäre.)

Spielt Größe an sich eine Rolle? Diese uralte Frage wurde in letzter Zeit wissenschaftlich neu untersucht, und die Antwort lautet: vielleicht ein wenig. Wir sprechen natürlich über die Beziehung zwischen IQ und Gehirngröße. Das Thema wird seit mindestens 200 Jahren heiß diskutiert, wobei Materialisten behaupten, die Größe des Gehirns sei das Wichtigste, was den Menschen vom Tier unterscheidet. Wissenschaftler mit großen Schädeln waren von dieser Idee offenbar angetan. Eine Studie aus dem Jahr 2015 jedoch untersuchte etwa 8000 Teilnehmerinnen und Teilnehmer und stellte fest, dass die Beziehung bestenfalls sehr untergeordnet ist und zwischen Gehirngröße und IQ ein »robuster, aber schwacher« Zusammenhang besteht.*

Immer noch ungeklärt sind die gut dokumentierten Fälle scheinbar »normaler« Menschen, nach deren Tod festgestellt wurde, dass sie praktisch kein Gehirn hatten, sowie die Tatsache, dass Menschen mit Entwicklungsstörungen oft sehr große Gehirne besitzen. So sorgt zum Beispiel der dreijährige Chase Britton, der ohne Kleinhirn auf die Welt kam, in der Welt der Schulmedizin für Erstaunen. Medienberichten zufolge funktioniert er nicht nur relativ normal, er gedeiht offenbar auch prächtig, steht, lernt laufen, hebt Gegenstände auf und genießt das Leben – lauter Dinge, die bei jemandem mit seiner Anomalie für unmöglich gehalten werden. Schließlich ist das Kleinhirn der Teil des Gehirns, der Motorik, Gleichgewicht und Emotionen steuert, so heißt es.

Die Ärzte des Children's National Hospital in Washington D.C. sagen, dass sie das nicht verstehen. Ihrer Meinung nach hat Chase das MRT eines Dahinvegetierenden. Nach eigener Aussage sind sie nun dabei, ihre Theorien über die Hirnfunktionen neu zu überdenken.**

---

* Der vollständige Bericht findet sich in: Jakob Pietschnig, Lars Penke, Jelte M. Wicherts, Michael Zeiler und Martin Voracek, »Meta-analysis of Associations between Human Brain Volume and Intelligence Differences: How Strong Are They and What Do They Mean?«, *Neuroscience and Biobehavioral Reviews* 57 (2015): 411–442; https://doi.org/10.1016/j.neubiorev.2015.09.017.

** Mehr über Chase Britton unter »›He Has Drive Like I Have Never Seen‹: Boy, 3, Born without Part of His Brain Baffles Doctors after Learning to Walk«, *Daily Mail* (online), 13. Februar 2011, https://www.dailymail.co.uk/news/article-1356516/Chase-Britton-Boy-3-born-brain-baffles-doctors-learning-walk.html. Weitere Fälle dieser Art siehe William Herkewitz, »How Much of the Brain Can a Person Do Without?«, *Popular Mechanics* (online), 19. September 2014, https://www.popularmechanics.com/science/health/a13017/how-much-of-the-brain-can-a-person-do-without-17223085/.

Die kommende Reformation

2013 verfasste Dean Keith Simonton, Professor an der University of California in Davis, einen Kommentar in der Zeitschrift *Nature* mit dem Tenor, es sei unwahrscheinlich, dass die Gesellschaft jemals einen neuen Einstein oder Newton hervorbringe. Das liege daran, dass alle grundlegenden Prinzipien, wie die Welt funktioniert, bereits entdeckt worden seien und nur noch wenig zu tun bliebe, außer vielleicht, die Fußnoten zu schreiben.

In diesem Zusammenhang lohnt es sich, daran zu erinnern, dass es bereits zu Beginn des 20. Jahrhunderts Menschen gab, die meinten, das Patentamt sollte abgeschafft werden, da alles, was eine Erfindung lohne, bereits erfunden sei.*

Ein weiterer Punkt, auf den Simonton hätte hinweisen können, lautet, dass es selbst im Falle einer tatsächlich großen Entdeckung keine Garantie dafür gebe, dass sie von den herrschenden Autoritäten anerkannt werde. Wenn die Verfolgung von Galileo oder, in jüngerer Zeit, der Versuch, Immanuel Velikovsky zu vernichten, ein Hinweis sind, dann ist die Hybris, die uns schon immer den Weg nach vorne versperrt hat, nicht von der Bildfläche verschwunden. Paradoxerweise sind häufig gerade diejenigen, die glauben, ein Genie auf den ersten Blick zu erkennen, die Ersten, die über Entwicklungen lachen, die nicht in ihr persönliches Bild des Möglichen passen.

Dennoch hat eine Gruppe angesehener Wissenschaftler in einem Schritt, der an die kopernikanische Wende vor über 600 Jahren erinnern soll, 2014 ein sogenanntes »Manifest für eine postmaterialistische Wissenschaft« veröffentlicht. Der kurze Text stellt das Standardparadigma der traditionellen Wissenschaft infrage, das für ihre Anhänger praktisch zur Religion geworden ist. Die Autoren des Manifests sind Dr. Mario Beauregard, Dr. Gary E. Schwartz, Dr. Lisa Miller, Dr. med. Larry Dossey, Dr. Dr. med. Alexander Moreira-Almeida, Dr. Marilyn Schlitz, Dr. Rupert Sheldrake und Dr. Charles Tart. Einige Wissenschaftler, etwa der ehemalige NASA-Forscher und Computerwissenschaftler Dave Pruett, bezeichnete es in einem Artikel für die *Huffington Post* als »Bombe«.

Im Überblick der vorangestellten Zusammenfassung heißt es:

---

* Mehr über Simontons Erklärung in »Expert Psychologist Suggests the Era of Genius Scientists Is Over«, von Bob Yirka, erschienen auf der Website Phys.org, 31. Januar 2013, https://phys.org/news/2013-01-expert-psychologist-era-genius-scientists.html.

Seit ihren Anfängen hat sich die Wissenschaft ständig weiterentwickelt, und zwar aus einem wesentlichen Grund, nämlich der Anhäufung von empirischen Belegen, die von etablierten Ansichten nicht akzeptiert werden konnten. Die sich daraus ergebenden Veränderungen waren häufig geringfügig, manchmal aber auch gewaltig, wie etwa bei der quanten-relativistischen Revolution in den ersten Jahrzehnten des 20. Jahrhunderts.

Viele Wissenschaftlerinnen und Wissenschaftler sind der Meinung, dass heute eine ähnliche Wende erforderlich ist, denn der materialistische Fokus, der die Wissenschaft in der Moderne dominiert hat, vermag die immer zahlreicheren empirischen Erkenntnisse im Bereich des Bewusstseins und der Spiritualität nicht zu erklären.*

Dr. Mario Beauregard.

Viele Thesen der heutigen Wissenschaft, so das Manifest, werden nicht durch Belege gestützt, ja sogar durch zahlreiche experimentelle Beweise widerlegt, vor allem in der Quantenphysik. Die Situation ist vergleichbar mit der im 16. Jahrhundert, als überwältigende Beweise die kopernikanische Wende erzwangen, die in der Ablösung des veralteten, erdzentrierten ptolemäischen Modells des Sonnensystems gipfelte. Eine klare Parallele ist heute in der weitverbreiteten Überzeugung zu erkennen, dass der menschliche Geist auf das Gehirn beschränkt ist. Rupert Sheldrake hat die Verantwortung für die These übernom-

* Das Manifest wurde erstmals in *Explore* 10, Nr. 5 (September-Oktober 2014) veröffentlicht. Das vollständige Dokument ist nachzulesen auf der Website der Campaign for Open Science, https://opensciences.org/about/manifesto-for-a-post-materialist-science.

men, dass genauso wie ein Magnetfeld über einen physischen Magneten hinausreicht, auch der Geist weit über das Gehirn hinausgeht, und er hat die experimentellen Belege zum Nachweis dafür.

22

Wiederkehr-Verpflichtung

Könnte der Mensch mehr als einen Versuch für die Herausforderungen des Lebens auf der Erde besitzen?

In dem Film *Und täglich grüßt das Murmeltier* von 1993 spielt Bill Murray einen Fernsehreporter, der immer wieder denselben Tag in Punxsutawney, Pennsylvania, erlebt. Wie sich herausstellt, haben viele Menschen auch im echten Leben ständig das Gefühl, dass sie den aktuellen Moment schon einmal erlebt haben, und sie sind nicht nur überwältigt von dem Gefühl, wie vertraut ihnen neue Erfahrungen vorkommen, sondern sie können auch plausible und komplexe Begründungen dafür liefern.

Schauspieler Bill Murray interviewt »Punxsutawney Phil« in dem Film *Und täglich grüßt das Murmeltier* von 1993.

Britischen Wissenschaftlern zufolge haben einige Menschen ein so chronisches Déjà-vu, dass sie keine Filme mehr anschauen, weder im Fernsehen noch im Kino, weil sie ständig zu wissen glauben, was als Nächstes kommt. Solche Gefühle könnten, so sagen Psychologen, zu weiteren ernsteren Problemen wie Depressionen führen. Die Betroffenen sind zahlreich, meint Dr. Chris Moulin und äußert die Hoffnung, dass sich Möglichkeiten zur Linderung des Problems finden lassen.*

In *Und täglich grüßt das Murmeltier* war Murray in seiner Rolle gezwungen, sein Verhalten so lange immer weiter zu verbessern, bis er ein und denselben Tag nicht mehr durchleben musste. Viele, die an Reinkarnation glauben, sehen in der Geschichte eine Lektion fürs Leben. Sie sind überzeugt, dass die Menschen die Erfahrung des Lebens auf der Erde so oft wiederholen müssen, bis sie es richtig machen, oder, wie Yogi Berra so schön sagte: »Es ist ein ständiges Déjà-vu.«

Ein Mantra der Pro-Life-Bewegung lautet, dass das Leben mit der Empfängnis beginnt. Aber könnte es in Wirklichkeit schon vor der Empfängnis anfangen? Eine Studie der Boston University von 2014 zeigt, dass Kinder bis zum Alter von etwa sieben Jahren das starke Empfinden haben, dass ihr Dasein bis weit vor den Zeitpunkt zurückreicht, als ihre Mutter sie geboren hat. Die Wissenschaftlerinnen Natalie Emmons und Deborah Kelemen untersuchten Kinder aus zwei Kulturen in Ecuador: ländliche indigene Shuar und städtische Ecuadorianer. In beiden Gruppen gaben die meisten Kinder an, dass sie das Gefühl hatten, schon vor ihrer Zeugung existiert oder Gefühle und Wünsche gehabt zu haben. Im Alter von etwa sieben oder acht Jahren wurden solche Vorstellungen jedoch aufgegeben.**

Die Suche nach Beweisen für die Reinkarnation ist Gegenstand fortlaufender wissenschaftlicher Untersuchungen an der University of Virginia (UVA) in Charlottesville. Dort setzt Dr. Jim Tucker derzeit die Forschungen des verstorbenen Dr. Ian Stevenson fort, der bei der wissenschaftlichen Untersuchung der Reinkarnation Pionierarbeit geleistet hat. Ein wichtiger Forschungsschwerpunkt sind Male am Körper, die aufeinanderfolgende Inkarnationen miteinander verbinden. So gibt es zahlreiche Hinweise darauf, dass traumatische Verletzungen

* Der vollständige Bericht findet sich in C. Wells, C. Moulin, P. Ethridge, et al., »Persistent Psychogenic Déjà Vu: A Case Report«, *Journal of Medical Case Reports* 8, Nr. 1 (Dezember 2014): 414, https://www.researchgate.net/publication/269281426_Persistent_psychogenic_ deja_vu_A_case_report.

** Siehe Natalie A. Emmons und Deborah Kelemen, »The Development of Children's Prelife Reasoning: Evidence from Two Cultures«, *Child Development* 85, Nr. 4 (Juli-August 2014): 1617-1633, https://www.bu.edu/cdl/files/2014/01/EmmonsKelemen_prelife_withsuppmat.pdf.

in einem Leben mit Muttermalen im nächsten Leben in Verbindung stehen. Stevenson selbst hat 210 solcher Fälle dokumentiert.

Dr. Jim Tucker.

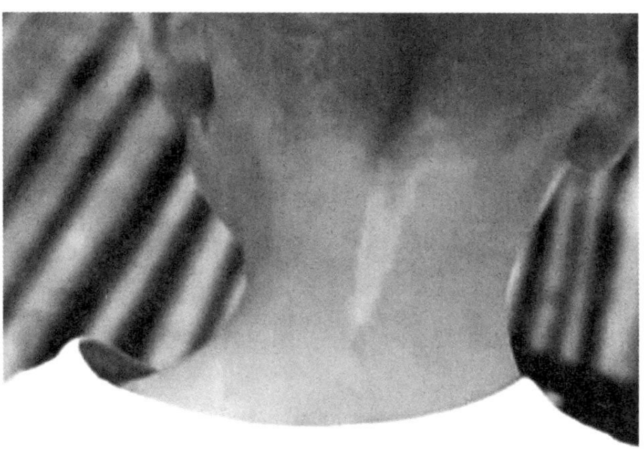

Ein Muttermal am Nacken eines Jungen in Thailand spiegelt eines am Nacken seiner Großmutter vor ihrem Tod und seiner späteren Geburt wider; Bild von YouTube.

Die Male können offenbar auch beabsichtigt sein. Tucker erzählt die Geschichte einer alten Frau in Thailand, die den Wunsch äußerte, als Junge wiedergeboren zu werden. Ihre Tochter trug an ihrem Nacken mit weißer Paste eine Markierung auf. Kurz nach dem Tod der Mutter brachte die Tochter einen Jungen zur Welt, der ein fast identisches weißes Mal im Nacken besaß. Sobald er sprechen konnte, beanspruchte der Junge die Sachen seiner Großmutter für sich.*

* Weitere Einzelheiten zu diesem und anderen Fällen in »Are Birthmarks Connected to Violent Death in Past Life?« von Tara MacIsaac, *Epoch Times* (online), 6. November 2013, aktualisiert am 11. Februar 2016, https://www.theepochtimes.com/are-birthmarks-connected-to-violent-death-in-past-life_347860.html.

Trotz erheblichen westlichen Widerstands, was diese Vorstellung anbetrifft, hat das Stevenson-Labor über 2500 Fälle dokumentiert, die die Reinkarnationshypothese stützen.

Die Vorstellung, dass die Entwicklung der persönlichen Geschichte des Menschen nicht nur ein Kapitel erfordert, gehört wohl zu den ältesten der Welt, doch trotz ihrer enormen Tragweite ist sie, ungeachtet der Forschung an der UVA, immer noch nicht vollständig untersucht. Trotz fast völliger Unkenntnis des Themas scheuen sich materialistisch eingestellte Wissenschaftlerinnen und Wissenschaftler nicht, diese Überzeugung als unlogisch, unmöglich, unbelegt und im Grunde absurd anzugreifen – als reinen Aberglauben. Aber könnte an dem Konzept mehr dran sein, als sie vermuten?

Seit annähernd 15 Jahren untersucht Tucker, Professor für Psychiatrie und Verhaltensneurologie sowie Direktor der Abteilung für Wahrnehmungsstudien am UVA Health System, zahlreiche Behauptungen – nicht nur unerklärliche Körpermale – von Kindern, in der Regel im Alter zwischen zwei und sechs Jahren, die angeben, sie hätten ein früheres Leben gehabt. Manchmal sind die Kinder in der Lage, so viele Details über dieses Leben zu erzählen, dass ihre Geschichten zu einer realen Person zurückverfolgt werden können, die vor Jahren gestorben ist – selten berühmt und der Familie oft völlig unbekannt.

Tucker sagt, die Aussagekraft der Fälle, die ihm begegnen, sei unterschiedlich. Manche lassen sich leicht entkräften – zum Beispiel, wenn klar wird, dass die arglosen Angaben eines Kindes aus einer Familie kommen, die einen lieben Angehörigen schmerzlich vermisst. Aber in einer ganzen Reihe von Fällen, so Tucker, ist die logischste, wissenschaftliche Erklärung für eine Behauptung so einfach wie verblüffend: Irgendwie ruft das Kind Erinnerungen aus einem anderen Leben ab.

»Ich verstehe, dass die Schlussfolgerung, dass es etwas jenseits dessen gibt, was wir sehen und anfassen können, einen großen Gedankensprung erfordert«, sagte Tucker dem Reporter des *Virginia Magazine* Sean Lyons. »Aber hier liegen Beweise vor, die erklärt werden müssen, und bei genauer Betrachtung dieser Fälle erscheint eine gewisse Übertragung von Erinnerungen oft als das Sinnvollste.«*

* Der Artikel mit dem Interview von Lyons mit Tucker erschien in der Winterausgabe 2013 des *Virginia Magazine*, einer Publikation der University of Virginia, unter dem Titel »The Science of Reincarnation«, https://uvamagazine.org/articles/the_science_of_reincarnation.

In seinem 2015 erschienenen Buch *Kinder erinnern sich: Dem faszinierenden Phänomen der Wiedergeburt auf der Spur* beschreibt Tucker einige der überzeugendsten Fälle, die er erforscht hat, und legt dar, dass Entdeckungen in der Quantenmechanik, der bewusstseinsverändernden Wissenschaft vom Verhalten der kleinsten Teilchen in der Natur, Hinweise auf die Existenz der Reinkarnation liefern. »Die Quantenphysik deutet darauf hin, dass unsere physische Welt aus unserem Bewusstsein erwächst«, schreibt Tucker. »Diese Ansicht wird nicht nur von mir, sondern auch von einer ganzen Reihe von Physikern vertreten.«

Der Glaube an Reinkarnation, der seit Jahrtausenden in vielen Religionen in Ost und West gelehrt wird, besagt, dass eine nicht physische, sondern dauerhaftere menschliche Gestalt im Zuge der kontinuierlichen Entwicklung einer größeren Identität im Moment der Geburt einfach ein neues Leben in einem neuen physischen Körper beginnt. Beim Tod wird lediglich der abgenutzte physische Körper abgelegt. In Indien gehört diese Vorstellung zum Prinzip der Daseinszyklen, das für Lehren wie Jainismus, Buddhismus, Sikhismus und Hinduismus grundlegend ist. Antike griechische Philosophen wie Pythagoras, Sokrates und Platon glaubten in ähnlicher Weise an »Metempsychose«. Die Reinkarnation ist Teil vieler sowohl alter als auch moderner, sowohl exoterischer als auch esoterischer spiritueller Lehren, etwa Gnostizismus oder Theosophie, und auch vieler Strömungen des orthodoxen Judentums. Sie findet sich zudem im Glauben zahlreicher indigener Völker auf der ganzen Welt. Auch in Amerika ist dieser Glaube stärker verbreitet als allgemein angenommen.

Nach einer Umfrage des Forum on Religion & Public Life am Pew Research Center von 2009 sind östliche Religionen und New-Age-Strömungen in Amerika, wo religiöse Überzeugungen und Praktiken nicht ohne Weiteres in die üblichen Kategorien passen, weitverbreitet. Viele Amerikaner üben mehrere religiöse Praktiken aus und vermischen Elemente verschiedener Traditionen. Viele verschmelzen auch das Christentum mit östlichen oder New-Age-Glaubensinhalten wie Reinkarnation. Bei einer Umfrage gaben 24 Prozent der Gesamtbevölkerung und 22 Prozent der Christen an, dass sie an Reinkarnation glauben.*

Auch wenn viele strenggläubige Christen darauf bestehen, dass Reinkarnation nicht biblisch ist, müssen sie sich mit mindestens zwei prominenten Beispielen

* In der Umfrage wurden natürlich noch viele weitere interessante Fragen gestellt. Die Ergebnisse sind nachzulesen unter »Many Americans Mix Multiple Faiths«, veröffentlicht am 9. Dezember 2009 auf der Website des Pew Research Center https://www.pewforum.org/2009/12/09/many-americans-mix-multiple-faiths/.

auseinandersetzen, die eindeutig auf diesen Gedanken verweisen: In Johannes 9, 1–2 sieht Jesus einen Mann, der von Geburt an blind ist. »Und seine Jünger fragten ihn und sprachen: ›Rabbi, wer hat gesündigt, dieser oder seine Eltern, dass er blind geboren ist?‹« Wäre die Blindheit des Mannes auf seine eigene Sünde zurückzuführen, hätte er ein früheres Leben führen müssen, in dem er in irgendeiner Weise so gehandelt haben könnte, dass dies zu seinem jetzigen Leiden führte. Die Möglichkeit eines früheren Lebens – also Reinkarnation – wurde von Jesus nicht infrage gestellt, zumindest nicht nach dem Wortlaut im Evangelium des Johannes.

Eine typische Abfolge von Inkarnationen; Illustration aus *Atlantis Rising*.

Ein weiteres Beispiel betrifft den Propheten Elia aus dem 9. Jahrhundert v. Chr. Laut Altem Testament (2. Könige 2, 11) wurde Elia in einem Feuerwagen in den Himmel erhoben. Vier Jahrhunderte später sagt der Prophet Maleachi im vorletzten Satz des Alten Testaments, dass Gott »ehe der große und schreckliche Tag des Herrn kommt«, Elia erneut senden würde (Maleachi 3, 23). Folglich erwartete die jüdische Überlieferung, dass Elia das Kommen des Messias ankündigen würde. Die Jünger Jesu, die glaubten, dass Jesus der Messias ist, fragten sich, wo wohl Elia sei. Jesu Antwort (die zum ersten Mal in Matthäus 11, 7–14 genannt wird) lautet, Elia sei bereits als Johannes der Täufer wiedergekehrt – was wiederum den alten Glauben an Reinkarnation eindeutig bestätigt.

Wenn es schon vor der Entstehung der Bibel – wie in der Geschichte von Noah oder Atlantis – einen großen Urquell der Zivilisation gab, der ein katastrophales Ende fand, welchen Einfluss könnte dieser dann heute noch auf unsere Welt haben? Ist eine Art unbewusstes genetisches oder gesamtgesellschaftliches Gedächtnis am Werk, wie es Immanuel Velikovsky vorschwebte? Oder bietet die uralte Vorstellung von der Reinkarnation eine bessere Erklärung?

Elia und die Propheten des Baal; Gemälde von Juan de Valdés Leal (1658).

Der bekannte Atlantis-Forscher Frank Joseph (Autor unter anderem von *Der Untergang von Atlantis*, *Die Überlebenden von Atlantis* und *Atlantis und 2012*) hat die Belege für Reinkarnation und ihre Bedeutung für die Geschichte von Atlantis im Werk von Edgar Cayce, der im letzten Jahrhundert weithin als der »schlafende Prophet« bekannt war, sorgfältig untersucht. In den 1920er-, 30er- und 40er-Jahren gab Cayce Tausende sogenannter Readings zu unzähligen Themen. Unter den berühmten und einflussreichen Menschen, die seinen Rat suchten, waren Woodrow Wilson, Thomas Edison, Irving Berlin und George Gershwin. Von den 1600 Menschen, für die er »Life Readings« gab, erfuhren etwa 700 von Lebensumständen in Atlantis, das seiner Meinung nach die untergegangene Heimat der Zivilisation war. In »Plato or Cayce«, einem Artikel für das *Atlantis Rising Magazine* vom März/April 2009, beschreibt Frank Joseph Cayces erstaunliche Referenzen als echter Seher in die ferne Vergangenheit mit einem sehr tiefen Einblick in die Frage der Reinkarnation. Er führt zwei wichtige Beispiele an. Eines betrifft die Essener, eine winzige jüdische Sekte aus dem 2. Jahrhundert v. Chr., die der Welt die Schriftrollen vom Toten Meer hinterlassen haben soll. Die Essener, die ein streng mönchisches Leben führten, konzentrierten sich auf die prophezeite göttliche Strafe und ein bevorstehendes »Jüngstes Gericht«, das Gott über die sündige Menschheit verhängt. Cayce erwähnt die Essener 1936, als er die Inkarnation einer Klientin in der Nähe von Jerusalem beschreibt:

> Die Wesenheit war das, was man heute in einigen Organisationen als eine Schwesteroberin oder eine leitende Angestellte der Essener bezeichnen würde. (…) Denn die Wesenheit war mit der Schule an der Straße oberhalb von Emmaus verbunden, nahe der Straße, die hinunter nach Jericho und zur nördlichsten Küste Jerusalems führt.*

Zum Zeitpunkt dieses »Life Readings« galt die wissenschaftliche Meinung, dass alle Essener-Gruppen ausschließlich aus Männern bestanden. Doch 15 Jahre später wurden die Überreste von Khirbet Qumran, dem Sitz einer Essener-Gemeinschaft, wie Cayce sie beschrieben hatte, exakt an der von ihm angegebe-

* Dies ist Cayce Record 1391-1, Nr. 35-36, aus *The Essenes: A Compilation of Extracts from the Edgar Cayce Readings* (Edgar Cayce Foundation, 2006), Seiten 44-45, https://www.scribd.com/document/326876539/Cayce-Edgar-Evans-Cayce-Edgar-on-Atlantis-pdf.

nen Stelle ausgegraben. In den Gräbern im Umfeld wurden sowohl weibliche als auch männliche Skelette gefunden, was beweist, dass die religiöse Gemeinschaft doch nicht ausschließlich männlich war.

Cayces Glaube an die Reinkarnationslehre wird in diesem Bericht offensichtlich. Solche Readings, die er sein ganzes Leben lang gab, hatten ihn von der Unsterblichkeit der menschlichen Seele, ihrem Weiterleben nach dem physischen Tod und ihrer unvermeidlichen Wiedergeburt in einem neuen Körper überzeugt. Er betrachtete die Reinkarnation nicht als sinnloses Recycling des Geistes, sondern als Teil der großen moralischen Ordnung des Kosmos, in der jede materielle Manifestation von Leben auf der Erde durch ein vorheriges Leben bedingt ist, um durch Erfahrung Wissen zu erlangen, um bestehende Probleme zu lösen oder einfach um zu dienen. In jedem Fall bestätigt sie jeden Menschen in dem Gefühl, eine Bestimmung und ein Schicksal zu haben.

Eine der Höhlen von Qumran, in denen die Schriftrollen vom Toten Meer gefunden wurden, die von Angehörigen einer alten Essener-Gemeinschaft versteckt worden sein sollen.

In einem weiteren bemerkenswerten »Life Reading« von Cayce vom 6. Mai 1939 taucht das Thema Reinkarnation erneut auf:

> Denn die Wesenheit gehörte zu denen, die als »heilige Frau« bezeichnet wurden. Zuerst kam die Wesenheit mit dem Geschehen um Tod und Auferweckung des Lazarus in Berührung, später mit Maria, Elisabeth, Maria Magdalena und Martha; all dies gehörte zur Erfahrung der Wesenheit als Salome.*

Die einzige Stelle, an der Salome im Neuen Testament erwähnt wird, beschreibt sie als Zeugin der Kreuzigung, aber *nicht* der Auferweckung des Lazarus. 1960 jedoch entdeckte Dr. Morton Smith, außerordentlicher Professor für Geschichte an der Columbia University, die Kopie eines Briefes des Apostels Markus. Wissenschaftler der Society of Biblical Literature and Exegesis bestätigten dessen Echtheit und stellten fest, dass das Dokument ursprünglich Clemens von Alexandria gehört hat, der im 3. Jahrhundert lebte und zu den wichtigsten Gründervätern der christlichen Kirche zählt. Die Kopie schreibt die Geschichte des Lazarus Markus zu, obwohl der Bericht bis dahin nur im Johannes-Evangelium zu finden war. Die Version bei Markus ist praktisch identisch mit der bei Johannes, abgesehen von einem kleinen Detail, das mit Cayces »Life Reading« übereinstimmt: In der Kopie von Clemens von Alexandria heißt es, dass eine Frau, die Zeugin des Wunders war, Salome hieß.

In ihrem gegenwärtigen Zustand tiefer Amnesie ringt die Menschheit um die Beantwortung so grundlegender Fragen wie: Wer sind wir? Die Antworten sind in unserer DNA zu finden, heißt es. Identität, so wird argumentiert, hat ausschließlich mit unserer Gruppe zu tun – Ethnie, Geschlecht, sexuelle Orientierung und so weiter – und wenn die DNA nicht aussagekräftig ist, dann ist alles lediglich eine Frage der persönlichen Entscheidung. Es steht uns frei, uns mit einer beliebigen Gruppe zu identifizieren. Natürlich kann man denen, die schon ihr ganzes Leben lang in dieser Gruppe sind und Beiträge bezahlt haben, nicht verübeln, dass sie die Berechtigung von Neuankömmlingen infrage stellen, Neuankömmlinge, welche die DNA ignorieren und sich aus politischen oder anderen Gründen für eine Mitgliedschaft in einem anderen Stamm entscheiden. Für die Aufnahme in manche Clubs genügt allerdings nicht einmal die DNA.

* Dies ist Cayce Record 1874-1. Zu finden mit Erläuterungen in *Edgar Cayce on Atlantis*, von Edgar Cayce, herausgegeben von Hugh Lynn Case (Warner Books, 1968), Seite 44.

In Kapitel 20 haben wir über die Kontroverse im Zusammenhang mit der Überzeugung vieler Amerikaner berichtet, dass sie Cherokee-Erbgut in sich tragen, aber die Frage der Identität geht weit über die DNA hinaus. Manche Wissenschaftler, wie etwa Rupert Sheldrake, sind der Meinung, dass morphische Felder der wichtigste Faktor bei der Herausbildung menschlicher Identität sind. Viele Forschende stimmen dem zu und argumentieren, dass die Komplexität des Menschen über den physischen Körper hinaus stärker durch »Biofelder« bestimmt wird als durch die DNA.

Zur Erklärung solcher Rätsel gewinnt heutzutage der viel ältere und weitverbreitete, aber dennoch verwandte Gedanke der Reinkarnation wieder an Bedeutung. Belastbare Beweise für dieses Phänomen häufen sich rasch, insbesondere in Studien über das frühere Leben von Kindern, wie sie in Tuckers Buch beschrieben werden.

Darüber hinaus kann man argumentieren, dass die Reinkarnationshypothese weit über eine Erklärung für außergewöhnliche Zufälle, Körpermale, ungewöhnliche Erinnerungen und so weiter hinausgeht. Durch die Brille von Reinkarnation und Karma (also Ursache und Wirkung – »man erntet, was man sät«) betrachtet, wird menschliches Unrecht leichter verständlich, wenn nicht sogar verzeihlich. Sogar Rassenhass bekommt eine andere Bedeutung, wenn man erkennt, dass Menschen in einem Leben der Gruppe der Unterdrückenden angehören können, in einer späteren Verkörperung aber der ihrer Opfer – und nun vielleicht auf der anderen Seite eines uralten Konflikts stehen.

Edgar Cayce sagte, der Amerikanische Bürgerkrieg sei eine Neuinszenierung des uralten Konflikts gewesen, der Atlantis zerstört habe, mit reinkarnierten Figuren. Wir fragen uns also: Ist es wirklich nicht plausibel zu glauben, dass die großen Konflikte von heute nur die jüngste Wiederholung eines uralten, noch ungelösten Dramas sind, in dem dieselben Akteure erneut auf der Bühne stehen?

Der Kampf zwischen Licht und Finsternis

Auf den Spuren des uralten Ringens um Selbstkontrolle

Viele säkulare Materialisten, die ja die westliche Kultur und Wissenschaft dominieren, begrüßen zwar die linksgerichtete Politik von Papst Franziskus I., sind aber dennoch bestürzt über seine Betonung der Rolle des Bösen in der Welt, sein häufiges Erwähnen des Teufels und sein offenes Eintreten für den Exorzismus. Für alle, die glauben, dass sich die Realität ausschließlich mit den Auswirkungen gewöhnlicher physikalischer Gesetzmäßigkeiten erklären lässt, stellt die Vorstellung, dass den sichtbaren Ereignissen unsichtbare und unentdeckte Kräfte zugrunde liegen könnten, eine Bedrohung dar. Sie versuchen, solche Vorstellungen als Aberglauben abzutun und zu diskreditieren – als ein unglückliches Erbe der finsteren Geschichte der Menschheit, wie sie es formulieren könnten – oder als eine »Welt voller Dämonen«, wie Carl Sagan* sie in seinem gleichnamigen Buch nannte.

Die Katholische Kirche nimmt das Böse immer noch sehr ernst, heißt es, und einige ihrer führenden Köpfe, darunter auch Papst Franziskus, wollen, dass die Kirche viel aggressiver dagegen vorgeht. Diejenigen, die vermuten, dass stärkere Maßnahmen als Feld-Wald-und-Wiesen-Psychotherapie erforderlich sind, um mit dem in der heutigen sehr finsteren Welt überall verbreiteten hartnäckigen Bösen umzugehen, werden vielleicht überrascht sein, dass der Vatikan 2016 der Praxis des Exorzismus erneut grünes Licht erteilt hat. Mit der formellen

* *The Demon-Haunted World*, Random House 1995, deutsch: *Der Drache in meiner Garage oder die Kunst der Wissenschaft, Unsinn zu entlarven*, aus dem Englischen von Michael Schmidt, Droemer Knaur 1997 (Anm. d. Ü.).

Anerkennung der Internationalen Vereinigung der Exorzisten (Associazione internazionale degli esorcisti: AIE) hat der Heilige Stuhl die Praxis abgesegnet, die Millionen von Menschen durch den Film *Der Exorzist* von 1973 kennengelernt haben – das uralte zeremonielle Verfahren zur Austreibung von Dämonen aus Besessenen. Priester, die dies versuchen wollen, sind jedoch gehalten, die Erlaubnis ihres Bischofs einzuholen. Außerdem muss die Klientin oder der Klient von medizinischen Fachleuten untersucht werden, um psychische Probleme auszuschließen, die mit anderen Mitteln behandelt werden könnten. In Presseberichten vom September 2016 wurden Forderungen von kirchlichen Fachleuten zitiert, die Zahl der qualifizierten Exorzisten zu erhöhen. Der Psychologe und Berater der AIE Valter Casciola erklärte, der Mangel an Priestern, die in der Lage sind, die Kräfte des Bösen zu bekämpfen, sei eine »Notlage«.*

Ein Fährmann bringt Seelen über den Styx – im antiken Griechenland der Grenzfluss zwischen Leben und Tod; Radierung von Gustave Doré.

* Mehr über modernen Exorzismus in »Exorcism and Demonic Possession Are Now Tools in the Culture Wars«, von Chris Roberts, in: *The Observer* (online), 3. Januar 2019, https://observer.com/2019/01/pope-francis-exorcism-demonic-possession-culture-wars/.

Ins Rampenlicht gerückt wurde der Exorzismus nicht zuletzt durch den 2016 verstorbenen Pater Gabriele Amorth. Der »Exorzist von Rom« rühmte sich, über 160.000 derartige Rituale durchgeführt zu haben.* Der 1994 verstorbene Benediktinerpater Pellegrino Maria Ernetti war einst ein weltberühmter Exorzist in der Region um Venedig in Italien.

Die Erkenntnis, dass es einen uralten Kampf zwischen Gut und Böse gibt, ist sicherlich nicht nur in der Katholischen Kirche oder anderen christlichen Kirchen verbreitet. Mehr noch, Mystiker und Gelehrte vieler esoterischer Traditionen, von Theosophen bis hin zu Sufis, Gnostikern und Zoroastriern, betonen schon lange die Notwendigkeit, sich mit den Kräften des »Lichts« zu verbinden und die »Dunkelheit« zu überwinden. Die Kirche macht mit einigem Recht die Verbreitung okkulter und satanischer Praktiken über das Internet dafür verantwortlich, dass immer mehr Menschen in die Fänge des schieren Bösen geraten. Es ist jedoch davon auszugehen, dass das Versäumnis, die nächste Generation darüber aufzuklären, wie heftig die von religiösen Menschen so bezeichnete »Schlacht von Armageddon« ist, Teil des Problems sein könnte.

Jahrhundertelang wurden die Eingeweihten aller Schulen sorgfältig und gewissenhaft darin unterwiesen, die unsichtbaren Kräfte des Lebens zu verstehen und zu respektieren. Doch heute müssen Millionen Menschen zufällig über die Wahrheit stolpern. Dabei sind sie meist nicht auf diese Herausforderung vorbereitet und wissen nicht, dass sie höhere Dimensionen um Hilfe anrufen können und sollten. Den meisten fehlt jegliches Wissen darüber, dass es jenseits der greifbaren Welt, in der wir leben, eine riesige, unsichtbare Kloake gibt, die in vielen Traditionen als Hölle und in anderen als Astralebene bezeichnet wird und in der Scharen von verlorenen, erdgebundenen Wesenheiten jeder erdenklichen Form und Beschreibung lauern. Die meisten, so erfahren wir aus den verschiedenen Weisheitstraditionen, sind einfach nur Parasiten, die wie Moskitos immer auf der Suche nach Energie sind. Diese können sie allen abzapfen, die das Glück haben, in einem physischen Körper zu leben. Es gibt jedoch noch sehr viel bösartigere. Tatsächlich sind, so sagen die erleuchteten Lehrer, uralte gefallene Engel, die von einem ausgeprägten Hass auf die natürliche Ordnung getrieben werden, gegen die sie – lange vor Atlantis – rebelliert haben, immer

* Mehr über Pater Amorth und den Dokumentarfilm über sein Leben in: »New Film Documents Famous Exorcist Pater Gabriele Amorth« von Sr. Rose Pacatte, *New Catholic Reporter* (online), 19. April 2018, https://www.ncronline.org/news/media/new-film-documents-famous-exorcist-fr-gabriele-amorth.

noch auf Beute aus. Gemäß dieser Denkrichtung steckt die Welt vor allem deshalb so tief im Schlamassel, weil viele dieser dunklen Geister in physische Körper wie den unseren eingedrungen sind, wo sie sich mit ihren körperlosen Geschwistern zusammentun und, wie es in der Luther-Bibel heißt, »suchen, wen sie verschlingen« können. Die Blindheit potenzieller Opfer für die Gefahren ist ein wichtiger Vorteil für die dunklen Wesen, die einigen Berichten zufolge alles in ihrer Macht stehende tun, um Finsternis zu verbreiten – durch Ablenkung, Versuchung, unverhohlene Lügen oder etwas beliebiges anderes, Hauptsache, es funktioniert.

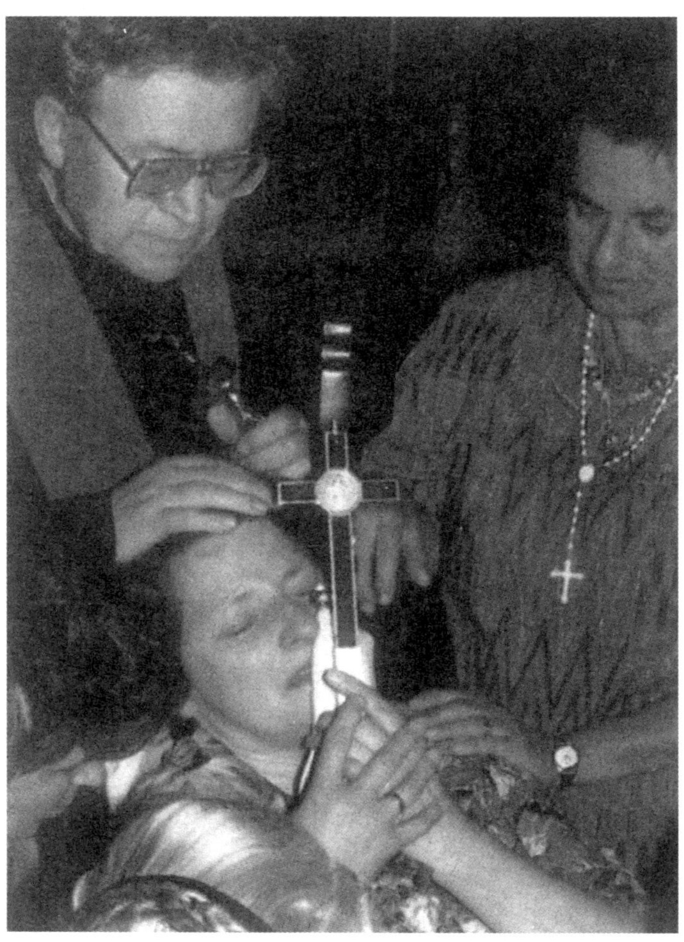

Pater Pellegrino Maria Ernetti (†) bei der Durchführung eines Exorzismus.

Die Geschichte der Welt, soll der Dichter Ishmael Reed gesagt haben, ist die Geschichte eines Krieges zwischen Geheimgesellschaften.* Religion in der uns bekannten Form ist nur die öffentliche Spitze eines höchst geheimen »Eisbergs«, durch den menschliches Handeln in hohem Maße zum Guten oder Schlechten manipuliert werden kann. Und so obskur wie die tatsächlichen Intentionen ihrer Anführer womöglich waren, könnten auch die wahren Absichten vieler Religionen im Dunkeln liegen. Wie beim Wind bedeutet fehlende Sichtbarkeit allerdings nicht mangelnde Kraft, Richtung oder Intensität. Und dem aufmerksamen Beobachter können Halme im Wind ein endgültiges Ziel verraten. So wie es gesellschaftlich anerkannte Religionen geben mag, die die geheimen Ziele der Mächtigen fördern, gibt es auch verbotene Religionen, die dies nicht tun und deren Anhänger sich praktisch im Geheimen treffen müssen.

Wenn Religion als eine Gesamtheit von Überzeugungen und Praktiken definiert werden kann, die von den Gläubigen eingehalten werden und die Natur der Gottheit sowie ihre Beziehung zur Menschheit verkündigen, dann sind viele Menschen tatsächlich »religiös«, ohne es zu wissen. Sogar alle, die leugnen, dass es eine Gottheit gibt, sind religiös, denn sie bekennen sich zum Glauben an die Natur des Göttlichen – nämlich, dass es nicht existiert, eine Tatsache, die sie nicht beweisen können, die sie aber mit einer Haltung vertreten, die einem Glauben sehr nahekommt.

Viele sind daher zu der Auffassung gelangt, dass hinter den Kulissen Fäden gezogen werden und Prediger jeglicher, auch säkularer, wissenschaftlicher und politischer Couleur Visionen verkünden, von denen sie behaupten, sie seien ihnen offenbart worden, während zugleich ein uraltes und unsichtbares Schachspiel zwischen geheimen Eliten die Geschichte unserer Welt geprägt hat und weiterhin prägt.

Wie nie zuvor konzentriert sich der große Kampf heute auf die wahren Dimensionen des inneren Wesens, und auf dem Spiel könnte das Überleben der menschlichen Seele an sich stehen.

* Nähere Ausführungen über dieses zugeschriebene Zitat unter http://www.rawillumination.net/2013/09/reeds-mumbo-jumbo-and-illuminatus.html.

Der Hüter der Schwelle

Für viele esoterische Traditionen (das heißt für die »Eingeweihten«) ist ein Schlüssel zum Verständnis des uralten Kampfes zwischen Gut und Böse sowohl auf der persönlichen als auch auf der planetaren Ebene ein mysteriöses Phantom, das als »Hüter der Schwelle« bezeichnet wird. Der Esoteriker Manly P. Hall sagte: »Der erste große Schritt bei den Einweihungen der Antike war das Passieren des seltsamen Ungeheuers, das die Grenze zwischen der physischen und der geistigen Welt bewohnt.« 1924 erklärte Hall, Autor des Buches *The Secret Teaching of All Ages*: »Den Kindern des Lichts wurde gesagt, dass sie niemals in ferne Lande gelangen oder den Lohn eines Baumeisters verdienen könnten, solange sie nicht mit Mut und Entschlossenheit dem Dämon entgegenträten, der immer bei ihnen weilt, aber unsichtbar bleibt, bis sie versuchen, die feinstofflichen Kräfte, aus denen er besteht, in sich zu erwecken.« Dieses furchterregende Gespenst, so Hall, sei die Summe aller Sünden jedes Einzelnen, mit denen man sich schließlich auseinandersetzen müsse, bevor man frei werden könne von den Beschränkungen der Sterblichkeit.*

Der Begriff »Hüter der Schwelle« wird in der Regel dem britischen Romancier Edward Bulwer-Lytton aus dem 19. Jahrhundert zugeschrieben. In seinem 1842 erschienenen Roman *Zanoni* bezeichnet er damit ein bösartiges Wesen, das die gesamte Dunkelheit verkörpert, die ein Mensch in all seinen Inkarnationen angesammelt hat. Bulwer-Lytton bezeichnete sich als Rosenkreuzer, aber der Hüter der Schwelle ist ein Konzept, das nicht nur in vielen spirituellen Überlieferungen, sondern auch in der Psychologie und der Literatur bekannt ist, insbesondere in den romantischen Romanen des 19. Jahrhunderts. Erzählungen wie *Dr. Jekyll und Mr. Hyde*, *Das Bildnis des Dorian Gray* und sogar *Moby Dick* stützen sich signifikant auf die Vorstellung, dass der Mensch durch einen Widersacher, den er in sich trägt, gebunden ist, und den er letztendlich besiegen muss, wenn er nicht selbst zerstört werden will.

In der Fernsehserie *Kung Fu* aus den 1970er-Jahren erklärt der Protagonist Kwai Chang Caine, gespielt von David Carradine, an einer Stelle (sinngemäß):

* Halls Originalvorträge, die er in Manuskriptform zusammengestellt hat, sind nachzulesen auf www.manlyphall.info. Das Zitat hier stammt aus Nummer 29, »Children of the Elements, Part 6: The Dweller on the Threshold« https://manlyphall.info/manuscript-lectures/29-children-elements-6/29-children-elements-6.pdf.

Wenn man sich seinem Hüter der Schwelle stellt, tut man dies zu seinen eigenen Bedingungen. Stellt man sich ihm aber nicht, muss man sich trotzdem mit ihm auseinandersetzen, aber dann zu dessen Bedingungen.

In dem Roman von Bulwer-Lytton assistiert Clarence Glyndon, ein englischer Künstler, der nach dem »geheimen Wissen« strebt, einem Meisteralchemisten, dem Adepten Zanoni. Glyndon dringt heimlich und unerlaubt in das Labor seines Meisters ein und probiert ein verbotenes Elixier. Die erschreckende Folge ist die Erscheinung eines grässlichen weiblichen Phantoms, an das er für den Rest seines Lebens untrennbar gebunden ist. Von dieser Erscheinung kann sich Glyndon nur befreien, indem er seine niederen Gelüste auslebt und sich sinnlichen Vergnügungen hingibt, wodurch er seine Lebensenergie vergeudet und sich nach und nach das Leben nimmt. Wenn er den Forderungen des Phantoms nachgibt, scheint sie zu verschwinden. Sobald er versucht, sich über sie zu erheben, taucht sie wieder auf, um ihn erneut in den Abgrund zu ziehen.

Der Schriftsteller Edward Bulwer-Lytton aus dem 19. Jahrhundert, der in seinem Roman *Zanoni* den Begriff »Hüter der Schwelle« geprägt haben soll; Porträt von Henry William Pickersgill (1831).

In den 1970ern spielte David Carradine den Kung-Fu-Meister Kwai Chang Caine, der nach einem spirituellen Ziel strebt.

Der Hüter der Schwelle, schrieb Dr. med. Franz Hartmann, »begegnet uns in vielen Gestalten«. In der Zeitschrift *The Theosophist* schrieb Hartmann 1889: »Der Hüter ist der *Zerberus*, der den Eingang zum Hades bewacht; der Drache, den *Erzengel Michael* [oder der Heilige Georg] töten wird; die *Schlange*, die Eva verführt hat und deren Kopf von der Ferse der Frau zertreten wird; der *Kobold*, der den Ort bewacht, an dem der Schatz vergraben ist usw. Er ist der König des Bösen, der nicht zulassen will, dass in seinem Reich ein Kind heranwächst, das ihn an Macht übertreffen könnte; der *Herodes*, vor dessen Zorn das göttliche *Christuskind* in ein fremdes Land fliehen muss und nicht in seine Heimat zurückkehren darf, bis der König entthront oder tot ist.*

Der Heilige Georg und der Drache, entnommen aus einem Rekrutierungsplakat des britischen Militärs im Zweiten Weltkrieg.

* Hartmanns Beitrag erschien ursprünglich 1889 als »The Dweller of the Threshold« in: *The Theosophist*, Band 11. 1920 wurde der Artikel vom Theosophical Publishing House in Indien als Pamphlet Nummer 113 der Adyar Pamphlets Serie neu aufgelegt. Siehe https://www.universalfreemasonry.org/en/library/adyar-pamphlets-theosophy/113-dweller-of-the-threshold.

Einerseits kann die Begegnung mit dem Hüter etwas so Banales sein wie der Versuch, eine schlechte Angewohnheit zu überwinden und durch eine gute zu ersetzen. Jede derartige Veränderung beinhaltet einen Konflikt zwischen dem Objekt der Begierde oder des Strebens und einer Art »Drache«. In alten Volksmärchen, sagt der Historiker Hugh Shearman, »wurde der verborgene Schatz, die schlafende Schönheit, die gefangene Prinzessin als von einem Drachen oder einer anderen furchterregenden Kreatur bewacht dargestellt. Oder wenn es keinen lebendigen Beschützer gab, dann zumindest ein Hindernis von furchterregender Gestalt.«

»In unserem persönlichen Leben funktioniert dies auf jeder Ebene«, fügt Shearman hinzu. »Sobald wir eine Zeit lang einen bestimmten Lebensstil verfolgt haben, haben wir eine Dynamik entwickelt, die uns mitreißt, die Dynamik der Gewohnheit. Zum großen Teil wirkt sie unbewusst. Uns ist nicht klar, welche Kräfte wir durch unsere täglich wiederholten Gewohnheiten im Denken, Fühlen und Handeln in unserem Inneren mobilisiert haben. Dann beschließen wir aus irgendeinem Grund einen Richtungswechsel, wir nehmen uns vor, alte Eigenarten abzulegen und neue Verhaltensweisen anzunehmen, unserem Leben eine neue Richtung zu geben. Sofort merken wir, dass wir es mit der geballten Dynamik unserer Vergangenheit zu tun bekommen, die wir bis dahin kaum wahrgenommen haben.«

Das Abhängigkeits-Syndrom

Heutzutage gibt es wohl nichts, was das Dilemma des Hüters besser verdeutlicht als Drogenabhängigkeit und Alkoholismus. Die Annahme eines toxischen, selbstzerstörerischen Verhaltens auf der Suche nach einer sinnentleerten Belohnung durch eine missbräuchlich verwendete Substanz ist ein bekanntes Muster. Der Missbrauch von Stoffen ist jedoch bei Weitem nicht das einzige Beispiel für ein solches Verhalten. Tatsächlich lässt sich fast jedes Übel überall auf der Welt auf eine hoffnungslose und selbstzerstörerische Suche nach einer wertlosen Belohnung zurückführen.

Der am weitesten verbreitete Substanzmissbrauch in der westlichen Welt ist wohl der Materialismus – eine starke emotionale Bindung an Schrott. Eine tiefe Verwirrung über das Wesen der Wirklichkeit hat, so kann man argumentieren, einen nahezu universellen Trancezustand hervorgerufen, in dem die sichtbare

Welt aus sehr festem (das heißt »realem«) Stoff zu bestehen scheint. Diese Illusion fester Grenzen unserer Existenz ist in der Tat so ausgeprägt und allgegenwärtig, dass jede Andeutung, es könne anders sein, von den Mitgefangenen mit Spott aufgenommen – wenn nicht sogar völlig ignoriert – wird. Und dies trotz der gesicherten wissenschaftlichen Erkenntnis, dass die gesamte Materie fast vollständig aus leerem Raum besteht, in dem nur tanzende Kraftfelder rotierender Teilchen und/oder Wellen existieren, die unsere kollektiven Sinne als »Festigkeit« zu interpretieren übereingekommen sind. Ungeachtet der Illusionen tanzen alle wie verrückt nach dieser Musik – und es ist eine sehr laute Musik. Die subtileren Signale – die »leisen Stimmen« –, die nicht von außen, sondern aus unserem Inneren sprechen, werden dabei nahezu gänzlich übertönt. Sie versuchen, unsere zerfahrene und fiebrige Aufmerksamkeit auf die Freiheit zu lenken, weg von der allgemeinen Sklaverei gegenüber groben Phänomenen, und uns dazu zu bringen, dass wir nach wichtigeren, wenn auch weniger lauten, Dingen greifen.

Ein Autoschrottplatz, Monument materialistischer Sucht.

Die verlorene Wertschätzung für subtilere Dinge wie spirituelle Freiheit liegt, so vermuten wir, im Kern der meisten gesellschaftlichen Übel. Sei es ein reduktionistischer »Wissenschaftler«, der darauf besteht, dass das menschliche Gehirn die einzige Quelle des Bewusstseins ist, ein Prediger, der erklärt, dass die Erde nur 6000 Jahre alt ist, oder ein Trickbetrüger, der uns um unser Portemonnaie erleichtert, wir werden verletzt – unser wahrer Wert und unsere Tiefe werden nicht erkannt. Derartige Tyranneien aggressiver Verkaufskunst oder schlichtweg roher Gewalt wären nicht möglich in einer Welt, in der die Fähigkeiten aller weit genug entwickelt wären, um uns aus dem engen Joch des Materialismus zu befreien.

Wie Sklaverei kann auch Materialismus viele Formen annehmen. In der Politik ist er grundlegend für die Strategien der Rechten wie der Linken. Auf der einen Seite wird der persönliche Vorteil (das heißt materieller Reichtum) angestrebt, ohne Rücksicht auf die Rechte derjenigen, die das Pech haben, im Weg zu stehen. Auf der anderen Seite werden die Bedürfnisse und Rechte des Einzelnen einem blinden Ideal vom Allgemeinwohl (das als materieller Wohlstand für alle verkauft wird) geopfert. In der Massenkultur sehen wir die Sucht nach Konsumgütern. In der Religion zeigt er sich als der hoffnungslose Versuch, heilige Schriften wörtlich zu befolgen. In der reduktionistischen Wissenschaft kommt er in Gestalt der vollständigen Ablehnung von Konzepten, die nicht ins vorherrschende materialistische Weltbild passen.

Angesichts so vieler Möglichkeiten, unseren Geist in Ketten zu legen, ist es kein Wunder, dass nur wenige die Kraft oder den Verstand aufbringen können, sich zu befreien und es mit dem kollektiven Hüter der Schwelle aufzunehmen. Und wir sollten nie vergessen, dass der Hüter nicht bloß ein individuelles Phänomen ist. Laut Manly P. Hall ist der Hüter »in Wirklichkeit der *Sündenkörper* aller Geschöpfe, die über individuelle Intelligenz verfügen«.

Könnte im 21. Jahrhundert nicht vielleicht der Geist von Atlantis der Hüter der Schwelle für das gesamte Unterfangen der Zivilisation sein? Wenn ja, werden wir erst dann weiterkommen, wenn wir uns ihm gestellt haben.

Andere Welten

Untergegangene Kulturen im Weltall

24 Die Kernwaffen vom Mars

Gibt es eine uralte Verbindung zur Erde?

Im Jahr 2014 gab Mars One – das Projekt einer europäischen Stiftung, die 2024 ein vierköpfiges Team auf eine Reise ohne Wiederkehr zum Mars schicken wollte – die Auswahl von 705 Kandidaten bekannt, die aus einem Pool von 200.000 Bewerberinnen und Bewerbern für die gewagte Mission ausgewählt worden waren. Die Chance, als einer der ersten Menschen einen Fuß auf den Roten Planeten zu setzen, war für viele offenbar unwiderstehlich, auch wenn keine Aussicht auf eine Rückkehr zum Heimatplaneten besteht. Sollte Mars One jemals gelingen, werden die unerschrockenen Reisenden eine uralte Menschheitssehnsucht erfüllt haben, aber sie werden vielleicht nicht die ersten intelligenten Wesen sein, die Marsboden betreten.*

Mindestens seit dem 19. Jahrhundert gehört die Frage nach möglichem Leben auf dem Mars zu den großen Themen der Menschheit. Seit Teleskope so hochauflösend sind, dass Oberflächenstrukturen erkennbar werden, sind Menschen davon überzeugt, dass der Mars, wie die Erde, bewohnt sein könnte. 1877 erstellte der italienische Astronom Giovanni Schiaparelli Karten von vermeintlichen langen, geraden Linien auf dem Mars, die er *canali* nannte und nach Flüssen auf der Erde benannte. Sein italienischer Begriff wurde als »Kanäle« übersetzt und führte zu der populären Vorstellung von einem besiedelten Mars. Die Idee wurde später zu einem festen Bestandteil der Science-Fiction, vor allem in H. G. Wells' *Krieg der Welten* (1897), in dem es um eine Invasion vom Mars geht.

* Informationen über den aktuellen Stand der Mars-One-Mission auf der Website des Programms unter https://mars-one.com.

Etwa ein Jahrhundert später nahm die Idee mit dem Erscheinen von *Die Mars-Connection: Monumente am Rande der Ewigkeit* von Richard Hoagland im Jahr 2002 eine dramatische Wendung. Die NASA-Sonde Viking 1 hatte ein gigantisches und rätselhaftes menschenähnliches Gesicht fotografiert, das aus dem Cydonia-Hochland hervorschaute, sowie ganz in der Nähe augenscheinliche Ruinen einer Stadt. Seitdem wird über die Bedeutung dieser Entdeckung gestritten. Die Monumente in der Cydonia-Region, die von der NASA als Täuschung durch Licht und Schatten abgetan wurden, lassen sich bis heute nicht völlig von der Hand weisen. Einige Wissenschaftler behaupten nun, der Mars habe nicht nur uraltes zivilisiertes Leben beherbergt, ähnlich dem, das wir auf der Erde vorfinden, sondern er könne auch ein Ort des Todes gewesen sein, ebenfalls ähnlich dem, den wir auf der Erde erlebt haben.

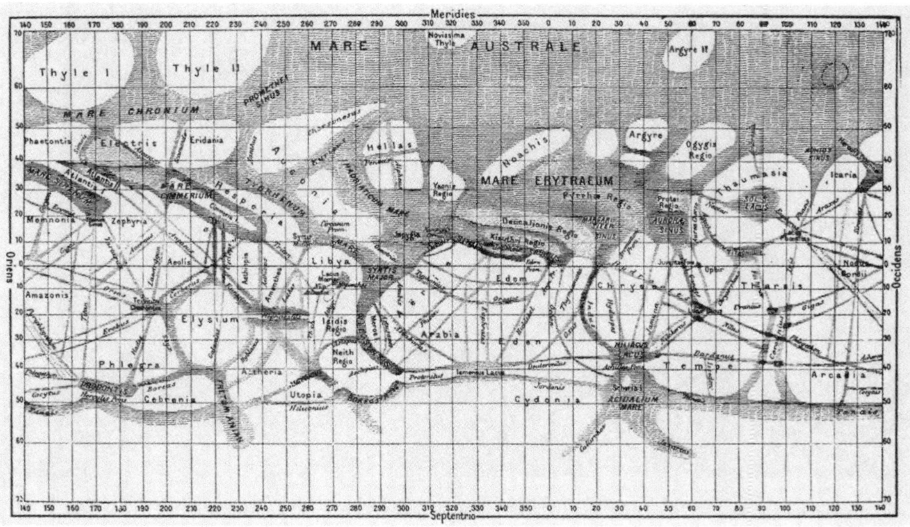

Marskarte von 1877, gezeichnet vom italienischen Astronomen Giovanni Schiaparelli basierend auf seinen teleskopischen Beobachtungen.

Dr. John Brandenburg, Leiter der Antriebstechnik bei Orbital Technologies und Autor des 2013 erschienenen Buches *Life and Death on Mars: The New Mars Synthesis* (dt. *Tod auf dem Mars. Die Entdeckung des planetaren nuklearen Massakers)*, hat überzeugende Belege dafür zusammengetragen, dass der Mars vor etwa 180 Millionen Jahren Schauplatz einer Kernexplosion war – einer Explosion, bei der ein Großteil dessen, was auf der Oberfläche existierte, ausgelöscht wurde. Übrig blieb der rot gefärbte Wüstenplanet, den wir heute vorfinden. Zwar sind tatsächlich viele Wissenschaftler, darunter der Geologie-Experte und Astronaut Harrison Schmitt, der Meinung, dass es ein uraltes nukleares Ereignis gegeben haben könnte, die meisten glauben allerdings an eine natürliche Ursache. Brandenburg ist jedoch der Meinung, dass sich die Beweise einer natürlichen Erklärung entziehen. Dr. David Beaty, wissenschaftlicher Berater für das Mars-Programm der NASA, sagte gegenüber Fox News, er finde Brandenburgs Beweise »interessant und faszinierend«, möchte aber, dass eine Marssonde den möglichen Ort des Geschehens untersucht.*

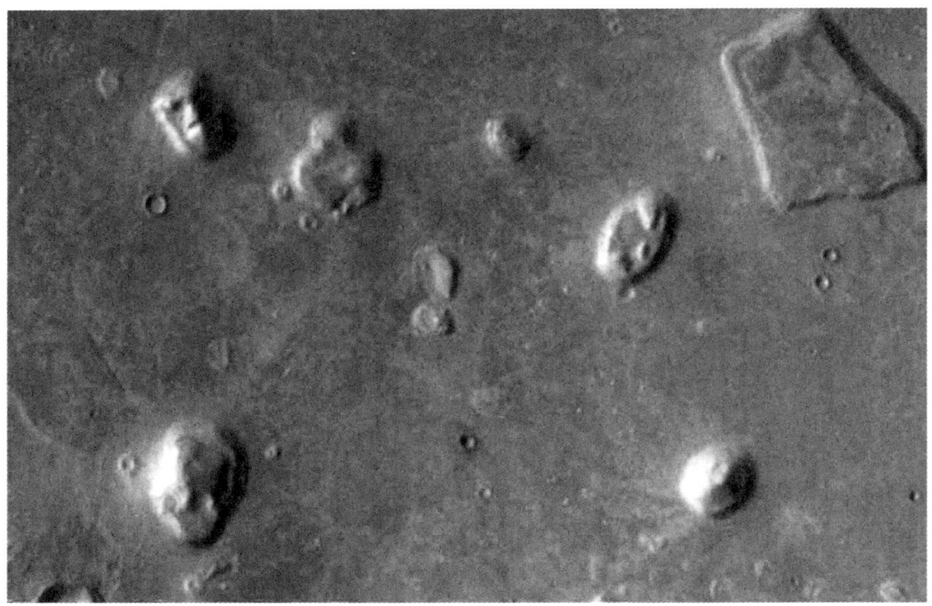

Satellitenbild von 1976 von der Cydonia-Region auf dem Mars. Die Formation oben links ist das »Gesicht«, das Richard Hoagland in seinem Buch *Die Mars-Connection* beschreibt.

Die Beweise für ein nukleares Ereignis auf dem Mars scheinen von einem Hotspot über den nördlichen Bereichen des Mare Acidalium auszugehen, einem Gebiet, zu dem auch das Cydonia-Hochland gehört. »Das Spektrum der in der Marsatmosphäre vorgefundenen Krypton- und Xenon-Isotope, insbesondere Xenon-129 und Krypton-80«, sagte Brandenburg in einem neueren Interview

* Der Artikel ist nachzulesen unter: John Brandon, »Was There a Natural Nuclear Blast on Mars?«, Fox News, 1. April 2011, https://www.foxnews.com/science/was-there-a-natural-nuclear-blast-on-mars.

mit *Atlantis Rising*, »wurde bei beiden durch nukleare Explosionen erzeugt, das Xenon-129 direkt durch die Spaltung von Uran-238 und Thorium durch hoch energetische Fusionsneutronen und das Krypton-80 durch intensiven Neutronenbeschuss des Bodens.« Mars-Meteoriten, die auf der Erde gefunden wurden, stammen aus unterirdischem Gestein und sind im Vergleich zu Erdgestein arm an Uran, Thorium und Kalium, allesamt radioaktive Elemente. Gammastrahlen von der Marsoberfläche, die sowohl von russischen als auch von amerikanischen Raumfahrzeugen gemessen wurden, weisen jedoch deutlich höhere Strahlungswerte auf, die von zwei bestimmten Hotspots ausgehen. Dies deutet auf die Signatur zweier möglicher nuklearer Ereignisse hin. Die Daten wurden bestätigt und im Mai 2013 im *Science Magazine* veröffentlicht.*

Kernphysiker Dr. John Brandenburg.

Damals befand sich der Mars – bevor er angegriffen wurde – nach Ansicht von Brandenburg in so etwas wie der Bronzezeit der Erde. Er hat keine Vorstellung davon, wer der Angreifer gewesen sein könnte. Das ist einer der Gründe, warum er glaubt, dass wir zum Mars reisen müssen, um zu sehen, ob irgendwelche Spuren hinterlassen wurden.

Seit Jahren wird darüber spekuliert, dass es in der Frühzeit auf der Erde Kernexplosionen gegeben haben könnte. In der Umgebung von Mohenjo-Daro in Pakistan wurden Beweise für intensive Hitze und hohe Strahlung aus der Zeit vor mehr als 5000 Jahren gefunden. Ungeklärte Glasablagerungen in der ägyptischen Sahara haben ähnliche Mutmaßungen ausgelöst. In Indien enthält das alte

* Eine kurze Übersicht über Brandenburgs und andere Theorien findet sich in Nathan Falde, »Evidence of Major Cataclysm on Mars Which Would Have Destroyed Any Life«, *Ancient Origins* (online), 22. Juni 2019, https://www.ancient-origins.net/news-science-space/evidence-major-cataclysm-mars-which-would-have-destroyed-any-life-00670.

Sanskrit-Epos *Mahabharata* Erzählungen über Ereignisse, die stark nach einem frühzeitlichen Atomkrieg klingen. Robert Oppenheimer, der Vater der modernen Atombombe, nahm solche Möglichkeiten sehr ernst.

Künstlerische Darstellung einer frühzeitlichen Kernexplosion auf dem Mars; Illustration von Randy Haragan für das Cover von *Atlantis Rising* (September/ Oktober, 2014).

Seltsamerweise bestätigen die Belege für eine nukleare Zerstörung auf dem Mars zumindest teilweise Berichte aus vielen einst belächelten Quellen. Dem inzwischen verstorbenen Zecharia Sitchin zufolge berichten alte sumerische Aufzeichnungen von der Zerstörung eines Planeten namens Tiamat durch einen Schurkenplaneten namens Niburu. Donald W. Patten entwirft in seinem 1988 erschienenen Buch *Catastrophism and the Old Testament* die Theorie, ein Planet namens Astra sei mit dem Mars kollidiert, nachdem er in Stücke zerbrochen war – ähnlich wie der Komet Shoemaker-Levy 9, bevor er 1994 auf dem Jupiter einschlug. Viele esoterische Traditionen, unter anderem die Theosophie, gehen schon länger davon aus, dass der Asteroidengürtel zwischen Mars und Jupiter die Folge einer Kollision zwischen einem Planeten namens Maldek und dem Mars ist. Ob dies zu einem irgendwie gearteten nuklearen Ereignis auf dem Mars geführt haben könnte, ist unklar, aber viele intuitive Quellen gehen seit Langem davon aus, dass Maldek durch die Atomwaffen einer wahnsinnig gewordenen Zivilisation zerstört wurde. Entsprechende Behauptungen sind im Internet leicht zu finden.

Dieser üblicherweise als Phaeton bezeichnete hypothetische fünfte Planet – der fünfte von der Sonne aus – wurde ursprünglich vom deutschen Astronomen Johann Elert Bode nach der Entdeckung von Ceres, dem größten Asteroiden, im Jahr 1801 vorgeschlagen. Die Vorstellung, dass der Asteroidengürtel durch eine Planetenkollision entstanden sein könnte, ist als Disruptionstheorie bekannt. Obwohl sie von der orthodoxen Wissenschaft rundweg abgelehnt wurde, zwingen neue Beweise dazu, die einst als absurd abgetanen Ideen neu zu überdenken.

Uraltes Leben auf dem Mars

Der erfahrene Marsforscher Brandenburg, der gemeinsam mit Monica Rix Paxson das Buch *Dead Mars, Dying Earth* (dt. *Wie der Erde die Luft ausgeht: Das Ende unseres blauen Planeten*) verfasst hat, verkündete 1986 als erster Wissenschaftler auf einer wissenschaftlichen Konferenz die Hypothese, dass es auf dem Mars einst einen Paläo-Ozean gab. Der konservativen Planetologie erschien diese Vorstellung damals absurd. Jüngste visuelle Beweise des Mars Global Surveyor – für Stellen, an denen früher Wasser floss, sowie für eine Meeresküstenlinie – untermauern jedoch seine Behauptung. Der vielleicht aussagekräftigste Beweis für einen Paläo-Ozean waren die jüngsten Bilder des Mars Orbiter Laser Altimeter (MOLA), die eine riesige topografische Vertiefung auf der nördlichen Marshalbkugel zeigen. Dort befand sich ein Ozean, der etwa ein Drittel der Marsoberfläche bedeckte.

Die Existenz dieses großen Wasservorkommens auf der Marsoberfläche erzählt uns viel über die Geschichte des Planeten, so Brandenburg. Das Vorkommen von flüssigem Wasser zeigt zum Beispiel, dass die Temperaturen auf dem Mars, die derzeit zwischen minus 94°C und minus 9°C betragen, einst über dem Gefrierpunkt lagen. Das ist ein bemerkenswertes Faktum. Wir haben hier einen Planeten vor uns, etwa halb so groß wie die Erde und viel weiter von der Sonne entfernt (mindestens 90 Millionen Kilometer weiter weg), der einst so warm war, dass reichlich Wasser fließen konnte.

Das Vorhandensein von fließendem Wasser und die wärmeren Temperaturen zeigen auch, dass der Mars einst eine Treibhausatmosphäre und einen viel höheren atmosphärischen Druck aufwies als heute. (Die heutige Marsatmosphäre beträgt nur ein Prozent der Erdatmosphäre.) Diese Atmosphäre bestand wahrscheinlich hauptsächlich aus Kohlendioxid, das, wie wir alle wissen, sehr effektiv Sonnenenergie speichern und einen Planeten aufwärmen kann. Die rote Farbe des Marsbodens verrät uns jedoch, dass es auf dem Mars auch reichlich Sauerstoff gab. Die rötliche Farbe wird durch oxidiertes Eisen im Marsboden verursacht, ähnlich wie Rost, und ähnelt sehr den Wüstenlandschaften im Südwesten Nordamerikas und den rissigen ausgedörrten Flächen, die durch die Zerstörung der Regenwälder am Amazonas entstanden sind.

Plötzlich wissen wir, dass die warm-feuchten Bedingungen, die zur Entstehung von Leben notwendig sind, einst in unserer Nachbarschaft vorhanden waren – auf dem Mars. Aber gab es Leben auf dem Planeten? Die Antwort wird von Tag zu Tag klarer: Ja. Zunächst einmal hat der Mars, auch wenn wir dort nie Gesteinsproben genommen und mitgebracht haben, doch tatsächlich einige zur Erde geschickt. Und die können wir untersuchen.

»Der Mars hat der Erde vor 16 Millionen Jahren einen Liebesbrief gesandt«, schrieb Paxson in *Wie der Erde die Luft ausgeht*. »In Stein gebannt, in den Sternenäther gesandt, stürzte er, eingefangen von der Schwerkraft, nach Millionen Jahren in einem flammenden Sturzflug durch die atmosphärischen Strömungen unseres Planeten. Abgestürzt und einsam lag er 13.000 Jahre ungelesen auf uraltem Eis. Doch als sein Code geknackt und seine Legende gelesen wurde, sagte die in Stein gemeißelte Botschaft den Menschen: Wir sind nicht allein. ›Auch ich trage Leben‹.«

Wie ein Stein von der Oberfläche des Mars auf unserem Planeten gelandet sein könnte, ist schwer vorstellbar. Dass festes Material von einem anderen Planeten unseres Sonnensystems hierher gelangt sein könnte, war für uns tatsächlich erst denkbar, als wir Meteoriten entdeckten, die wir eindeutig als Mondgestein identifizieren konnten (weil wir auf dem Mond Proben genommen hatten, mit denen wir sie vergleichen konnten). Vom Mars haben wir zwar nie eine Probe mitgebracht, aber im Zuge der Viking-Mission haben wir Tests auf der Marsoberfläche durchgeführt, durch die wir nun die einzigartige Signatur von

Sauerstoffisotopen in Marsmeteoriten zu erkennen vermögen. Als die Forscher also den Meteoriten ALH84001 auf dem Eis der Antarktis entdeckten, konnten sie verifizieren, dass er vom Mars stammt. In der Folge fanden sie darin Mikrofossilien von Marsbakterien, ein Ergebnis, das durch die Entdeckung einer Form von Magnetit – die nur durch lebendige Prozesse erzeugt wird – in ALH84001 noch untermauert wurde.*

Im Oktober 2011 zeigte eine Isotopenanalyse, dass die Karbonate in ALH84001 bei einer Temperatur von knapp 18°C mit Wasser und Kohlendioxid aus der Marsatmosphäre ausgefällt wurden. Wikipedia zufolge deuten die Isotopenverhältnisse von Karbonat und Sauerstoff darauf hin, dass die Karbonate aus einem allmählich verdunstenden unterirdischen Wasservorkommen stammen, wahrscheinlich aus einer flachen, wasserführenden Schicht mehrere Meter bis mehrere Dutzend Meter unter der Oberfläche.

Noch kaum bekannt ist, dass der Meteorit, der die Grundlage für die NASA-Meldung über Mikrofossilien vom Mars bildete, nur *ein* Kapitel in einer immer umfangreicher werdenden Erzählung über Exobiologie vom Mars ist. So hat John Brandenburg eine zweite Kategorie von Meteoriten, die sogenannten kohlenstoffhaltigen Chondrite, als vom Mars stammend identifiziert. Sie enthalten Mikrofossilien in weitaus größerer Menge als ALH84001 und ähneln eher dem, was wir am Grund eines Teiches auf der Erde erwarten würden. Und damit sind die Entdeckungen von Mikrofossilien in anderen Gesteinen von »irgendwo da draußen« noch nicht einmal ansatzweise erklärt.

An der Wende zum 20. Jahrhundert begründete der Physiker und Chemiker Svante August Arrenhius die Panspermie-Lehre. Sie besagt, dass das Universum voller Leben ist und dieses Leben in Form von Sporen und getrieben vom Sonnendruck von einem Himmelskörper auf den nächsten übertragen wird. Auch wenn Arrenhius 1903 für seine Arbeit über Elektrolyse den Chemie-Nobelpreis erhielt, seine Vorstellung von der Panspermie fand in der wissenschaftlichen Gemeinschaft keine Zustimmung. Ja, man zog sie sogar ins Lächerliche. Dennoch hat sich unser Verständnis, dass Leben unter sehr extremen Bedingungen überdauern kann, in den letzten Jahren weitgehend verändert. Wir wissen heute, dass Leben auf der Erde in Heißwasserschloten auf dem Meeresgrund, tief unter dem Eis der Antarktis, in vulkanischer Lava und sogar in Kernreaktoren gedei-

* Ein Foto des Meteoriten und die Sichtweise der NASA dazu sind auf der NASA-Website unter https://www.nasa.gov/mission_pages/mars/multimedia/pia00289.html zu finden.

hen kann. Ist es da nach wie vor unvorstellbar, dass Leben auch die eisige Kälte des Weltraums überstehen könnte?

Eine Geschichte zweier Planeten

Wie in einem kürzlich erschienenen Artikel von Richard C. Hoagland beschrieben, lässt sich die Geschichte des Mars auch in anderen Teilen des Sonnensystems sichtbar machen.* Zwar halten die meisten Menschen das Sonnensystem für stabil und vorhersehbar, doch täglich streichen gegenteilige Beweise durch unsere Atmosphäre – in Gestalt von Meteoriten, planetarischen Überresten voller Kernmaterialien. Der Mars ist von ihnen beinahe zerstört worden.

Dr. Tom Van Flanderns Pressekonferenz über Marsanomalien beim National Press Club 2001, Foto: Paul Nahay.

Der Mars entstand vor fünf Milliarden Jahren als selbstständiger Planet, mit wesentlich geringerer Dichte als die Erde, aber reichlich Wasser und allem, was Leben so braucht. Der Mars, der in dem Hoagland-Aufsatz als »Garten Eden« beschrieben wird, hatte damals eine erdähnliche Umwelt und lagerte riesige Sedimentformationen ab, wie der Mars Global Surveyor dokumentiert. Dieser Zustand relativer planetarer Ruhe dauerte 450 Millionen Jahre, bis vor etwa 500 Millionen Jahren ein Tyrann kam und die ganze Gegend übernahm – den leeren Raum zwischen Mars und Jupiter. Dieser Tyrann wurde von einigen Forschern, darunter der verstorbene amerikanische Astronom Tom Van Flandern, als Planet V bezeichnet. Auch er war Teil des ursprünglichen Sonnensystems, hatte

* Siehe Richard C. Hoagland, »A New Model of Mars as a Former Captured Satellite: Bimodal Distribution of Key Features Due to Ancient Tidal Stress?«, *Semantic Scholar* 2001, https://www.semanticscholar.org/paper/A-NEW-MODEL-OF-MARS-AS-A-FORMER-CAPTURED-SATELLITE-Hoagland/5569be7a00ab3679ef98192fa0964689f5ab84f3.

eigene Monde und zog umher. Es gab einen »Kampf« (ein Aufeinandertreffen von Energien und Impulsen). »Blut« wurde vergossen. Aber als alles vorbei war, war der Mars nur noch ein weiterer Mond von Planet V.*

Die Anziehungskraft des tyrannischen Planeten verlangsamte die Rotation des Mars allmählich von zwölf auf etwa 24 Stunden, ließ am Äquator Gezeitenwülste entstehen und belastete die Marskruste und das Innere des Planeten immens. Die Gezeiten, deren Kraft und Ausmaß alles in den Schatten stellte, was es auf der Erde je gegeben hat, rissen auf dem Mars tiefe Gräben auf.

So ging es weiter, bis vor etwa 65 Millionen Jahren die Katastrophe passierte. Der Mars wurde wieder befreit, allerdings verbunden mit einem verheerenden Bombenteppich, der den Planeten und andere Teile des Sonnensystems fast vollständig zerstörte – und mit dem Tod der Dinosaurier zusammenfiel.

Nach dem Hoagland-Modell führten Störungen in der Bewegung eines weiteren ehemaligen Teils des Sonnensystems, des sogenannten Planeten K, vor etwa 65 Millionen Jahren dazu, dass er die Marsbahn kreuzte, wodurch sich die Rotationsachse des Mars verschob und um etwa 60 Grad kippte, bevor Planet K schließlich frontal mit Planet V zusammenstieß und eine Explosion auslöste, die beide zu riesigen Trümmern mit vier- bis fünffacher Erdmasse zerlegte. Der Mars befand sich genau in der Bahn dieser Explosion und wurde auf seiner exponierten Seite nicht nur mit kleineren, energiereicheren Trümmern beschossen, sondern bald darauf auch mit den riesigen, langsameren Trümmern, die mit enormer Wucht auf der Oberfläche einschlugen und viele der riesigen Krater aushöhlten, die wir heute sehen. Laut Hoagland ist dies sowohl Grund für die »Einseitigkeit« des Mars als auch für seine Eigenart in Bezug auf geologische Altersmessungen. Die geschützte Seite ist die ursprüngliche Kruste und dementsprechend dünn, während die exponierte Seite mit einer enormen Anhäufung von Material aus dem Bauch von Planet V übersät ist. Folglich ist sie viel dicker als ihr relativ unbeschädigtes Gegenstück und hat auch eine völlig andere Zusammensetzung. Diese Interaktion zwischen Mars und Planet K kurz vor dem katastrophalen Zusammenstoß von Planet K mit Planet V ist auch der Grund, warum die starke Kraterbildung auf der südlichen Marshemisphäre nicht über den heutigen Äquator des Planeten hinausreicht.

---

* Mehr über Van Flanderns Argumente in seinem Aufsatz »The Challenge of the Exploded Planet Hypothesis«, *International Journal of Astrobiology* 6, Nr. 3 (Juli 2007): 185-197, https://www.cambridge.org/core/journals/international-journal-of-astrobiology/article/challenge-of-the-exploded-planet-hypothesis/3EE7D6DA4F83A9B9F25500F46081AC50.

Doch der eigentliche Schaden war bereits lange vor dem Aufprall der großen Brocken angerichtet worden. Das erste vernichtende Sperrfeuer von Millionen Felsbrocken mit einem Durchmesser von einem knappen Kilometer sprengte einen Großteil der Marsatmosphäre weg und entließ sie für immer ins All. Und als Planet V zerstört wurde, befreite der plötzliche Wegfall der starken Schwerkraft des Planeten die Marsozeane, die sich sofort wieder auf ihr früheres globales Ausmaß ausdehnten. Dabei lösten sie unbeschreibliche Flutwellen aus, die das bereits bestehende Grabenbruchsystem Valles Marineris (das beim Einfangen des Mars als Mond vor einer halben Milliarde Jahren entstanden war) auf bis zu 7000 Meter Tiefe und 4000 Kilometer Länge vertieften und erweiterten – die größte bekannte Schlucht im gesamten Sonnensystem.

Daraufhin kam es zu einem Phänomen ähnlich einem atomaren Winter, bei dem ein massiver Temperaturabfall zur Bildung der bekannten polaren Eiskappen auf dem Mars führte und das restliche Wasser durch die unerbittlichen Anforderungen von Eigenrotation, Druck und Temperatur unter der äußeren Marskruste verschwand.

Auch im übrigen Sonnensystem war nicht alles in Ordnung. Die Venus, so Hoagland, wurde von der sich ausbreitenden Welle interplanetarer Trümmer aus der Kollision so stark getroffen, dass ihre Oberfläche völlig umgeschmolzen wurde. Alle alten Krater verschwanden, die Atmosphäre wurde überhitzt und verunreinigt und der Planet buchstäblich in seine verblüffende rückläufige Eigendrehung gekickt.

Iapetus, einer der eisigen Monde des Saturn im äußeren Sonnensystem, wurde ebenfalls von der Welle kohlenstoffreicher Trümmer überrollt, die sich von der Sonne wegbewegte. Er ging daraus mit einer hellen und einer dunklen Seite hervor – als das am asymmetrischsten gefärbte natürliche Objekt im Sonnensystem. Auch auf die Erde stürzte ein Asteroid. Er zerschmetterte die Halbinsel Yucatán und riss die Dinosaurier mit. Van Flandern war der Meinung, und Hoagland stimmt ihm zu, dass die tödliche Planetenkollision auch der Grund dafür ist, dass es heute Asteroiden und Kometen gibt. Die zunehmende Entdeckung von immer mehr Asteroiden-Satelliten, die noch vor wenigen Jahren von Planetologen als »dynamisch unmöglich« abgetan wurden, ist ein grundlegender Beweis dafür, dass sie bei diesem jüngsten planetaren Kataklysmus entstanden sind.

Künftige Kolonisatoren von der Erde werden bei ihrer Ankunft auf dem Mars sicherlich viel zu untersuchen haben. Einige Funde könnten für ihren Heimatplaneten ein abschreckendes Beispiel sein.

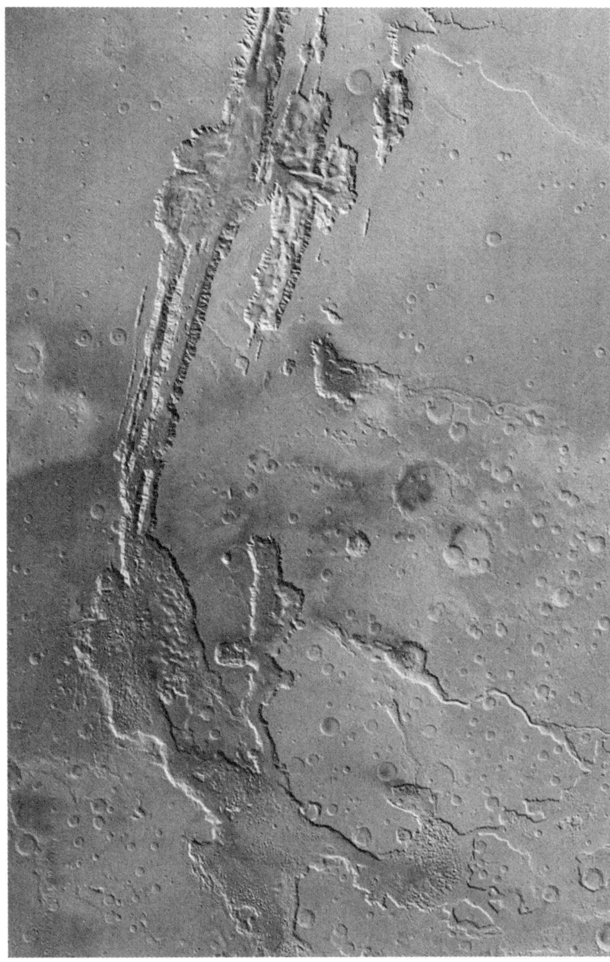

Die Valles Marineris Formation auf dem Mars, das tiefste und längste bekannte Grabenbruchsystem im Sonnensystem.

25

Auf der Suche nach ET

Neue Forschungen jagen eine scheue Beute

Jahrelang hat Hollywood die Suche nach Leben auf anderen Planeten als der Erde romantisiert – insbesondere nach Leben der intelligenten Art. Seit 1960, als der Astronom Frank Drake zum ersten Mal versuchte, ein Radioteleskop aufzustellen, um nach außerirdischen Funksignalen zu lauschen, ist die Suche nach außerirdischer Intelligenz (SETI für engl. search for extraterrestrial intelligence) ein Schlüsselelement in vielen filmischen Erzählungen. Filme wie *Contact*, *Independence Day* und *ET* bieten Variationen über das Thema der ernsthaften, wenn auch einsamen Forscher, die die Welt zu einem neuen interstellaren Bewusstsein führen wollen. Die Realität war allerdings nicht ganz so inspirierend. Die eigenwilligen – wenn nicht gar verrückten – wissenschaftlichen Helden der modernen Mythologie mussten in den meisten Fällen um Respekt und Finanzierung kämpfen, während ihre konventionelleren Geschwister das große Geld einstrichen.

Dr. Frank Drake.

Schauspielerin Jodie Foster horcht in dem Film *Contact* von 1997 nach Signalen von außerirdischem Leben.

Paradoxerweise hatten sogar Leute mit eher exotischen Vorstellungen von außerirdischem Leben ihre Schwierigkeiten mit SETI. Dazu gehört auch Richard Hoagland, der in seinem 1987 erschienenen Buch *Die Mars-Connection: Monumente am Rande der Ewigkeit* das riesige, scheinbar humanoide Gesicht in der Cydonia-Region des Roten Planeten als Beweis für eine fortgeschrittene, frühzeitliche außerirdische Zivilisation anführt. In einem Interview mit *Atlantis Rising* (»Artifacts on the Moon«, *Atlantis Rising* Nr. 2, Februar 1995) spottet Hoagland über SETI als »Kulissenstadt«, die echte Beweise ignoriert, um ein eingefahrenes, eher geozentrisches Denken aufrechtzuerhalten.

Das Leben von SETI-Enthusiasten ändert sich jedoch gerade, möglicherweise sogar gravierend.

2015 gab der inzwischen verstorbene, weltberühmte britische Kosmologe Stephen Hawking auf einer Pressekonferenz der Royal Society in London bekannt, er habe sich mit dem russischen Milliardär Juri Milner zusammengetan, um eine neue, in diesem Umfang noch nie dagewesene Initiative zur Suche nach Leben in den Sternen zu starten. Das neue Radioastronomieprojekt, das den Namen »Breakthrough Listen« trägt, soll die bereits laufenden Bemühungen drastisch beschleunigen. Während frühere Forscher zur Finanzierung ihrer Unterfangen einige wenige wohlhabende Mäzene wie den Microsoft-Mitgründer Paul

Allen um ein paar Almosen angefleht haben, wird das Unternehmen nach dem neuen Plan mit 100 Millionen Dollar ausgestattet, was dem Forschungsgebiet vielleicht neues Prestige – und womöglich sogar Glamour – verleiht. Ob dies zu echten Entdeckungen führt, die von der Mainstream-Wissenschaft als solche anerkannt werden, bleibt abzuwarten.

Hawking meinte: »Das Leben auf der Erde ist spontan entstanden, also muss es in einem unendlichen Universum weitere Vorkommen von Leben geben.« Insbesondere die jüngsten Entdeckungen sogenannter Exoplaneten in weit entfernten Sternensystemen, die zumindest oberflächlich betrachtet der Erde ähneln, reizten ihn. Geoffrey Marcy, Astronom an der Universität von Kalifornien in Berkeley, dem die Entdeckung des ersten Exoplaneten zugeschrieben wird, meint dazu: »Das Universum ist anscheinend prall gefüllt mit biologischen Zutaten.« Dennoch werden keinerlei Vorhersagen getroffen, wie schnell außerirdisches Leben aufgespürt werden kann, obwohl man mit Sicherheit erwarten darf, dass dies dem Programm eines Tages gelingt. Dennoch glauben die Akteure, dass die Verdoppelung der Anstrengungen die Chancen auf eine schnellere Kontaktaufnahme exponentiell erhöht. Bisherige Bemühungen waren ihrer Meinung nach bestenfalls blutleer.«

Stephen Hawking 2008 in Cambridge.

Milner gehört zu den 50 reichsten Männern der Welt, so das *Fortune Magazine*. Sein Geld stammt hauptsächlich aus Investitionen in Internettechnologien, unter anderem Facebook. 2012 rief er den Breakthrough Prize für wichtige Entdeckungen in Wissenschaft und Mathematik ins Leben. Er tätigt zwar eine enorme Anfangsinvestition, die langfristige Finanzierung von Breakthrough Listen soll jedoch durch Crowdfunding im Internet erfolgen. Außerdem wird die begeisterte Öffentlichkeit eingeladen, die Rechenleistung ihrer Smartphones für das Projekt zur Verfügung zu stellen. Das Green Bank Teleskop in West Virginia und das Parkes Observatory Teleskop im australischen New South Wales sind ebenfalls beteiligt. Nach Angaben der National Science Foundation wird Breakthrough Listen eine Million Sterne scannen, die uns am nächsten liegen, sowohl in unserer eigenen Galaxis als auch in hundert weiteren Galaxien in der Nähe. Das Green Bank Telescope wird voraussichtlich ganze 20 Prozent seiner Beobachtungszeit der Suche nach verräterischen Radiosignalen einer anderen Zivilisation widmen.

Breakthrough Listen wird, so heißt es, riesige Datenmengen generieren, die alle für die öffentliche Analyse zur Verfügung stehen werden und wahrscheinlich die größte Menge an wissenschaftlichen Daten bilden, die jemals so allgemein zugänglich gemacht wurde. Für das Sichten und Durchsuchen der Datenflut wird das Team die voraussichtlich leistungsfähigste Software aller Zeiten entwickeln und einsetzen. Die gesamte Software wird Open Source sein. Software und Hardware des Breakthrough Listen-Projekts werden mit anderen Teleskopen auf der ganzen Welt kompatibel sein, sodass sich alle an der Suche beteiligen können. Wissenschaftler und interessierte Laien können die Software von Breakthrough Listen nicht nur nutzen, sondern auch an ihr mitarbeiten und eigene Anwendungen zur Analyse der Daten entwickeln.*

Juri Milner.

* Siehe die Pressemitteilung über das Projekt: »Green Bank Telescope Joins ›Breakthrough Listen‹«, *National Radio Astronomy Observatory* (online), 20. Juli 2015, https://public.nrao.edu/news/gbt-breakthrough-listen/.

Das Green Bank Teleskop.

Ist ET am Telefon?

Das neue Projekt folgt auf andere aktuelle Entwicklungen, die die SETI-Community ebenfalls begeistern. Einige würden sogar behaupten, dass ET bereits am Telefon ist. So weit wollen die meisten Wissenschaftlerinnen und Wissenschaftler zwar noch nicht gehen, aber sie räumen ein, dass sie ein großes Rätsel vor sich haben. Zwei große Radioteleskope auf entgegengesetzten Seiten des Globus registrierten einen kräftigen Ausbruch unerklärlicher Funkaktivität.

Erstmals wurde das Signal 2007 von Astronom Duncan Lorimer und seinem Team an der University of West Virginia in Aufnahmen des australischen Parkes-Observatoriums entdeckt. Es war sehr deutlich und schien von jenseits der

Milchstraße zu kommen. Als später ähnliche Signale aus viel kürzerer Entfernung eintrafen, aber von keinem anderen Empfänger bestätigt wurden, erklärte man sie zu Zufallstreffern und ließ das Ganze auf sich beruhen. 2014 jedoch meldete das Radioteleskop des Arecibo-Observatoriums in Puerto Rico die Entdeckung desselben Signals.

Die große Frage lautet: Was ist es? Bislang geht das Denken in mehrere Richtungen. Manche glauben, das Signal könnte von Impulsen aus dem Kollaps supermassiver Sterne kommen. Andere meinen, es werde durch Sonneneruptionen von nahen Sternen erzeugt. Es gibt auch Argumente, wonach es eine Art Signatur für die lange gesuchte dunkle Materie sein könnte. Und ja, einige Wissenschaftler haben sogar begonnen, über außerirdische Zivilisationen zu spekulieren. Derartiges Gerede macht der wissenschaftlichen Elite natürlich Bauchschmerzen, aber ausgeschlossen hat es bisher niemand.*

Im August 1977 fing Jerry R. Ehman im Rahmen seiner Arbeit an einem SETI-Projekt für die Ohio State University ein unerklärliches Signal offenbar intelligenten Ursprungs auf. Ehman schrieb sein berühmtes »Wow!« auf den Computerausdruck, und seither wird es das Wow!-Signal genannt. Das Ereignis wiederholte sich nie und wurde ebenfalls als Zufall abgetan, aber für orthodoxe Astrophysiker auch nie zufriedenstellend erklärt.

Der Physiker Paul LaViolette spekulierte jedoch, dass das Wow!-Signal tatsächlich das Werk einer außerirdischen Zivilisation war. In seinem 2006 (dt. 2011) erschienenen Buch *Die Botschaft der Pulsare: Intelligente Kommunikation aus der Galaxis?* stellt LaViolette fest, dass Astronomen seit 1967 sehr genau getimte Signale analysieren, die von Funkfeuern, den sogenannten Pulsaren, stammen. Pulsare, so LaViolette, sind riesige Navigationsbaken, die von einer alten raumfahrenden Zivilisation geschaffen wurden.**

LaViolette ist nicht der einzige Wissenschaftler, der überzeugt ist, die unverwechselbaren Anzeichen einer außerirdischen Zivilisation könnten für uns bereits greifbar nahe sein. Ja, sie könnten sogar unerkannt direkt vor unserer Nase liegen.

---

* Das öffentliche Radionetzwerk NPR machte eine Sendung über die Arecebo-Berichte und die Reaktionen darauf, die online nachzuhören ist: Joe Palca, »Close Encounters of the Radio Kind? Mystery Bursts Baffle Astronomers«, in: *NPR's Weekend Edition Saturday* (online), 26. Juli 2014, https://www.npr.org/2014/07/26/335335653/close-encounters-of-the-radio-kind-mystery-bursts-baffle-astronomers.

** Mehr über LaViolettes Forschungen in »The Pulsar Mystery« von Len Kasten in *Atlantis Rising* Nr. 24, August 2000.

Getreidekreise und andere Dimensionen

Als typisches Beispiel wies eine 2009 von Forschern in England und Amerika durchgeführte Studie zu britischen Kornkreisen darauf hin, dass hinter dem Phänomen eine Art Plasmaentladung stecken könnte.

BLT Research, ein aus dem New Yorker Geschäftsmann John Burke, dem Biophysiker William C. Levengood aus Michigan und der britischen Kornkreisforscherin Nancy Talbott bestehendes Forschungsteam, hat die mikroskopischen Veränderungen an den Stängeln der Pflanzen in den Kornkreisen analysiert und nachgewiesen, dass hier etwas sehr Ungewöhnliches vor sich geht.

In den 1990er-Jahren wurden in verschiedenen Laboren in den Vereinigten Staaten und in Großbritannien bei Pflanzen in Kornkreisen zahlreiche Anomalien dokumentiert, darunter die Verlängerung und Streckung von Pflanzenknoten, Löcher in den Knoten, eine deutliche Verbiegung von Knoten und eine verkümmerte Entwicklung der Fruchtstände. Diese Effekte, über die häufig berichtet wurde, traten jedoch nur bei »echten« Kornkreisen auf, nicht bei den mechanisch platt gedrückten Kreationen diverser Trittbrettfahrer.

»Wir waren neugierig«, so Talbott in dem Bericht des Teams, »ob einige jüngere britische Formationen nach wie vor dieselben erkennbaren Veränderungen bei den Pflanzen aufweisen.«

Nach einem sorgfältigen Vergleich der betroffenen Pflanzen mit Kontrollproben, die unter ähnlichen Bedingungen außerhalb der Kreise genommen wurden, kam das BLT-Team zu dem Schluss, die einzige bekannte Methode, die möglicherweise die beobachteten Effekte hervorrufen könne, sei eine Art Plasmaentladung.*

In den 1990er-Jahren behaupteten zwei britische Stammtischbrüder, Doug Bower und Dave Chorley, sie seien die Schöpfer aller Kornkreise. Wie die Hähne, die sich für die Auslöser des Sonnenaufgangs halten, hatten sie jedoch auch ihre Zweifler. Die Frage, wer oder was – ob nun außerirdisch oder nicht – die vielen riesigen und erstaunlichen Muster erzeugt, die regelmäßig auf Feldern in der ganzen Welt und insbesondere in der britischen Grafschaft Wiltshire auftauchen, bleibt trotz Doug und Dave ein Rätsel.

---

* Der vollständige Bericht von BLT ist nachzulesen unter Nancy Talbott, »Plant Abnormalities Indicate Plasma Discharge in 2009 UK Crop Circles«, BLT Research Team Inc. (online), 2009, http://www.bltresearch.com/fieldreports/uk2009.php.

Zudem gibt es natürlich noch die Vorstellung, dass Außerirdische andere Dimensionen – auf anderen Planeten ebenso wie auf unserem – bewohnen und in der Lage sein könnten, auf eine nicht physische Weise zu navigieren, die wir heute noch nicht verstehen.

Dieser riesige Kornkreis mit einem Durchmesser von 300 Metern, der nach einer einzigen Regennacht im August 2001 in Milk Hill, in der englischen Grafschaft Wiltshire, auftauchte, erregte weltweit großes Interesse, konnte aber nie zufriedenstellend erklärt werden. Er besteht aus 409 Kreisen in einem Muster, das als doppelte oder sechsarmige Triskele bezeichnet wird.

Der schwedische Universalgelehrte Emanuel Swedenborg aus dem 18. Jahrhundert schrieb viel über Außerirdische, denen er angeblich persönlich begegnet war. Seine erste Erfahrung mit einem »nicht menschlichen« Wesen soll er 1744 gemacht haben, als er Leiter der schwedischen Bergbaubehörde war.

Swedenborg war einer der fortschrittlichsten Denker seiner (und übrigens auch jeder anderen) Zeit. Er schrieb über praktisch jeden Bereich der wissenschaftlichen Forschung, einschließlich Physiologie, Erfindung und Gehirnneuronen, zu denen er einige der ersten bekannten Beobachtungen machte. Er war mit

Immanuel Kant und anderen berühmten Denkern befreundet. William Blake, Arthur Conan Doyle, Carl Gustav Jung, Honoré de Balzac, Helen Keller, William Butler Yeats und viele andere gaben an, tief von ihm beeinflusst worden zu sein. Swedenborg war Autor von über 20 Büchern, bekleidete viele öffentliche Ämter und wurde trotz seiner Behauptungen, er habe persönlich mit Außerirdischen kommuniziert, zeitlebens hochgeachtet.

In seinen Büchern beschrieb Swedenborg detailliert Wesen von Jupiter, Mars, Merkur, Saturn, Venus und dem Mond sowie von Planeten außerhalb unseres Sonnensystems. Aus seinen vielen Begegnungen schloss er, dass die Planeten unseres Sonnensystems bewohnt sind und dass ein so gewaltiges Unterfangen wie das Universum weder nur für *eine* Menschheit gedacht ist noch, dass sich daraus nur *ein* »Himmel« ableiten lässt.

Wesen aus anderen Welten, so schrieb er, standen über ein Jahrzehnt lang mit ihm in Kontakt und waren ihm sogar körperlich erschienen. Sie kamen zu vielen Zeiten und an vielen Orten und vermittelten jede Menge Einzelheiten über das Universum, die später ins konventionelle Denken einflossen. Swedenborgs Nebelhypothese ist bis heute weithin anerkannt, und man glaubt, dass er mit der Entwicklung dieser Theorie Immanuel Kant, der als Urheber der Hypothese gilt, um viele Jahre voraus war. In *Die Erdkörper im Weltall* (1758) schrieb er, die Mehrzahl der Planeten im Universum sei bewohnt. Nach und nach erkannte er, dass die Wesen, denen er begegnete, auf anderen Planeten in geistiger Form lebten, auf der Erde aber sofort erscheinen konnten, wenn sie dies wünschten.

Swedenborgs Werke waren zu seiner Zeit sehr populär und sind bis heute Gegenstand vieler Diskussionen und Untersuchungen.

Außerirdische Interventionen auf der Erde

Aber auch auf der weltlichen, materiellen Ebene könnten sich merkwürdige neue Beweise auf eine bisher unbeachtete Verbindung zwischen unserer und anderen Welten offenbaren. Nehmen wir den Fall einer winzigen Metallkugel, die vor Kurzem von einem Stratosphärenballon in Großbritannien eingefangen wurde. Wissenschaftler sagen, diese Kugel habe sie darauf gebracht, die Möglichkeit einer intelligenten Intervention in das Leben auf der Erde neu zu überdenken. Astrobiologe Milton Wainwright von der University of Buckingham glaubt sogar, dass sein Team konkrete Beweise für eine von ihnen so bezeichnete »gerichtete Panspermie« gefunden hat.

Die von DNA-Pionier und Nobelpreisträger Francis Crick vor über 40 Jahren erstmals vorgeschlagene gerichtete Panspermie besagt, dass eine hoch entwickelte galaktische Zivilisation die Grundlage für das Leben auf der Erde geschaffen haben könnte. Wenn Wainwright recht hat, könnte dieser Prozess immer noch im Gange sein. Die ursprüngliche Panspermie-Theorie aus dem 19. Jahrhundert besagt, wie bereits erwähnt, dass die Keimzellen des Lebens durch Sporen, Strahlung, Kometen, Meteoriten usw. zufällig von Planet zu Planet getragen worden sein könnten. Crick war jedoch der Auffassung, dass die Übertragung von Leben von einer Welt zur anderen eine intelligente Intervention einer Zivilisation nötig gemacht hätte.

Die Wissenschaftler aus Buckingham ließen Ballons auf über 25 Kilometer Höhe in die Stratosphäre steigen. Als das Material eines Ballons geborgen und untersucht wurde, fand man eine kleine Einschlagstelle, was darauf hindeutet, dass das kugelförmige Objekt nicht einfach sanft gelandet ist. Die Kugel, die etwa so breit war wie ein menschliches Haar, wies an der Außenseite fadenförmiges Leben auf und aus ihrem Inneren sickerte »klebriges«, biologisches Material.

Wainright räumt ein, dass die Möglichkeit eines außerirdischen Ursprungs nicht bewiesen werden kann, es sei denn, »wir finden Details über die Zivilisation, die sie geschickt haben soll«. Unterdessen gibt es nach wie vor Menschen, die gerne spekulieren möchten.*

Mit ET telefonieren

Seit seinen Anfängen hat sich das privat finanzierte SETI-Programm damit begnügt, seine Radioteleskope auf den Weltraum auszurichten und einfach auf alles Ungewöhnliche zu horchen – nur für den Fall, dass eine andere Zivilisation, die unserer eigenen nicht unähnlich ist, ein Gespräch beginnen möchte. Doch nach allem, was man so hört, ist bei unserer Nummer – mit Ausnahme des »Wow!-Signals« – noch nicht angerufen worden. Manchen genügt das allerdings

* Siehe Lee Speigel, »UK Scientists: Aliens May Have Sent Space Seeds to Create Life on Earth«, *Huffington Post* (online), 13. Februar 2015, aktualisiert am 6. Dezember 2017, https://www.huffpost.com/entry/aliens-send-space-seed-to-earth_n_6608582.

nicht, und sie sind entschlossen, irgendwie das Eis mit den kosmischen einsamen Herzen zu brechen, die es dort draußen möglicherweise gibt.

Eine Gruppe von Wissenschaftlern und Investoren hat jetzt eine ständig sendende Nachrichtenbake entwickelt, wie sie sagen, um mit jeder außerirdischen Zivilisation, die dazu bereit ist, eine Kommunikation zu starten. Gegen eine geringe Gebühr können Sie Ihre eigene Botschaft in die Nonstop-Übertragung aufnehmen lassen. Zur Durchführung ihres intergalaktischen Begrüßungsplans oder Balztanzes haben Dr. Jacob Haqq-Misra und seine Kollegen die Funkantenne der Jamesburg Earth Station in Carmel, Kalifornien, mit Beschlag belegt.

Das Projekt hat seine Kritiker. Der kanadische Bioethiker, Transhumanist und Futurist George Dvorsky hält die Idee für »ebenso unnütz wie potenziell rücksichtslos«. Schließlich gibt es keine Garantie dafür, dass mögliche fortgeschrittene Zivilisationen im Weltraum freundlich gesinnt sind. Sie könnten sich durchaus als ziemlich fies erweisen. Wer kann schon sagen, ob sie auf unsere Funksignale nicht so reagieren, wie manche von uns auf das lästige Summen einer Fliege – durch Zerquetschen der Quelle? Vielleicht ja auch nicht, aber wollen wir's wirklich drauf ankommen lassen?*

Zumindest ein Staat auf der Erde, nämlich Russland, gibt zu, dass er mit einer außerirdischen Invasion überfordert wäre. Einem Bericht von *RIA Novisti* zufolge, der von der *Huffington Post* übernommen wurde, sind die russischen Abwehrsysteme nicht in der Lage, sich gegen eine außerirdische Bedrohung zu verteidigen. Angesichts der fortschrittlichen Technologie, die ein interplanetarer Angreifer benötigen würde, um hierher zu gelangen, mag dies offensichtlich erscheinen, die Frage wurde allerdings 2013 auf einer Pressekonferenz am Russischen Raumfahrt-Test-und-Kontrollzentrum GITSIU COP in der Nähe von Moskau aufgeworfen.

Der stellvertretende Leiter des Zentrums, Sergej Bereschnoi, erklärte zwar, die Verteidigung seines Landes reiche aus, um mit jeder irdischen Bedrohung fertig zu werden, meinte aber sehr ernsthaft, für einen außerirdischen Angriff sei das breite Spektrum verfügbarer Waffen unzureichend.** Die Russen sind in dieser Hinsicht nicht allein. Ungeachtet von Hollywood-Spekulationen wie in

* Die vollständige Antwort von Dvorsky ist online nachzulesen: »New Project to Message Aliens Is Both Useless and Potentially Reckless«, *Gizmodo*, 12. Juni 2013, http://io9.com/new-project-to-message-aliens-is-both-useless-and-poten-512863567.

** Siehe Lee Speigel, »*Could Earth Defend Itself from an ET Invasion?*«, *Huffington Post* (online), 8. Oktober 2013, https://www.huffpost.com/entry/alien-invasion-earth-is-defenseless_n_4046659.

Independence Day sind offenbar die militärischen Kapazitäten keines Landes auf der Erde, auch nicht der Vereinigten Staaten, einer derartigen Bedrohung auch nur im Entferntesten gewachsen.

Verständlicherweise sträuben sich militärische Stellen wie die U.S. Air Force immer noch dagegen, einer Bedrohung durch Außerirdische irgendeine Realität zuzugestehen. Dies könnte, so meinen manche, die Mauern des Schweigens um Ereignisse wie die Roswell-Affäre von 1947 erklären.

Ebenso klar ist, dass es unklug, wenn nicht gar leichtsinnig sein könnte, unbekannte Welten mit unbekannten Absichten zur Kommunikation einzuladen.

Stephen Hawking sagte jahrelang, ihm graue davor, was eine außerirdische Zivilisation auf der Erde anrichten könnte. Vielleicht würde sie die Menschen wie eine Ameisenkolonie auslöschen. Doch offenbar hat Hawkings Neugier obsiegt, denn mit seiner Breakthrough Listen Initiative wollte er unbedingt weitermachen.

Ach übrigens, vergessen Sie die kleinen grünen Männchen. Die Außerirdischen könnten uns sehr ähnlich sehen, sagt ein Evolutionsexperte der Cambridge University. Zumindest auf einigen der vielen erdähnlichen Planeten, die Astronomen in den letzten Jahren entdeckt haben, sollten sich Außerirdische entwickelt haben, die uns Menschen ähneln, meint Professor Simon Conway Morris. In seinem neuen Buch *The Runes of Evolution* stützt sich Conway auf das Prinzip der konvergenten Evolution – die Idee, dass verschiedene Arten unabhängig voneinander ähnliche Merkmale entwickeln.*

Wer weiß, ob die Außerirdischen nicht bereits hier sind? Woran sollten wir das überhaupt erkennen?

Lasst das mal durch euren Rechner laufen, ihr SETI-Verrückten.

* Eine Rezension von Morris' Buch ist zu finden in Paul Gallagher, »Forget Little Green Men – Aliens Will Look Like Humans, Says Cambridge University Evolution Expert«, *The Independent* (online), 2. Juli 2015, https://www.independent.co.uk/news/science/forget-little-green-men-aliens-will-look-like-humans-says-cambridge-university-evolution-expert-10358164.html.

Die Hypothese vom Planeten X

Stehen wir vor der Entdeckung von Nibiru?

Im Jahr 2016 gab es neue glaubwürdige Thesen über die Entdeckung eines lang gesuchten neunten Planeten im Sonnensystem (ohne Pluto sind es offiziell noch acht). Die Existenz des legendären Himmelskörpers, der oft als Planet X bezeichnet wird, wurde lange als rein imaginär abgetan, aber wie sich herausstellte, waren die Kritiker vielleicht zu vorlaut.

In seinem 1976 erschienenen Bestseller *Der zwölfte Planet* und dessen zahlreichen Fortsetzungen behauptet Zecharia Sitchin, er habe aus den alten Keilschrifttafeln der Sumerer die Geschichte eines mysteriösen Einzelgängerplaneten entschlüsselt, der sich in regelmäßigen Abständen (alle 3600 Jahre) der Erde nähert. Der Planet mit dem Namen Nibiru war, so Sitchin, von einem mächtigen, technologisch fortgeschrittenen Volk von Riesen bewohnt, den Anunnaki, die sich gewaltsam in die Angelegenheiten der Erde eingemischt haben und – so glaubte Sitchin – für viele Anomalien in unserer Frühgeschichte verantwortlich sind. Seit dem Erscheinen von *Der zwölfte Planet* suchen Legionen von Sitchin-Anhängern vergeblich nach wissenschaftlichen Beweisen für die Existenz von Planet X.

Bereits lange vor Sitchin wurde über die Möglichkeit eines weiteren Planeten jenseits der Umlaufbahn von Neptun diskutiert, aber es kam nie etwas Schlüssiges dabei heraus. Mit der Einreichung von zwei schwedischen Aufsätzen bei der Zeitschrift *Astronomy & Astrophysics* kamen dann im Dezember 2015 neue wissenschaftliche Erkenntnisse ans Tageslicht. Die Entdeckungen entfachten die schwelende Debatte neu und sorgten weltweit für Schlagzeilen. Die Schweden behaupteten, in der Nähe von Pluto einen neuen, relativ großen Himmelskörper gesichtet zu haben. Der Astronom Wouter Vlemmings von der Chalmers University of Technology, Mitautor beider Studien, berichtete von der Beobachtung eines Objekts, das sich vor Hintergrundsternen bewegt und vom Team Gna genannt wurde, nach einer flinken nordischen Gottheit, die Nachrichten für Frigg, die Göttin der Weisheit, überbringt.*

Planet X in der Visualisierung eines Grafikers der NASA; die leuchtende Kugel in der Ferne stellt unsere Sonne dar.

Leider, so erschien es damals zumindest allen, die an Planet X glaubten, wurden beide Arbeiten vom astronomischen Establishment sofort verworfen. Das gemeldete Objekt könnte, so dachte man, möglicherweise ein großer Asteroid

* Siehe Ellie Zolfagharifard, »Is There a Super Earth on the Edge of Our Solar System? Controversial Study Says There May Be a Mega-planet Orbiting Our Sun«, *Daily Mail* (online), 11. Dezember 2015, https://www.dailymail.co.uk/sciencetech/article-3356577/Is-SUPER-EARTH-edge-solar-Scientists-say-mega-planet-orbiting-sun.html.

sein. Dennoch sollten weitere Analysen durchgeführt werden, sodass die Akte – zumindest theoretisch – offen blieb. Der Paukenschlag kam im Januar 2016. »Das Sonnensystem hat offenbar einen neuen neunten Planeten«, verkündete die renommierte Zeitschrift *Science*. Diesmal lieferte eine neue Studie von zwei »angesehenen Planetologen« den Nachweis. Nach Ansicht von Konstantin Batygin und Mike Brown vom California Institute of Technology (Caltech) in Pasadena unterscheidet sich diese Entdeckung von allen zuvor behaupteten Funden von Planet X, wie das *Astronomical Journal* berichtet. »Wir sind so sehr davon überzeugt«, sagt Brown, »dass wir bereit sind, einen Aufsatz zu schreiben und uns hinzustellen und zu sagen: ›Ja, alle, die im letzten Jahrhundert sagten, es gebe einen Planeten X, waren verrückt. Und sie lagen alle falsch. Aber wir haben recht.‹«*

Die Astrophysiker Konstantin Batygin und Mike Brown von der Caltech.

* Weitere Informationen zu dieser Entdeckung in Eric Hand, »Astronomers Say a Neptune-Sized Planet Lurks beyond Pluto«, *Science* (online), 20. Januar 2016, https://www.science.org/content/article/astronomers-say-neptune-sized-planet-lurks-beyond-pluto, sowie in Jesse Emspak, »A Brief History of the Hunt for Planet X«, *Smithsonian Magazine* (online), 15. Dezember 2015, https://www.smithsonianmag.com/science-nature/brief-history-hunt-planet-x-180957551/?no-ist.

Den ersten Hinweis auf seine aktuellen Schlussfolgerungen erhielt Brown 2003. Damals leitete er ein Team, das Sedna entdeckte, ein Objekt, das etwas kleiner ist als Eris und Pluto. Mit seiner seltsamen, weit entfernten Umlaufbahn war Sedna damals das fernste bekannte Objekt im Sonnensystem. Sein Perihelium, der sonnennächste Punkt, lag bei 76 astronomischen Einheiten (eine astronomische Einheit ist die Entfernung von der Erde zur Sonne), jenseits des Kuipergürtels und weit außerhalb des Einflussbereichs der Schwerkraft von Neptun. Die Schlussfolgerung war klar: Etwas Massives, weit hinter Neptun Liegendes, muss Sedna in seine ferne Umlaufbahn gezogen haben.

Nicht alle sind überzeugt, dass ein neuer Planet entdeckt wurde. Der Wissenschaftsjournalist Thomas Levenson schrieb im Januar 2016 für das Magazin *The Atlantic*: »Es gibt keine offensichtlichen Fehler in Batygins und Browns Argumentation mit der Gravitation, aber die Natur hat viele Möglichkeiten, Astronomen in die Irre zu führen, sodass sie Planeten sehen, wo keine sind. Jede Masse übt (nach Newtons Verständnis) eine Anziehungskraft auf alles andere aus, und Newtons allgemeines Gravitationsgesetz beschreibt, wie stark diese Anziehungskraft ist und welche Bewegung daraus resultiert. Im Fall von Neptun und vermutlich auch von Planet Neun offenbaren sich unentdeckte Objekte in den unerklärten Bewegungen, die übrig bleiben, wenn alle bekannten Gravitationseinflüsse des bereits Beobachteten zusammengezählt worden sind.«*

Was die Leute von der NASA anbelangt … die geben zwar zu, dass sie die Möglichkeit der Entdeckung eines neuen Planeten aufregend finden, lassen aber immer noch Vorsicht walten. »Die Vorstellung von einem neuen Planeten ist sicherlich spannend«, sagte Jim Green, Direktor für Planetologie bei der NASA, dem *Christian Science Monitor*, schränkte aber ein: »Es ist noch zu früh, um mit Sicherheit sagen zu können, dass es da draußen einen so genannten ›Planet X‹ gibt.«

Andere Astronomen sind der Meinung, dass es einen unsichtbaren Planeten geben könnte, der viel näher an der Erde liegt. Störungen in der Umlaufbahn des Merkur haben zu Spekulationen über einen Planeten in diesem Gebiet geführt, der als Vulkan bezeichnet wird.

* Siehe Thomas Levenson, »A New Planet or a Red Herring?«, *The Atlantic*, 25. Januar 2016, https://www.theatlantic.com/science/archive/2016/01/a-new-planet-or-a-red-herring/426810/.

Jenseits von Neptun

Bereits 1906 suchte der Astronom Percival Lowell seine persönliche Version des Planeten X, auf den seiner Meinung nach Störungen hinwiesen, die in der Umlaufbahn von Neptun beobachtet wurden. Im Laufe der Zeit gab es mehrere Berichte über große Objekte im Kuipergürtel (z. B. Pluto und Eris), aber bis jetzt war keines davon schwer genug, um ernsthaft Anspruch auf den Titel Planet X erheben zu können. Der neu entdeckte Himmelskörper soll jedoch fast so groß sein wie der Planet Neptun. Obwohl ihn noch niemand gesehen hat, wird seine Anwesenheit mit Sicherheit vermutet, und andere Experten sind sich einig, dass die Zahlen stimmen.

Die größten bekannten transneptunischen Objekte, d. h. Klein- oder Zwergplaneten, die die Sonne jenseits des Neptun umkreisen.

»Auf die Anwesenheit des Planeten schlossen die Wissenschaftlerinnen und Wissenschaftler«, so heißt es in *Science*, »aus der merkwürdigen Anhäufung von sechs bereits bekannten Objekten, die jenseits des Neptun um die Sonne kreisen. Sie sagen, die Wahrscheinlichkeit, dass es sich bei der Häufung um einen Zufall handelt, betrage nur 0,007 Prozent, also etwa 1:15.000. Vielmehr hat, so meinen sie, ein Planet mit der Masse von zehn Erden die sechs Objekte in ihre seltsamen elliptischen Bahnen gelenkt, die aus der Ebene des Sonnensystems herauskippen.« Die Umlaufzeit des neuen neunten Planeten um die Sonne wird auf etwa 15.000 Jahre geschätzt.*

Neptun selbst wurde 1846 entdeckt, nachdem der französische Mathematiker Urbain Le Verrier aufgrund von Unregelmäßigkeiten in der Umlaufbahn des Uranus die Existenz eines Riesenplaneten vorausgesagt hatte. Damals vermuteten viele Beobachter, dass dahinter ein weiterer Planet kreisen könnte. Nach der Wende zum 20. Jahrhundert begann Lowell dann zu argumentieren, Diskrepanzen in den Bahnen von Uranus und Neptun könnten durch die Schwerkraft eines unsichtbaren Planeten erklärt werden. Als 1930 Pluto entdeckt wurde, glaubten viele, dass dies Lowells Hypothese bestätigte, und so wurde er zunächst als neunter Planet bezeichnet. 1978 stellte man fest, dass Pluto zu wenig Masse hat, als dass er die beobachteten Auswirkungen auf die Umlaufbahnen von Neptun und Uranus hätte hervorrufen können. Nach weiteren Untersuchungen, einschließlich Messungen der Voyager-Sonde, entschied man, dass Pluto eigentlich als Zwergplanet einzustufen ist, womit der Titel »neunter Planet« vakant bleibt.

Als Zecharia Sitchin *Der zwölfte Planet* schrieb, folgte er der antiken Praxis und nahm Mond und Sonne in die Liste des Sonnensystems auf. Sitchin, der sich zeitlebens mit sumerischen Keilschrifttexten sowie hebräischen und ägyptischen Hieroglyphen beschäftigt hat, beharrte stets darauf, dass die uralten Schriften nicht als Mythen, sondern im Wesentlichen ziemlich wörtlich gelesen werden sollten, wie journalistische Texte. Vergessen Sie Jungsche Archetypen und metaphysisch-symbolische Analyse. »Wenn jemand behauptet, dass eine Gruppe von 50 Personen unter der Führung von Enki im Persischen Golf gelandet ist«, sagte er im November 1995 in einem Interview für *Atlantis Rising* (Nr. 5, »Visitors from Beyond«), »und an Land gewatet ist und eine Siedlung gegründet hat, warum sollte ich dann sagen, das sei nie passiert, es handele sich um eine Metapher, das sei ein Mythos, eine Fantasievorstellung, das habe sich alles je-

* Siehe erneut Eric Hand, »Astronomers Say a Neptune-Sized Planet Lurks beyond Pluto«, *Science* (online), 20. Januar 2016, https://www.science.org/content/article/astronomers-say-neptune-sized-planet-lurks-beyond-pluto.

mand ausgedacht. Warum soll ich stattdessen nicht vielmehr behaupten, dass wir hier erfahren, was geschehen ist.« Sitchin hat seine einzigartige Erklärung der uralten Schriften zu einer umfassenden, detaillierten Geschichte dessen verarbeitet, was er für die tatsächlichen Geschehnisse rund um die Ursprünge der Menschheit hält. In seinen Büchern legt er umfangreiche, 6000 Jahre alte Beweise dafür vor, dass es einen weiteren Planeten im Sonnensystem gibt, von dem aus im Altertum »Astronauten« – die biblischen Nephilim (Riesen) – auf die Erde gekommen sind.

Der zusätzliche Planet wurde Nibiru genannt, oder auf Babylonisch Marduk. Dieser Planet besaß, so Sitchin, eine überaus exzentrische Umlaufbahn, die weit jenseits von Pluto begann, die Bahnen der übrigen Planeten schnitt und dann zwischen Mars und Jupiter die Sonne halb umkreiste, wofür er 3600 Erdjahre brauchte. Bei der engsten Annäherung auf seiner Umlaufbahn, vor etwa 450.000 Jahren, landete eine Gruppe von Nibiruanern, die als Anunnaki bekannt sind, im südlichen Mesopotamien auf der Erde und begann mit dem Abbau von Gold, das sie offensichtlich für das Überleben ihres Planeten benötigten. Die ersten Bemühungen im Persischen Golf erwiesen sich als unzureichend, sodass man in Südafrika mit dem Untertagebau begann.

Zecharia Sitchin (†).

Die Arbeiter, die eine solche Knochenarbeit nicht gewohnt waren, rebellierten schließlich und veranlassten dadurch einen eiligen Besuch von Anu, dem Herrn von Nibiru, auf der Erde. Bei einer Zusammenkunft zur Lösung des Problems wurde beschlossen, durch Kreuzung zwischen den menschenaffenähnlichen Kreaturen, die damals die Erde bewohnten, und den Anunnaki gentechnisch Sklavenarbeiter zu erzeugen. Nach einer Phase des Ausprobierens gelang vor etwa 300.000 Jahren das »perfekte Modell« eines primitiven Arbeiters, indem der manipulierte Embryo in die Gebärmutter einer »Geburtsgöttin« implantiert wurde. Schnell folgte die Massenproduktion. Der Rest, so Sitchin, ist Geschichte.

Außerirdische Intervention

Natürlich ist die Vorstellung, dass unser Planet Besucher aus anderen Welten beherbergt hat, die in unserer Geschichte – und vielleicht auch beim Untergang von Atlantis – eine wichtige, aber geheime Rolle gespielt haben, in den letzten Jahren sehr populär geworden. Die Forschungen von Bestsellerautoren wie Sitchin und Erich von Däniken (*Erinnerungen an die Zukunft*) wurden in der Sendung *Ancient Aliens* des History Channel vorgestellt. Die Vorstellung, dass sich Außerirdische in der Vergangenheit in die Angelegenheiten der Erde eingemischt haben und es in Zukunft wieder tun werden, könnte als plausibler gelten, wenn der Heimatplanet der Besucher in unserem eigenen Sonnensystem läge und nicht Lichtjahre entfernt. Sicherlich sehen sich viele, die meinen, dass die Geheimnisse der fortgeschrittenen frühzeitlichen Technologie auf der Erde sich am besten durch das Eingreifen von Außerirdischen erklären lassen, durch die jüngsten Planetenentdeckungen in ihrer Sichtweise bestätigt. Das Gleiche gilt für Science-Fiction-Fans, die miterlebt haben, dass viele Entwicklungen, die erstmals in ihrer Lieblingslektüre beschrieben wurden, tatsächlich eintraten.

Die Science-Fiction hat schließlich bei vielen erstaunlichen Dingen recht gehabt, und immer wieder spekulieren manche sogar, dass SF-Autoren Zugang zu geheimen und zuverlässigen Informationsquellen gehabt haben müssen. Wie William B. Stoecker in »Foreseeing the Past« (*Atlantis Rising* Nr. 94, Juli/August 2012) erklärt, scheinen einige Autoren des Genres »Kenntnisse über unsere geheimnisvolle Vergangenheit sowie über die Gegenwart gehabt zu haben, die den meisten Menschen nicht zugänglich sind«. Er zitiert Jonathan Swifts berühmte Satire *Gullivers Reisen*, die manche als frühe Science-Fiction betrachten und in der 1726, über 100 Jahre vor ihrer Entdeckung, die beiden Marsmonde erwähnt werden. Swift sagt, sie umkreisten den Mars in einem Abstand von drei und fünf Marsdurchmessern in einer Umlaufzeit von 10 bzw. 21,5 Stunden. Die echten Monde umkreisen den roten Planeten in einer Entfernung von 1,4 und

3,5 Marsdurchmessern, in 7,6 und 30,3 Stunden. Das ist zwar nicht exakt das Gleiche, aber für einen Zufall ziemlich nah dran.*

In ihrem 1966 erschienenen Buch *Intelligent Life in the Universe* widmen die Astrophysiker I. S. Shklovskii und Carl Sagan ein Kapitel der Argumentation, Wissenschaftler und Historiker sollten ernsthaft in Betracht ziehen, dass es in der Geschichte zu Kontakten mit Außerirdischen gekommen sein könnte. Shklovski und Sagan betonen zwar, dass diese Ideen spekulativ und unbewiesen sind, behaupten aber auch, dass interstellare Reisen mit Unterlichtgeschwindigkeit durch außerirdisches Leben gesichert seien, wenn man Technologien in Betracht zieht, die Ende der 1960er Jahre etabliert oder machbar waren. Für sie sind wiederholte Besuche von Außerirdischen auf der Erde plausibel, und sie erklären, dass vorwissenschaftliche Narrative eine potenziell verlässliche Möglichkeit zur Beschreibung von Kontakten mit Außerirdischen darstellen können.

Sagan veranschaulichte diese Hypothese anhand der Expedition des französischen Entdeckers Jean-François de Galaup, Comte de La Pérouse, im Jahr 1786, bei der es erstmals zu einem Kontakt zwischen Europäern und Tlingit-Kulturen im amerikanischen Nordwesten kam. Berichte über dieses Zusammentreffen wurden von den schriftlosen Tlingit in Form einer mündlichen Erzählung bewahrt. Über 100 Jahre später hielt der Anthropologe George T. Emmons sie auf Papier fest. Obwohl eingebettet in das kulturelle und spirituelle Weltbild der Tlingit, war die Erzählung doch eine genaue Schilderung der Begegnung von 1786. Laut Sagan beweist dies, dass »unter bestimmten Umständen ein kurzer Kontakt mit einer fremden Zivilisation auf rekonstruierbare Weise festgehalten werden kann. Weiter erklärt er, dass die Rekonstruktion erheblich erleichtert wird, wenn 1) der Bericht bald nach dem Ereignis schriftlich festgehalten wird, 2) eine große Veränderung in der kontaktierten Gesellschaft eintritt und 3) die kontaktierende Zivilisation nicht versucht, ihren exogenen Charakter zu verschleiern.«**

Außerdem führten Shklovskii und Sagan an, die Oannes-Legenden – bei Oannes handelt es sich um ein fischähnliches Wesen, das den frühen Sumerern Landwirtschaft, Mathematik und Kunst beigebracht haben soll – verdienten aufgrund ihrer Konsistenz und Detailgenauigkeit eine genauere Untersuchung als mögliches Beispiel für einen Paläokontakt.

---

* Weitere Einzelheiten zu Jonathan Swifts Vorhersagefähigkeiten in Steven Novellas Blogbeitrag »Jonathan Swift Predicted the Moons of Mars«, *Neurologica* (Blog), 11. Juli 2008, https://theness.com/neurologicablog/index.php/jonathan-swift-predicted-the-moons-of-mars/.

** Siehe I. S. Shklovskii und Carl Sagan, *Intelligent Life in the Universe*, Holden-Day 1966.

Carl Sagan (†).

Während des Zweiten Weltkriegs waren die Bewohner zahlreicher Pazifikinseln, die zum ersten Mal mit den Technologien einer fortgeschrittenen Zivilisation in Berührung kamen, auf die Nachschublieferungen der Frachtflüge angewiesen und bildeten in der Folge sogenannte »Cargo-Kulte« aus. Ausländische Soldaten wurden vergöttert und für die von ihnen gelieferte Fracht verehrt und dies auch noch lange nach ihrer Abreise.* Viele glauben, dass die Erfahrungen der Inselbewohner vergleichbar sind mit denen der Menschen im Altertum, die auf außerirdische Besucher trafen. Richard Hoagland, Autor des Buches *Die Mars-Connection: Monumente am Rande der Ewigkeit*, behauptet, dass die NASA, die das Phänomen des Cargo-Kults untersucht hatte, es sich von Anfang an zum Prinzip machte, der Öffentlichkeit jegliche Beweise für eine außerirdische Zivilisation vorzuenthalten, weil sie befürchtete, dass der Kontakt mit einer fortgeschrittenen außerirdischen Gesellschaft destruktiven Einfluss auf uns haben könnte.

Andere sind der Meinung, dass der Einfluss von Außerirdischen in unserer Vergangenheit nicht ausschließlich in Form der grobstofflichen physischen Ereignisse erfolgt ist, wie sie sich die materialistischen Wissenschaftler vorstellen, die unsere heutige Kultur dominieren. Tatsächlich haben einige, etwa der schwe-

* Mehr über die Cargo-Kulte in Peter M. Worsley, »50 Years Ago: Cargo Cults of Melanesia«, *Scientific American*, 1. Mai 2009; erstmals erschienen im Mai 1959, https://www.scientificamerican.com/article/1959-cargo-cults-melanesia/ (nicht in deutscher Übersetzung in *Spektrum der Wissenschaft* oder auf spektrum.de erschienen, wohl aber ein Buch: Peter Worsley, *Die Posaune wird erschallen: Cargo-Kulte in Melanesien*, aus dem Englischen von Monika Kind, Suhrkamp 1973; Anm. d. Ü.)

dische Universalgelehrte Emanuel Swedenborg, behauptet, dass eine Kommunikation zwischen unserer Welt und anderen Welten bereits seit Jahrtausenden stattfindet, allerdings auf feinstoffliche, spirituelle Art und Weise, die das Fassungsvermögen der meisten Erdbewohner bei Weitem übersteigt.

Unabhängig von der Beschaffenheit eines etwaigen neuen neunten Planeten oder von potenziellem Leben darauf scheint es unwahrscheinlich, dass in absehbarer Zeit ein Kontakt mit der Erde möglich sein sollte. Wie andere Objekte in seiner Umgebung im Kuipergürtel auch ist er sehr weit von der Erde entfernt. Seine nächste Annäherung an die Sonne ist siebenmal so weit weg wie die von Neptun, und seine Reise könnte ihn weit über die gefrorenen Welten hinausführen, die wir bisher identifiziert haben. Unterdessen setzt die Wissenschaft ihre Himmelsbeobachtungen fort, vor allem von einem Observatorium auf Hawaii aus, in der Hoffnung, unseren fernen Nachbarn irgendwann zu Gesicht zu bekommen. Aber erwarten Sie nicht, dass irgendwelche Abgesandten vorbeischauen.

27

Theorie der Prä-Astronautik

Realität oder Science-Fiction?

Nach dem Erfolg der Sendung *Ancient Aliens* des History Channels dürfte es nicht weiter überraschen, dass der Gedanke, Außerirdische hätten die Entwicklung der Zivilisation auf der Erde beeinflusst, inzwischen vielen zugeschrieben wird. Laut Dr. Gregory Little – Forscher, Herausgeber des Online-Magazins *Alternate Perceptions* und regelmäßiger Autor für *Atlantis Rising* –, der sich eingehend mit diesem Thema beschäftigt hat, wird die sogenannte Prä-Astronautik-Hypothese allen möglichen Personen zugerechnet, vom Horror-Schriftsteller H. P. Lovecraft bis zum bekannten Astronomen Carl Sagan, aber nur wenige moderne Forscher kennen die wahren Ursprünge des Konzepts.*

Für heutige UFO-Anhänger bot Erich von Dänikens Megaseller *Erinnerung an die Zukunft* von 1968 eine Einführung ins Thema, und Zecharia Sitchins Bestseller *Der zwölfte Planet* von 1976 mit seinem ausführlichen alten sumerischen Keilschrifttexten entlehnten Bericht lieferte die Details. Beide Bücher erfuhren zahlreiche Fortsetzungen, die sich nach wie vor großer Beliebtheit erfreuen und die Sendereihe des History Channels inspiriert haben. Viele Dokumentarfilme, Bücher von gleichgesinnten Autoren und eine geradezu religiöse Inbrunst von treuen Anhängern waren die Folge. Für die anerkannte Wissenschaft ist allerdings allein die Vorstellung, dass es in der Geschichte der Menschheit intelli-

* Siehe Gregory Little, »The True Origins of the Ancient Astronaut Idea«, *Alternate Perceptions Magazine*, September 2014, http://www.apmagazine.info/index.php?option=com_conten t&view=a rticle&id=570:archaeotrek-august-2033&catid=2&Itemid=44, und dessen Fortsetzung »The Origin of the Ancient Astronaut Idea: Archaeology Textbook Reveals That Everyone Is Wrong«, Dezember 2014, http://www.apmagazine.info/index.php?option=com_content&view=article&id=598:archaeotr ek-august-2047&catid=2&Itemid=44.

gente Interventionen aus anderen Welten gegeben haben könnte, seit jeher ein Tabu, wenn nicht sogar ein regelrechtes Anathem.

Erich von Däniken.

Da sie sich von der immensen Popularität des Begriffs offensichtlich bedroht sieht, scheint die Orthodoxie entschlossen, alle Helden der Prä-Astronautik zu vernichten. »Skeptiker«, sagt Little, »werden wahrscheinlich alles tun, um die Idee von außerirdischen Einflüssen im Altertum zu diskreditieren.« Die Vorstellung an sich, sagen sie, sei von der Science-Fiction abgekupfert. Doch selbst wenn nachgewiesen werden könnte, dass die Science-Fiction die Hypothese inspiriert hat, ist sie damit noch nicht widerlegt, und Little geht sehr ins Detail, um dahingehende Argumente zu entkräften.

Science-Fiction und Spiritualismus

Scheinbare Verbindungen zwischen Science-Fiction und dem, was man als »Prä-Astronautik« bezeichnen könnte, lassen sich bis weit in die Vergangenheit und sicherlich lange vor Sagan oder Lovecraft zurückverfolgen. So wurde beispielsweise in dem 1897 erstmals erschienenen Buch *Krieg der Welten* von H. G. Wells eine Invasion vom Mars beschrieben. Doch das war keineswegs das erste Buch, das uns Anlass zur Sorge über Interventionen von Außerirdischen gab. Drei Jahre davor hatte der französische Astronom und Science-Fiction-Autor Camille Flammarion das Buch *Omega: Die letzten Tage der Erde* veröffentlicht. Darin stellt er sich vor, wie telepathische Kommunikation aus anderen Welten den Lauf der Geschichte auf der Erde verändern könnte. Jahre später spekulierte der erfolgreiche Science-Fiction-Autor Edgar Rice Burroughs über telepathische Verbindungen und außerkörperliche Reisen zwischen Erde und Mars.

Flammarions Holzstich, Holzschnitt eines unbekannten Künstlers, erschienen erstmals 1888 in Camille Flammarions Buch *L'Atmosphère: Météorologie Populaire*.

Zu weiteren Science-Fiction-Klassikern, die vorzeitliche Astronauten zum Thema haben, gehört William Windsors *Loma, a Citizen of Venus* aus dem Jahr 1897, in dem Loma extra auf die Erde kommt, um ein junges Mädchen und einen Arzt zu beeinflussen und so die Zivilisation voranzubringen. In dem 1885 erschienenen *Aleriel: A Voyage to Other Worlds* von W. S. Lach-Szyrma steuern Außerirdische die Entstehung des Christentums. Ein weiterer Roman, *Auf zwei Planeten,* von Kurd Laßwitz, erschien 1897 in Deutschland. Er erzählt von einem marsianischen Außenposten am Nordpol; die fortgeschrittenen Marsianer nehmen einige Erdlinge mit auf den Mars.

Bereits 1871 entwarf der Romanautor Edward Bulwer-Lytton in *Vril oder Eine Menschheit der Zukunft* eine technologisch fortgeschrittene Zivilisation, die im Geheimen unter der Erdoberfläche in riesigen, durch lange Tunnel miteinander verbundenen Räumen überlebt. Jahre später sollte das Buch bei den Nationalsozialisten große Popularität erlangen. Obwohl die Bewohner dieser unterirdischen Welt angeblich Nachkommen einer antediluvianischen Oberflächenzivilisation waren, hoben sie sich durch ihre weit fortgeschrittene Technologie deutlich von den gewöhnlichen Menschen an der Oberfläche ab, die sie schließlich zu erobern versuchten. Die unterirdische Welt, so hieß es, war hochgradig telepathisch.

Ein weiteres Buch, das um die Wende zum 20. Jahrhundert erschien, war *Phylos, der Tibeter: Hier teilt sich der Weg* von Frederick Spencer Oliver. Es beschreibt die vergessene, aber hoch entwickelte Welt von Atlantis vor ihrer endgültigen Zerstörung um 10.000 v. Chr. sowie die nach wie vor bestehende geheime und feinstoffliche Beziehung zwischen der Erde und einer höheren Zivilisation auf der Venus alias Hesper. Für die Eingeweihten ist die Venus viel mehr als die scheinbar höllische und unbewohnbare Welt, welche die konventionelle Astronomie heute beobachtet. Leben kann in vielen Dimensionen entstehen und sich erfolgreich entwickeln, die das Feld-Wald-und-Wiesen-Bewusstsein auf der Erde nicht wahrzunehmen vermag, so wird behauptet. Wenn die moderne Wissenschaft die Venus untersucht, sieht sie nur das, was den Frequenzen entspricht, mit denen das Leben auf der Erde derzeit verbunden ist. Leben auf Frequenzen, die den Beobachtern auf der Erde unbekannt sind, kann dagegen nicht entdeckt werden. Das Gleiche würde demnach für andere außerirdische Welten gelten. Unter dem Begriff Multiversumstheorie haben solche Vorstellungen in den letzten Jahren eine gewisse akademisch-wissenschaftliche Unterstützung erfahren.*

Oliver schloss *Phylos* 1897 ab, das Buch erschien 1905. Es soll ein Bericht über das Leben seines »eigentlichen« Verfassers in Gestalt des »Phylos, der Tibeter« sein. In der Erzählung geht es um tiefgründige esoterische Themen, darunter Karma und Reinkarnation. Außerdem wird eine Atlantis zugeschriebe-

* Mehr über Multiversen in »Parallel Universes: Theories & Evidence« von Elizabeth Howell auf Space.com, 10. Mai 2018, https://www.space.com/32728-parallel-universes.html (Dieser von Kenyon angegebene Link führt zu einem anderen Artikel über Paralleluniversen; der genannte Artikel ist nicht mehr auffindbar, Anm. d. Ü.)

ne Technologie beschrieben, darunter Fluggeräte namens Valix. Eine ähnliche Technologie ist heute zwar bekannt, doch Oliver schrieb darüber lange vor der Erfindung des Flugzeugs und fügte sogar Illustrationen hinzu, die das Fluggerät zeigen. Gerade so wie manche Kritiker behaupten, Erich von Dänikens Werk sei ein Plagiat, versuchen andere zu unterstellen, Edgar Cayce, der berühmte schlafende Prophet aus Virginia Beach, habe einen Großteil seiner Atlantis-Erzählung aus Olivers Buch entlehnt.

Valix-Traum; Illustration von Randy Haragan für das Cover von *Atlantis Rising* (Januar/Februar, 2015).

Skeptiker dürften Schwierigkeiten haben zu erklären, wie so viele Details in so weit auseinanderliegenden Berichten übereinstimmen können – auf den Vorwurf der geheimen Absprache können sie schließlich schlecht zurückgreifen. Eine einfachere Antwort jedoch könnte lauten, dass die Erzählungen auf gemeinsamen Erfahrungen mit dunkel erinnerten, aber unbewusst bedeutsamen

Ereignissen beruhen, die entweder im Menschheitsgedächtnis oder durch Reinkarnation erhalten blieben. Sicherlich hatte die spiritualistische Bewegung, die Ende des 19., Anfang des 20. Jahrhunderts sehr einflussreich war, Auswirkungen auf alle diese Autoren. Viele von ihnen bezeichneten sich selbst als Spiritualisten oder waren Anhänger der in den 1870er-Jahren von H. P. Blavatsky und Henry Steel Olcott gegründeten Theosophie-Bewegung. Madame Blavatsky schrieb ausführlich über das Leben in anderen Welten, und ihre Ansichten wurden später von anderen theosophischen Lehrern wie Annie Besant, Rudolf Steiner und Alice Bailey bewahrt und weitergetragen. Diese Tradition wird heute in verwandten Richtungen fortgeführt, etwa in der »ICH-BIN«-Bewegung unter der Leitung von Guy und Edna Ballard oder dem von Mark und Elizabeth Clare Prophet gegründeten Summit Lighthouse. Allen gemeinsam ist der Glaube, dass das menschliche Bewusstsein zu interdimensionaler Navigation fähig ist und es möglich ist, allein durch innere Fähigkeiten in andere Welten zu reisen und direkt mit deren Bewohnern in Kontakt zu treten und zu kommunizieren.

Valix: Illustration aus *Phylos, der Tibeter.*

Elizabeth Clare Prophet.

Die Oahspe

Eines der markantesten Beispiele für den Einfluss der Spiritualisten in den 1880er-Jahren ist *Oahspe*, so Dr. Little. Selbst heute noch sind Forscher damit beschäftigt, die Behauptungen in diesem umfangreichen, 900 Seiten dicken Buch aus dem Jahr 1882 zu überprüfen. Der New Yorker Zahnarzt John Ballou Newbrough (1828–1891) hat das Buch vermeintlich durch »automatisches Schreiben« erstellt. Das als Geschichte der letzten 24.000 Jahre angepriesene Werk wurde viel gelesen und war in spiritualistischen Kreisen sehr beliebt. Das Buch, angeblich die geheime Geschichte der Erde, enthält Details über außerirdische Mächte, welche die Entwicklung der Menschheit geprägt haben sollen. Die *Oahspe* nennt die Außerirdischen manchmal »Engel«, stellt aber klar, dass es sich dabei um physische Wesen handelt, die das Werk ihrer Anführer (»Götter« genannt) vollbringen. Im Wesentlichen ist die *Oahspe* eine Variante der Prä-Astronautik-Theorie.

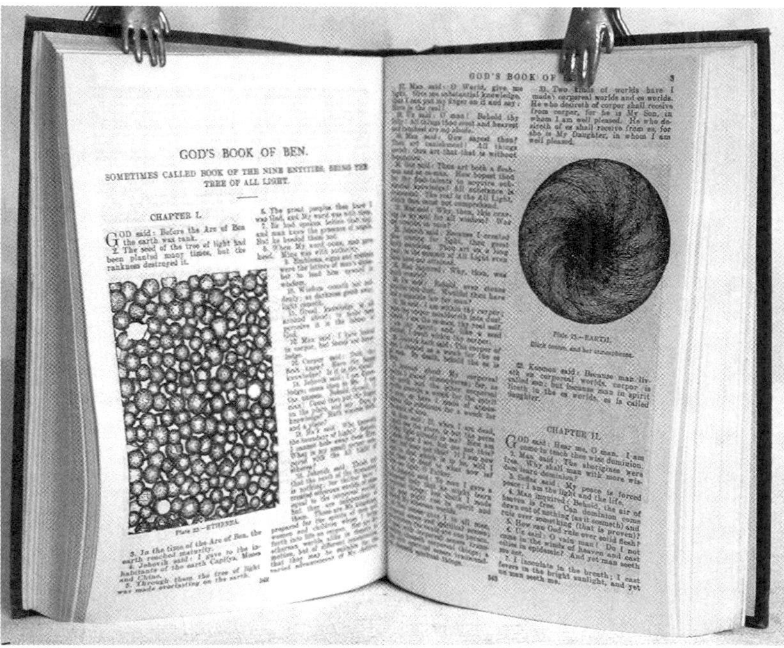

Das Buch *Oahspe*.

Die *Oahspe* beschreibt buchstäblich Legionen fliegender Schiffe, die im Altertum von anderen Welten zur Erde gekommen sein sollen, um die Menschheit zu unterrichten. Mehrere Hundert Seiten sind den Beschreibungen der Raumschiffe gewidmet, die zwischen Planeten und Sternensystemen unterwegs sind – und ihren zahlreichen Bewohnern. Das Buch macht deutlich, dass es »Hunderte Millionen« solcher Außerirdischer gibt.

Dr. Little meint:

> Gemäß dem Inhalt der *Oahspe* kann es keinen Zweifel geben, dass die Götter und ihre Legionen von Engeln durch das Universum fliegen. (...) [Ihre Schiffe] werden als Feuerschiffe, Sternenschiffe sowie mit allerlei anderen Begriffen bezeichnet. Es gibt viele bewohnte Welten im Universum, aber die Feuerschiffe gelten als die Fahrzeuge der Götter und Engel. (...) Die *Oahspe* offenbart, dass die Götter und ihre Engel [physische Wesen] Schiffe brauchen, um die »atmosphärischen« Meere zwischen den Planeten zu durchqueren, so wie auch wir zur Durchquerung unserer Meere Schiffe benötigen. Die Schiffe bleiben normalerweise unsichtbar, weil der Mensch sich vor ihnen fürchten würde, wenn er sie sehen könnte.

In der *Oahspe* heißt es: »Früh in der Entwicklung des Menschen stiegen die Engel in ihren Feuerschiffen vom Himmel herab, um den Menschen zu unterrichten. Sie verhalfen dem Menschen zunächst zu einer aufrechten Haltung und lehrten ihn dann, in Städten und Nationen zusammenzuleben.«

Emmanuel Swedenborg

Little glaubt, dass dem schwedischen Universalgelehrten Emmanuel Swedenborg aus dem 18. Jahrhundert das größte Verdienst an der Hypothese von der Prä-Astronautik zukommt. Swedenborg war zu seiner Zeit weltberühmt und Vertrauter von Königen, Königinnen, Erfindern, Ärzten und Theologen. Er schrieb über 20 Bücher, bekleidete viele öffentliche Ämter und genoss selbst dann noch hohes Ansehen, als seine Ideen über das Leben auf anderen Planeten bekannt geworden waren. Nähere Einzelheiten zu Swedenborg wurden bereits in Kapitel 25 besprochen.

Emmanuel Swedenborg.

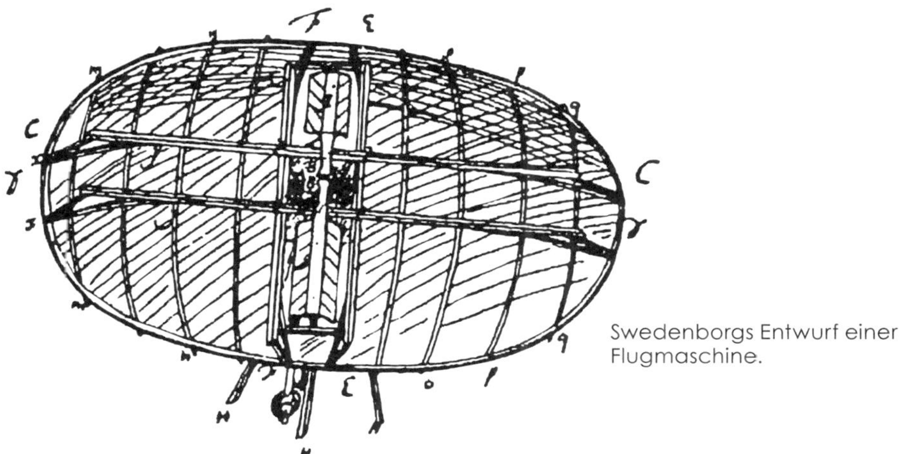

Swedenborgs Entwurf einer Flugmaschine.

Mit dem 1758 erschienenen *Die Erdkörper im Weltall* widmete Swedenborg dem Leben auf anderen Welten ein ganzes Buch. Wesen aus diesen Welten, so erklärte er, stünden seit über einem Jahrzehnt in Kontakt mit ihm und hätten sich vor ihm physisch manifestiert. Er erzählt, diese Wesen seien an verschiedenen Orten zu ihm gekommen und hätten ihm Kenntnisse über das Universum mitgeteilt; so seien die meisten Planeten im Universum bewohnt. Allmählich sei ihm klar geworden, dass die Wesen, die er gesehen habe, in geistiger Form auf anderen Planeten lebten, aber physisch sichtbar werden könnten, wenn sie dies wünschten. Er spricht von Wesen auf dem Mars, der Venus, dem Mond, dem Saturn, dem Merkur und dem Jupiter. Außerdem schreibt er von vielen anderen bewohnten Planeten außerhalb unseres Sonnensystems. Swedenborgs Werke waren zu seiner Zeit ungeheuer populär und sind seither Gegenstand vielfältiger »Auslegungen«. Manche verstehen seine Berichte eher als Beschreibungen des »spirituellen Zustands« des Menschen, wie er sich auf den verschiedenen Planeten darstellen würde. In gewisser Weise, so Little, ähnelt dies dem, was Edgar Cayce später als »planetarische Aufenthalte« bezeichnet.

Einige moderne Autoren wollen das Verdienst, das Leben auf anderen Planeten beschrieben und sich gefragt zu haben, wie es die Erde beeinflussen könnte, zwar anderen zuschreiben, Little aber glaubt, dass tatsächlich Swedenborg der Erste war und am ausführlichsten darüber geschrieben hat. Außerdem hat er wahrscheinlich am grundlegendsten zur Entstehung der spiritualistischen Bewegung und ihrer vielen späteren Abwandlungen beigetragen.

Erklärungen für die Geheimnisse der Erde

Einige führen die vedischen Schriften des Hinduismus als Beweis für Interventionen von Außerirdischen in der frühen Vergangenheit der Erde an. Dr. V. Raghavan, inzwischen verstorbener Sanskrit-Gelehrter an der University of Madras, war überzeugt, dass die vielen Hinweise auf Flugmaschinen, Strahlenwaffen, fortschrittliche Chemie und andere Science-Fiction ähnliche Technologien in den Schriften ein klarer Beleg dafür sind, dass Indien vor mindestens 4000 Jahren außerirdischen Besuch bekam. Dr. Little schließt solche Behauptungen nicht aus, betont aber, dass derartige Belege für seine Behauptungen über die Ursprünge der Prä-Astronautik-Theorie irrelevant sind: »[Das vedische Indien] kannte zahlreiche fliegende Schiffe und Todesstrahlen, aber Behauptungen, dass diese von ›anderswoher‹ [d. h. von Außerirdischen] stammten, sind nicht sonderlich einleuchtend. Wenn es in der antiken Literatur irgendeinen Hinweis darauf gibt, dass die gegnerischen Seiten in den Schlachten aus anderen Welten kamen, dann weiß ich nichts davon.«

Um den rätselhaften zivilisatorischen Fortschritt auf der Erde im Altertum zu erklären, muss man sicherlich nicht an außerirdische Interventionen glauben – jedenfalls nicht an solche der physischen Art. Tatsächlich verdeutlicht die gesamte Kontroverse eine Spaltung im menschlichen Denken, die auch in anderen Debatten zu beobachten ist: Materialismus versus Mystik.

Materialisten glauben, dass die primäre Realität aller Dinge physisch ist. Zu ihnen gehören die meisten orthodoxen Wissenschaftler, aber nicht nur sie. Auf der anderen Seite befinden sich die sogenannten Metaphysiker, zu denen unter anderem Mystiker und die meisten New-Age-Anhänger zählen. Genau wie die orthodoxe Wissenschaft scheinen auch die Befürworter der Prä-Astronautik überwiegend von dem Wunsch getrieben, eine physische Erklärung für das andernfalls praktisch Unerklärliche zu finden. Giorgio A. Tsoukalos, offensichtlicher Erbe des Erich-von-Däniken-Imperiums und Hauptkommentator der Sendung *Ancient Aliens* im History Channel, sagte kürzlich in Bezug auf die Hypothese, dass Engel tatsächlich physische und nicht nur spirituelle Wesen sein könnten: »Endlich eine Erklärung, die Sinn ergibt.«

Was für einen Materialisten Sinn ergibt, ist jedoch nicht notwendigerweise die einzig mögliche Erklärung für vieles, was wir als wahr erachten. Und obwohl dies für die etablierte – oder fundamentalistische – Wissenschaft sehr bedrohlich sein könnte, machen Entdeckungen in der Quantenphysik, darunter Ideen wie Nichtlokalität und Verschränkung, deutlich, dass die ultimative Wahrheit näher am Mystizismus liegen könnte als am Materialismus. Typisch für dieses neue Denken ist das Konzept des Biozentrismus. Sein wichtigster Vertreter, der renommierte Biologe Dr. Robert Lanza, sagt, das Leben nach dem Tod sei real und könne nachgewiesen werden. »Das Universum existiert nur«, so sagt er, »weil wir uns seiner *bewusst* sind.« In einer solchen Welt könnten interplanetare Reisen möglich sein, ohne dass wir auf einen physischen Apparat (also ein Raumschiff) zurückgreifen müssen, den wir heute für unverzichtbar halten.*

Waren die spektakulären Errungenschaften unserer frühen Vorfahren das Resultat einer außerirdischen Intervention? Aber wenn Außerirdische uns geholfen haben, wer hat dann den Außerirdischen Hilfe geleistet? Könnte es auch andere als die gängigen Erklärungen geben? Der Autor William Stoecker meint, wir sollten den Einfluss eines guten Geistes nicht ausschließen. In »Ancient Astronauts or Guiding Spirit? The Mysterious Origins of Ancient Technology« (*Atlantis Rising* Nr. 89, September/Oktober 2011) weist er darauf hin, dass hinter vielen unserer größten Errungenschaften möglicherweise wohlwollende Geister stehen. Ein Beispiel dafür ist der deutsche Chemiker Friedrich August Kekulé, der 1865 die Struktur des Benzolrings entdeckte, nachdem er in einer Art Wachtraum Schlangen gesehen hatte, die sich in den eigenen Schwanz bissen.

---

* Mehr über Biozentrismus in Lanzas 2009 erschienenem Buch *Biocentrism: How Life and Consciousness Are the Keys to Understanding the True Nature of the Universe.*

Könnten wir das »Wesen« der Wirklichkeit tatsächlich vollständig verstehen, wenn wir sie nicht durch abergläubische Glaubenssysteme wie den Materialismus verfälscht wahrnehmen würden? In Kapitel 21 haben wir uns mit Platons »Höhlengleichnis« beschäftigt, in dem Gefangene, die in einer Höhle angekettet sind und Schatten an der gegenüberliegenden Wand beobachten, fälschlicherweise annehmen, die Stimmen, die sie hören, kämen von diesen Schatten. Schließlich befreit man die Gefangenen und sie entdecken das Feuer am Eingang ihrer Höhle. Sie erfahren, dass ihre Kerkermeister die Schatten geworfen und gesprochen haben. Zunächst haben die gerade erleuchteten Gefangenen Mühe, die unbekannte Welt, die sie nun sehen, zu begreifen, aber schließlich gewöhnen sich ihre Augen und ihre Vorstellungskraft an das Licht, und die Wirklichkeit wird erkennbar.

Könnte das Auffinden des Ursprungs uralter Geheimnisse mehr von der Schärfung unserer eigenen *inneren* Wahrnehmung abhängen als von einer Eroberung des *äußeren* Weltraums? Vielleicht werden wir eines Tages, wenn wir die Herausforderungen der Erde gemeistert haben, einfach unsere Augen öffnen und die strahlende Wahrheit unmittelbar schauen und erfassen.

Zeichen eines Verbrechens

Vertuschungen und Verschwörungen zur Verschleierung der Wahrheit

Psychopathen einst und zukünftig

Den pathologischen Faktor berücksichtigen

Als das erste Jahrtausend unserer Zeitrechnung sich dem Ende zuneigte, wurde die Zivilisation, so heißt es, fast verrückt vor Angst angesichts des bevorstehenden Endes der Welt. Tausend Jahre später tauchten die gleichen Ängste wieder auf. Wieder hieß es, dies seien die Zeiten, die von guten wie von schlechten Propheten vorhergesagt worden wären.

Wurde die Erwartung schrecklicher Ereignisse überbewertet, oder waren die Warnungen einfach verfrüht? Zwanzig Jahre nach Beginn des neuen Jahrtausends, selbst nach der Hysterie von 2012, in einer Zeit, in der die meisten Wirtschaftsnachrichten positiv scheinen und die Mehrzahl der Menschen die Möglichkeiten des digitalen Zeitalters – vom Smartphone bis zum intelligenten Auto – für sich entdeckt haben*, stehen wir immer noch vor technologischen Albträumen dystopischen Ausmaßes, nicht unähnlich den in *1984 und Schöne neue Welt* beschriebenen oder noch schlimmer.

Nicht wenige Amerikaner machen sich Sorgen über die Gefahren der künstlichen Intelligenz, und die Alarmglocken schrillen auch an unerwarteter Stelle. Vom verstorbenen Astrophysiker Stephen Hawking bis zu Bill Gates, Elon Musk und Steve Wozniak – in Wissenschaft und Technik fürchten offenbar viele führende Köpfe die Aussicht auf Roboter, die außer Kontrolle geraten und sich gegen ihre Hersteller wenden.

* Im amerikanischen Original erschien dieses Buch 2021, also vor Beginn des russischen Angriffskriegs gegen die Ukraine. Deshalb wird dieser bei den Sorgen, Ängsten und Hoffnungen der Menschen nicht erwähnt. Anm. d. Ü.

Die potenziellen Gefahren, die einst der Science-Fiction vorbehalten waren, wie etwa HAL 9000, der außer Kontrolle geratene Computer aus *2001*, erscheinen angesichts des Vormarsches der Drohnentechnologie und ferngesteuerter Tötungsmaschinen aller Art heute durchaus im Bereich des Möglichen. Müssen wir uns wirklich Sorgen machen, dass KI bald die menschliche Intelligenz übertreffen und die Kontrolle über unsere Welt übernehmen könnte? Vielleicht nicht, aber was wäre, wenn die jetzt entstehende »gutartige« künstliche Intelligenz psychotisch würde?

Ein Roboter sinniert über den Schädel seines Schöpfers nach.

HAL 9000 als Psychopath, Illustration aus *Atlantis Rising*.

Wissenschaftler am MIT behaupten, den ersten »KI-Psychopathen« erschaffen zu haben – und das mit Absicht, um eben dies zu testen. Der Computer, der nach der Titelfigur in Alfred Hitchcocks berüchtigtem Film *Psycho* Norman genannt wurde, wurde von seinen Programmierern kontinuierlich mit erschreckenden Bildern gefüttert und dann mit einer Reihe scheinbar harmloser Tintenkleckstests konfrontiert. Natürlich las der Computer die Bilder als grauenhafte Schreckenszenarien. Die Lehre daraus: Skrupellose Programmierer können Computer in Psychopathen verwandeln, die zu unermesslichem Unheil fähig sind, ohne Reue zu empfinden, und nebenbei bemerkt können sie auch dazu gebracht werden, sich zu replizieren.*

Hawking, der KI sehr fürchtete, bemerkte einmal: »Wenn Menschen Computerviren entwickeln, wird auch jemand eine KI entwickeln, die sich selbst verbessert und repliziert. (…) Das wird eine neue Lebensform, die dem Menschen an Leistungsfähigkeit überlegen ist.«

Auch wenn solche albtraumhaften Möglichkeiten wohl keine unmittelbare Bedrohung darstellen, sollten wir nicht vergessen, dass ganze Generationen von Kindern, die mit Computern aufgewachsen sind, sowohl in den Nachrichten als auch in ihren Unterhaltungsprogrammen mit zerstörerischen und erschreckenden Bildern gefüttert wurden. Könnte die Frucht dieses Prozesses eine technikaffine Bevölkerung voller Selbsthass sein, die darauf aus ist, sich selbst und ihre Maschinen zu zerstören?

Ein Bericht der Forschungsgruppe Governance of AI (CGAI) an der Oxford University aus dem Jahr 2019 legt nahe, dass sich viele Menschen Sorgen darüber machen, wohin die künstliche Intelligenz noch führen könnte. Dies widerspricht der in einigen Kreisen verbreiteten Ansicht, die Bedrohung werde übertrieben, um den Behauptungen der Technikbegeisterten, die die Leistungsfähigkeit ihrer Branche anpreisen, Gewicht zu verleihen. Die Aussicht auf ungebremste »Fortschritte« bei der KI und vielen anderen besorgniserregenden Technologien – von der Gentechnik bis zur Kriegsführung im Weltraum – beunruhigt viele Menschen zutiefst.**

---

* Mehr über das MIT-Projekt unter: »Meet Norman – the World's First ›Psychopathic Artifical Intelligence‹ Unveiled by MIT«, *Sky News* (online), 12. Juni 2018, https://news.sky.com/story/meet-norman-the-worlds-first-psychopathic-artificial-intelligence-unveiled-by-mit-11402216.

** Der CGAI-Bericht basiert auf einer Umfrage aus dem Jahr 2019 unter 2000 Erwachsenen in den USA. Siehe Baobao Zhang und Allan Dafoe, »Artifical Intelligence: American Attitudes and Trends«, Future of Humanity Institute, University of Oxford, Januar 2019, https://www.fhi.ox.ac.uk/aipublic2019/.

Gute Absichten?

Die Defense Advanced Research Projects Agency des Pentagons (besser bekannt als DARPA) untersucht die Möglichkeit, mithilfe von Gentechnik Organismen zu erschaffen, die den Mars theoretisch für Menschen bewohnbar machen könnten.* Die Überlegung ist, eine DNA von Pflanzen zusammenzustellen, die in der Lage wären, dort nicht nur zu überleben, sondern zu gedeihen und eine Atmosphäre aufzubauen, in der Menschen leben könnten – kurzum, den roten Planeten grün zu machen.

Künstlerische Darstellung eines terraformierten Planeten Mars; Abbildung mit freundlicher Genehmigung von Ittiz.

* Weitere Informationen hierzu unter Jason Koebler, »DARPA: We Are Engineering the Organisms That Will Terraform Mars«, *Vice* (online), 24. Juni 2015, https://www.vice.com/en/article/ae3pee/darpa-we-are-engineering-the-organisms-that-will-terraform-mars.

Die stellvertretende Direktorin der Abteilung für biologische Technologien der DARPA, Alicia Jackson, gab zwar nicht ausdrücklich zu, dass sie ein solches Projekt verfolgt, erklärte aber 2013 auf einer Biotech-Konferenz: »Zum ersten Mal haben wir das technologische Instrumentarium, um nicht nur lebensfeindliche Orte hier auf der Erde umzugestalten, sondern auch nicht bloß besuchsweise, sondern dauerhaft in den Weltraum zu gehen.«

Jackson zufolge hat die DARPA bereits eine Software namens DTA GView entwickelt, die Genome in allen Einzelheiten kartiert und so der Wissenschaft neue Möglichkeiten eröffnet, die riesige genetische Bibliothek, die inzwischen zusammengekommen ist, zu nutzen. Langfristig ist geplant, bevorzugte Gene verschiedener Arten auszuwählen, sie miteinander zu kombinieren und neue Organismen zu schaffen. Die Behörde wird mit einfachen Bakterien und Mikroorganismen beginnen. Später sollen komplexere Organismen folgen.

Das alles ist Teil eines langfristigen Plans für das Terraforming, der darauf abzielt, auf dem Mars Pflanzen zu säen, die durch Photosynthese Gase erzeugen, welche die Atmosphäre schließlich so verändern, dass der Mensch darin atmen kann.

Gegen Bedenken, ob die Menschheit überhaupt das Recht besitzt, solche gottähnlichen Aufgaben zu übernehmen, wenden die Befürworter ein, dass der Zielplanet, der Mars, ohnehin praktisch tot ist und man es der Wissenschaft daher durchgehen lassen sollte. Zunächst soll es jedoch darum gehen, Landstriche hier auf Mutter Erde zu »rehabilitieren«, die durch natürliche oder vom Menschen verursachte Katastrophen verwüstet wurden.

Menschen, die die Aussicht auf derartige Experimente beunruhigt, weisen darauf hin, dass die US-Umweltschutzbehörde (EPA), deren Aufgabe es ist, uns vor solchen Verheerungen zu schützen, nun die unvorhergesehenen Folgen ihrer eigenen Fahrlässigkeitsfehler erntet. Der gewaltige Austritt von drei Millionen Litern verseuchten Schmutzwassers aus einer stillgelegten Goldmine in Colorado im Jahr 2013 ist ein gutes Beispiel dafür. Die Kosten für die Beseitigung dieses Fehlers der EPA werden in die Milliarden Dollar gehen.*

Der Weg in die Umwelthölle könnte allem Anschein nach mit guten Vorsätzen gepflastert sein.

---

* Siehe Matthew Brown, »Interior Finds EPA Caused Mine Spill It Hoped to Avoid«, *Washington Post* (online), 22. Oktober 2015, https://www.washingtonpost.com/politics/epa-faulted-for-3-million-gallon-spill-of-wastewater-from-gold-mine/2015/10/22/d2a30b70-78fe-11e5-bc80-9091021aeb69_story.html.

Eine Epidemie von Babys, die mit Mikrozephalie (einem abnorm kleinen und deformierten Kopf) geboren wurden, löste 2016 weltweit Ängste aus. Da man allgemein davon ausging, dass das von Mücken übertragene Zika-Virus die Ursache dafür war, wurde eine Welle intensiver Gegenmaßnahmen losgetreten. Dann kam der Verdacht auf, dass die wahre Ursache der Missbildungen bei den Neugeborenen nicht Zika war, sondern Pyriproxyfen, ein Larvizid, das von einer japanischen Tochtergesellschaft des Chemiekonzerns Monsanto hergestellt wurde und, Ironie des Schicksals, die Zika übertragenden Mücken vernichten sollte.

Notfall-Rückhaltebecken nach dem Austritt von giftigem Schmutzwasser aus der Gold-King-Mine in der Nähe von Silverton, Colorado.

Monsanto bestreitet dies. Allerdings meldete sich eine Gruppe von Ärzten in Argentinien mit gewichtigen Argumenten in der Sache zu Wort. Die Ärzte, die sich den Namen »Ärzte besprühter Dörfer« gaben, wiesen darauf hin, dass es schon früher Zika-Ausbrüche gegeben hat, bei denen bis zu 75 Prozent der Bevölkerung infiziert wurden, ohne dass es jemals zu Missbildungen bei Neugeborenen gekommen wäre. 2014 war jedoch im Rahmen eines umfangreichen staatlichen Programms zur Mückenbekämpfung Pyriproxyfen ins Trinkwasser der betroffenen Gebiete eingebracht worden. Die beabsichtigte Wirkung war, bei den Moskitos Missbildungen hervorzurufen. Der kolumbianische Präsident Juan Manuel Santos erklärte öffentlich, er sehe keine Beweise für einen Zusammenhang zwischen Mikrozephalie und Zika, und viele Gemeinden überarbeiteten ihre Mückenbekämpfungsstrategien, da sie befürchteten, sie könnten eher zum Problem als zu dessen Lösung beitragen.*

Sollte Pyriproxyfen tatsächlich die Ursache für die Missbildungen sein, wäre es nicht das erste Mal, dass sich chemische Pestizide als schlimmer erweisen als das Übel, das sie bekämpfen sollen. Zu früheren Übeltätern gehören DDT, Agent Orange und Malathion.

Die Standards des Bösen

Ob die Wahrscheinlichkeit einer Katastrophe nun zunimmt oder nicht, die Erwartung, dass solche Ereignisse eintreten, steigt auf jeden Fall. Und wenn das menschliche Bewusstsein überhaupt etwas mit der Gestaltung der Welt um uns herum zu tun hat, müssen wir zu dem Schluss kommen, dass allein durch diesen Faktor die Möglichkeiten für das Böse größer geworden sind. Ein altmodischer Reduktionismus/Materialismus im Kern des politisch korrekten Denkens könnte also zu einer wachsenden Akzeptanz etlicher Dinge führen, die einst als böse galten.

Die Professoren Jan Stets und Michael Carter von der University of California, die sich mit diesem Thema beschäftigt haben, behaupten, dass es guten Grund zur Sorge gibt. In der Überzeugung, dass das Leben im Grunde nichts anderes ist als durch das Zusammenspiel zufälliger Kräfte hervorgerufene chemische Reaktionen, haben moderne Intellektuelle seit jeher ein gewisses Problem mit Konzepten wie Moral und Ethik. Denn welche rationale Grundlage könnte es – in einem völlig unpersönlichen Universum – dafür geben, mehr zu tun, als sich nur um sich selbst zu kümmern? Für Stets und Carter liegt die Antwort in einem sozial sensiblen Selbstbild, in dem es einen gewissen Standard für »moralische Identität« gibt. Ist dieser Standard eher niedrig angesetzt, wie ihrer Meinung nach bei Bankern, Börsenmaklern, Hypothekengläubigern, Gangstern und so weiter, reichen Scham und Schuld nicht aus, um schlechtes Verhalten zu verhindern. Ist der Standard hoch, wie, so schließen wir, bei Heiligen und politisch korrekten Vorbildern, wird der Impuls, gesellschaftlich inakzeptable Dinge zu tun, ausgebremst. Deshalb, so die Professoren, gibt es »die Guten« und

* Siehe Reed Johnson und Rogerio Jelmayer, »Brazil State Bans Pesticide after Zika Claim«, *Wall Street Journal* (online), 15. Februar 2016, https://www.wsj.com/articles/brazil-state-bans-pesticide-after-zika-claim-1455584596.

»die Bösen«. Vergessen Sie John Wayne, edle Ideale und das alles. Es ist alles eine Frage der Verhaltenskonditionierung.*

Die Ironie des Schicksals liegt darin, dass solche Argumente tatsächlich an beiden Enden des politischen Spektrums beliebt sind. Die Rechte, wie sie von Persönlichkeiten wie der Schriftstellerin Ayn Rand (Begründerin des Objektivismus und Autorin des Romans *Atlas wirft die Welt ab*) verkörpert wird, sieht in der ungehemmten Verfolgung des Eigeninteresses den einzig vernünftigen Weg für die Gesellschaft. Nur auf diese Weise, so Rand, setzten sich auf natürliche Weise die Besten und Klügsten durch und alle anderen würden von ihren Leistungen und dem daraus resultierenden Wohlstand profitieren. Für die Linke (vertreten durch Aktivisten wie Saul Alinsky, Autor von *Rules for Radicals*) muss der vermeintlich ungerechte Reichtum, den die »privilegierten Schichten« erworben haben, auf gerechtere Weise umverteilt werden, wenn nötig mit Gewalt. Beide Seiten sehen die Welt im Grunde materialistisch und glauben, dass sich die wichtigsten Fragen darum drehen, wer die guten Dinge bekommt – die für manche freilich nur Ramsch sind – und wie die Menschen sie erhalten. Jede Seite bietet einen radikal anderen Ansatz für die Verteilung der hochgeschätzten Güter, die man Reichtum nennt, und widersprüchliche Ansichten darüber, was Freiheit und was Tyrannei ausmacht. Die Debatte, was am besten funktioniert, überlassen wir anderen. Klar ist allerdings, dass keines der beiden Systeme für spirituell orientierte Menschen von wirklichem Wert ist, auch wenn viel für die »Freiheit« spricht.

Tatsächlich lehnen beide Schulen die Vorstellung von einem intelligenten Schöpfer und einer Verpflichtung der Menschheit, den Ursprung ihrer Existenz zu ehren und zu respektieren, ab oder lassen sie zumindest außer Acht. Wenn man damit eine der tiefsten und stärksten Sehnsüchte des Menschen ignoriert, nämlich sich mit seinem Ursprung zu vereinen, wird sich das Endergebnis eines solchen Denkens, ob es nun von links oder rechts kommt, als alles andere als wünschenswert erweisen.

Richard Weikart, Professor für Geschichte an der California State University in Stanislaus, ist der Autor des Buches *From Darwin to Hitler: Evolutionary Ethics, Eugenics, and Racism in Germany*. In »Dehumanizing«, einem Artikel

* Siehe Jan E. Stets und Michael J. Carter, »A Theory of the Self for the Sociology of Morality«, *American Sociological Review* 77, Nr. 1 (2012), https://journals.sagepub.com/doi/abs/10.1177/0003122411433762?journalCode=asra.

in *Atlantis Rising* Nr. 93, Mai/Juni 2012, machte Weikart Charles Darwin, Karl Marx und Friedrich Nietzsche für die entmenschlichenden Folgen eines Großteils der heutigen materialistischen Kultur verantwortlich. Dieses Denken, so seine Meinung, bereitete den Weg für die Gräueltaten der Nationalsozialisten im Zweiten Weltkrieg. Die Vorstellung, der Mensch sei lediglich eine biologische Maschine – ein reines Produkt von Instinkt, Vererbung und Umwelt – öffnete Tür und Tor für die Gaskammern von Auschwitz und Schlimmeres.

Todgeweihte Kinder in einem nationalsozialistischen Konzentrationslager.

Paradoxerweise ist der sogenannte »Humanismus« – theoretisch eine Feier der einzigartigen menschlichen Tugenden – zu einem aggressiven Angriff auf die Einzigartigkeit des Individuums geworden. Zugleich wurde er zu einer Rechtfertigung für die pauschale Übernahme so finsterer Vorstellungen wie Eugenik, Rassismus, politische Gewalt und sämtliche Formen des Missbrauchs in einem herzlosen faschistischen Rassenwahn, der alle, die ihn hinterfragen, vernichten und zum Schweigen bringen will. Im Fadenkreuz eines solchen Humanismus steht jeglicher Gedanke, dass der Mensch in seinem Kern göttlich sein könnte und Freiheit und Würde verdient. Von den Sklavenhaltern im amerikanischen Bürgerkrieg über die Roten in der Russischen Revolution und die »Schreckensherrschaft« während der Französischen Revolution bis zum Holocaust im Zweiten Weltkrieg, stets haben sich finstere Eliten mit ihren seelenlosen machtgierigen Grundprinzipien ermächtigt gefühlt, andere ihrem Willen unterzuordnen und sie allen dämonischen Grausamkeiten zu unterwerfen, die sie für richtig hielten. Dabei nahmen sie für ihre Politik und zur Rechtfertigung ihrer totalen Kontrolle über Herz und Verstand der Menschen zugleich, ohne mit der Wimper zu zucken, eine Art humanitäre (das heißt »wissenschaftlich fundierte«) Autorität für sich in Anspruch.*

Die Konzentrationslager aus dem Zweiten Weltkrieg mögen verschwunden sein, aber die dunklen Geister, die sie hervorgebracht haben und von denen sie abhängig waren, leben leider immer noch. Könnte ihre bleibende Existenz nur das jüngste Echo von Stimmen sein, die viel älter sind, als die meisten zu denken wagen? »Wer nicht aus der Geschichte lernt, ist dazu verdammt, sie zu wiederholen«, sagte der Philosoph George Santayana. Könnte es sein, dass die Weigerung, sich bewusst daran zu erinnern, was sich einst auf der Erde abgespielt haben könnte, die Wahrscheinlichkeit erhöht, dass wir es noch einmal erleben müssen?

* Weikarts Anklage ist online nachzulesen; siehe »The Dehumanizing Impact of Modern Thought: Darwin, Marx, Nietzsche, and Their Followers«, Beitrag auf der Website des Discovery Institute, 18. Juli 2008, https://www.discovery.org/a/6301/.

Schwarze Genetik und die Nazis

Sucht uns ein uraltes Übel erneut heim?

Als südkoreanische und russische Wissenschaftler 2015 Pläne zum Klonen eines Wollhaarmammuts verkündeten, verbarg sich dahinter die Idee, das genetische Material eines Mammuts, das am Ende der letzten Eiszeit schockgefroren wurde, mit moderner Elefanten-DNA zu kombinieren und so ein Hybridwesen zu erschaffen. Umstritten war, ob dabei ein echtes Mammut herauskommen würde.

Zum Nachteil für die Glaubwürdigkeit des aufstrebenden Forschungszweigs des Klonens wurde das koreanisch-russische Projekt von Dr. Hwang Woo-Suk geleitet, einem Tierarzt und Stammzellenforscher, der 2006 nach seiner Behauptung, einen menschlichen Embryo geklont und Stammzellen gewonnen zu haben, im Mittelpunkt einer der bisher größten Untersuchungen wegen wissenschaftlichen Betrugs stand. Hwang wurde schließlich von einem südkoreanischen Strafgericht wegen der Verwendung gefälschter Daten verurteilt. Laut der Zeitschrift *Nature* »hat die Enthüllung den bisher besten Beweis dafür zerstört, dass Stammzellen aus einem Klon extrahiert und an einen bestimmten Patienten angepasst werden können. Durch Hwangs Diskreditierung haben sowohl das Gebiet des therapeutischen Klonens als auch das Vertrauen der Öffentlichkeit zur Wissenschaft einen schweren Rückschlag erlitten.«*

Unbeeindruckt von dem Fiasko gaben Forscher der südkoreanischen Sooam Biotech Research Foundation jedoch bekannt, dass sie zusammen mit Dr.

* Siehe »Woo Suk Hwang«, *Nature News* (online), 11. Januar 2006, https://www.nature.com/collections/szlcbykgyl.

Hwang aktiv am Klonen eines Wollhaarmammuts arbeiten und beabsichtigen, die spektakulären jüngsten Entdeckungen in der Genforschung voll auszuschöpfen, um ihr spezielles Ziel zu erreichen. Die Experimentatoren wollten mit DNA arbeiten, die 2013 aus »Buttercup« entnommen worden war, einem gut erhaltenen Mammutkalb, das man im Permafrost auf der im Süden der Neusibirischen Inseln gelegenen Kleinen Ljachow-Insel gefunden hatte. Die Gruppe glaubte sich im Besitz des besterhaltenen, je von einer ausgestorbenen Art gewonnenen genetischen Materials. Bei seiner Ausgrabung hatte Buttercup eine zähe rote Flüssigkeit aus seinem Unterleib abgesondert. Ob das Experiment gelungen ist, war zum Zeitpunkt der Erstellung dieses Artikels jedoch noch unklar.*

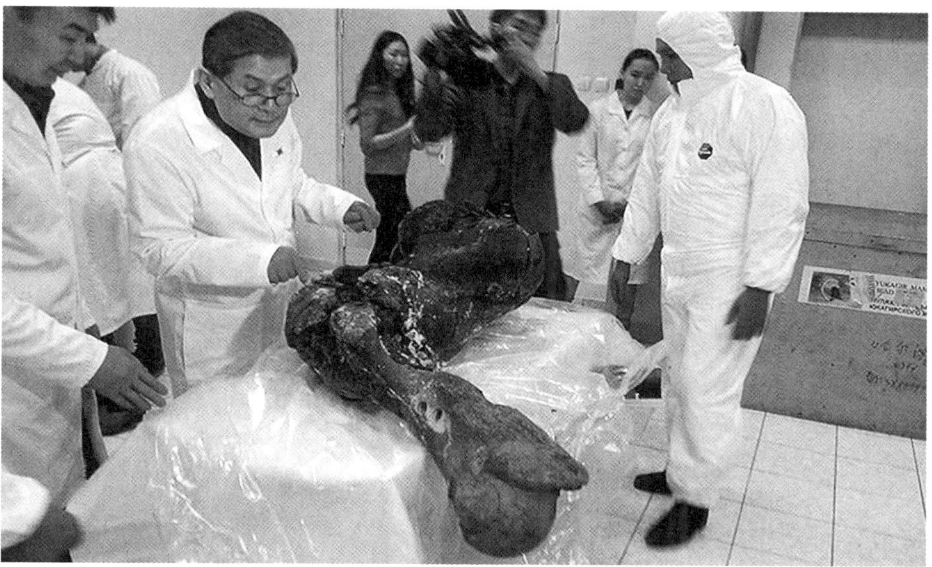

Dr. Hwang Woo-Suk entnimmt Proben aus Mammutgewebe; Foto mit freundlicher Genehmigung von YSIA (russische Nachrichtenagentur für Jakutien).

* Weitere Einzelheiten über das Mammutprojekt finden Sie in Nick Stockton, »This Bad-Boy Geneticist Wants to Clone a Mammoth«, *Wired* (online), 23. März 2015, https://www.wired.com/2015/03/bad-boy-geneticist-wants-clone-mammoth/, und ebenso Tia Ghose, »Can the Long-Extinct Woolly Mammoth Be Cloned?«, *Live Science* (online), 16. November 2014, https://www.livescience.com/48769-woolly-mammoth-cloning.html.

Werden wir eines Tages Wollhaarmammuts fotografieren können, die durch Klonen wieder zum Leben erweckt wurden? Illustration von Randy Haragan für das Cover des *Atlantis Rising Magazine* (Juli/August 2015).

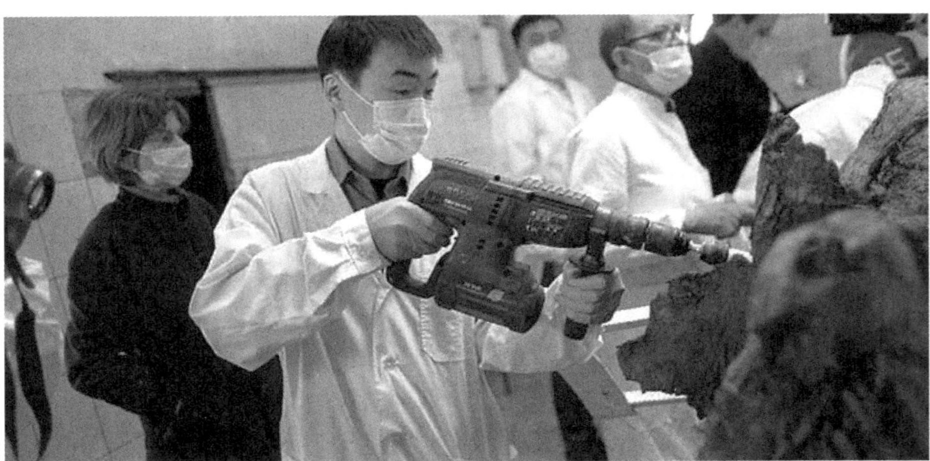

Ein Techniker extrahiert DNA-haltiges Material aus dem Mammutkalb Buttercup; Foto mit freundlicher Genehmigung von YSIA.

Im Film *Jurassic Park* extrahieren Wissenschaftler eine winzige Menge DNA aus dem Blut einer Stechmücke, die seit der Jurazeit vor 175 Millionen Jahren in Bernstein konserviert war. Im wirklichen Leben zerfällt die DNA nach dem Absterben der Zelle schnell, sodass die Möglichkeit, in Blut aus dem Jura einen intakten DNA-Strang zu finden, praktisch nicht besteht. Bislang ist das Klonen nur mit DNA gelungen, die aus lebenden Zellen mit intaktem genetischen Material gewonnen wurde. Erstaunlicherweise wurde 2017 bei Forschungen an der University of Toronto sowie in China und Taiwan erstmals der Nachweis erbracht, dass in der 195 Millionen Jahre alten Rippe eines *Lufengosaurus*-Dinosauriers tatsächlich Proteine erhalten geblieben waren.*

Darüber hinaus berichtete ein Forschungsteam 2013, es sei das Fossil einer blutgefüllten Stechmücke gefunden worden, allerdings nicht in Bernstein, sondern in Schiefer. Die angeblich 46 Millionen Jahre alte Mücke besaß zwar keine DNA, die zum Klonen verwendet werden könnte, enthielt aber die Blutmoleküle eines nicht identifizierten prähistorischen Tieres. Der weibliche Parasit wurde in Montana von einem Team des U.S. Museum of Natural History unter der Leitung von Dr. Dale Greenwalt entdeckt.**

In einem anderen Bereich der DNA-Spitzenforschung behaupten Wissenschaftler, sie stünden kurz vor dem Punkt, an dem sie einen Neandertaler klonen könnten, wenn sie wollten. Zumindest erwarten sie, Körperteile für ihn herstellen zu können. Neueste Fortschritte bei der Sequenzierung der DNA einer Neandertalerin, die vor 30.000 Jahren in einer Höhle in Kroatien starb, rücken die Möglichkeit des Klonens von Neandertalern in greifbare Nähe.***

Paläoanthropologen behaupten, dass sie die Biologie der Neandertaler schon bald genauso gut verstehen werden wie die unsere, was für einige die Frage aufwirft: Wie gut verstehen wir unsere eigene Biologie? Derlei Bedenken können jedoch den unerbittlichen Vormarsch einer führungslosen Wissenschaft, die

* Siehe die Pressemitteilung der University of Toronto zu dieser Studie: »Good Ribbance: U of T Researcher Finds Dino Rib Bones Reveal Remnants of 195-Million-Year-Old Protein«, von Nicolle Wahl, *U of T News* (online), 1. Februar 2017, https://www.utoronto.ca/news/good-ribbance-u-t-researcher-finds-dino-rib-bones-reveal-remnants-195-million-year-old-protein.

** Siehe Dale E. Greenwalt, Yulia S. Goreva, Sandra M. Siljeström, Tim Rose und Ralph E. Harbach, »Hemoglobin-Derived Porphyrins Preserved in a Middle Eocene Blood-Engorged Mosquito«, *Proceedings of the National Academy of Sciences* 110, Nr. 46 (2013): 18496-18500, https://www.nature.com/news/blood-filled-mosquito-is-a-fossil-first-1.13946.

*** Mehr über die DNA-Sequenzierung von Neandertalern (und Denisova-Menschen) hier: Kay Prüfer, Cesare de Filippo, Steffi Grote et al., »A High-Coverage Neandertal Genome from Vindija Cave in Croatia«, *Science* 358, Nr. 6363 (3. November 2017): 655-58, https://science.sciencemag.org/content/358/6363/655.

sich als Fortschritt ausgibt, nicht aufhalten, und Ähnlichkeiten zwischen dem populären aktuellen Narrativ und Mary Shelleys Schauerroman *Frankenstein* kommen nur selten zur Sprache.

Auch wenn die Wissenschaft derzeit – zumindest öffentlich – nicht für ein radikales Klonen eintritt, ist die Versuchung zweifellos da. Und wenn die Geschichte etwas lehrt, dann, dass es dort, wo eine Versuchung ist, auch Menschen gibt, die Gründe finden, ihr nachzugeben. Einige, die glauben, dass sich in der heutigen Gesellschaft eine untergegangene vorzeitliche Kultur wiederholt, erkennen in den modernen DNA-Experimenten eine große Gefahr. Sie glauben, dass diese Experimente einen Missbrauch widerspiegeln, der direkt in die katastrophale Zerstörung einer früheren fortgeschrittenen Welt geführt hat.

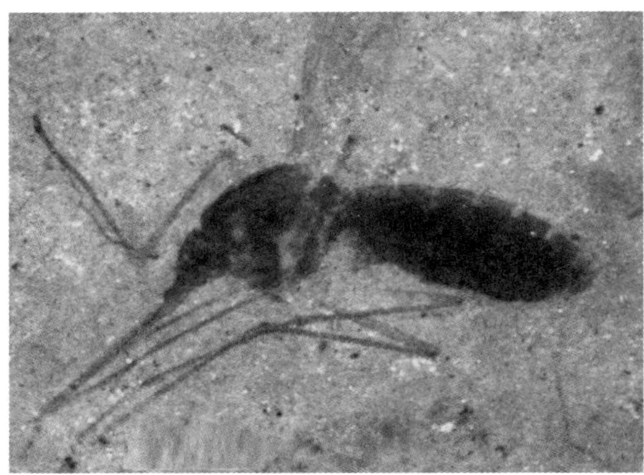

Fossil einer weiblichen Stechmücke mit chemischen Spuren ihrer letzten Blutmahlzeit; Foto mit freundlicher Genehmigung des Smithsonian National Museum of Natural History, Washington, D.C.

Dunkle Wissenschaft im Altertum

Unter den ernsthaften Befürwortern der Existenz von Atlantis gibt es viele, die auch davon ausgehen, dass die vergessene uralte Kultur untergegangen ist, weil dort große Übel gediehen. Eines der schlimmsten, so heißt es, war eine hoch entwickelte und skrupellose Gentechnik, die viele Monstrositäten hervorgebracht hat. Mythologische Geschöpfe wie Zentauren, Satyrn, Chimären und vielleicht sogar die Große Sphinx von Ägypten sind, so glaubt man, nur unterbewusste Rekonstruktionen der Schrecken einer ansonsten glücklicherweise dem Vergessen anheimgefallenen Zeit.

Edgar Cayce war jemand, der von solchen Albträumen sprach. In den 1920er-Jahren mutmaßte er, dass viele, die bei der katastrophalen Zerstörung von Atlantis eine ausschlaggebende Rolle gespielt haben, durch Reinkarnation bald wiederkehren würden, um ihre alten Pläne wieder aufzugreifen. Cayce erzählte von seltsamen Kreaturen, die durch die damalige Genetik entstanden seien. Tatsächlich, so erklärte er, führte der Streit darüber, was mit diesen Kreaturen geschehen solle, zu einem Krieg, der in der vollständigen Zerstörung des Imperiums endete. Das schiere Entsetzen über vieles, was womöglich geschehen ist, könnte die tiefe Amnesie erklären, die alle Versuche vereitelt, verlässliche Aufzeichnungen über diese untergegangene Welt zu finden – eine Welt, von der viele intuitiv spüren, dass sie einst tatsächlich daran mitgewirkt haben könnten. Vielleicht hat einer der überzeugendsten, wenn auch am wenigsten verstandenen Gründe dafür, dass so viele Menschen Forschungen auf Gebieten wie der Stammzellenforschung instinktiv ablehnen, mit unseren unvollständigen Erinnerungen an albtraumhafte Begegnungen mit den tatsächlichen Resultaten unkontrollierter Genexperimente zu tun.

Der Zentaur Chiron lehrt Achilles das Leierspiel, römisches Fresko aus Herculaneum; Foto mit freundlicher Genehmigung des Archäologischen Nationalmuseums in Neapel.

Unter dem Deckmantel einer Wissenschaft, die lebensrettende Ersatzorgane schaffen will, haben Forscher weltweit inzwischen damit begonnen, die Gene verschiedener Tierarten miteinander zu verbinden, um dadurch sogenannte hybride Chimären zu erschaffen. Dazu werden In-vitro-Fertilisationen mit menschlichen Genen in der Gebärmutter von Tieren – zum Beispiel Schweinen – verwendet. Neue Versuche, menschliche Stammzellen zur Herstellung bestimmter Organe zu züchten, sind bereits im Gange. Janet Rossant vom Hospital for Sick Children (SickKids) in Toronto ist auf diesem Gebiet führend. 1980 kombinierte sie als eine der Ersten die Gene von zwei Mäusearten. Jetzt werden in der Forschung von ihr entwickelte Techniken eingesetzt, um Organe für Transplantationen zu erzeugen. Die Zeitschrift *Nature* hat sich bereits als Befürworterin dieser Praxis positioniert.*

Spielfilme wie *Frankenstein* und *DNA – Die Insel des Dr. Moreau* sind offenbar bereits überholt, denn die Fakten auf diesem Gebiet werden immer merkwürdiger – vielleicht nicht unähnlich dem, was mit der »untergegangenen Kultur« von Atlantis geschehen ist.

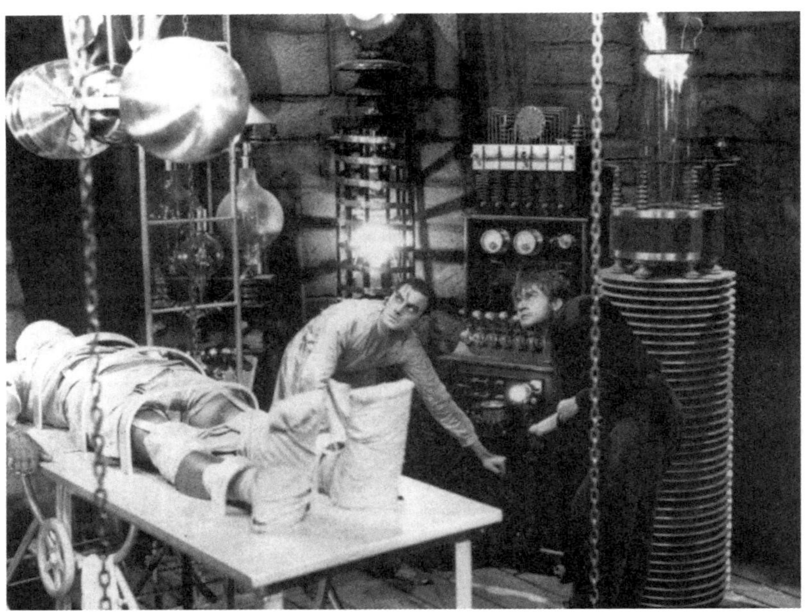

Frankenstein wird erschaffen, aus dem Film von 1931.

---

* Mehr über Janet Rossant bei *Nature Reviews Genetics 8*, (2007): 330, https://www.nature.com/articles/nrg2108.

Der Horrorfilm *DNA – Die Insel des Doktor Moreau* von 1996 basiert auf dem gleichnamigen Roman von H. G. Wells aus dem Jahr 1896. Darin beschreibt Wells eine einsame Insel, auf der ein Schiffbrüchiger strandet und der wahnsinnige Dr. Moreau durch Vivisektion aus Tieren menschenähnliche Wesen erschafft. Diese teuflische Wissenschaft wurde im 20. Jahrhundert während des Holocausts in den Konzentrationslagern des Nazi-Regimes erschreckende Realität. Die Experimente, die Dr. Josef Mengele alias »der Todesengel« in seinem Labor in Auschwitz an lebenden Menschen durchführte, machen ihn zu einem lebendigen Gegenstück des Dr. Moreau.

Heute ist die Wissenschaft nicht mehr auf so einfache Methoden wie die Vivisektion (Eingriffe an lebenden Tieren zu Versuchs- oder Forschungszwecken) angewiesen. Die moderne Gentechnik kann durch die Manipulation des Genoms noch viel Schlimmeres anrichten, und die Zeichen mehren sich, dass die Wissenschaft einmal mehr Amok laufen könnte.

2013 stellte der Genetiker Dr. Eugene McCarthy aus Georgia die These auf, der Mensch sei aus einer uralten Hybridkreuzung zwischen Schweinen und Schimpansen hervorgegangen. Er sagte, er wolle einige Experimente durchführen, um seine These zu testen, würde dabei aber keine Lebewesen erzeugen.[*]

Noch gibt es keinen wissenschaftlichen Konsens darüber, dass er fortfahren darf, aber nicht alle Forscherinnen und Forscher auf diesem Gebiet sind so zimperlich. Die britische Zeitung *The Independent* berichtet: »Wissenschaftler haben gentechnisch veränderte Mäuse mit künstlichen menschlichen Chromosomen in jeder Zelle ihres Körpers geschaffen. Dies ist Teil einer Studienreihe, die zeigt, dass es möglich sein könnte, genetisch bedingte Krankheiten mit einer radikal neuen Form der Gentherapie zu behandeln.«[**]

Neueste Meldungen, wonach Stammzellen von abgetriebenen menschlichen Föten verwendet wurden, um zu testen, welche Geschmacksrichtungen in künstlichen Lebensmitteln gut ankommen könnten, zeigen das überraschende Ausmaß dessen, was mit der weiteren Entwicklung dieser Wissenschaft ins Spiel

* Siehe »Leading Geneticist Dr. Eugene McCarthy Claims Humans Descended from Sex between a Chimp and a Pig«, News.com.au (Online-Nachrichtenseite in Australien), 28. Dezember 2013, https://www.news.com.au/technology/science/leading-geneticist-dr-eugene-mccarthy-claims-humans-descended-from-sex-between-chimp-and-pig/news-story/4ce8ab13db14897d0a8ea1b81e6b09ab.

** Siehe Steve Connor, »Exclusive: Mice with human chromosomes – the genetic breakthrough that could revolutionise medicine«, *The Independent*, 11. Juli 2013, https://www.independent.co.uk/news/science/exclusive-mice-human-chromosomes-genetic-breakthrough-could-revolutionise-medicine-8701357.html.

kommen könnte. 2013 warnte der Wissenschaftsblogger Michael Snyder: »In den letzten zehn Jahren hat es auf dem Gebiet der Genmanipulation absolut verblüffende Fortschritte gegeben. Heute können Studierende buchstäblich in ihrem Keller neue Lebensformen erschaffen. Leider haben die Gesetze mit dieser Entwicklung nicht Schritt gehalten, und in vielen Ländern sind den Wissenschaftlern in ihrem Tun nur sehr wenige Grenzen gesetzt.«[*]

Viele, die sich eine Wiederbelebung der fortschrittlichen Wissenschaften wünschen, die möglicherweise mit Atlantis untergegangen sind, bekommen vielleicht noch ihre Chance. Leider ist das nicht unbedingt eine gute Nachricht. Könnte es sein, dass einige dieser Wissenschaften bereits in den Laboratorien des Nazi-Regimes wieder zum Leben erweckt wurden?

Hitlers Bioingenieure

Neue Forschungen werfen die Frage auf: Plante Hitler eine biologische Kriegsführung gegen die Alliierten? Kürzlich entdeckte Unterlagen aus Konzentrationslagern weisen darauf hin, dass die Nationalsozialisten tatsächlich an derartigen Angriffswaffen forschten.

Unterlagen aus Dachau zufolge gab es Pläne, Malaria übertragende Moskitos aus Flugzeugen freizusetzen. Sowohl die Deutschen als auch die Japaner sollen solche Pläne entwickelt haben, aber die meisten Experten bezweifeln, dass sie jemals in die Tat umgesetzt wurden. Hitler verhängte Erlasse gegen so etwas, manche behaupten aber, die biologische Forschung der Nazis sei nicht nur defensiv gewesen. Dies ist die Ansicht von Klaus Reinhardt von der Universität Tübingen, wie in der Dezemberausgabe 2013 der Zeitschrift *Endeavor* berichtet wird. Reinhardt glaubt, dass der 1956 verstorbene Insektenforscher Eduard May ein solches Programm geleitet hat.[**]

In Nordeuropa wären Malaria übertragende Stechmücken zwar nicht besonders nützlich gewesen, aber in den süditalienischen Sümpfen hätte man sie vielleicht einsetzen können. Die Japaner hätten möglicherweise mehr Verwendung für so etwas gehabt, aber wie die meisten biologischen Strategien dieser Art

* Siehe Michael Snyder, »Human-Animal Hybrids: Sick and Twisted Chimeras Are Being Created in Labs All Over the Planet«, *The Truth Wins* (Blog), 11. Juli 2013, http://thetruthwins.com/archives/human-animal-hybrids-sick-and-twisted-chimeras-are-being-created-in-labs-all-over-the-planet.

** Siehe Dan Vergano, »Nazi Scientists May Have Plotted Malaria Mosquito Warfare«, *National Geographic* (online), 29. Januar 2014, https://www.nationalgeographic.com/news/2014/1/140130-nazi-biological-weapons-biowarfare-mosquito-malaria-history/.

wären sie für den »Angreifer« eine ebenso große Gefahr gewesen wie für den »Angegriffenen«.

Hitlers biologische Experimente waren nicht auf Menschen beschränkt. Ein neuerer Dokumentarfilm von *National Geographic* enthüllt, dass die Nationalsozialisten planten, Tierarten wiedereinzuführen, die seit 9000 Jahren ausgestorben waren. Die erstmals 2014 ausgestrahlte Doku *Hitlers Jurassic Monsters* zeigt, wie Hitlers Stellvertreter Hermann Göring geheime Anstrengungen unternahm, um mithilfe einer Technik namens *Rückzüchtung* riesige Auerochsen und andere Arten wieder anzusiedeln.

Sie stammen zwar eigentlich nicht aus dem Jura, doch die heute ausgestorbenen Auerochsen (die als Vorfahren der modernen Rinder gelten) waren monströse Geschöpfe mit einer Schulterhöhe von über zwei Metern. Außerdem sollen sie sehr bösartig veranlagt gewesen sein. Wie aus Nazi-Tagebüchern hervorgeht, die man in der Nähe von versteinerten Auerochsenknochen gefunden hat, lautete der Plan, die Tiere in Zoos zu züchten und sie dann in eroberten polnischen Wäldern auszuwildern, wo sie von Eliteoffizieren auf der Suche nach einer etwas anspruchsvolleren Beute in aller Ruhe gejagt werden könnten.

Offensichtlich glaubten die Nationalsozialisten, diese Strategie könne ihnen beim deutschen Volk mehr Ansehen verschaffen, brachte sie sie doch mit legendären urzeitlichen Jägern in Verbindung, die Blutsport betrieben. Da sie die Bühne der Geschichte erst vor Kurzem betreten hatten, wollten die Nazis eine ältere und mächtigere Erzählung für sich fabrizieren.

Göring, selbst fanatischer Jäger, wollte seine Männlichkeit mit etwas Anspruchsvollerem als Füchsen, Hasen und hin und wieder einem Reh retten. Er scheute sich gewiss nicht, Menschen zu beseitigen, etwa die Juden, die den Białowieża-Wald bevölkerten, in dem er von der Jagd auf Auerochsen träumte.*

Kontrolliertes Denken

Die Welt der dystopischen, wenn nicht gar paranoiden Science-Fiction hat eine noch größere Gefahr als die genetische Manipulation ins Auge gefasst. Die Furcht vor einer neuen Wissenschaft der Gedankenkontrolle reicht inzwischen

* Siehe Laura Cox, »Revealed: Hitler's Twisted Plan to Bring Back Giant Historic Beasts from the Dead … So That Top Nazis Could Hunt Them«, *Daily Mail* (online), 13. Juni 2014, https://www.dailymail.co.uk/news/article-2657396/Hitler-wanted-bring-pre-historic-wild-Auroch-cows-dead.html.

weit über Alu-Hut-Kreise hinaus, aber die Idee ist nicht neu. Von George Orwells *1984* bis hin zu Richard Condons *Manchurian Candidate* ist der Albtraum eines totalitären Staates, der entschlossen ist, die innersten Gedanken seiner Bürger zu manipulieren, ein bekanntes, wenngleich sehr beängstigendes Thema. Und nun scheint eine wichtige Schranke zwischen Albtraum und Realität durchbrochen.

Ein Neurowissenschaftler am Bostoner Kinderkrankenhaus hat mit einer kruden Technik experimentiert, die es ihm nicht nur ermöglicht, Entscheidungen vorherzusagen, bevor ein Patient sie bewusst trifft, sondern auch, diese Entscheidungen zu verändern, noch bevor sie fallen. Mithilfe von Elektroden, die ursprünglich bei Epilepsiepatienten ins Gehirn implantiert wurden, um die Ursache der Anfälle zu ermitteln, hat Dr. Kreiman gezeigt, dass er damit schon vor dem Patienten wissen kann, ob dieser eine bestimmte Taste drücken wird oder nicht. Mittlerweile ist er zur nächsten Stufe übergegangen und lässt ein Stoppschild aufleuchten, bevor der Patient selbst weiß, was er tun wird. Der Patient erschrickt und hat das Gefühl, dass seine Gedanken gelesen werden, aber seine Entscheidung, den Knopf zu drücken, wird effektiv rückgängig gemacht.*

Kreimans Experiment wurde der British Neuroscience Association vorgestellt, ausdrücklich in der Hoffnung, dass es bei der Behandlung der Parkinson-Erkrankung helfen könnte. Öffnet es aber nicht die Tür zu versteckten Absichten und zur Manipulation des Denkens für andere Zwecke – für Political Correctness vielleicht? Viele sind der Meinung, dass man vor dem nächsten Experiment des Arztes vielleicht ein »Stoppschild« anderer Art aufleuchten lassen sollte.

Riesige Auerochsenbullen an der Wand der Höhle von Lascaux.

* Siehe David Talbot, »Searching for the ›Free Will‹ Neuron«, *MIT Technology Review* (online), 17. Juni 2014, https://www.technologyreview.com/s/528136/searching-for-the-free-will-neuron/.

30

Das Problem mit dem Peer-Review

Kann man den wissenschaftlichen Autoritäten trauen?

Sind Sie der Meinung, dass wichtige archäologische Entdeckungen vor der Öffentlichkeit verborgen werden und Gesetze, die das Recht der Öffentlichkeit auf Kenntnisnahme schützen sollen, regelmäßig verletzt werden? Dann müssen Sie damit rechnen, von der Mainstream-Wissenschaft und dem Medien-Establishment verhöhnt zu werden, aber recht hätten Sie trotzdem. Das ist die Ansicht von Professor Keith Kintigh von der Arizona State University School of Human Evolution and Social Change. Kintigh ist Mitglied des Verwaltungsrats des Center for Digital Antiquity.

»Heute wird in den USA fast die gesamte archäologische Feldarbeit von privaten Unternehmen durchgeführt«, sagt er, »um die gesetzlichen Denkmalschutzauflagen zu erfüllen, was jährlich etwa eine Milliarde Dollar kostet. Allerdings wird nur ein winziger Bruchteil der Daten aus diesen Projekten zugänglich gemacht oder für künftige Forschungen aufbewahrt, obwohl die Behörden eindeutig gesetzlich dazu verpflichtet sind. Ein schwerwiegender Verlust dieser Daten ist nicht ungewöhnlich – er ist die Norm.«

In einer Kolumne für *The Conversation*, ein unabhängiges, gemeinnütziges Medienunternehmen, das wichtige Artikel von führenden Experten aus vielen Bereichen veröffentlicht, erklärt Kintigh, dass die Primärdaten vieler wichtiger archäologischer Untersuchungen verloren gehen und die Bundesbehörden, die gesetzlich zu ihrem Schutz verpflichtet sind, dieser Verantwortung nicht nachkommen. Kintigh ist der Meinung, dass der Verlust dieser mühsam errungenen Informationen über unsere Vergangenheit wahrscheinlich eher auf Nachlässigkeit als auf absichtliches gesetzwidriges Verhalten zurückzuführen ist, aber für skeptischere Beobachter liegt schon lange auf der Hand, dass bei den Behörden etwas gewaltig schiefläuft.*

Atlantis-Rising-Kolumnist Michael Cremo schrieb oft über den Wissensfilter, wie er ihn nennt, der automatisch Daten aussortiert, die nicht in das vorherrschende Wissens-Weltbild passen. In seinen Büchern *Verbotene Archäologie: Sensationelle Funde verändern die Welt* und *Verbotene Archäologie: Die verborgene Geschichte der menschlichen Rasse* führt Cremo viele renommierte und stringente Studien an, die Beweise dokumentieren, welche den klassischen Zeitstrahl der Menschheitsentwicklung infrage stellen – Forschungsergebnisse, die vom Establishment im Allgemeinen völlig ignoriert oder kaum einmal erwähnt werden.**

Sitzung des Inquisitionsgerichtes, Francisco de Goya (um 1812).

* Siehe Keith Kintigh, »America's Archaeology Data Keeps Disappearing – Even Tough the Law Says the Government Is Supposed to Preserve It«, *The Conversation* (online), 17. Oktober 2018, https://theconversation.com/americas-archaeology-data-keeps-disap-pearing-even-though-the-law-says-the-government-is-supposed-to-preserve-it-104674.

** Vorträge und Interviews von Michael Cremo, siehe »Michael Cremo Speaks Bluntly about the Institutional ›knowledge filter‹ and Who We Really Are«, *Ronmamita* (Blog), 9. April 2015, https://ronmamita.wordpress.com/2015/04/09/michael-cremo-speaks-bluntly-about-the-institutional-knowledge-filter-and-who-we-really-are/.

In Wahrheit erleben seriöse Forscher auf vielen umstrittenen Gebieten regelmäßig, dass ihre Arbeit als »Pseudowissenschaft« abgekanzelt wird, weil sie gegen das akzeptierte Weltbild verstößt. Rupert Sheldrake zum Beispiel sieht trotz seiner hervorragenden Ausbildung in Cambridge und jahrelanger Spitzenforschung auf seinem Gebiet seine Arbeiten aus Wikipedia verbannt, und seine TED-Talks werden aus dem Mainstream-Verteiler entfernt, nur weil er vermeintlich Beweise dafür erbracht hat, dass nicht physische Felder das Verhalten von Menschen und Tieren beeinflussen, und er damit den materialistischen Annahmen der konservativen Wissenschaft widerspricht.

Ende 2009 wurde das Klimaforschungszentrum Climatic Research Unit (CRU) an der University of East Anglia in Norwich, England, gehackt und bald danach über 3000 Seiten E-Mails und ein Computercode über das Internet verbreitet. Die Dokumente veranlassten Klimaskeptiker recht schnell zu der Behauptung, sie hätten Beweise für Wissenschaftsbetrug und eine Täuschung von enormer Tragweite. Die auch als »Climategate« bezeichnete Kontroverse sollte einen Großteil der damaligen Klimaschutzpläne zum Scheitern bringen, auch die, die für die UN-Klimakonferenz 2009 in Kopenhagen vorgesehen waren.

Die CRU war neben der NASA zu einer der einflussreichsten Organisationen in der laufenden Debatte über die vom Menschen verursachte Erderwärmung geworden. Ihre Studien und Zahlen bildeten die wichtigste Grundlage für die meisten Verlautbarungen des »Weltklimarats«, des Intergovernmental Panel on Climate Change (IPCC) der Vereinten Nationen. Dieser gab den Anstoß zu weitreichenden Veränderungen in der Weltwirtschaft, um der vermeintlichen Bedrohung durch die sogenannte anthropogene Erderwärmung entgegenzuwirken.

Die gehackten Dateien enthielten Empfehlungen, wie Wissenschaftler die Anforderungen des Freedom of Information Act (FOIA), wonach Temperaturdaten zur Untermauerung ihrer Schlussfolgerungen freigegeben werden müssen, umgehen konnten (nach dem britischen FOIA – der strenger ist als der amerikanische – ist es eine Straftat, eine legitime Anfrage nach Daten zu verweigern, die einer Entscheidung einer staatlich finanzierten Behörde zugrunde liegen). Auch Ausführungen dazu, wie man das Peer-Review-Verfahren so manipulieren kann, dass Skeptiker ausgeschlossen werden, gehörten dazu. Ebenso das Eingeständnis einer »Farce« – des Unvermögens der CRU-Computermodelle, einen offensichtlich weltweiten Temperaturrückgang seit 1998 zu erklären, der entgegen aller Vorhersagen der Klimawandel-Lobby eingetreten war.

Das Hauptaugenmerk lag zwar auf den E-Mails, möglicherweise noch belastender waren jedoch andere Elemente, die allmählich ans Licht kamen. Der in den gestohlenen Dokumenten enthaltene Computercode offenbarte zugrunde liegende Fehler in den Modellen, welche die Klimaerwärmungs-Alarmglocken ausgelöst hatten. Auch wenn die Enthüllungen die Hypothese der vom Menschen verursachten Klimaerwärmung nicht direkt widerlegen, so lassen sie doch erhebliche Zweifel an der Integrität der damit verbundenen wissenschaftlichen Erkenntnisse aufkommen, einschließlich der ikonischen und weithin bekannten »Hockeyschläger«-Kurve des Penn-State-Klimatologen Michael Mann, die angeblich einen steilen und beispiellosen Anstieg der Welttemperaturen zeigte. (Mann war einer der Experten, deren Motive durch den Datenraub von der CRU vehement infrage gestellt wurden).

Das Hubert Lamb Building an der University of East Anglia, in dem das Klimaforschungszentrum Climatic Research Unit (CRU) untergebracht ist.

Der umstrittene Klimaforscher Phil Jones.

Nur wenige Tage nach den Enthüllungen musste Phil Jones, der Direktor der CRU, zurücktreten und den Weg für eine Untersuchung wegen wissenschaftlichen Fehlverhaltens durch die University of East Anglia freimachen, aber damit war das Ganze noch nicht vorbei. Schließlich standen große Geldsummen auf dem Spiel, wenn nicht sogar das Überleben vieler großer Volkswirtschaften weltweit. Drakonische Maßnahmen, die hätten vorgeschlagen werden können, um eine »drohende globale Öko-Katastrophe« abzuwenden, waren kaum zu rechtfertigen, wenn die zugrunde liegenden wissenschaftlichen Erkenntnisse in Zweifel zu ziehen waren. Es wurden umfangreiche Untersuchungen der zentralen Argumente für und gegen eine vom Menschen verursachte Klimaerwärmung gefordert.*

Die Einzelheiten der ganzen Affäre waren im Internet weithin zugänglich, und es schien nur eine Frage der Zeit, bis die Fakten allgemein bekannt würden. Die Reaktion in den Printmedien und in der Welt der Internet-Blogs war vernichtend. Clive Crook, der angesehene Blogger des Magazins *The Atlantic*, schrieb zwar zunächst, dass ihn an dem ganzen CRU-Sumpf eigentlich nichts überrasche, änderte aber bald seine Meinung. Wenige Tage später meinte er: »Die Engstirnigkeit dieser vermeintlichen Männer der Wissenschaft, ihre Bereitschaft, alles zu tun, um eine vorgefasste Meinung zu verteidigen, überrascht selbst mich. Das stinkt penetrant nach intellektueller Korruption.«**

Der britische Kolumnist George Monbiot, zuvor einer der entschiedensten Verfechter der Erderwärmungshypothese, schrieb: »Es hat keinen Sinn, so zu tun, als wäre dies kein schwerer Schlag. Die E-Mails könnten schädlicher kaum sein. (…) Ich bin bestürzt und zutiefst erschüttert. (…) Ich war zu vertrauensselig gegenüber so manchem, der die Beweise, für die ich mich eingesetzt habe, beigebracht hat. Hätte ich ihre Behauptungen genauer untersucht, wäre ich ein besserer Journalist gewesen.«***

* Einzelheiten zum CRU-Skandal in Jonathan Petre, »Climategate U-turn as Scientist at Centre of Row Admits: There Has Been No Global Warming since 1995«, *Daily Mail* (online), 14. Februar 2010, https://www.dailymail.co.uk/news/article-1250872/Climategate-U-turn-Astonishment-scientist-centre-global-warming-email-row-admits-data-organised.html?ITO=1490.

** Siehe Clive Crook, »Climategate and the Big Green Lie«, *The Atlantic*, 14. Juli 2010, https://www.theatlantic.com/politics/archive/2010/07/climategate-and-the-big-green-lie/59709/.

*** Siehe George Monbiot, »Climate Change Email Scandal Shames the University and Requires Resignations«, *The Guardian* (online), 2. Februar 2010, https://www.theguardian.com/environment/georgemonbiot/2010/feb/02/climate-change-hacked-emails.

Alternative Wissenschaft

Für Menschen in der alternativen Wissenschaft waren die Auswirkungen von Climategate sogar noch tiefgreifender. Einer der problematischsten Aspekte des Falles hat mit dem Peer-Review-System zu tun, auf das das große wissenschaftliche Establishment seine Legitimität gründet.

Theoretisch klingt die Idee gut: Wissenschaftlerinnen und Wissenschaftler untersuchen ein bestimmtes Phänomen, entwickeln eine Erklärung (hoffentlich eine überzeugende), führen Experimente durch, um ihre Hypothese zu überprüfen, und legen ihre Arbeit dann anderen Wissenschaftlerinnen und Wissenschaftlern (ihren Peers) vor, um zu sehen, ob diese die gleichen Ergebnisse erzielen können. Wenn die Hypothese Bestand hat, wird alles veröffentlicht und andere können sich dann daran versuchen. Um Begünstigungen und Einflussnahme auszuschließen, soll der Prozess anonym sein, damit niemand Vergeltung fürchten muss oder eine besondere Belohnung erwarten kann. So sollte das System eigentlich funktionieren, aber tut es das auch?

Kolumnist Mark Steyn schrieb 2009: »Das Problematische bei der Auslagerung von Erkenntnissen an das Peer-Review-Verfahren ist Folgendes: Wenn man aus den durchgesickerten Dokumenten (des CRU) eines mitnehmen kann, dann doch wohl, dass die Klimaerwärmungs-Vertreter den ›Peer-Review‹-Prozess völlig korrumpiert haben.«[*]

Der »Peer-Review-Prozess« steckte jedoch schon lange vor Climategate in Schwierigkeiten.

Als Richard Sternberg, Herausgeber der Fachzeitschrift *Proceedings of the Biological Society of Washington*, 2004 beschloss, einen Artikel zu veröffentlichen, der für Intelligent Design plädiert, konnte er nicht ahnen, was ihm bevorstand. Trotz peinlich genauer Beachtung der korrekten Peer-Review-Verfahren wurde Sternberg, der zwei Doktortitel in Biologie besitzt, vorgeworfen, er sei ein schlampiger Wissenschaftler und aggressiver Bibelverfechter und habe von Fundamentalisten Schmiergelder kassiert. »Im Grunde wurde ich mit Schimpf und Schande davongejagt«, erinnert er sich. Das U.S. Office of Special Counsel, eine unabhängige Behörde, deren Aufgabe es ist, Bundesbeamte vor Repressali-

---

* Siehe Mark Steyn, »CRU's Tree-Ring Circus«, *National Review* (online), 28. November 2009, https://www.nationalreview.com/2009/11/crus-tree-ring-circus-mark-steyn/.

en zu schützen, stellte fest, dass hochrangige Wissenschaftler des Smithsonian's National Museum of Natural History wegen der Veröffentlichung des Artikels tatsächlich Vergeltungsmaßnahmen gegen Sternberg ergriffen hatten.*

Nach Angaben der *Washington Post* untersuchten die Ermittler des Special Counsel den E-Mail-Verkehr der Wissenschaftler und stellten fest, dass »Vergeltungsmaßnahmen in vielen Formen erfolgten (…) Fehlinformationen wurden innerhalb der Smithsonian Institution und unter externen Quellen verbreitet. Die Anschuldigungen gegen [Sternberg] erwiesen sich später als haltlos.« James McVay, der leitende Justiziar im Office of Special Counsel, schrieb an Sternberg: »Die Gerüchteküche wurde so sehr angeheizt, dass einer Ihrer Kollegen [Ihren Lebenslauf] in Umlauf bringen musste, nur um das Gerücht zu zerstreuen, Sie seien gar kein Wissenschaftler.«**

Richard Sternberg, Herausgeber einer wissenschaftlichen Fachzeitschrift.

Die Sternberg-Kontroverse hat eine gängige Taktik des Lagers der Mainstream-Wissenschaft (verkörpert durch Organisationen wie Committee for the Scientific Investigation of Claims of the Paranormal/CSICOP) öffentlich auf-

* Sternberg selbst merkt an, dass er die Arbeit zur Veröffentlichung angenommen hat, obwohl er selbst kein Befürworter von Intelligent Design ist, und zwar im Namen des objektiven Betreibens von Wissenschaft. Die vollständige Geschichte aus der Sicht einer Organisation, die die Idee des Intelligent Design unterstützt und versucht, die Wissenschaft von ihrer Voreingenommenheit gegenüber diesem Konzept zu befreien, ist nachzulesen in Sarah Chaffee, »A Biologist and Journal Editor: Richard Sternberg«, *Free Science* (online), 30. November 2017, https://freescience.today/story/richard-sternberg/.

** Siehe Michael Powel, »Editor Explains Reasons for ›Intelligent Design‹ Article«, *The Washington Post*, 19. August 2005, https://www.washingtonpost.com/archive/politics/2005/08/19/editor-explains-reasons-for-intelligent-design-article/6700e62d-d1de-40b3-a756-1da6469ff4bd/.

gedeckt – den Einsatz von Ad-hominem-Angriffen, die nichts mit den Stärken der vorgetragenen Argumente zu tun haben. Häufig ist der Vorwurf zu hören, Befürworter von Intelligent Design seien heimliche Kreationisten, die sich als Wissenschaftler tarnen.

Eine ähnliche Taktik der Klimaaktivisten besteht darin, Menschen, welche die Stichhaltigkeit ihrer Argumente infrage stellen, als »Klimawandel-Leugner« zu bezeichnen und sie damit auf eine Stufe mit den »Holocaust-Leugnern« zu stellen. Natürlich geht es bei der Verwendung dieses Wortes in ersterem Sinne um eine unbewiesene Theorie und in Letzterem um ein gründlich dokumentiertes historisches Ereignis (die Ermordung von sechs Millionen Juden im Zweiten Weltkrieg), aber im Eifer des Gefechts geht dieser Unterschied schon mal unter.

Die gängige Behauptung des Establishments bei solchen Auseinandersetzungen lautet, die Sache sei bereits geklärt, was so viel heißt wie: »Diskutieren Sie nicht mit uns, wir wissen es besser.« In der Debatte um die Erderwärmung ist das eindeutig nicht der Fall. Richard S. Lindzen, Professor für Meteorologie am Massachusetts Institute of Technology, sagte zum Beispiel in einem Beitrag für das *Wall Street Journal*: »Die Klimafrage ist nicht entschieden. Sichere Vorhersagen einer Katastrophe sind nicht gerechtfertigt.« Selbst die BBC äußerte neulich Zweifel daran, ob die Fakten die wichtigsten Behauptungen der Klimaerwärmungs-Alarmisten stützen können. Ist nicht zum Beispiel der Sonnenfleckenzyklus die wahre Ursache für einen Großteil der Erwärmung, die wir möglicherweise gerade erleben? Solche fundierten Ansichten tragen jedoch wenig zur Eindämmung der verbreiteten Auffassung bei, die Debatte sei beendet, die Erderwärmung beschleunige sich, der Mensch sei die Hauptursache, und jedes Hinterfragen, wie berechtigt diese Behauptungen sind, stelle eine Gefahr für den Planeten dar.*

Ein weiteres Gebiet, auf dem am konventionellen wissenschaftlichen Konsens gerüttelt wird, ist die Frage, ob es vor der letzten Eiszeit eine fortgeschrittene Zivilisation auf der Erde gegeben haben könnte – ein Thema, das die orthodoxe Archäologie vehement ablehnt und aus ihren Debatten heraushält. Doch die jüngsten spektakulären Entdeckungen im türkischen Göbekli Tepe gelten inzwischen weithin als eine Herausforderung für die konventionelle Geschichtsschreibung, und diese Einschätzung könnte sich durchaus als Untertreibung erweisen.

* Siehe Richard S. Lindzen, »The Climate Science Isn't Settled«, *Wall Street Journal* (online), 30. November 2009, https://www.wsj.com/articles/SB10001424052748703939404574567423917025400.

Mit einer Kohlenstoffdatierung auf ein Alter von 12.000 Jahren bietet Göbekli Tepe unwiderlegbare Beweise für fortgeschrittene menschliche Aktivitäten zu einer Zeit, als unsere Vorfahren noch im Stadium von Jägern und Sammlern gewesen sein sollen – Jahrtausende früher, als man es für möglich gehalten hat. (Mehr dazu in Kapitel 12.)

Ein weiteres Beispiel: Als der unkonventionelle Ägyptologe John Anthony West und der Geologe Robert Schoch von der Boston University Mitte der 1990er-Jahre verkündeten, die Wasserverwitterung beweise, dass die Große Sphinx von Ägypten mehrere Tausend Jahre älter sei als weithin angenommen, wurden sie zum Gespött der konventionellen Ägyptologie. Trotz der von professionellen Geologen weitgehend akzeptierten Beweise leugnen die orthodoxen Archäologen bis heute die Möglichkeit eines höheren Alters der Sphinx. (Mehr dazu in Kapitel 15.)

Zu den vielen weiteren Themen, über die nur lückenhaft berichtet wurde, gehört die Arbeit von Rupert Sheldrake. Sein Buch *Das schöpferische Universum*, das seine Theorie der morphischen Resonanz beschreibt, wurde von John Maddox, dem Herausgeber der angesehenen peer-reviewten wissenschaftlichen Fachzeitschrift *Nature*, sogar als Werk bezeichnet, »das man verbrennen sollte«. Phillip Stevens schrieb seine Masterarbeit am Imperial College in London über die Behandlung Sheldrakes seitens des wissenschaftlichen Establishments. Obwohl er persönlich Sheldrakes Theorien skeptisch gegenübersteht, stellte Stevens zu seiner Überraschung fest, dass Sheldrake trotz seines makellosen akademischen Werdegangs und eines Forschungsstipendiums der Royal Society von seinen Kollegen für die Veröffentlichung seiner Theorie in unfairer Weise diskreditiert wurde. Außerdem entdeckte Stevens, dass Skeptiker wie Dr. Richard Wiseman sich nicht an die üblichen wissenschaftlichen Verfahren gehalten hatten, die Wissenschaftler normalerweise bei der Zusammenarbeit und der Veröffentlichung ihrer Ergebnisse befolgen. Tatsächlich hatte Wiseman viele experimentelle Ergebnisse von Sheldrake kopiert, was er in seiner veröffentlichten Verurteilung von Sheldrakes Arbeit praktischerweise verschwieg.*

* Stevens diskutierte seine Erkenntnisse in einem Interview mit Alex Tsakiris für den Podcast *Skeptiko*; siehe »Scientific Community Unfair to Dr. Rupert Sheldrake, Imperial College London Dissertation Asserts«, *Skeptiko* (Podcast) Nr. 88, 1. Dezember 2009. Mehr über Sheldrake und den Umgang der etablierten wissenschaftlichen Welt mit ihm in Tim Adams, »Rupert Sheldrake: The ›Heretic‹ at Odds with Scientific Dogma«, *The Guardian* (online), Februar 4, 2012, https://www.theguardian.com/science/2012/feb/05/rupert-sheldrake-interview-science-delusion.

Ähnlich feindselig wurden die Arbeiten von Sam Parnia über Nahtod-Erfahrungen, die von Dean Radin über PSI-Phänomene und andere, aufgenommen.

So viel zu der Art und Weise, wie die große Wissenschaft ihre Missbilligung zum Ausdruck bringt. Doch wie verhält sie sich denen gegenüber, die ihre Zustimmung finden? Nicht viel besser, wie es scheint.

Nehmen wir den Fall Jan Hendrik Schön, ein junger deutscher Wissenschaftler, dessen Stern angeblich bereits aufgegangen war. Nachdem ihm eine Reihe erstaunlicher Entdeckungen zugeschrieben wurden – darunter Transistoren aus Kunststoff, neue Supraleiter, mikroskopisch kleine molekulare Schalter und vieles mehr – galt der damals 32-jährige Forscher bei Bell Labs weltweit als der Star der großen Wissenschaft und einer der begehrtesten Wissenschaftler des Planeten. Aber wie sich herausstellte, war er ein Schwindler. Seine Kollegen und die wissenschaftlichen Fachzeitschriften (einschließlich *Science*), die seine gefälschten Arbeiten veröffentlicht hatten, waren auf ganzer Linie getäuscht worden.*

Wissenschaftsbetrüger Jan Hendrik Schön.

Wie wir erfahren, ist der Fall Schön jedoch gar nicht so ungewöhnlich. Der südkoreanische Klon-Pionier Hwang Woo-Suk zum Beispiel machte kürzlich internationale Schlagzeilen, als bekannt wurde, dass er Daten gefälscht hatte (siehe Kapitel 29). Laut der Zeitschrift *Public Library of Science* gaben in einer Studie mit 21 Umfragen zu wissenschaftlichem Fehlverhalten im Zeitraum von 1986 bis 2005 mehr als zwei Drittel der Forscherinnen und Forscher an,

* Die vollständige Geschichte ist nachzulesen unter »Physicist Found Guilty of Misconduct«, *Nature* (online), 26. September 2002, https://www.nature.com/news/2002/020923/full/news020923-9.html.

sie wüssten von Kollegen, die sich »fragwürdiger« Methoden schuldig gemacht hätten, und jeder siebte gab an, dazu gehöre auch das Erfinden von Ergebnissen. Natürlich gaben nur sehr wenige Wissenschaftlerinnen und Wissenschaftler, nämlich gerade einmal zwei Prozent, zu, selbst Ergebnisse gefälscht zu haben. Am häufigsten kommt Betrug offenbar in der medizinischen Forschung vor, was als Beweis für die Folgen von wirtschaftlichem Druck betrachtet wird.

Doch nicht nur die groben Verstöße wie Fälschungen, Plagiate und Erfindungen geben Anlass zur Sorge. Nach einer Studie von Raymond De Vries, außerordentlicher Professor für medizinische Ausbildung und Mitglied des Bioethikprogramms an der University of von Michigan in Ann Arbor, ist wissenschaftliches Fehlverhalten offenbar endemisch. De Vries behauptet, der harte Wettbewerb zwischen Wissenschaftlern führe dazu, dass sie sich über Dinge Gedanken machen, über die sie nicht nachdenken sollten, also etwa nicht ausschließlich über die Integrität ihrer Daten, sondern darüber, wie sie wohl interpretiert werden. Mit anderen Worten: Sie machen sich Gedanken darüber, ob ihre Forschung zu Schlussfolgerungen führt, die ihren Kollegen missfallen könnten. Zu weiteren, in der Studie genannten Problemen gehören die zunehmende Anzahl von Regeln, die Wissenschaftler befolgen müssen, und die Frage, wie man mit dem schärfer werdenden Wettbewerb um Preise bei gleichzeitig schrumpfendem Kuchen umgehen soll.

De Vries‘ Studie sammelte ihre Daten vor allem in sechs Fokusgruppen mit insgesamt 51 Wissenschaftlerinnen und Wissenschaftlern von führenden amerikanischen Forschungsuniversitäten. Die Gruppen wurden gebeten, über Fehlverhalten zu diskutieren, das die Teilnehmenden entweder selbst verübt oder beobachtet hatten. »Nach den Fokusgruppen«, so De Vries, »kam es uns vor, als hätten wir in einem Beichtstuhl gesessen. Wir hatten das nicht so intendiert, aber die Fokusgruppen wurden zu einem Ort, an dem die Leute ihr Gewissen erleichtern konnten.«*

Von Richard Sternbergs Intelligent Design über West und Schochs höheres Alter der Sphinx bis hin zu Rupert Sheldrakes morphischer Resonanz – in der wissenschaftlichen Debatte spielt sich offenbar immer wieder derselbe Konflikt ab. Denken Sie nur an das heliozentrische Sonnensystem von Galilei oder den

* Siehe Raymond De Vries, Melissa S. Anderson, und Brian C. Martinson, »Normal Misbehavior: Scientists Talk about the Ethics of Research«, *Journal of Empirical Research on Human Research Ethics* 1, Nr. 1 (2006): 43-50, https://www.ncbi.nlm.nih.gov/pmc/articles/PMC1483899/.

Katastrophismus von Immanuel Velikovsky. Menschen wie der amerikanische Wissenschaftsphilosoph Thomas Kuhn (*Die Struktur wissenschaftlicher Revolutionen*) haben ein wiederkehrendes Muster erkannt, wonach die Ideen, die für eine Generation noch undenkbar sind, für die nächste zur Orthodoxie werden.

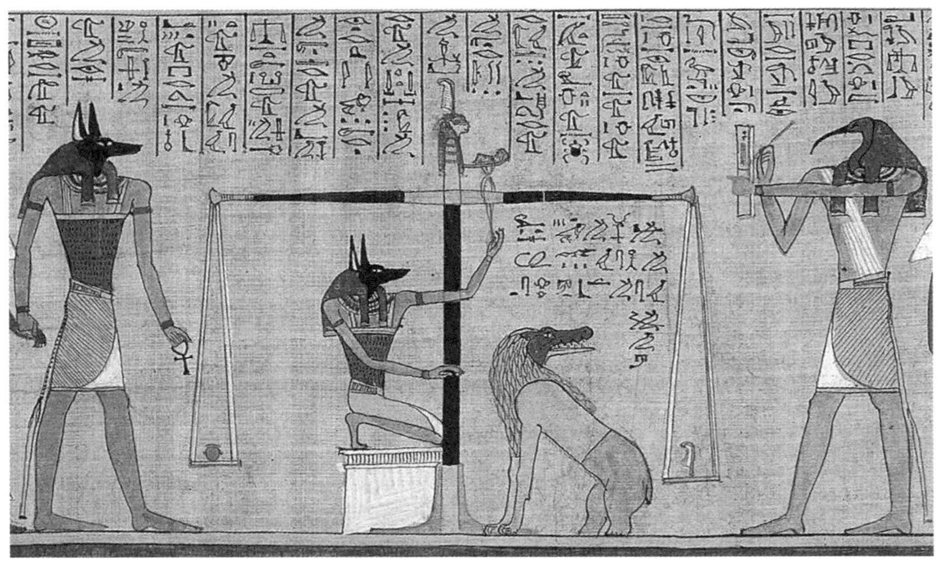

Eine Seele wird beim Jüngsten Gericht des Osiris in der Waagschale gewogen.

Der erste Schritt zur Wiederherstellung unseres Verständnisses könnte darin bestehen, sich bewusst zu machen, dass viele, die behaupten, dass sie *wissen*, wovon sie reden, in Wirklichkeit nur *glauben*, sie wüssten es. Und bei aller Leidenschaft, mit der sie ihre Sache vertreten, wir übrigen müssen schon deutlich Besseres zu hören bekommen als ihre Predigten, bevor wir zu ihrem Glauben übertreten.

Bei der Prüfung der Seele, wie sie in der jenseitigen Welt des alten Ägyptens beschrieben wurde, wurde das Herz des Verstorbenen – Symbol seiner Tugend, seines moralischen Charakters und seiner irdischen Taten – vor Osiris auf eine Waagschale gelegt und gegen eine einzelne Feder aufgewogen, die Maat, das göttliche Gesetz, repräsentierte. War die Waage im Gleichgewicht, durfte der Verstorbene in den Himmel eingehen.

Wird die große Wissenschaft von heute den Test bestehen? Urteilen Sie selbst.

Verdrehendes Wikipedia

Faktenkosmetik in der Online-Enzyklopädie

Im Internetzeitalter haben alle Menschen Zugriff auf Fakten und Informationen wie nie zuvor. Oder doch nicht? Es stimmt zwar, dass sich bei fleißiger Recherche Unmengen von Veröffentlichungen zu fast jedem Thema finden lassen, aber wie zuverlässig sind diese? Wie sich herausstellt, könnte eine der meistgenutzten Informationsquellen im Internet etwas völlig anderes sein als sie vorgibt.

Wikipedia-Logo, leicht verzerrt.

Wikipedia, die freie, durch »Bürgerwissenschaft« erstellte Online-Enzyklopädie, wurde 2001 vom Internetunternehmer Jimmy Wales und dem Enzyklopädisten Larry Sanger gegründet. Sie rühmt sich, einen freien und kollektiven Informationsaustausch zu bieten und dabei viele kontroverse Themen von allen Seiten zu beleuchten. Obwohl die Enzyklopädie häufig konsultiert wird, hat man ihr vorgeworfen, sie sei insgeheim parteiisch gegenüber bestimmten Gruppen – und Schlimmeres. Gleichzeitig werden alternative Standpunkte, wie sie etwa im *Atlantis Rising Magazine* vertreten werden, oft in verzerrter, herablassender oder geradezu beleidigender Art und Weise dargestellt. Könnte es sein, dass eben jene eingefleischten materialistischen Hüter eines bestimmten Weltbilds, die jahrhundertelang erfolgreich die Verbreitung von wichtigem Wissen über viele wertvolle Themen blockiert haben, nun ihre systematischen Unterdrückungsmethoden auf die weltweit führende Online-Enzyklopädie ausdehnen?

Alternative Wissenschaft

Ein prominentes Beispiel für eine offensichtlich materialistische Voreingenommenheit bei Wikipedia ist der Eintrag über Homöopathie. Befürworter der Homöopathie argumentieren, dass die Enzyklopädie dieses natürliche medizinische System nicht richtig definiert oder darstellt. An vielen Stellen liefert der Eintrag falsche Informationen, zieht voreingenommene Quellen heran und verbreitet eher negatives Gedankengut und negative Gefühle anstelle von wissenschaftlichen Beweisen für die Wirksamkeit der Homöopathie.

»Der Homöopathie«, so der englische Wikipedia-Eintrag zum Thema von 2015, »mangelt es an biologischer Plausibilität, und die Axiome der Homöopathie sind seit geraumer Zeit widerlegt. Die postulierten Wirkmechanismen der homöopathischen Mittel sind sowohl wissenschaftlich unplausibel als auch physikalisch nicht möglich.« Rundweg abgelehnt wird die 1988 in der Zeitschrift *Nature* veröffentlichte Arbeit des französischen Immunologen Jacques Benveniste, die eindeutig eine nachweisbare Wirkung sehr hoher homöopathischer Verdünnungen eines Antikörpers auf menschliche Basophile, eine Art weißer Blutkörperchen, zeigte.* Vor Kurzem hat Wikipedia ihre Darstellung der Ho-

* Siehe E. Davenas, F. Beauvais, J. Amara, et al., »Human Basophil Degranulation Triggered by Very Dilute Antiserum against IgE«, *Nature* 333 (1988): 816-818, https://www.nature.com/articles/333816a0.

möopathie um einen umfangreichen Artikel erweitert, der Hunderte von Quellenangaben enthält, die offensichtlich auf eine Diskreditierung der Methode abzielen. Als Gegner dieser alternativen Heilmethode wird der berüchtigte »Entzauberer« und Bühnenmagier James Randi zitiert. Die vehemente Unterstützung für die Homöopathie seitens Dr. Luc Montagnier, der 2008 für die Entdeckung des AIDS-Virus den Nobelpreis erhielt, wird dagegen völlig ignoriert, im Wikipedia-Eintrag zu Montagnier wird dieses allerdings sehr wohl erwähnt.

Luc Montagnier, Träger des Medizin-Nobelpreises 1998.

Ein weiteres Gebiet, bei dem Wikipedia eine offenkundige Voreingenommenheit gegenüber der alternativen Wissenschaft an den Tag legt, ist die Darstellung des Einflusses elektromagnetischer Kräfte auf großräumige Phänomene im Universum. In Bezug auf die damit zusammenhängende Plasmakosmologie, die von einflussreichen Wissenschaftlern wie dem Nobelpreisträger Hannes Alfvén vorgeschlagen wurde und einen wichtigen Bestandteil der von Astrophysikern wie Wal Thornhill und anderen vertretenen Hypothese vom »elektrischen Universum« darstellt, erklärt Wikipedia unbedarft: »[Die Plasmakosmologie] steht im Widerspruch zum allgemeinen Konsens von Kosmologen und Astrophysikern, wonach astronomische Körper und Strukturen im Universum hauptsächlich durch die Schwerkraft, Einsteins allgemeine Relativitätstheorie und die Quantenmechanik beeinflusst werden.« Henry Bauer, emeritierter Professor für Chemie und Naturwissenschaften am Virginia Polytechnic Institute, bestreitet diese Behauptung vehement und beklagt, dass bei der Bearbeitung von Wikipedia-Einträgen »schon ein einziger engagierter Fanatiker ausreicht, um einen bestimmten Wikipedia-Eintrag oder ein bestimmtes Thema zu dominieren«.

Außerdem, so beklagt er, »wird die Schlichtung auf Wikipedia von zuweilen anonymen Personen kontrolliert, deren Referenzen dadurch unbekannt sind«.*

Hannes Alfvén, Träger des Physik-Nobelpreises 1970.

Zur Intelligent-Design-Theorie, die Wikipedia mit »Neokreationismus« und der Ablehnung der Evolution gleichsetzt, heißt es auf der Website der englischen Wikipedia: »Die neokreationistische Bewegung ist durch die Angst motiviert, dass die Religion durch die Erforschung der Evolution angegriffen wird.« Im Gegenteil, die Vertreter des Intelligent Design glauben keineswegs nicht an die Evolution. Sie sind lediglich anderer Meinung als die Darwinisten, was die Beweise für die leitenden Prozesse anbelangt.

Der Biologe und Autor Rupert Sheldrake ist insbesondere für seine Hypothese von den morphischen Feldern und der morphischen Resonanz bekannt, die, wie er sagt, »zu einer Vision eines lebendigen, sich entwickelnden Universums mit einem inhärenten Gedächtnis führt«. Als Stipendiat am Clare College der University of Cambridge betrieb Sheldrake in den 1960er-Jahren wichtige Forschungen auf dem Gebiet der Entwicklungsbiologie. Später wurde er leitender Pflanzenphysiologe am International Crops Research Institute for the Semi-Arid Tropics (ICRISAT) im indischen Hyderabad. In jüngerer Zeit war er Direktor des vom Trinity College der Cambridge University betreuten Perrott-Warrick-Projekts. In ihrem Eintrag über Sheldrake erklärt die englische Wikipedia nachdrücklich, seine Theorie der morphischen Resonanz werde »von der wissenschaftlichen Gemeinschaft nicht als reales Phänomen akzeptiert und Sheldrakes Vorschläge dazu als Pseudowissenschaft bezeichnet«. Die Kurzbio-

* Siehe Henry Bauer, »The Fairy-Tale Cult of Wikipedia«, Blogpost für das Thunderbolts Project (online), 22. Januar 2010, http://www.thunderbolts.info/thunderblogs/guest1.htm.

graphie schließt spöttisch: »Trotz der negativen Aufnahme von Sheldrakes Ideen in der wissenschaftlichen Gemeinschaft haben sie in der New-Age-Bewegung Unterstützung gefunden, zum Beispiel bei Deepak Chopra. Sheldrake plädiert dafür, dass die Wissenschaft alternative Medizin, übersinnliche Phänomene und eine stärkere Konzentration auf ganzheitliches Denken einbeziehen sollte.« Ungeachtet der Missachtung seitens Wikipedia schreibt der einflussreiche Wissenschaftsjournalist John Horgan 2014 in einem Blogbeitrag für *Scientific American*: »[Sheldrake] verfügt über ein tiefes Wissen über die Wissenschaft, einschließlich ihrer Geschichte und Philosophie (die er in den 1960er-Jahren in Harvard studiert hat). In Verbindung mit seiner Fähigkeit, detaillierte experimentelle Beweise für seine Behauptungen anzuführen, macht dieses Wissen Sheldrake zu einem beeindruckenden Verfechter seiner Ansichten.«*

Bei einem anderen wichtigen wissenschaftlichen Thema, der berühmten Hypothese zur Neudatierung der Großen Sphinx auf Grundlage von Daten zur Wasserverwitterung, wie sie von Robert Schoch und John Anthony West vertreten wird, heißt es in der englischen Wikipedia: »Ägyptologen, Geologen und andere lehnen die Wassererosionshypothese und die Idee einer älteren Sphinx ab und bieten verschiedene alternative Erklärungen für Ursache und Zeitraum der Erosion.« Aber wie Dr. Schoch im *Atlantis Rising Magazine* und anderswo betont, wird seine These zwar von einigen Ägyptologen infrage gestellt, in der Gemeinschaft der akademischen und professionellen Geologen hingegen weitgehend anerkannt.

Beschwerden über eine erhebliche Voreingenommenheit von Wikipedia finden sich an vielen Stellen im Internet. Die lautesten kommen wohl von Christen und politisch Konservativen (die daraufhin mit Conservapedia ihre eigene Online-Enzyklopädie gegründet haben, in der ein ganzer Eintrag den »Beispielen für Voreingenommenheit in Wikipedia« gewidmet ist). Am alarmierendsten ist jedoch die Manipulation des Redaktionsprozesses bei Wikipedia durch Konzerninteressen, und dies in einer Weise, die man als Gefahr für die öffentliche Gesundheit und das Gemeinwohl bezeichnen kann.

* Siehe John Horgan, »Scientific Heretic Rupert Sheldrake on Morphic Fields, Psychic Dogs and Other Mysteries«, *Cross-Check* (ein Blog für *Scientific American*), 14. Juli 2014, http://blogs.scientificamerican.com/cross-check/2014/07/14/scientific-heretic-rupert-sheldrake-on-morphic-fields-psychic-dogs-and-other-mysteries/.

Astroturfing – vorgetäuschte Graswurzelkampagnen

Die Investigativjournalistin Sharyl Attkisson warnt vor einer weitverbreiteten PR-Strategie namens »Astroturfing« und betrachtet Wikipedia als wichtiges Element dieser Technik. Sie hat 20 Jahre als Korrespondentin für CBS News gearbeitet und wurde für ihre Arbeit mit mehreren Emmy Awards ausgezeichnet. In ihrem 2013 erschienenen Buch *Stonewalled* befasst sie sich mit den unsichtbaren Einflüssen von Unternehmen und Sonderinteressen auf die Informationen und Bilder, die der Öffentlichkeit jeden Tag in den Nachrichten und anderswo präsentiert werden.

Überschneidung von Wissenschaft und Geld; Illustration (Mixed Media) von Randy Haragan für das Cover von *Atlantis Rising*.

Bei einer TEDx-Veranstaltung 2015 in Nevada erklärte Attkisson, was sie meint.* Astroturf – der Kunstrasen, der auf Spielfeldern verwendet wird – ist eine »Perversion von Graswurzeln – im Sinne von gefälschten Graswurzeln«, stellte sie fest. In der Öffentlichkeitsarbeit wird Astroturfing betrieben, »wenn politische, wirtschaftliche oder andere Interessengruppen unter einem Deckmantel Blogs veröffentlichen, Facebook- und Twitter-Konten einrichten, Anzeigen schalten, Leserbriefe schreiben oder einfach nur Kommentare online stellen, um den Eindruck zu erwecken, es spräche eine unabhängige oder basisdemokratische Bewegung. Sinn und Zweck von Astroturfing ist es vorzutäuschen, es gebe breite Unterstützung für oder gegen ein bestimmtes Anliegen, obwohl dies gar nicht der Fall ist. Astroturfing versucht, Sie dahingehend zu manipulieren, dass Sie Ihre Meinung ändern. Dazu wird Ihnen das Gefühl vermittelt, Sie seien eine Außenseiterin, obwohl das gar nicht zutrifft.«

Sharyl Attkisson, Emmy-Gewinner investigativer Journalist

Astroturfer, sagt Attkisson, versuchen, gegen die zu polemisieren, die nicht ihrer Meinung sind. »Sie greifen Nachrichtenagenturen an, die ihnen missliebige Berichte veröffentlichen, Whistleblower, die die Wahrheit sagen, Politikerinnen, die sich trauen, die schwierigen Fragen zu stellen, und Journalisten, die den Mut haben, über all das zu berichten. Manchmal mischen Astroturfer einfach so viele widersprüchliche und verwirrende Informationen unter, dass Sie nur noch die Hände über dem Kopf zusammenschlagen und alles ignorieren können – auch die Wahrheit. [Sie] übertönen einen Zusammenhang zwischen einem Medika-

* Attkissons vollständiger TEDx-Vortrag »Astroturf and Manipulation of Media Messages« (6. Februar 2015 an der University of Nevada) steht auf YouTube zur Verfügung: https://www.youtube.com/watch?v=-bYAQ-ZZtEU.

ment und einer schädlichen Nebenwirkung – zum Beispiel zwischen Impfstoffen und Autismus –, indem sie einen Haufen widersprüchlicher, bezahlter Studien, Umfragen und Expertenmeinungen in den Raum stellen und die Wahrheit bis zur Unkenntlichkeit verzerren.«

Mit Wikipedia, sagt Attkisson, ist »für das Astorturfing ein Traum wahr geworden«. Obwohl sie als freie Enzyklopädie angepriesen wird, die jeder bearbeiten kann, »könnte die Realität«, so Attkisson, »unterschiedlicher nicht sein«.

»Anonyme Wikipedia-Redakteure«, so argumentiert sie, »kontrollieren und vereinnahmen Seiten im Namen von Sonderinteressen. Sie verbieten Änderungen, die ihrer Agenda zuwiderlaufen, und machen sie rückgängig. In eklatanter Verletzung der Wikipedia-Richtlinien verdrehen und löschen sie ungestraft Informationen. Dabei sind sie stets den armen Schluckern überlegen, die tatsächlich glauben, jeder könnte Wikipedia bearbeiten, nur um dann festzustellen, dass sie gesperrt werden und nicht einmal mehr die einfachsten sachlichen Ungenauigkeiten korrigieren können.

Versuchen Sie einmal, auf einer dieser überwachten Wikipedia-Seiten eine Fußnote hinzuzufügen oder einen sachlichen Fehler zu korrigieren«, klagt sie, »und schwupps – manchmal in Sekundenschnelle – wird Ihre Bearbeitung rückgängig gemacht.« Sie beschreibt den Fall des berühmten Autors Philip Roth, der 2012 versuchte, auf einer Wikipedia-Seite einen grundlegenden sachlichen Fehler bezüglich der Inspiration zu einer seiner Romanfiguren zu korrigieren. Egal, wie sehr er sich bemühte, die Wikipedia-Redakteure ließen es nicht zu. Der Eintrag machte die Änderungen immer wieder rückgängig und stellte die falschen Informationen wieder her. Als Roth schließlich einen Menschen bei Wikipedia erreichte – was gar nicht so einfach war – und herauszufinden versuchte, was da schieflief, sagte man ihm, man betrachte ihn einfach nicht als glaubwürdige Quelle für »sich selbst«.

Attkisson zitierte auch eine medizinische Studie aus dem Jahr 2014, in der die auf Wikipedia-Seiten beschriebenen medizinischen Krankheitsbilder mit echten, von Experten begutachteten und veröffentlichten Forschungsergebnissen verglichen wurden. Es stellte sich heraus, dass die Wikipedia-Einträge in 90 Prozent der Fälle der medizinischen Forschung widersprachen.* Jetzt werden Sie

* Siehe Robert T. Hasty; Ryan C. Garbalosa; Vincenzo A. Barbato, et al., »Wikipedia vs Peer-Reviewed Medical Literature for Information about the 10 Most Costly Medical Conditions«, *Journal of the American Osteopathic Association* 114 (Mai 2014): 368-373, DOI: 10.7556/jaoa.2014.035.

dem, was Sie auf Wikipedia lesen, vielleicht nie wieder ganz vertrauen«, sagt Attkisson, »und das sollten Sie auch nicht.«

Theoretisch werden Wikipedia-Artikel von unbeteiligten Ehrenamtlichen verfasst und beruhen auf zuverlässigen Sekundärquellen. Wenn man jedoch nach dem Titel eines Artikels sucht, zeigt Google als erstes Ergebnis einen Wikipedia-Eintrag an. Das hat zur Folge, dass PR-Firmen und »Reputationsmanagement«-Dienstleister alles daransetzen, negative oder kontroverse Fakten im Zusammenhang mit ihren Kunden aus den Wikipedia-Artikeln zu entfernen. Laut Conservapedia.com ist derartiges bezahltes Editieren zwar ausdrücklich verboten, aber Wikipedia setzt die Regeln kaum durch, und es gibt zahlreiche Beispiele für Redakteure, die im Auftrag ihrer Kunden parteiische Inhalte einbringen. Wenn große Wikipedia-Spender involviert sind, so Conservapedia, setzt die Enzyklopädie das Verbot des bezahlten Editierens zudem selektiv nicht durch. Viele Organisationen, die den Hauptsitz der Wikimedia Foundation besuchen, betreiben damit ebenfalls verdeckt bezahltes Editing, um für sich selbst zu werben.

2013 berichtete die *International Business Times*, dass Unternehmen bereit sind, hohe Summen an PR-Firmen zu zahlen, die ihre Einträge »korrigieren«. Wikipedia, so schrieb Technikjournalist Thomas Halleck, »sieht sich einem Ansturm von Redakteurinnen und Redakteuren ausgesetzt, die von privaten Interessen für die Bearbeitung und Erstellung von Artikeln bezahlt werden, während die Ehrenamtlichen immer weniger werden.«

Wikipedia ist immerhin werbefrei, und auch die Leserinnen und Leser können sie kostenlos nutzen. Dahinter steht die Idee, dass Zehntausende unabhängige Redakteurinnen und Redakteure, denen es einzig darum geht, die Wahrheit zu verbreiten, das Material bearbeiten und auf dem neuesten Stand halten können. Aber selbst im Jahr 2013 ist die Zahl der aktiven Beitragenden im Vergleich zu den Vorjahren um fast 40 Prozent zurückgegangen. In der Folge haben die Aktiven mehr Einfluss darauf, was drinbleibt, sagt Halleck, aber damit nicht genug.

Halleck sprach von einem bestimmten Redakteur, nämlich von Mike Wood, der von Unternehmen und Einzelpersonen dafür bezahlt wird, Artikel zu erstellen und zu pflegen, die sie im besten Licht erscheinen lassen. »Manchmal«, so Halleck, »wird [Wood] sogar beauftragt, negative Informationen von der Seite eines Kunden zu entfernen. Wood vergleicht sich mit einem Anwalt vor Gericht, der seine Klienten berät, welche Maßnahmen sie ergreifen können und welche nicht. Für die Bearbeitung eines kleinen Wikipedia-Eintrags berechnet er nur 50 US-Dollar, für die Erstellung eines neuen Artikels bis zu 2000. Wood sagt, Wikipedia sei seine Haupteinnahmequelle und mit dem Bearbeiten von Artikeln über seine Website LegalMorning.com verdiene er mehr als mit jeder anderen Tätigkeit, die er bisher ausgeübt habe.«*

Die Folge der Bemühungen von Wood und seinesgleichen ist, dass die Öffentlichkeit zumindest ein unzuverlässiges Bild von der Wahrheit erhält. Und wie Sharyl Attkisson erläutert, könnten die Konsequenzen für Menschen, die anhand von Wikipedia zu entscheiden versuchen, welche Art von Medikamenten unbedenklich sein könnte, katastrophal sein.

Die Schlacht ums Internet

Während die Risiken, die damit verbunden sind, dass jemand den Daumen auf pharmazeutischen Informationen hat, wohl allen klar sein dürften, halten manche die Gefahren, die sich aus der Verzerrung der Bedeutung wichtiger neuer wissenschaftlicher Erkenntnisse für unsere gesamte Gesellschaft ergeben, für möglicherweise noch gravierender. Zu ihnen gehört Craig Weiler, Autor des 2013 erschienenen Buches *Psi Wars: TED, Wikipedia and the Battle for the Internet*. In seinem Blog *The Weiler Psi* führt er aus, dass die Behandlung von Rupert Sheldrake durch Wikipedia besonders empörend ist. Weiler zufolge hat eine Gruppe skeptischer Ideologen die Kontrolle über die Biografieseite von Rupert Sheldrake übernommen. Ihr Ziel ist letztendlich kein geringeres, so glaubt er, als die Kontrolle über sämtliche verfügbaren Informationen in der kollaborativen Enzyklopädie.**

Im März 2013 wurde Sheldrake nach seiner Rede »The Science Delusion« bei TEDx Whitechapel in London in eine Kontroverse verwickelt. Wie Wikipedia behauptet auch die angesehene gemeinnützige Organisation TED Talks, es sei ihr ein Anliegen, ihre Förderer zu informieren – in ihrem Fall über die neuesten Entwicklungen auf den Gebieten Technik, Unterhaltung und Design (TED für Technology, Entertainment, Design). TED hat für seine Marke eine beträchtliche Fan-

* Siehe Thomas Halleck, »Wikipedia and Paid Edits: Companies Pay Top Dollar to Firms Willing to ›Fix‹ Their Entries«, *International Business Times* (online), 8. November 2013, https://www.ibtimes.com/wikipedia-paid-edits-companies-pay-top-dollar-firms-willing-fix-their-entries-1449172.

** Siehe Craig Weiler, »Wikipedia Cyberbullying: A Case Study«, *The Weiler Psi* (Blog), 30. Dezember 2013, https://weilerpsiblog.wordpress.com/2013/12/30/wikipedia-cyberbullying-a-case-study/.

gemeinde gewonnen, die schätzungsweise in die Milliarden geht. Jetzt kann das Unternehmen seiner Sammlung eine weitere Besonderheit hinzufügen: Zensur.

Der Biologe Rupert Sheldrake bei TEDx.

Als die skeptische Bewegung hörte, wie Sheldrake die materialistischen Thesen der zeitgenössischen Wissenschaft infrage stellte, erhob sie sich geschlossen und stocksauer, und die TED-Leute fügten sich rasch und nahmen Sheldrakes Rede aus ihrem Online-Angebot. Auch eine Rede von Graham Hancock wurde entfernt. Obwohl TED öffentlich einen nicht näher bezeichneten wissenschaftlichen Beirat für seine Entscheidung anführte, machte das Unternehmen im Zuge der darauffolgenden überwältigenden öffentlichen Reaktion erneut einen Rückzieher und stellte beide Redebeiträge wieder auf seine Website, allerdings an ungünstigerer Stelle oder, wie Hancock es treffend nennt, »in die Schmuddelecke«.

Später enttarnte Sheldrake in seinem Newsletter eine organisierte Gruppe namens Guerrilla Skepticism und ihre entschlossenen Bemühungen, Wikipedia-Einträge im Sinne ihrer Ziele zu verändern. Da sie sich von jemandem mit einer so großen – und zustimmenden – öffentlichen Anhängerschaft offensichtlich bedroht fühlte, verdoppelte die militante skeptische Gemeinschaft ihren Einsatz und verschärfte ihre unerbittliche Kampagne, Wikipedia-Einträge so zu ändern, dass sie ihre Sicht der, wie sie sagen, Pseudowissenschaft – also paranormale Phänomene und dergleichen – widerspiegeln. Mittlerweile aufs Äußerste erregt, ging die Gruppe mit allen Mitteln gegen die Bedrohung durch Sheldrake vor.* Auch Weiler wurde attackiert, nachdem er über die Angriffe auf Sheldrakes Seite berichtet hatte.

* Siehe Greg Taylor, »Maverick Biologist Rupert Sheldrake Criticizes Attacks by ›Guerilla Skeptics‹ on Wikipedia«, *Daily Grail* (Blog), 10. Oktober 10, 2013, https://www.dailygrail.com/2013/10/maverick-biologist-rupert-sheldrake-criticizes-attacks-by-guerilla-skeptics-on-wikipedia/.

Die Anfeindung Sheldrake gegenüber ist kein Einzelfall, betont Weiler. Es gibt viele aggressive Ideologen, die Wikipedia kontrollieren wollen, vor allem bei sogenannten Randthemen. Doch diese Angreifer, so sagt er, vertreten weniger eigene Standpunkte, als dass sie böswillig gegenteilige Meinungen angreifen.

Weiler zufolge versuchte ein als »Tumbleman« bekannter Wikipedia-Redakteur, der offenbar über gute parapsychologische Kenntnisse verfügt, sich dafür einzusetzen, eine objektive Debatte über Sheldrake und seinen Ruf zu führen. Tumbleman versuchte, eine neutralere Haltung gegenüber Sheldrake und dessen wissenschaftlichen Theorien einzunehmen, und hinterfragte die Voreingenommenheit der Skeptiker. Die Folge war ein konzertierter Angriff auf Tumbleman selbst. Es folgte eine Verbotskampagne gegen ihn, die ihr Ziel schließlich auch erreichte.*

Eine Diskussionsseite von Wikipedia enthielt Kommentare eines Administrators, der sich auf die Seite der Guerrilla-Skeptiker stellte. Für Weiler war das ein klarer Beweis dafür, dass Wikipedia nicht nur von den Aktionen der skeptischen Organisation weiß, sondern auch keinerlei Anstrengungen unternimmt, sie zu stoppen.

Alle, die sich für Themen wie Astrologie, das Paranormale, Metaphysik, Glaube/Spiritualität, alternative Medizin oder sogar Atheismus oder Skeptizismus interessieren – was Wikipedia als »Randthemen« bezeichnet –, werden bald erfahren, dass die »freie« Online-Enzyklopädie wenig Interesse an ihren Ansichten hat. Vielen Berichten zufolge werden sie auch feststellen, dass sie es praktisch mit einer geheimen Verbindung zu tun haben, die von einer kleinen redaktionellen Gruppe beherrscht wird. Unterstützt von mindestens zwei Vollzeit-»Experten«, patrouilliert sie eifrig, bearbeitet und löscht Seiten und gibt sich dabei als streng unparteiische Gutachterin aus. Unter dem Deckmantel der Anonymität nehmen die Mitglieder dieser Gruppe Berichten zufolge bis zu 10.000 Änderungen pro Jahr vor und stellen damit sicher, so Kritiker, dass ihre bevorzugte Doktrin des Szientismus triumphiert, schlechte Wissenschaft schöngeredet und unbequeme Beweise unterdrückt werden. Gleichzeitig werden Redakteurinnen und Redakteure, die es wagen, die Machthabenden kritisch zu hinterfragen, lächerlich gemacht, eingeschüchtert und in virtuellen Tribunalen gesperrt.

---

* Siehe Craig Weiler, »Wikipedia: The Trial of Tumbleman«, *The Weiler Psi* (Blog), 18. Oktober 2013, https://weilerpsiblog.wordpress.com/2013/10/18/wikipedia-the-trial-of-tumbleman/.

Viele Kritiker wie Craig Weiler fragen sich, wie es den Skeptikern gelingen kann, derart hinterhältige Strategien so effektiv umzusetzen. Wir vermuten, dass Galilei sich das vor annähernd vierhundert Jahren in Bezug auf die römische Inquisition ebenfalls gefragt hat, aber er hatte es nicht mit Wikipedia zu tun.

Vorzeitlicher Untergang
Das Ende von Kulturen
in Geschichte
und Gegenwart

32 Kosmische Kollisionen

Ein neuer wissenschaftlicher Blick auf Bedrohungen aus dem Weltraum

Am Morgen des 15. Februar 2013 bekam die Stadt Tscheljabinsk im südlichen Uralgebirge in Sibirien einen Eindruck davon, wie sich die letzten Tage von Atlantis gestaltet haben könnten.

Mit einer Geschwindigkeit von annähernd 65.000 Kilometern pro Stunde raste ein Meteor durch den Himmel und explodierte mit einer geschätzten Kraft von etwa fünfhundert Kilotonnen TNT (das ist etwa die zwanzig- bis dreißigfache Kraft der Atombombenexplosionen in Hiroshima und Nagaki, die den Zweiten Weltkrieg beendeten). Die Explosion ereignete sich etwa fünfzehn bis fünfundzwanzig Kilometer über dem Erdboden, aber dennoch zersprangen durch die resultierende Schockwelle an über dreitausend Gebäuden in sechs Städten der dünn besiedelten Region die Fenster. Tausende sahen den grellen Blitz (fast tausendfünfhundert Menschen wurden durch umherfliegende Glassplitter verletzt), und schon bald ging im Internet eine Unzahl Fotos viral, aufgenommen mit Digitalkameras.

Im Oktober 2013 fischten Taucher einen großen Brocken des Meteors mit einem Gewicht von über einer halben Tonne aus dem nahe gelegenen Tschebarkulsee. Nach eigenen Angaben fanden Wissenschaftlerinnen und Wissenschaftler in der gesamten Region Bruchstücke des Meteors, aber mit einer Länge von anderthalb Metern war dieses bei Weitem das größte.*

* Die Bergung des Meteors aus dem See wurde live im russischen Fernsehen übertragen. Ein Teil der Berichterstattung ist online zu sehen; siehe »Russia: Huge Chunk of Chelyabinsk Meteor Recovered from Lake«, YouTube, 17. Oktober 2013, https://www.youtube.com/watch?v=n1TL_jaVijY.

Das astrologische Zeichen für einen Kometen.

Im Februar 2013 hinterließ ein explodierender Meteor einen doppelten Kondensstreifen am Himmel über Tscheljabinsk in Sibirien.

Die Bergung des Meteors aus dem Tschebarkulsee zog viel Publikum an.

So berichtenswert das Ereignis auch war, seine volle Bedeutung wurde erst später erkannt. Auch wenn er von Astronomen und Astrophysikern in keinster Weise vorhergesehen worden war, stellte der Meteor von Tscheljabinsk sowohl eine unwillkommene Erinnerung an einen historischen Präzedenzfall als auch einen Vorboten kommender Attraktionen dar. Die Ähnlichkeiten mit der immer noch ungeklärten Explosion bei Tunguska (ebenfalls in Sibirien) 1908, die als stärkstes Einschlagsereignis der modernen Geschichte gilt und fast 2500 Quadratkilometer dem Erdboden gleichmachte, sind kaum zu übersehen. Zudem markierte der Meteor von Tscheljabinsk den Beginn des sogenannten »Kometenjahrs«. Verständlicherweise sahen viele religiöse Menschen damals am Himmel lauter lang prophezeite »Zeichen und Wunder«.

Der verwüstete sibirische Wald nach der Explosion bei Tunguska 1908.

Noch am Tag der Explosion von Tscheljabinsk kam es zu der lange angekündigten nahen Begegnung mit dem Asteroiden 2012 DA14, einem Himmelsbrocken mit 45 Metern Durchmesser, der mit einem Abstand von nur knapp 28.000 Kilometern über der südlichen Erdhalbkugel vorbeiflog – näher als die Umlaufbahn vieler Wettersatelliten.*

* Einzelheiten zum Asteroiden 2012 DA14 unter »Asteroid 2012 DA14-Earth Flyby Reality Check«, NASA (online), 15. Februar 2013, https://www.nasa.gov/topics/solarsystem/features/asteroidflyby.html

Wissenschaftler, die sich öffentlich damit brüsteten, den Asteroiden so genau auffinden und verfolgen zu können, gaben offen zu, dass er bei einem Einschlag in Südkalifornien von Los Angeles bis San Diego alles auslöschen würde. »Experten« beeilten sich zu betonen, dass sich die Erde und dieser Asteroid *nicht* auf Kollisionskurs befanden – was eher auf Glück als auf ihre Klugheit zurückzuführen war. Der Meteor von Sibirien war mit Sicherheit so groß, dass er jede größere Stadt, die er hätte treffen können, weitgehend zerstört hätte, aber niemand hat ihn kommen sehen. Zumindest das ist unbestritten.

Einige Jahre zuvor, im Juli 1999, war am Himmel über Neuseeland mit einer Leuchtkraft, die Augenzeugen zufolge der der Sonne entsprach, ein Meteor explodiert, der schätzungsweise so groß wie eine Eisenbahnlokomotive war und in einem Winkel von 45 Grad herunterkam. Die Explosion war im Norden bis Auckland und im Süden bis Christchurch zu sehen und erzeugte einen langen, feurigen Schweif, der von Linienpiloten gemeldet und vom Radar erfasst wurde. Gebäude bebten, und panische Augenzeugen überhäuften die Notrufzentralen mit Anrufen. Einigen Berichten zufolge erzeugte die Explosion eine hellblaue Rauchwolke, die die nahe gelegene Stadt Napier mit ihren 60.000 Einwohnern über eine Stunde lang einhüllte. Trümmer der Explosion wurden für mindestens einen Waldbrand verantwortlich gemacht.*

Die Rückkehr der Katastrophisten

Im Zeitalter der Aufklärung im 17. und 18. Jahrhundert, als in Europa die moderne Wissenschaft aufkam, glaubten die Menschen, die sich mit Gesteinen, Landformen und Fossilien beschäftigten – Tätigkeiten, aus denen schließlich die primären Geowissenschaften Geologie und Paläontologie hervorgehen sollten –, die Vergangenheit der Erde sei von plötzlichen und gewaltigen Katastrophen, vor allem Noahs Sintflut, geprägt gewesen. In den Anfängen der Wissenschaft drehte sich alles um die Bibel. Doch mit der Entwicklung des Darwinismus fiel das Christentum bei den intellektuellen Eliten in Ungnade, und der mit der biblischen Lehre von der Sintflut verbundene Katastrophismus wurde abgelehnt. An seine Stelle trat der Aktualismus, auch Uniformitäts-

* Siehe Jennie McCormick, »Fireballs: The Taranaki Daylight Fireball, 1999 July 7«, *WGN, Journal of the International Meteor Organization* 34, Nr. 5 (2006): 135-42, https://ui.adsabs.harvard.edu/abs/2006JIMO...34..135M/abstract.

oder Gleichförmigkeitsprinzip genannt, also die Auffassung, dass die Vergangenheit durch Prozesse geprägt wurde, die wir auch heute noch beobachten können. Nun hieß es, die sehr langsamen Klimaveränderungen, das allmähliche Vorrücken und Zurückziehen der Gletscher, die fast unmerkliche Hebung von Gebirgsketten und die ebenso langsamen Erosionsprozesse seien als die Norm zu betrachten.

Gegen Ende des 18. Jahrhunderts dominierten in den Geowissenschaften die Verfechter des Aktualismus, allen voran James Hutton und Charles Lyell. Eine kurze Revolte unter der Führung von Georges Cuvier zu Beginn des 19. Jahrhunderts wurde niedergeschlagen. Cuvier stützte sich zwar nicht auf biblische Berichte, glaubte aber dennoch, dass es in der fernen Vergangenheit tatsächlich katastrophale Überschwemmungen und Erdbeben gegeben hatte. Gleichwohl scheiterte seine Kampfansage an die Aktualisten, und ihre Lehren wurden nicht mehr infrage gestellt. Damit war die Sache erledigt.

Heute jedoch findet die große Gefahr, die der Erde durch unerwartete Geschosse aus dem Weltraum droht, in Kreisen, die solchen Risiken früher kaum Beachtung geschenkt haben, neue Glaubwürdigkeit. »Rechtfertigung für Unternehmer, die den Himmel beobachten: Ja, er kann uns auf den Kopf fallen«, verkündete eine Schlagzeile der *New York Times* zu einem Bericht über Tscheljabinsk. »Seit Jahrzehnten halten Wissenschaftler Ausschau nach tödlichen Objekten aus dem Weltraum, die die Erde verwüsten könnten«, schrieb William J. Broad. »Warnungen, dass die Instrumente fehlten, um die gravierendsten Bedrohungen zu erkennen, wurden weitgehend ignoriert, ja Skeptiker verspotteten die Besorgten sogar als Hühnchen Junior« aus dem Disneyfilm *Himmel und Huhn*, der glaubt, ihm sei ein Stück Himmel auf den Kopf gefallen, wobei es sich allerdings bloß um eine Eichel handelt. Doch von heute auf morgen änderte sich das Meinungsklima drastisch. Vom Silicon Valley bis Washington D.C. schlossen sich bald viele der Sache an. »Wäre es nicht dumm, wenn wir ausgelöscht würden, weil wir nicht hingesehen haben?«, fragte Edward Lu, ehemaliger NASA-Astronaut und heute an führender Stelle bei Google, der eine große Kampagne zur Entdeckung von Asteroiden leitet.* Zwischenzeitlich reagierte auch der kalifornische Kongressabgeordnete Dana

* Siehe William J. Broad, »Vindication for Entrepreneurs Watching Sky: Yes, It Can Fall«, *New York Times* (online), 16. Februar 2013, https://www.nytimes.com/2013/02/17/science/space/dismissed-as-doomsayers-advocates-for-meteor-detection-feel-vindicated.html?searchResultPosition=1.

Rohrabacher, damals stellvertretender Vorsitzender des Ausschusses für Wissenschaft, Raumfahrt und Technologie im Repräsentantenhaus, auf die russische Feuerkugel, und erklärte gegenüber Space.com: »Das Ereignis sollte uns wachrütteln.«* Unbedingt!

Mit »Cosmic Collisions« von Joseph Jochmans hatte *Atlantis Rising* bereits 1996 eine Titelgeschichte gebracht, die genau diesen Punkt ansprach. »Gesteins- oder Eisenasteroiden mit einem Durchmesser von 600 Metern oder mehr und vereiste Kometenfragmente mit einer Größe von 1200 Metern oder mehr«, schrieb Jochmans, »wären in der Lage, die Atmosphäre zu durchdringen und mit der Kraft von jeweils 10 bis 100 Megatonnen TNT auf der Erdoberfläche aufzuschlagen.« Das Interesse an diesem Thema mag dadurch geweckt worden sein, dass ein solcher Einschlag eiszeitliche Kulturen wie Atlantis zerstört haben könnte.

Die Vorstellung, dass die lange Geschichte der Erde immer wieder von gewaltigen katastrophalen Ereignissen unterbrochen wurde, wird vom wissenschaftlichen Mainstream, der sich der gradualistischen Sicht der Geschichte verschrieben hat, im Allgemeinen belächelt. Wie bereits erwähnt, gab es jedoch einige wenige, etwa Immanuel Velikovsky, die es wagten, gegen den Strom zu schwimmen. Jetzt werden Ereignisse, die vor ein paar Jahren vielleicht noch unter den Tisch gefallen wären, neu und genauer untersucht.

2016 zog der Komet Pan-STARRS in nur etwa 160 Millionen Kilometern Entfernung an der Erde vorbei, und viele konnten ihn sehen. Noch im selben Jahr tauchte der Komet ISON auf, der als »Komet des Jahrhunderts« angekündigt worden war. Mit ihrem langen Feuerschweif wurden Kometen lange als Vorboten einer Katastrophe gefürchtet und gelten seit Jahrtausenden als himmlische Drachen und Unheilbringer.

Sonntag, der 15. April 2018, war ein guter Tag, aber es hätte auch anders kommen können. Es war der Tag, an dem ein fünfzig Meter großer Asteroid die Erde nur um Haaresbreite (astronomisch betrachtet) verfehlte, und dies praktisch ohne Vorwarnung. Innerhalb weniger Stunden nach seiner Entdeckung, so NASA-Wissenschaftlerinnen und Wissenschaftler in Arizona, passierte der Asteroid 2018 GE3 die Erde in einer Entfernung von nur knapp 200.000 Kilometern – das ist etwa die Hälfte der Entfernung zum Mond. GE3 ist wahrscheinlich

* Siehe Leonard David, »Russian Fireball Highlights Asteroid Threat, Lawmaker Says«, *Space.com* (online), 16. Februar 2013, https://www.space.com/19833-russia-meteor-asteroid-threat.html.

sechsmal so groß wie der Meteorit von Tscheljabinsk und hätte irgendwo auf der Erde eine weitaus größere Katastrophe auslösen können.*

Einst war er einer von Millionen Himmelsbrocken, die den »Asteroidengürtel« bilden – ein riesiges Band aus Gesteinstrümmern zwischen den Umlaufbahnen von Mars und Jupiter –, doch GE3 hatten Astronomen auf der Erde noch nie gesehen. Die reale Möglichkeit, dass ein derart unerwarteter und unwillkommener Gast aus dem All auf unserem Planeten aufschlagen könnte, sollte heute nicht mehr außer Acht gelassen werden. Neuere Forschungen zeigen auf, dass katastrophale Kollisionen mit Objekten aus dem Weltraum sogar in der jüngeren Geschichte stattgefunden haben – nicht nur vor vielen Millionen Jahren, als sie, wie weithin angenommen, die Dinosaurier vernichtet haben sollen. Heute hat es den Anschein, dass die Jüngere Dryas, die Mini-Eiszeit, von der einige glauben, dass sie die Zerstörung von Atlantis ausgelöst hat, durch eine Kollision mit den Überresten eines zerbrochenen Kometen verursacht wurde. (Im nächsten Kapitel wird näher auf diese Möglichkeit eingegangen.)

Einigen Forschenden zufolge könnte die größte Bedrohung für die Erde von »dunklen« Kometen ausgehen – von Kometen also, die für uns praktisch nicht zu sehen und nicht zu entdecken sind. Nur bei 25 der 3000 Kometen, die in unser Sonnensystem eingedrungen sind, ist die Position bekannt. Die Astronomen Bill Napier in Großbritannien und David Asher in Nordirland sind überzeugt, das liege daran, dass die Kruste eines Kometen, sobald sein Eis und seine Gase verbrannt sind, nur noch einen Bruchteil des Lichts reflektiert, sodass er schwer zu sehen ist.** Als der Komet IRAS-Araki-Alcock 1983 in nur gut viereinhalb Millionen Kilometern Entfernung an der Erde vorbeiflog – die größte Erdnähe seit zweihundert Jahren – wurde er erst zwei Wochen vor seinem Vorbeiflug entdeckt, weil seine Gase größtenteils verschwunden waren und die Oberfläche extrem dunkel war.***

Einem Bericht von Wissenschaftlerinnen und Wissenschaftlern der Universidad Nacional Autónoma de México zufolge hätte bereits 1883 das Ende der

---

* Mehr über den Asteroiden 2018 GE3, siehe Kate Samuelson, »A 150-Foot Asteroid Flew Alarmingly Close to Earth Just Hours After Being Spotted«, *Time* (online), 16. April 2018, https://time.com/5241352/asteroid-earth-ge3/.

** Siehe Paul Parsons, »›Dark‹ Comets May Pose Threat to Earth«, *New Scientist* (online), 11. Februar 2009, https://www.newscientist.com/article/mg20126954-800-dark-com-ets-may-pose-threat-to-earth/.

*** Siehe John Noble Wilford, »A New Comet to Approach Close to Earth«, *New York Times* (online), 6. Mai 1983, https://www.nytimes.com/1983/05/06/us/a-new-comet-to-approach-close-to-earth.html.

uns bekannten Welt eintreten können. Damals näherte sich ein Komet von der achtfachen Größe des Kometen Haley der Erde bis auf 200 Kilometer. Wäre er tatsächlich auf der Erde eingeschlagen, hätte die Zerstörung Schätzungen zufolge ebenso groß sein können wie bei dem Ereignis, das vor Millionen Jahren die Dinosaurier ausgerottet haben soll.

Hector Javier Durand-Manterola, der Hauptautor des Berichts, sagt, die Schlussfolgerung basiere auf einem Foto und einer Untersuchung des mexikanischen Astronomen José Bonilla, die 1886 in der Zeitschrift *L'Astronomie* erschienen sind. Damals wurde das Bild als das erste Foto eines UFOs bezeichnet. Es zeigt eine Anordnung von 447 nebelhaften Objekten, gefolgt von einem nebligen Schweif. Laut Manterolas Team hatte Bonilla einen stark fragmentierten Kometen beobachtet, der sich neuen Berechnungen zufolge fast parallel zur Erdoberfläche näherte. Man schätzt, dass die Objekte zwischen 450 und 8000 Kilometern entfernt waren und einen Durchmesser zwischen 40 und 700 Metern hatten.*

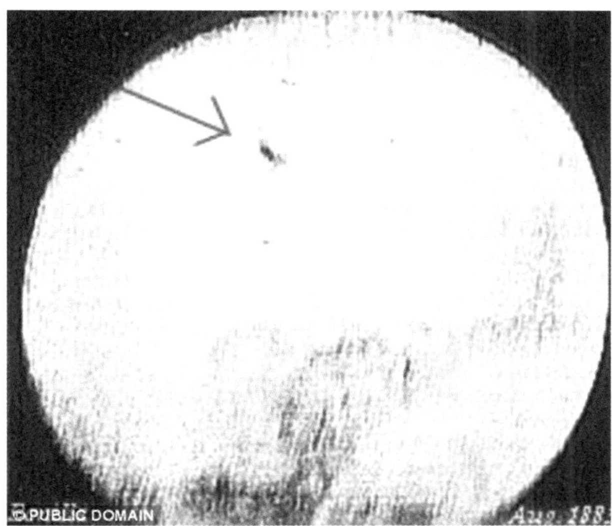

Das Foto des Astronomen José Bonilla von einem bedrohlichen Kometen (1883).

Manche Wissenschaftlerinnen und Wissenschaftler stellen die Erkenntnisse infrage und weisen darauf hin, dass nach einem solchen Auseinanderbrechen

* Siehe Hector Javier Durand-Materola, Maria de la Paz Ramos Lara und Guadalupe Cordero, »Interpretation of the Observations Made in 1883 in Zacatecas (Mexico): A Fragmented Comet That Nearly Hits the Earth«, 12. Oktober 2011: https://arxiv.org/abs/1110.2798.

eines Kometen der Himmel voller Meteore gewesen wäre, dass aber ein solches Ereignis nie gemeldet wurde. Tatsächlich war der regelmäßige Perseiden-Meteoritenschauer, der kurz nach der Sichtung einsetzte, in keiner Weise ungewöhnlich.

Die NASA berichtete kürzlich, das Risiko durch planetenvernichtende Asteroiden oder Kometen sei bei der Erde geringer als ursprünglich angenommen. Aber einer reicht ja, und schon ist der ganze Tag im Eimer.

Kosmische Kollision; Titelbild der Februar-Ausgabe 1996 von *Atlantis Rising.*

Begegnung mit Oumuamua

Hatte unser Sonnensystem gerade Besuch von einem interstellaren Eindringling, der Grüße von uraltem Leben auf einer Lichtjahre entfernten außerirdischen Welt überbrachte? Das ist eine Frage, die nicht nur UFO-Forscher, sondern auch in der Mainstream-Wissenschaft viele interessiert. Ende November 2017 tauchte plötzlich ein mysteriöses interstellares Objekt namens Oumuamua (hawaiianisch für »Bote«) auf, dessen Flugbahn in scharfem Bogen um unsere Sonne führte. Das riesige, zigarrenförmige, fast schwarze Objekt wurde zuerst von der Pan-STARRS-Sternwarte auf Hawaii gesichtet. Es hat viele Eigenschaften, die einem typischen Asteroiden oder Kometen völlig *un*ähnlich sind, und obwohl Astronomen so etwas noch nie gesehen hatten, kam es einer bestimmten Form sehr nahe, die nach Meinung einiger Wissenschaftlerinnen und Wissenschaftler für eine interstellare Mission ideal wäre.

Spekulative künstlerische Darstellung von Oumuamua;
Bild mit freundlicher Genehmigung der NASA.

Viele fragten sich sofort, ob es sich bei dem Objekt um eine Art Sonde handeln könne, die von einer fortgeschrittenen Zivilisation irgendwo im Universum ausgesandt wurde. Schon bald wurden Pläne entwickelt, das schnell ziehende Objekt so gründlich wie möglich zu untersuchen, solange es sich noch in Reichweite von Sensoren auf der Erde befand. Als einer der Ersten nahm der russische Milliardär Juri Milner mit seinem Projekt Breakthrough Listen die Herausforderung an (siehe Kapitel 25).

Unter der Leitung von Avi Loeb (dem Vorsitzenden des Fachbereichs Astronomie in Harvard), Stephen Hawking und anderen machte sich Milners Gruppe daran, mit dem Green Bank Radioteleskop in West Virginia sehr genau nach Signalen zu suchen, die von dem Objekt ausgingen. In einer E-Mail an Milner schrieb Loeb: »Je mehr ich mich mit diesem Objekt beschäftige, desto ungewöhnlicher erscheint es mir, sodass ich mich frage, ob es sich vielleicht um eine künstlich hergestellte Sonde handelt, die von einer außerirdischen Zivilisation ausgesandt wurde.«*

Unterdessen berichtete der Astronom Alan Fitzsimmons von der Queen‘s University Belfast, der Hauptautor einer weiteren wichtigen neuen Studie, die bereits über das Objekt veröffentlicht worden war, Oumuamua sei mit einer seltsamen »organischen Hülle« ummantelt, die eine Art Isolierung für einen unbekannten, aber vermutlich vereisten Kern darstellen könnte.**

Mithilfe neuer Technologien suchen Astronomen den Himmel inzwischen zunehmend intensiver ab und berichten von einem dramatischen Anstieg der Entdeckungsrate potenzieller »Killer«-Asteroiden. Solche Objekte könnten Schäden verursachen, wie sie in Hollywood-Filmen wie *Deep Impact* und *Armageddon* zu sehen sind.

Wie die BBC berichtet, legen neu veröffentlichte Forschungsergebnisse nahe, dass der Verlauf der menschlichen Evolution durch häufige kosmische Katastrophen beeinflusst worden sein könnte. Dr. Benny Peiser, Sozialanthropologe an der Liverpooler John Moores University in Großbritannien, und Michael Paine, Impact-Forscher von der Planetary Society in Australien, erklären nun, die wahrscheinlichste Ursache für das Aussterben der Hominiden könnten über 20 verheerende Katastrophen von globaler Tragweite im Laufe der letzten fünf Millionen Jahre gewesen sein.

Die Wissenschaftler erstellten eine Computersimulation der kosmischen Einschläge in diesem Zeitraum, um Angaben darüber zu erhalten, welche Umweltstörungen während der Evolution unserer Spezies aufgetreten sein könnten. Dazu untersuchte die Simulation das jährlich jeweils schlimmste Ereignis in diesen letzten 5000 Jahrtausenden. Dabei zeigte sich, dass während des Simulationszeitraums in 57 Prozent der Jahrtausende ein Einschlag stattgefunden hat, der Folgen für Landlebewesen gehabt haben könnte.***

Die Forschung lässt die alte Debatte zwischen der sogenannten gradualisti-

* Siehe Marina Koren, »Astronomers to Check Mysterious Interstellar Object for Signs of Technology«, *The Atlantic* (online), 11. Dezember 2017, https://www.theatlantic.com/science/archive/2017/12/yuri-milner-oumuamua-interstellar-asteroid/547985/.

** Siehe Queen’s University Belfast, »Alien object ›Oumuama‹ was a natural body visiting from another solar system«, *ScienceDaily*, 18. Dezember 2017, https://www.sciencedaily.com/releases/2017/12/171218120141.htm.

*** Siehe David Whitehouse, »Asteroids Affected Human Evolution«, *BBC News* (online), 12. April 2001, http://news.bbc.co.uk/2/hi/science/nature/1272368.stm.

schen und der katastrophistischen historischen Schule wieder aufflammen. Auf der einen Seite versucht die von Darwin inspirierte orthodoxe akademische Sicht, die Naturgeschichte als Produkt eines langsamen Prozesses von Überleben und Mutation zu erklären, wohingegen die andere Seite externe Kräfte am Werk sieht. Zu Letzterer gehören die sogenannten ‹bibeltreuen Kreationisten«, aber keineswegs nur sie. Seit einigen Jahren stellen viele etablierte Wissenschaftler, darunter Dr. Robert Schoch, den vorherrschenden Standpunkt mit absolut gesicherten wissenschaftlichen Belegen infrage. Schoch selbst mutmaßt, dass die größte außerirdische Bedrohung von massiven Plasmaentladungen der Sonne ausgehen könnte. Genauer untersucht wird jedoch, welche Rolle Kollisionen mit Objekten aus dem Weltraum gespielt haben könnten, und Wissenschaftler erkennen mehr und mehr an, dass es möglicherweise mehr Bedrohungen aus dem Weltraum gibt, als bisher angenommen.

»Der Grund, warum der Homo sapiens trotz dieser globalen Katastrophen überlebt hat«, so Dr. Peiser gegenüber der BBC, »hat wenig mit den traditionellen Erklärungen der Neo-Darwinisten zu tun. Es ist ernüchternd, wenn man erkennen muss, dass wir eher durch kosmisches Glück als unserer genetischen Ausstattung wegen noch am Leben sind.«

33 Aussterbewelle

Das Rätsel der Jüngeren Dryaszeit in neuem Licht

In seinem Buch *Alles über Atlantis: Alte Thesen, neue Forschung* (posthum 1976 auf Deutsch und 1978 unter dem Titel *Secret of Atlantis* auf Englisch erschienen) behauptet der renommierte österreichische Wissenschaftler und Techniker Otto Muck, vor etwa 12.000 Jahren sei ein Asteroid von Nordwesten her über Nordamerika herangerast. Bevor er in der Karibik einschlug und, wie Muck erklärt, einen Großteil des damaligen Atlantis zerstörte, zerbrach der Asteroid und hinterließ auf dem Gebiet der heutigen US-Bundesstaaten North und South Carolina, Maryland, Virginia, Georgia und einiger anderer, bis weit in den Westen nach Kansas und Nebraska über 3000 flache Krater. Die elliptischen kraterähnlichen Formen, die heute als Carolina Bays (Carolina-Becken) bezeichnet werden, sind zwar für viele Landschaften kennzeichnend, der Öffentlichkeit jedoch praktisch unbekannt. Die Möglichkeit, dass sie bei der großen Aussterbewelle in Nordamerika in der Jüngeren Dryas eine Rolle gespielt haben könnten, wird von der konservativen Wissenschaft komplett abgelehnt, nicht jedoch von Otto Muck.

Der Name des Ereignisses, das vor etwa 12.800 Jahren eintrat, stammt von einer blühenden Tundrapflanze, *Dryas octopetala* oder Weiße Silberwurz. Ihr Vorkommen deutet auf ein kälteres Klima hin. Zwei weniger extreme Kälteperioden werden als Ältere und Älteste Dryas bezeichnet. Der Temperaturabfall vor der letzten großen Vergletscherung erfolgte praktisch über Nacht und breitete sich innerhalb weniger Jahrzehnte über den größten Teil der nördlichen Erdhalbkugel aus. Die Vergletscherung erreichte ihr größtes Ausmaß erst nach Jahrhunderten.

Die düsteren Szenarien, die Otto Muck und andere Katastrophisten entwarfen, bezogen sich oft auf Einschläge großer Boliden aus dem Weltraum, die, so spekulieren sie, etwa 10.000 v. Chr. zur Zerstörung einer fortgeschrittenen Kultur geführt, die Wollhaarmammuts ausgerottet und unsere Vorfahren in die Steinzeit zurückgeworfen haben. Doch obwohl alte Quellen, von der Bibel bis zu Platon, voller Erzählungen über solche gewaltigen Katastrophen sind, werden im vorherrschenden akademischen Weltbild Theorien, dass so etwas auf der Erde geschehen sein könnte, zumindest für die letzten paar Millionen Jahre stets verworfen.

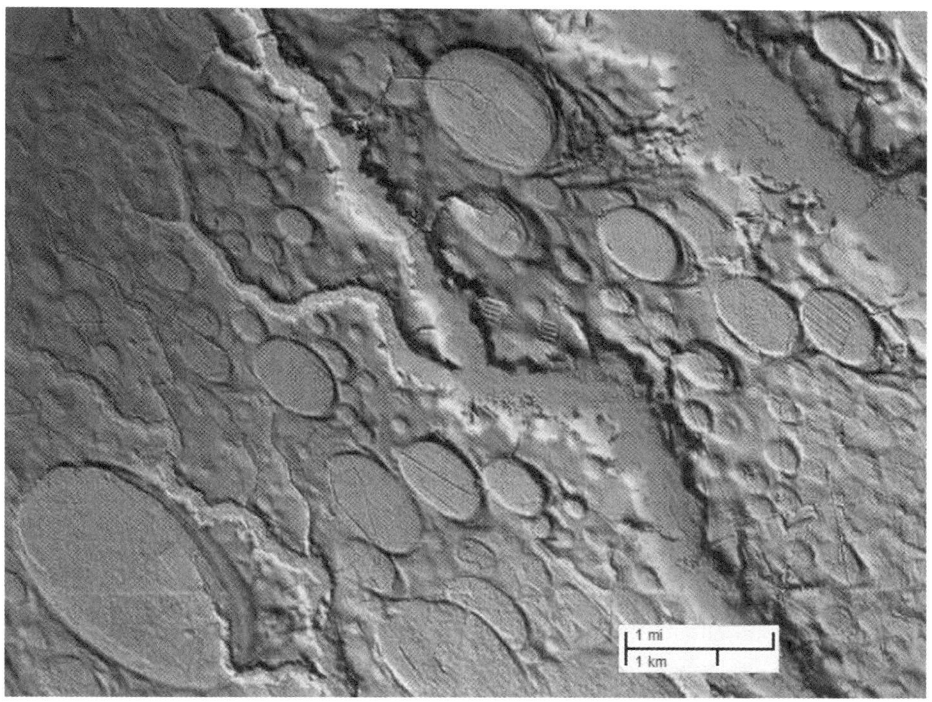

Satellitenbild einer Formation von den Carolina-Becken; Bild mit freundlicher Genehmigung der NASA.

Blüten der Weißen Silberwurz, *Dryas octopetala*.

Wenn Sie gefragt hätten, hätte man Ihnen gesagt, dass wir zwar Beweise für eine Mini-Eiszeit, die Jüngere Dryas, haben, die etwa zu der Zeit einsetzte, als Atlantis laut Platon unterging, dass aber jeder gigantische Aufprall aus dem All, wie ihn die Katastrophisten vermuten, einen riesigen Einschlagkrater erzeugt hätte, der allerdings nie gefunden wurde. Was die Carolina-Becken anbelangt, so lautete die gängige Erklärung, jahrhundertelange kräftige Winde seien die Ursache, und jede Andeutung, sie könnten in der Jüngeren Dryas eine Rolle gespielt haben, wurde von vornherein verworfen. Viele Jahre lang war dies der Stand der Debatte, aber eine neuere Entdeckung könnte dies ändern. In Grönland wurden Belege für genau die Art von Einschlag gefunden, die die Jüngere Dryas ausgelöst und jeder fortgeschrittenen Kultur, die es damals gegeben hätte, den Todesstoß versetzt haben könnte.

In einer Studie mit dem Titel »A Large Impact Crater beneath Hiawatha Glacier in Northwest Greenland« veröffentlichte die peer-reviewte Fachzeitschrift *Science Advances* 2018 diese verblüffende Meldung. Vor erst 12.000 Jahren, so die Autoren, stürzte ein riesiger Eisenmeteorit auf Grönland. Dort, wo wir heute einen Gletscher vorfinden, liegt unter dem Eis ein 30 Kilometer breiter Krater, der exakt datiert werden kann. Der Meteor mit einem Durchmesser von mehreren Kilometern, so die Studie, gehört zu den größten Objekten dieser Art, die jemals auf der Erde eingeschlagen sind. Der Einschlag, so wird errechnet, hätte die Kraft von 700 Millionen Atombomben gehabt. Geologen räumen ein, dass der Einschlag nicht nur in der Region, sondern möglicherweise weltweit Auswirkungen gehabt haben könnte. Viele Experten akzeptieren bereits, dass das Ereignis aus der einst umstrittene Hypothese vom Einschlag in der Jüngeren Dryaszeit eine anerkannte wissenschaftliche Tatsache machen könnte.*

In der Vergangenheit war diese Theorie zwar umstritten, doch viele glauben schon seit Langem, dass ein großer Einschlag in Nordamerika vor 11.000 bis 13.000 Jahren zu massiven Waldbränden in weiten Teilen beider Amerikas und Europas, zu einer Aussterbewelle bei Tieren und zu Wetterstörungen über dem Atlantik geführt haben könnte. Die neue Entdeckung in Grönland identifiziert nun als Erste einen Einschlagkrater von ausreichender Größe, der diese Theorie stützt.

* Der vollständige Bericht findet sich in K. H. Kjaer, N. K. Larsen, T. Binder, et al., »A Large Impact Crater beneath Hiawatha Glacier in Northwest Greenland«, *Science Advances* 4, Nr. 11 (2014), https://advances.sciencemag.org/content/4/11/eaar8173.

Computergrafik des riesigen Einschlagkraters
unter dem grönländischen Hiawatha-Gletscher.

In »What Ended the Ice Age?«, der Titelgeschichte von *Atlantis Rising* Nr. 113 (September/Oktober 2015), erläutert die Autorin Cynthia Logan die umfangreiche Argumentation des unabhängigen Forschers Randall Carlson, wonach die sogenannte Mini-Eiszeit der Jüngeren Dryas durch einen Kometeneinschlag ausgelöst wurde. Carlson, führender Forscher auf dem Gebiet der alternativen Wissenschaften, ist der Ansicht, dass die alten Mythen von Überschwemmungen und untergegangenen Kulturen eine reale Geschichte vom Leben auf der Erde, das durch einen kosmischen Einschlag unterbrochen wurde, erzählen. Er hat eine kleine Armee von Freiwilligen aufgestellt, die vor allem im Pazifischen Nordwesten Amerikas groß angelegte Feldforschung betreiben. In seinem 2015 (auf Deutsch 2018) erschienenen Buch über untergegangene Kulturen, *Die Magier der Götter*, stützt sich Bestsellerautor Graham Hancock umfassend auf Carlsons Forschungen.

Jüngere Entdeckungen wie die im türkischen Göbekli Tepe und im indonesischen Gunung Padang sowie die Neudatierung der Sphinx in Ägypten machen deutlich, dass es bereits vor dem Ende der letzten Eiszeit eine Art Hochkultur gegeben hat. Die Entdeckung in Grönland wird durch Meldungen einer anderen wichtigen Studie untermauert, die noch mehr Beweise dafür liefert, dass das Leben auf der Erde vor – geologisch betrachtet – nicht allzu langer Zeit gewaltsam unterbrochen wurde und unsere letzte Eiszeit begann. Unter dem Titel »Extraordinary Biomass-Burning Episode and Impact Winter Triggered by the Younger Dryas Cosmic Impact – 12 800 Years Ago« schildert der Bericht eine haarsträubende Geschichte über gewaltige Feuerstürme, die bis zu einem Zehntel der Erdoberfläche verwüsteten – schlimmer als die, die viele Millionen Jahre davor die Dinosaurier umgebracht haben. Die anschließende Mini-Eiszeit, ausgelöst durch riesige Staubwolken, die dem Planeten die Luft zum Atmen nahmen, hielt tausend Jahre an.

Die Forscherinnen und Forscher vermuten, dass die Feuerstürme durch Einschläge von Kometenfragmenten mit einem Durchmesser von bis zu 100 Kilometern verursacht wurden. »Die Hypothese lautet, dass ein großer Komet zerbrach und die Bruchstücke auf der Erde einschlugen und diese Katastrophe auslösten«, sagt Adrian Melott von der University of Kansas, einer der Autoren. »Eine Reihe unterschiedlicher chemischer Signaturen – Kohlendioxid, Nitrat, Ammoniak und anderes – deuten anscheinend darauf hin, dass erstaunliche zehn Prozent der Landoberfläche der Erde, also etwa 6,21 Millionen Quadratkilometer, verbrannt sind.«*

Eine Analyse der Muster in der Pollenverteilung lässt vermuten, dass Kiefernwälder plötzlich abbrannten und von Pappeln abgelöst wurden – einer Art, die darauf spezialisiert ist, kahlen Boden zu bedecken, wie man es erwarten würde, wenn die Erde von einer Reihe massiver Feuerbälle getroffen worden wäre.

Der weiträumige Einschlag der Kometenfragmente und der darauffolgende Feuersturm werden von dem Team für die Jüngere Dryas verantwortlich gemacht, die ihrerseits einen relativ kurzen Einschnitt in der Temperaturgeschichte der Erde darstellt und gemeinhin auf veränderte Meeresströmungen zurückgeführt wird.

Die Studie unter Führung der University of Kansas ist zwar die bisher größte, aber nicht die erste, die für die Jüngere Dryas einen kosmischen Einschlag die Schuld gibt. Im Januar 2009 berichtete ein Forschungsteam unter der Leitung des Archäologen Douglas Kennett von der University of Oregon, dass man in

* Siehe David Nield, »A Recent Ice Age Was Triggered by a Firestorm Bigger Than The One That Killed The Dinosaurs«, *ScienceAlert* (online), 4. Februar 2018, https://www.sciencealert.com/13000-years-ago-gigantic-fires-consumed-the-world-causing-ice-age.

Sedimenten, die auf eine Zeit vor 12.900 Jahren datiert wurden, an sechs Fundorten in Nordamerika unzählige winzige Diamantstaubpartikel gefunden hat – ein eindeutiger Beleg für einen kosmischen Einschlag. Ihr in der Fachzeitschrift *Science* erschienener Bericht legt nahe, dass ein Einschlagereignis, möglicherweise in Verbindung mit mehreren Kometenexplosionen, die Jüngere Dryas ausgelöst hat. Diese wiederum führte zu einem großen Aussterben in ganz Nordamerika, wovon auch die indigene Clovis-Kultur und ein breites Spektrum an Tierarten betroffen war, darunter die Mammuts.*

Nanometerkleine Diamanten befinden sich am Grund einer Sedimentschicht unmittelbar über den Überresten ausgestorbener Tiere (Mammuts, *Aenocynon dirus* [ein großes, wolfsähnliches Tier] usw.) und Artefakten aus der Clovis-Kultur an einer Forschungsstätte in Murray Springs, Arizona. Bild mit freundlicher Genehmigung der University of Oregon.

Viele Jahre lautete die salonfähige gängige Meinung zum massiven Aussterben der Megafauna (gemeint sind große Tiere wie das Wollhaarmammut) in Nordamerika zu Beginn der Jüngeren Dryas, menschliche Jäger, die mit den Folgen des Klimawandels wie Hungersnöten zu kämpfen hatten, seien die Ursache gewesen.

* Siehe die Pressemitteilung der University of Oregon: »Six North American Sites Hold 12,900-Year-Old Nanodiamond-Rich Soil«, University of Oregon media relations office (online), 2. Januar 2009, https://uonews.uoregon.edu/archive/news-release/2009/1/six-north-american-sites-hold-12900-year-old-nanodiamond-rich-soil.

Diese Theorie, das ist inzwischen klar, ist nicht mehr haltbar. Die Mehrzahl der Anthropologen erkennen nun an, dass menschliche Jäger viel früher in Amerika waren, als bisher angenommen. Sie waren sowohl auf dem Land- als auch auf dem Seeweg gekommen, und wenn sie hier wilde Tiere ausgerottet haben sollen, stellt sich die Frage, warum sie das nicht schon früher in Eurasien, Afrika und anderswo getan haben? Ein solches Massenaussterben von Pflanzen- und Tierarten könnte jedoch durch einen raschen Klimawandel und/oder durch wirklich katastrophale Ereignisse wie Vulkanausbrüche oder große Kometen- oder Asteroideneinschläge herbeigeführt werden, die ihrerseits ebenfalls einen starken Klimawandel auslösen könnten.

Noch sind sich nicht alle einig, dass ein Kometeneinschlag die Jüngere Dryas ausgelöst hat, aber neuere Studien sprechen vehement dafür und rehabilitieren zumindest einen Aspekt der lange verspotteten katastrophistischen Sicht der Geschichte.

Ärger mit der Sonne

Ein überzeugter Katastrophist, der die Jüngere Dryas nicht mit einem wie auch immer gearteten Einschlag eines kosmischen Boliden erklären will, ist Dr. Robert Schoch. Der Geologe von der Boston University räumt zwar ein, dass er einmal dieser Meinung war, betont jetzt aber, zur Erklärung der Ereignisse zu Beginn des letzten Zeitalters bräuchten wir nicht weiter zu schauen als bis zur Sonne. In seinem 2012 erschienenen Buch *Die vergessene Zivilisation: Die Bedeutung der Sonneneruptionen in Vergangenheit und Zukunft* behauptet Schoch, entgegen landläufiger Missverständnisse sei die Sonne kein stabiler, unveränderlicher, ewiger Feuerball am Himmel. Aus astrophysikalischer und geologischer Sicht ist die Sonne tatsächlich genau das Gegenteil. »Sie ist instabil«, erklärt er, »kocht und brodelt ständig, befindet sich im Ungleichgewicht und stößt nicht nur sichtbares Licht aus, sondern auch eine große Bandbreite an Energie über das gesamte elektromagnetische Spektrum hinweg. Außerdem wirft sie mit geladenen Teilchen um sich.« Zwar hat die Sonne von Zeit zu Zeit einen kleinen Schluckauf, aber sie kann auch schwere Hustenanfälle erleiden und gewaltige »Sonnenstürme« in Richtung Erde schleudern. Solche Stürme, die tausendmal stärker sind als alles, was in der Neuzeit registriert wurde, haben in der Vorgeschichte ihre Spuren hinterlassen. Tatsächlich glaubt Schoch, dass viele rätselhafte kataklystische Episoden der Menschheitsgeschichte am ehesten als Plasmaereignisse zu verstehen sind, die aus großen Sonnenausbrüchen resultieren.

Plasma wird manchmal als der vierte Zustand der Materie bezeichnet und besteht aus elektrisch geladenen Teilchen. Zu bekannten Plasmaphänomenen auf der Erde gehören heute Blitze und Polarlichter, das Nord- und das Südlicht sowie großräumige Phänomene in der oberen Atmosphäre, die als »Sprites« bekannt sind. In der Vergangenheit kam es bei großen Sonnenausbrüchen (einschließlich der sogenannten koronalen Massenauswürfe) manchmal zu weitaus stärkeren Plasmaereignissen. Der Plasmaphysiker Dr. Anthony L. Peratt aus Los Alamos und sein Team behaupten, antike Petroglyphen (Felszeichnungen), die weltweit entdeckt wurden, belegten ein (oder mehrere) starke Plasmaereignisse in der Vorgeschichte.

Beispiele für die Megafauna, die durch das Ereignis der Jüngeren Dryas ausgerottet wurde; Bild von Mauricio Antón.

In seinem 2009 erschienenen Buch *The Sun Kings* berichtet der britische Autor Stuart Clark, dass im Jahr 1859 »auf der ganzen Welt Telegrafensysteme zusammenbrachen, Maschinen in Flammen aufgingen und ihre Bediener durch Stromschläge bewusstlos wurden. (...) Kompasse und andere empfindliche Instrumente wackelten, als ob sie von einer gewaltigen magnetischen Faust getroffen worden wären.« Die Störungen, die auf der gesamten nördlichen Erdhalbkugel gleichzeitig auftraten, verwirrten die Wissenschaftler der damaligen Zeit total – bis auf einen, einen englischen Amateurastronomen, der am Himmel nach einer Erklärung suchte. Genau zum Zeitpunkt des Ereignisses beobachtete Richard Carrington am Teleskop des Londoner Kew-Observatoriums eine große Sonneneruption, die er bald mit den Effekten in Verbindung brachte, die damals die Welt erschütterten.

Die Aurora borealis (Polarlicht) wird durch geladene Sonnenteilchen hervorgerufen.

Der Sturm auf der Sonne hielt acht Tage an. In dieser Zeit »war die gesamte Erde in eine gigantische Wolke aus brodelndem Gas gehüllt, und von den Polen bis zu den Tropen brach über dem Planeten ein blutrotes Polarlicht aus«, berichtet Clark. Beobachter in der Karibik, bis hin nach Trinidad, wurden mit spektakulären Polarlichtern verwöhnt. In den Rocky Mountains waren die nächtlichen Nordlichter so brillant, dass Vögel glaubten, der Morgen sei angebrochen, und Hähne verfrüht zum Sonnenaufgang krähten. Carrington kam zu dem Schluss, dass durch die von ihm beobachtete Sonneneruption enorme Mengen negativ geladener Ionen in die Magnetosphäre der Erde geschleudert worden waren. Das Ereignis verursachte nicht nur spektakuläre Nordlichter, sondern auch einen Kurzschluss in den weltweiten Telegrafensystemen.

Zunächst wollte die Wissenschaft kaum glauben, dass ein Sturm auf der 150 Millionen Kilometer entfernten Sonne die Katastrophe verursacht haben könnte, aber schließlich lenkte sie ein und nannte die geomagnetischen Sonnenstürme nach ihrem Entdecker Carrington-Ereignisse. Bisher sind zwei Nachfolger des ersten Ereignisses identifiziert worden. Und während die Auswirkungen eines Sonnensturms auf der Erde in der Zeit des Telegrafen noch relativ harmlos gewesen sein mögen, wären die Folgen eines solchen Ereignisses im Zeitalter des Internets und der intelligenten Elektronik sicher erheblich gravierender.

Die Frage nach der Polverschiebung

Außerdem gibt es natürlich noch die Vulkane. Die gewaltigen Ausbrüche des Kilauea-Vulkans auf dem hawaiianischen Big Island 2018 hielten die Welt mit spektakulären Bildern von hoch aufragenden Lavafontänen und riesigen Strömen geschmolzenen Gesteins in Atem und machten einen Großteil des berühmten Tropen-Paradieses unbewohnbar. Fast unbemerkt blieb jedoch ein weiterer Effekt, der noch schlimmere Folgen nach sich ziehen könnte. Als sich Besucher dem Vulkan näherten, kehrten sich ihre Magnetkompasse plötzlich um, wechselten zwischen Nord- und Südpol und kreisten völlig außer Kontrolle. Dieser Effekt hat bei einigen Menschen, die sich Gedanken wegen der Erwärmung machen, eine weitere Sorge ausgelöst – die Möglichkeit einer Verschiebung der Magnetpole der Erde.

Der Kartograph Charles Hapgood schrieb in den 1950er-Jahren, eine fortgeschrittene antediluvianische Kultur, möglicherweise Atlantis, sei durch eine relativ plötzliche Winkelverschiebung der Erdpolarachse vernichtet worden, und manche befürchten, dass wir auf eine Wiederholung zusteuern – wenn nicht auf eine vollständige physikalische Achsenverschiebung, so doch zumindest auf einen magnetischen Polsprung vom Typ Kilauea. Alle diese Möglichkeiten könnten katastrophal sein und haben einen Präzedenzfall in der jüngeren Naturgeschichte.

Jegliche Zivilisation, die es zum Zeitpunkt eines solchen Ereignisses auf der Erde gegeben hätte, hätte dadurch sehr wohl zerstört werden können. Tatsächlich könnte ein Einschlag in der Größenordnung des Ereignisses, das im Verdacht steht, die Jüngere Dryas ausgelöst zu haben, zu einer gewissen Polverschiebung geführt haben. 2009 behaupteten NASA-Forscher, die Erderwärmung könnte tatsächlich eine kleine Polverschiebung nach sich ziehen. Sie vermuteten, dass eine plötzliche Erwärmung und das daraus resultierende Abschmelzen der Polkappen eine leichte, mit der Zeit aber signifikant werdende Verschiebung der Pole verursachen könnte.*

Ob eine solche Verschiebung nun unmittelbar bevorsteht oder nicht, in vulkanischem Gestein auf der ganzen Welt gibt es reichlich Belege dafür, dass sich die Magnetpole der Erde tatsächlich schon viele Male verschoben haben und eine Wiederholung überfällig sein könnte. Die letzte Verschiebung fand, so die Annahme der Wissenschaft, vor etwa 780.000 Jahren statt.

Nach einer 2008 in der Zeitschrift *Science* veröffentlichten Studie können massive Verwirbelungen in vulkanischem Gestein weit unter der Erdoberfläche zu einer Verschiebung der Magnetpole der Erde führen. Jüngste Satellitenstudien der Europäischen Weltraumbehörde ESA bestätigen, dass sich die Magnetpole der Erde tatsächlich verschieben und dass sich die Verschiebung zudem beschleunigt.**

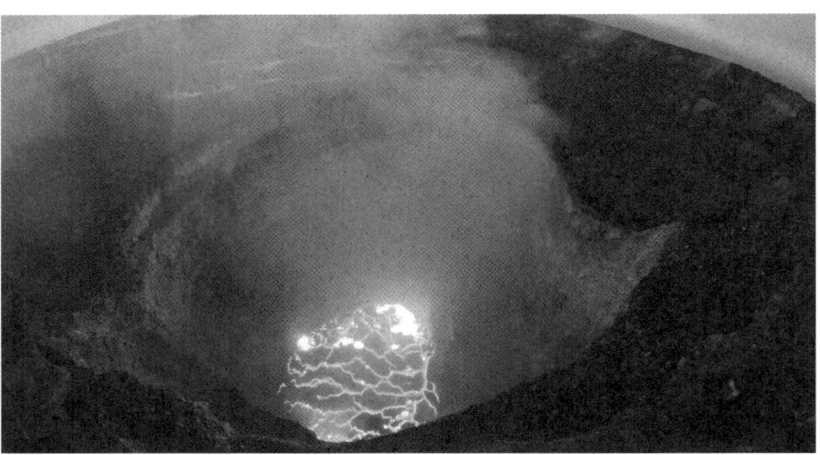

Nördlicher Teil der Caldera des Vulkans Kilauea beim Ausbruch 2018.

* Siehe Rachel Courtland, »Global warming could change Earth's tilt«, *New Scientist*, 20. August 2009, https://www.newscientist.com/article/dn17657-global-warming-could-change-earths-tilt/.

** Siehe die Pressemitteilung über die Studie der University of Wisconsin in Madison: »Earth‘s Magnetic Field Reversals Illuminated by Lava Flows Study«, *ScienceDaily* (online), 26. September 2008. https://www.sciencedaily.com/releases/2008/09/080926105021.htm.

Könnte die Hauptursache für den Klimawandel nicht im Handeln des Menschen liegen, wie man uns weismachen will, sondern tatsächlich in der Neigung der Erdachse? Die Vorstellung ist nicht neu, aber jetzt behauptet ein angesehener Harvard-Wissenschaftler, er habe sie bewiesen. Wenn er recht hat, müssen sich die Klimawissenschaftler in aller Welt wohl oder übel noch einmal an ihre Computermodelle setzen.

Professor Peter Huybers hat mithilfe modernster Computermodelle nachgewiesen, dass winzige Verschiebungen der Erdachse dazu führen, dass Gletscher in Zyklen von entweder 10.000 oder 40.000 Jahren vorrücken oder sich zurückziehen. In einem 2011 in der Zeitschrift *Nature* erschienenen Aufsatz beschreibt Huybers, dass es zwei Zyklen der Neigungsveränderung gibt, die als Obliquität (Schiefe der Erdachse) und Präzession bekannt sind. Sind sie korrekt aufeinander ausgerichtet, also bei geringerer Achsneigung, schmilzt das Eis. Laufen Sie auseinander, also bei größerer Achsneigung, rücken die Gletscher vor. In früheren Entgletscherungsphasen ist der Meeresspiegel um 130 Meter und die Temperatur um 5 Grad Celsius angestiegen. Außerdem stieg das atmosphärische Kohlendioxid in solchen Phasen um über 40 Prozent an.*

Vor 100 Jahren vertrat der serbische Geophysiker Milutin Milanković erstmals diese These. Laut Wikipedia vollendet die Erdachse gemäß seiner Theorie etwa alle 26.000 Jahre einen vollen Präzessionszyklus. Gleichzeitig dreht sich die elliptische Umlaufbahn langsamer. Milanković glaubte, dass die kombinierte Wirkung der beiden Präzessionen zu einem Zeitraum von 21.000 Jahren zwischen den astronomischen Jahreszeiten und der Umlaufbahn führt. Darüber hinaus schwankt der Winkel zwischen der Rotationsachse der Erde und der Senkrechten zur Ebene ihrer Umlaufbahn (Obliquität) in einem Zyklus von 41.000 Jahren zwischen 22,1 und 24,5 Grad. Derzeit beträgt er 23,44 Grad und ist abnehmend.**

Die Präzession ist der Zyklus hinter den sogenannten astronomischen Zeitaltern, bei dem sich das Sternbild, das während der Frühlings-Tagundnachtgleiche am östlichen Horizont aufsteigt, langsam durch den Tierkreis rückwärts bewegt (Präzession), und zwar etwa alle 2150 Jahre um ein Zeichen (wir treten jetzt

* Siehe Peter Huybers, »Combined Obliquity and Precession Pacing of Late Pleistocene Deglaciations«, *Nature* 480 (2011): 229-232, https://www.nature.com/articles/nature10626?proof=true.

** Eine vereinfachte Erklärung der sogenannten Milankovi -Zyklen findet sich bei Steve Graham, »Milutin Milankovitch (1879-1958)«, auf der Website des Earth Observatory (Teil der NASA), 24. März 2000, https://earthobservatory.nasa.gov/features/Milankovitch.

ins Zeitalter des Wassermanns ein). Viele heutige Vertreter und Vertreterinnen der alternativen Wissenschaften und auch Weise aus alter Zeit behaupten, dass diese Präzession der Tagundnachtgleichen den Aufstieg und Fall von Kulturen nachzeichnet.

34

Feuer der Unterwelt

Welche Erdgeschichte findet sich unter ihrer Oberfläche?

Vor fast 7000 Jahren beobachteten urzeitliche Jäger im Himalaya-Gebiet von Kaschmir die Explosion eines fernen Sterns und hielten ihre Eindrücke in einer Felszeichnung fest. Das ist zumindest die Erzählung, mit der 2017 im *Indian Journal of History of Science* eine uralte Felszeichnung erklärt wurde, die vermeintlich Zwillingssonnen in einem Tableau mit zwei Jägern und einem Stier darstellt.

Jahrelang dachten Archäologen, die die Felszeichnung untersuchten, sie sähen zwei Sonnen, aber nun kam ein Team von Wissenschaftlern in Indien und Deutschland zu dem Schluss, dass es keine zwei Sonnen geben kann und mithin etwas anderes dargestellt sein muss. Bei der Suche nach bekannten Supernovae in astronomischen Aufzeichnungen stießen die Forscher auf ein Ereignis, das als Supernova HB9 bekannt ist, ein Stern, der um 4600 v. Chr. in der Nähe des Sternbilds Orion, direkt über dem Sternbild Stier, explodiert ist.*

Außerirdische Explosionen haben das Leben auf der Erde eigentlich schon immer beeinflusst. 1572 etwa sorgte eine große, mit bloßem Auge sichtbare Supernova in der Milchstraße für öffentliches Aufsehen und bot dem großen dänisch-tschechischen Astronomen Tycho Brahe die Chance, seine umstrittene neue Theorie vorzustellen, wonach es noch weit jenseits der Entfernung zum Mond Sterne gibt.

---

* Siehe Michael Safi, »Two Suns? No, It's a Supernova Drawn 6,000 Years Ago, Say Scientists«, *The Guardian* (online), 10. Januar 2018, https://www.theguardian.com/world/2018/jan/10/two-suns-no-its-a-supernova-drawn-6000-years-ago-say-indian-scientists.

Eine 7000 Jahre alte Felszeichnung aus Kaschmir stellt zwei Sonnen dar; Bild mit freundlicher Genehmigung des Indian Journal of History of Science.

Ein »Schmuckstück« von König Tut, ein perfekt erhaltenes Artefakt aus seinem Grab, erinnert möglicherweise an einen vorzeitlichen Kometen, der beim Zusammenprall mit der Erde explodierte. Das königliche Pektoral ist Teil des Schatzes, den Howard Carter und Lord Carnarvon 1922 bei ihrer berühmten Öffnung des Grabs des jungen Pharaos Tutanchamun im ägyptischen Tal der Könige entdeckten. Heute geht die Wissenschaft davon aus, dass der gelbe Stein in der Mitte des königlichen Ornaments durch einen Kometen entstanden ist, der vor 28 Millionen Jahren auf der Erde einschlug. Das Zentrum des katastrophalen Kometeneinschlags war angeblich ein 6500 Quadratkilometer großes Gebiet in der Sahara, wo geschmolzener Sand große Mengen des seltenen gelben Quarzglases lieferte, aus dem das Pektoral von König Tut geschnitten wurde. Jetzt haben Forscher einen mysteriösen schwarzen Kieselstein aus demselben Gebiet gefunden, und sie glauben, dass es sich dabei um einen Meteoritentrümmer aus dem Kern des Kometen handelt.*

Die Hypothese vom explodierenden Kometen ist *ein* Versuch, die auf der Erde gefundenen anomalen Glasvorkommen zu erklären, aber nicht der einzige. In den letzten Jahren behaupten einige, das frühzeitliche Quarzglas in Ägypten sei durch eine nukleare Explosion entstanden, eines der wenigen Dinge, die die notwendige Hitze – etwa 2000 Grad Celsius – erzeugt haben könnten. In ähnlicher Weise geschmolzene Artefakte, die in der Nähe von Mohenjo-Daro im heutigen Pakistan gefunden wurden, führen manche ebenfalls auf einen prähistorischen

* Siehe »Pectoral of Tutankhamun Holds Evidence of Ancient Comet«, Archaeology Wiki (online), 9. Oktober 2013, https://www.archaeology.wiki/blog/2013/10/09/brooch-of-tutankhamun-holds-evidence-of-ancient-comet/.

Atomkrieg zurück, der in alten Hindu-Schriften anscheinend sehr detailliert beschrieben wird.

Das Tutanchamun-Pektoral.

Beachten Sie folgenden Abschnitt aus dem Mahabharata, dem Sanskrit-Epos, von dem die Wissenschaft annimmt, dass es im 8. Jahrhundert verfasst wurde, das andere jedoch für viel älter halten:

> Ein einziges Geschoss, aufgeladen mit der ganzen Kraft des Weltalls. (...) Eine glühende Säule aus Rauch und Flammen, so hell wie 10.000 Sonnen, erhob sich in ihrer ganzen Pracht. (...) Es war eine unbekannte Waffe, ein eiserner Donnerkeil, ein gigantischer Todesbote, der ein ganzes Volk zu Asche werden ließ. (...) Die Leichen waren so verbrannt, dass sie nicht wiederzuerkennen waren. Haare und Nägel fielen ihnen aus, Töpferwaren zerbrachen ohne ersichtlichen Grund und die Vögel wurden weiß. (...) Nach wenigen Stunden war alle Nahrung verseucht. Um dem Feuer zu entkommen, stürzten sich die Soldaten in den Fluss.

Einige Quellen berichten, dass vorzeitliche Skelette, die 1927 in Mohenjo-Daro ausgegraben wurden, hohe Strahlungswerte aufwiesen und nicht die Verwesung zeigten, die man normalerweise erwarten würde. Außerdem scheinen die Opfer an Ort und Stelle umgefallen zu sein, was vielleicht auf ein Massaker oder eine schreckliche Massenvernichtungswaffe hindeutet.*

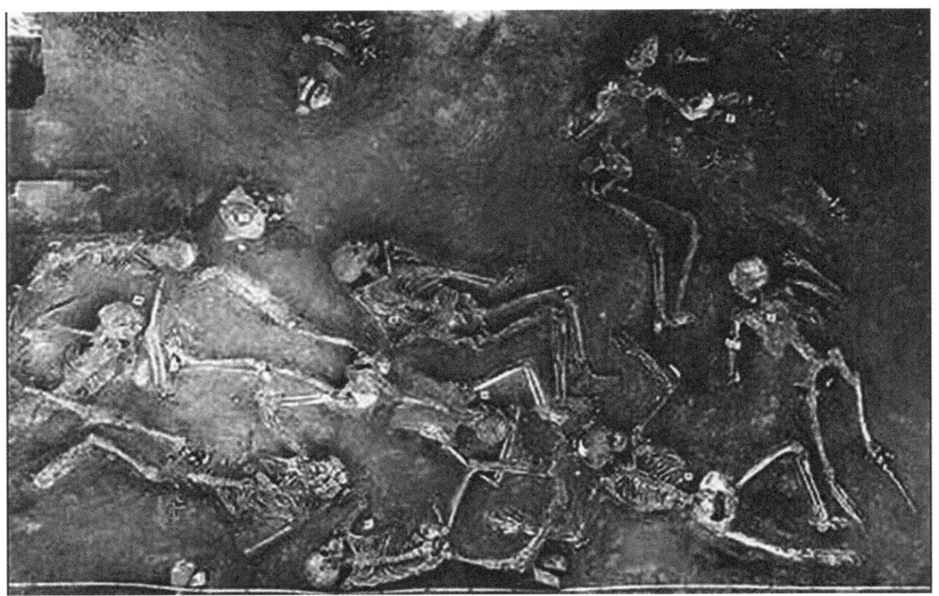

Rätselhafte Skelette, die 1927 bei einer archäologischen Ausgrabung in Mohenjo-Daro, Pakistan, gefunden wurden.

Burgen aus Glas

Ägypten und Pakistan sind jedoch nicht die einzigen Orte, die ungeklärte Hinweise auf die Möglichkeit einer vorzeitlichen Kriegsführung mit großer Hitze bieten. In Schottland und Teilen Festlandeuropas sind viele große vorzeitliche Wallburgen praktisch zu Glas geschmolzen worden. Vitrifizierung, also Verglasung, ist der offizielle Begriff, mit dem dieses Phänomen bezeichnet wird. Eine Studie von Forest Enterprise Scotland und der University of Stirling aus dem Jahr 2018 ist der jüngste von vielen Versuchen zu beweisen, dass das Verbren-

* Einzelheiten zur Hypothese der nuklearen Zerstörung sind zu finden in: »Powerful Evidence of Nuclear Wars in Ancient Times«, Gaia (online), 20. November 2019; »Nuclear Events in Ancient India?«, Biblioteca Pleyades (online), o. D. (abgerufen am 16. September 2020) und »Nuclear Event in Ancient India«, im Abschnitt »Tracking Ancient Man« des Ancient Hebrew Research Center (online), 2016. Die orthodoxe Erklärung für die in Mohenjo-Daro ausgegrabenen Skelette ist ebenfalls online verfügbar; siehe George F. Dales, „The Mythical Massacre at Mohenjo-Daro", *Expedition Magazine* 6, Nr. 3 (1964), auf der Website des Penn Museums.

nen von Holz in den Burgen trotz aller Zweifel tatsächlich ausgereicht haben könnte, um die Verglasung hervorzurufen:

> Ein hölzerner Aufbau mitsamt Wällen und Türmen wurde in Brand gesetzt, und das daraus resultierende Feuer erhitzte die Steine. Weil sich beim Herunterbrennen auf die Steine ein anaerobes Milieu entwickelte, war das Feuer so stark, dass es die Steine zum Schmelzen bringen konnte. Durch den in der anaeroben Umgebung fehlenden Sauerstoff wurde das Feuer viel stärker und konnte die Temperaturen erreichen, die die Platten so lange verbrennen, bis sie schmelzen und sich miteinander verbinden.*

Vitrifizierte schottische Wallburg aus der Eisenzeit.

Nach Ansicht anderer Forscher hat die Stirling-Studie jedoch die vielen grundlegenden Fragen nicht beantwortet. In »The Heat of Battle – Who Turned Ancient Hill Forts to Glass«, erschienen in *Atlantis Rising* Nr. 132 (November/Dezember 2018), erinnert sich Frank Joseph an seine eigene Untersuchung an den Craig-Phadrig-Ruinen in der Nähe von Inverness. Damit gießt er Wasser in den Wein der neuen Studie. »Das Experiment der University of Stirling hat es nicht geschafft, mehr als eine winzige Handvoll Schutt zu verglasen, weit entfernt von der Verglasung, die selbst die kleinste der sechs Dutzend schottischen Burgen überzieht«, schrieb Joseph. »Es ist den Archäologen schlichtweg nicht gelungen, ihre Feuer lange genug am Brennen zu halten, um die erforderlichen

* Siehe „Archaeologists Solve Ancient Mystery of ‚Melted' Iron Age Fort", *Scotsman* (online), 30. April 2018, https://www.scotsman.com/arts-and-culture/archaeologists-solve-ancient-mystery-melted-iron-age-fort-296899.

Temperaturen aufrechtzuerhalten.« Die Studie, fügte er hinzu, war lediglich eine Wiederholung der bereits vor 84 Jahren von dem Archäologen Vere Gordon Childe von der University of Edinburgh durchgeführten Arbeit.

Keine der beiden Studien, so Joseph, konnte nach dem Abbrennen vieler Tonnen Reisig und zusätzlichen Holzes mehr als ein paar geschmolzene Tröpfchen vorweisen. Offensichtlich hatte eine konzentrierte, weitaus stärkere und anhaltendere Hitzequelle Craig Phadrig und seine Burgen verglast.

1980 unternahm Dr. Ian Ralston von der archäologischen Fakultät der University of Edinburgh im Nordosten Schottlands ein noch ehrgeizigeres Projekt und errichtete einen knapp acht Meter langen Teilnachbau einer steinernen Burg. Der Versuch, ein Verglasungsereignis nachzustellen, wurde in der Fernsehsendung *Arthur C. Clarke's Mysterious World* beschrieben und verlangte den Archäologen einen enormen Arbeitsaufwand ab:

> Professionelle Errichter von Trockenmauern arbeiteten tagelang am Bau der Mauer aus Steinen und Holz [die dann angezündet wurde]. (…) Nach mehreren Stunden und vielen Tonnen Holz muss bei den örtlichen Müllwerkern eine Ladung alter Möbel angefordert werden, da dies die einzige Möglichkeit ist, die Temperatur hoch zu halten. Später trifft eine weitere Ladung Holz ein, die sechste an diesem Tag, damit die Feuer weiterbrennen können. Als die Nacht über Aberdeen hereinbricht, begreifen die müden Helfer allmählich das wahre Ausmaß des Geheimnisses der verglasten Burgen. Sie fragen sich nicht nur, wie die Erbauer der Burgen die sengenden Temperaturen erreichen konnten, die zum Schmelzen des Gesteins nötig waren, sondern auch, wie sie es geschafft haben, mit primitiven Transportmitteln riesige Mengen Holz auf die Hügelkuppen zu schaffen. Am Morgen danach … 22 Stunden nach Entzünden des ersten Feuers … sieht das Ergebnis auf den ersten Blick enttäuschend aus. Es gibt keine Wälle aus geschmolzenem Stein.*

* Das Experiment wurde in Folge 3 von *Arthur C. Clarke's Mysterious World* gezeigt, die am 16. September 1980 ausgestrahlt wurde. Ausschnitte aus der Folge sind online zu sehen; siehe »Scotlands Vitrified Hill Forts – Arthur C. Clarkes Biggest Unsolved Mystery«, gepostet von lucylas-tik60 auf YouTube, 10. Mai 2011, https://www.youtube.com/watch?v=PIoYZLZySzI, *Arthur C. Clarke's Mysterious World.*

Schutz vor dem Sturm

Wie sich jetzt herausstellt, könnten vor und nach der letzten Eiszeit viele potenziell zu einem Aussterben führende vor- und frühzeitliche Ereignisse die Menschheit bedroht haben. Wie bereits an früherer Stelle in diesem Buch erwähnt, haben wir Belege für eine menschliche Kultur vor dem Ende der letzten Eiszeit (10.000 v. Chr. oder früher) in Göbekli Tepe in der Türkei, am Golf von Kambay in Indien und anderswo. Wenn man diese Beweise mit DNA-Forschungen verbindet, welche die hoch entwickelte Domestizierung von Pflanzen- und Tierarten belegen (von der man früher annahm, dass sie erst vor etwa 5000 bis 10.000 Jahren begann, die aber heute zuverlässig mindestens 32.000 Jahre, vielleicht sogar noch viel weiter, zurückverfolgt werden kann), dann erweitert sich das Zeitintervall beträchtlich, in dem sich die Kultur bis zu einem hohen Niveau hätte entwickeln können – möglicherweise sogar um ein Vielfaches. Und wie der Priester von Saïs zu Platons Vorfahr Solon sagte, hätte sie auch viele Male zerstört werden können. Tatsächlich hat sich die Zeit, die für solche Entwicklungen zur Verfügung steht, inzwischen auch nach Auffassung der konventionellen Wissenschaft so drastisch erweitert, dass eine frühzeitliche Hochkultur ziemlich wahrscheinlich wird. Wir haben sie nur noch nicht entdeckt.

Oder etwa doch?

Offizielle Stellen in der türkischen Region Kappadokien glauben nun, dass die Geschichte der Menschheit auf der Erde nach der Erforschung der weitläufigen und komplexen unterirdischen Städte, die auf ihrem Gebiet gefunden wurden, neu geschrieben werden muss. Die erstaunlichen Stätten, die seit ihrer Entdeckung im Jahr 2012 intensiv erforscht werden, ziehen die Aufmerksamkeit von Archäologen aus der ganzen Welt auf sich. Bisher sind über zweihundert unterirdische Städte bekannt. Die meisten sind noch nicht ausreichend erforscht, und es erscheint wahrscheinlich, dass noch viele weitere auf ihre Entdeckung warten.*

Bis heute kennt niemand die wahre Ausdehnung dieser oder anderer unterirdischer Städte in dieser Region, aber sie ist erheblich. In »The Ancient Subterra-

---

* Siehe Jennifer Pinkowski, »Massive Underground City Found in Cappadocia Region of Turkey«, *National Geographic* (online), 26. März 2015, https://www.nationalgeographic.com/news/2015/03/150325-underground-city-cappadocia-turkey-archaeology/.

nean Shelters of Cappadocia« (*Atlantis Rising* Nr. 95, September/Oktober 2012) beschreibt Robert Schoch zwei davon:

> Kaymakli besteht aus mindestens acht Stockwerken oder unterirdischen Etagen (von denen derzeit nur vier zugänglich sind), die sich labyrinthartig über eine große Fläche erstrecken. Die Stadt könnte eine Bevölkerung von dreitausend bis viertausend Menschen plus Nutztiere und Vorräte beherbergt haben, die alle unter der Erde untergebracht waren.
>
> Derinkuyu mit seinen schätzungsweise zwanzig Stockwerken, erstreckt sich bis etwa fünfundachtzig Meter unter die Erdoberfläche und kann zwischen einigen Tausend und zehntausend Menschen sowie deren Vieh und Waren beherbergt haben. Auch waren die unterirdischen Städte möglicherweise nicht völlig voneinander isoliert. Kaymakli und Derinkuyu liegen nicht einmal ein Dutzend Kilometer auseinander, und es gibt Berichte über einen Tunnel, der sie miteinander verbinden könnte.

Eine Kammer in der riesigen unterirdischen Stadt unter Derinkuyu in der Türkei.

Schoch glaubt, dass die erstaunlichen unterirdischen Städte in Kappadokien – auch wenn sie seither höchstwahrscheinlich häufig in unterschiedlicher Weise bewohnt waren – ursprünglich gegen Ende der letzten Eiszeit vor etwa 12.000 bis 13.000 Jahren erbaut wurden.

Bisher behauptet das archäologische Establishment nicht, die neuen Entdeckungen eindeutig datieren zu können, obwohl die gängige Meinung lautet, sie seien in der Zeit der griechischen und römischen Herrschaft errichtet worden. Tatsächlich gibt es Hinweise darauf, dass sie zu jener Zeit bewohnt waren, das erklärt aber nicht, wann die Anlagen erstmals ausgegraben wurden. Diese Frage ist nach wie vor sehr umstritten.

Die Welt unter unseren Füßen

Die Griechen und Römer glaubten an den Hades, die Unterwelt der Toten, aber nicht als Ort der Bestrafung, auch wenn der Hades nicht gerade als angenehm galt. Die Vorstellung von einem rachsüchtigen Gott, der Sünder zu ewigen Feuerqualen verdammt, entwickelte sich erst viel später, um Gläubige bei der Stange zu halten. Die Ägypter glaubten an eine Unterwelt namens Duat. Die Unterwelt der Maya hieß Xibalba.

Die Kultur der Maya konzentrierte sich auf die Halbinsel Yucatán, die von Höhlen und unterirdischen Flüssen durchzogen und mit Cenoten übersät ist, also Stellen, an denen die Höhlendecken eingestürzt sind und dadurch ein Zugang zum Wasser im Inneren frei wird. In anderen Kulturen glaubten die Menschen traditionell, dass Feen, Elfen, Gnome und dergleichen unter der Erde leben, oft in ausgehöhlten Hügeln oder in einer Art Paralleluniversum, in das man durch Tunnel oder Höhlen gelangt.

In Indien, hoch im Fels über dem Fluss Waghora, befinden sich 29 weiträumige und komplexe unterirdische Kammern, die sogenannten Ajanta-Höhlen. In den nahe gelegenen Ellora-Höhlen wurden 34 äußerst anspruchsvolle Bauwerke, ähnlich denen in Ajanta, in den Basaltfelsen gehauen. Aber wie Schoch in »The Sacred Caves of India« (*Atlantis Rising* Nr. 125, September/Oktober 2017) betont, sind »die Basalte von Ajanta und Ellora noch härter und schwieriger zu bearbeiten als das vulkanische Grundgestein, das aus erstarrter vulkanischer Asche (Tuff) besteht und für die unterirdischen Bauwerke in Kappadokien hauptsächlich verwendet wurde.« Ajanta und Ellora »sollen in erster Linie das

Werk von [buddhistischen] Mönchen sein, aber wann wurden Mönche je mit solch erstaunlichen Bauleistungen in Verbindung gebracht? Wo sind die Aufzeichnungen oder Überreste ihrer Technik? Diese ›Höhlen‹ wurden nicht bloß mit einfachen Werkzeugen und der ›Steinschlagmethode‹ in den Fels gehauen; das hier ist unglaubliche Ingenieurskunst. Von Mönchen weiß man in der Regel, dass sie nichts besitzen, außer ihrem Glauben.«

Der deutsche Archäologe Heinrich Kusch sagt, es seien Überreste eines riesigen Tunnelnetzes unter Hunderten von neolithischen Siedlungen von Europa über Schottland bis in die Türkei gefunden und teilweise kartiert worden. In seinem Buch *Tore zur Unterwelt: Das Geheimnis der unterirdischen Gänge aus uralter Zeit* behauptet Kusch, es gebe ein riesiges Netzwerk aus solchen Tunneln. Teile der frühzeitlichen Katakomben existieren noch heute, über zwölftausend Jahre danach. Einige Stätten reichen über dreißigtausend Jahre zurück. In Bayern wurden siebenhundert Meter Tunnel freigelegt. In Österreich wurden in der Steiermark dreihundertfünfzig Meter ausgegraben. Aber das, so Kusch, ist nur die Spitze des sprichwörtlichen Eisbergs.*

Die Felswände von Ajanta, Indien, mit in die Felsen gehauenen Höhlen; Foto mit freundlicher Genehmigung von Robert Schoch und seiner Frau Catherine Ulissey.

* Siehe April Holloway, »Extensive Ancient Underground Networks Discovered throughout Europe«, *Ancient Origins* (online), 11. Juni 2013, https://www.ancient-origins.net/news-history-archaeology/extensive-ancient-underground-networks-discovered-throughout-europe-00540.

Einige sind überzeugt, die Tunnelnetze dienten dazu, die Menschen vor Raubtieren zu schützen. Andere meinen, einige der miteinander verbundenen Tunnel seien wie heutige Autobahnen genutzt worden, damit man auch in Kriegszeiten oder bei gefährlichem Wetter sicher reisen konnte. Was heute noch erhalten ist, ist oft recht klein und bietet kaum Platz für moderne menschliche Entdecker, aber einige Anlagen verfügen über mehr Raum und sogar Sitzgelegenheiten für Besucher. Viele Tunnel wurden im Mittelalter von der Kirche versiegelt, möglicherweise aus Sorge vor heidnischen Einflüssen. Nicht alle Tunnel sind miteinander verbunden, viele aber schon, und die Existenz eines riesigen Netzwerks aus der Vor-Eiszeit scheint eindeutig.

Wie William B. Stoecker in »The Long Lost World Beneath Our Feet« (*Atlantis Rising* Nr. 128, März/April 2018) ausführt, ist schwer vorstellbar, dass die uralten Höhlen lediglich als strategischer Zufluchtsort vor Angriffen gedacht gewesen sein sollten. Invasoren, das liegt wohl auf der Hand, hätten das Land oben einnehmen und die Menschen unten verhungern oder bei verstopften Lüftungsschächten ersticken lassen können.

Wie bei vielen spektakulären Ruinen weltweit kann niemand mit Sicherheit sagen, wann, wie oder aus welchem Grund diese unterirdischen Städte ursprünglich erbaut wurden. Sie könnten durchaus Jahrtausende älter sein als die Menschen, die sie letztlich nutzten und denen man fälschlicherweise die Errichtung zuschreibt. Dies scheint in Peru der Fall zu sein, wo die riesigen und komplexen Steinkonstruktionen aus megalithischer Zeit der Inka-Kultur zugeschrieben werden.

Viele Fragen bleiben unbeantwortet: Warum haben die Menschen der Vorzeit so große Kosten und Mühen auf sich genommen, um unter der Erde zu leben? Waren sie einer Bedrohung aus dem All ausgesetzt – vielleicht einem Atomkrieg, wie offenbar in alten Hindu-Schriften geschildert, oder einem supermassiven Sonnenausbruch, wie ihn Robert Schoch theoretisiert? Höhlen könnten Überlebende zwar beherbergen, bis die Gefahr vorüber ist, aber woher konnten die Menschen im Voraus wissen, dass solche Gefahren bevorstanden und daher das notwendige langfristige Projekt zum Bau riesiger unterirdischer Städte angehen? Die Erbauer müssen über großes Wissen und vielleicht auch über Techniken verfügt haben, die wir heute nicht mehr kennen.

Stellare Dimensionen
Wie wir Geschichte
wiederentdecken
und Zerstörung
verhindern könnten

35

Archäologie vom Weltraum aus

Könnten Satellitenbilder die weißen Flecken in der Atlantis-Erzählung füllen?

Jimmy Bright, dem Produzenten des beliebten YouTube-Kanals *Bright Insight* zufolge, könnte Platons Atlantis schon die ganze Zeit vor unser aller Augen liegen. Bright verweist auf ein bisher ungeklärtes Gebilde im mauretanischen Teil der Sahara, in der Nähe der afrikanischen Nordwestküste. Was formal als Richat-Struktur bekannt ist und manchmal als »Auge der Sahara« bezeichnet wird, besteht aus riesigen, erhabenen konzentrischen Kreisen im Boden, die vielleicht einmal von Wasserläufen durchzogen waren. Der Umfang der Richat-Struktur kommt den von Platon angegebenen Maßen sehr nahe, etwa dreiundzwanzig Kilometer. Außerdem wird sie im Norden von Bergen begrenzt und besitzt im Süden eine Art Öffnung zum Meer, genau wie Platon es beschreibt.

Die Richat-Struktur wurde 1965 von NASA-Astronauten der Gemini IV-Mission entdeckt.* Zunächst hielt man sie für einen Einschlagkrater, aber diese Hypothese wurde inzwischen ausgeschlossen, da kein geschmolzenes Gestein zu finden ist, wie es in jedem großen Einschlagkrater vorkommen würde. Derzeit lautet die vorherrschende Meinung, dass es sich beim Richat um die Überreste vormals gewölbter Schichten der Erdkruste handelt. Diese Theorie wurde allerdings nie vollständig untersucht, geschweige denn bewiesen.

* Der Originalbericht der Gemini IV-Mission mit Fotos der Richat-Struktur kann auf der Website der NASA heruntergeladen werden. Siehe »Terrain Photography on the Gemini IV Mission-Preliminary Report«, veröffentlicht am 1. Juni 1967 und digitalisiert und online gestellt am 2. September 2013 unter https://ntrs.nasa.gov/archive/nasa/casi.ntrs.nasa.gov/19670017945.pdf.

Darstellung von Atlantis wie von Platon beschrieben
durch die spanische Illustratorin Rocío Espín Piñar.

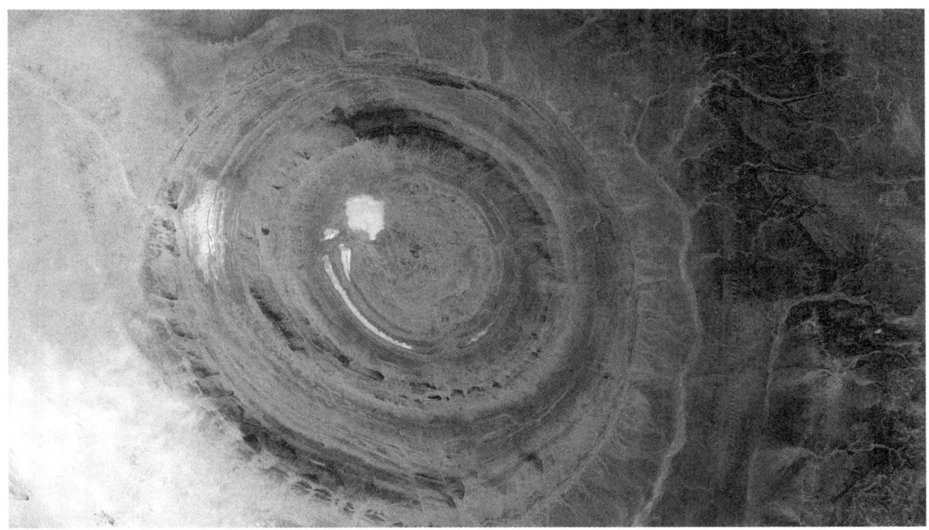

Die Richat-Struktur, Bild von Google Earth.

Bright argumentiert, dass der Richat vor der letzten Eiszeit – der sogenannten Jüngeren Dryas, die mit einem Ereignis begann, das ungefähr zu der Zeit eintrat, als Atlantis laut Platon unterging, also etwa 9500 v. Chr. – auf Meereshöhe gelegen haben muss, wobei das Meerwasser damals alle Kanäle füllte. Tatsächlich glauben viele Archäologen, dass die Mini-Eiszeit der Jüngeren Dryas etwa zu dieser Zeit durch den Einschlag eines massiven Boliden aus dem Weltraum ausgelöst wurde, der die Geografie der Erde weitreichend umgestaltet haben könnte.

Brights Argumentation für ein Atlantis in der Sahara ist ein aktuelles Beispiel für eine Entwicklung, die in der alternativen Archäologie zum Dauerthema geworden ist: die Verwendung von Bildern aus dem Weltraum, um die Forschung in Gebieten zu unterstützen, die unter erdgebundenen Archäologen einst als unerreichbar galten.

Für alle, die glauben, dass ein Atlantis in der Sahara möglicherweise zu weit hergeholt ist, legen andere Satellitenfotos nahe, dass vielleicht Südspanien als mögliche Position von Atlantis in Betracht kommt. Das ist zumindest die Ansicht von Dr. Rainer Kühne von der Universität Wuppertal. Kühne glaubt, dass Platons berühmte Insel schlicht eine Region an der spanischen Küste war, die zwischen 800 und 500 v. Chr. von einer Flut zerstört wurde.

Kühne verweist auf Satellitenfotos, die er 2004 gefunden hat und die Strukturen zeigen, die scheinbar mit den von Platon beschriebenen übereinstimmen. In einem als Marisma de Hinojos bekannten Salzwiesengebiet in der Nähe der Stadt Cádiz finden sich zwei rechteckige Gebilde im Schlamm sowie Teile von konzentrischen Ringen, die sie einst umgeben haben könnten. Kühne glaubt, dass es sich bei dem rechteckigen Bauwerk um die Überreste zweier Tempel handeln könnte, eines »silbernen«, der dem Meeresgott Poseidon gewidmet war, und eines »goldenen« zu Ehren von Kleito und Poseidon.

Wie das durch Jacques Cousteau populär gewordene Thera-Szenario, das Atlantis im bronzezeitlichen Mittelmeer ansiedelte, erfordert offenbar auch die Spanien-Theorie eine spezielle Arithmetik, um Platons Dimensionen zu erklären. Während die meisten konventionellen Wissenschaftler Argumente dafür gefunden haben, dass Platons Zahlen übertrieben waren, deuten Kühnes riesige Kreise darauf hin, dass Platon die Dimensionen der Stadt eher untertrieben haben könnte.*

* Siehe Paul Rincon, »Satellite Images ›Show Atlantis‹« *BBC News* (online), 6. Juni 2004, http://news.bbc.co.uk/2/hi/science/nature/3766863.stm.

Vorzeitliche Pfade und Kanäle

In »Atlantis of the Sands« (*Atlantis Rising* Nr. 70, Juli/August 2008) berichtet Frank Joseph, wie Satellitenbilder verwendet wurden, um die versunkene Stadt Ubar (auch bekannt als »die Säulenreiche«) auf der arabischen Halbinsel zu lokalisieren. Jahrelang hatten Archäologen den Sand Arabiens nach Spuren der antiken Stadt abgesucht. Die Türme waren das auffälligste Merkmal dieser antiken städtischen Handelsmetropole, die ihren großen Reichtum gegen Herrscher wie Sargon von Akkad, König von Sumer, und Muršili II., König der Hethiter, verteidigen musste. Inschriften in Ebla, einem der frühesten Königreiche Syriens, wiesen auf Ubar als Kultstadt hin, in der alle profanen Künste der schwarzen Magie und der Thaumaturgie, also des Wunderwirkens, blühten, was mit der Darstellung der Stadt in der beduinischen Mythologie übereinstimmt. Aber sie schien für immer verschwunden, genau wie im Koran prophezeit. 1984 folgte ein Satellit, der die mittelalterlichen Routen der Gewürzhändler erfasste, den schwachen Umrissen eines weitaus älteren Straßennetzes in der Provinz Dhofar im Süden Omans. Dr. Bob Curran berichtet in seinem 2007 erschienenen Buch *Lost Lands, Forgotten Realms*: »Weitere Untersuchungen mithilfe von Röntgenstrahlen ergaben, dass es sich bei der Umgebung um das Dach einer großen unterirdischen Kalksteinhöhle handelte, die einen riesigen unterirdischen See barg, der wiederum den Grundwasserspiegel für eine darüber errichtete Stadt bildete.«

In jüngerer Zeit zeigten Satellitenbilder von der anderen Seite des Arabischen Meeres zur Zufriedenheit vieler Wissenschaftler, dass der legendäre Fluss Saraswati, der in alten vedischen Schriften erwähnt wird, aller Wahrscheinlichkeit nach ein echter Fluss war. Viele glauben, dass seine Ufer in prähistorischer Zeit dicht bevölkert waren. Bis vor Kurzem vertrat die Mainstream-Wissenschaft den Standpunkt, der Saraswati sei ein reiner Mythos. Doch eine Untersuchung von Satellitenbildern aus Westindien und Ostpakistan von 2011 stützt die Behauptung, dass der Saraswati vor 8000 bis 10.000 Jahren durch das Gebiet floss, das heute praktisch eine Wüste ist.*

* Siehe A. K. Gupta, J. R. Sharma, und G. Sreenivasan, »Using Satellite Imagery to Reveal the Course of an Extinct River below the Thar Desert in the Indo-Pak Region«, *International Journal of Remote Sensing* 32, Nr. 18 (2011): 5197-216, https://www.researchgate.net/publication/233169848.

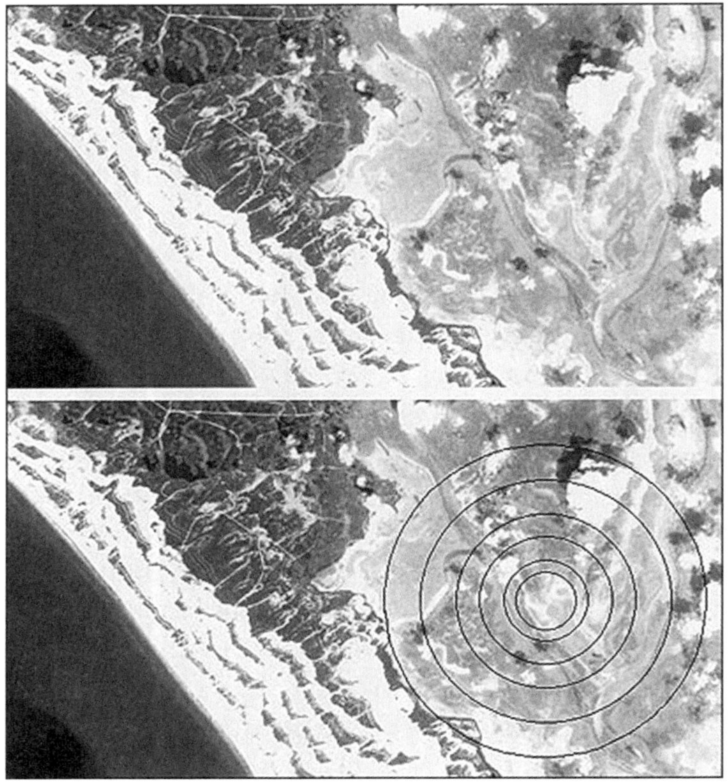

Satellitenbild von Marisma de Hinojos.
Im unteren Bild wurden Platons Ringe darübergelegt.

Die Ruinen von Ubar.

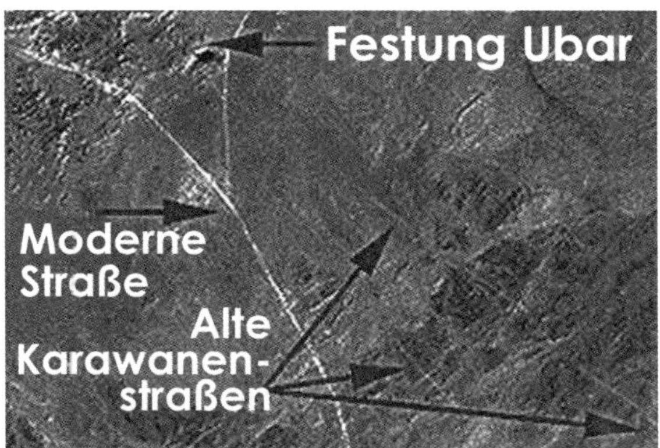

Antike Pfade in der Region Ubar; Landsat-Bild mit freundlicher Genehmigung der NASA.

Anderswo in Indien wurden Satellitenbilder einer versunkenen Landbrücke, die den Kontinent mit Sri Lanka verbindet, als Bestätigung für die Berichte im Ramayana angeführt. Dort ist von einer solchen Brücke die Rede, die Rama Setu genannt wird. Vor 1,7 Millionen Jahren soll sie vom Gott Rama mithilfe einer Gruppe von Affen erbaut worden sein. (Mehr über die Landbrücke in Kapitel 19.) Solche Behauptungen wurden von orthodoxen Wissenschaftlern natürlich ins Lächerliche gezogen. D. N. Jha, Geschichtsprofessor an der Universität Delhi, erklärte, was die Kameras der NASA eingefangen hätten, sei eine geologische Formation. »Dies mit Rama oder dem Ramayana in Verbindung zu bringen, ist lächerlich«, erklärte er.

Nach Ansicht von Jha kann das Ramayana selbst nicht älter als 2500 Jahre sein. Solche akademischen Dogmen scheinen jedoch durch jüngste Satellitenfotos vom Saraswati und andere Belege gefährdet, die eine offenbar vorharrapanische, antediluvianische Kultur zeigen, die einst dort gedieh, wo heute die trüben Wasser des Golfs von Kambhat an die Küste schwappen. Ganz unabhängig davon, ob Rama Setu nun von Menschenhand geschaffen wurde oder nicht, machen Satellitenbilder deutlich, dass die Adamsbrücke, wie sie auch genannt wird, vor dem Ende der letzten Eiszeit, als der Meeresspiegel viel niedriger war als heute, Indien und Sri Lanka mit großer Sicherheit verbunden haben könnte.

Die neuen Archäologinnen und Archäologen

Der Zeitschrift *Popular Science* zufolge forschen die »heutigen Archäologinnen und Archäologen«, ohne sich dabei die Hände schmutzig zu machen. Sie lernen mehr aus einer Warte oberhalb der Atmosphäre als am Grund einer Ausgrabung. So machten etwa die Archäologen Damian Evans und Bill Saturno mithilfe von Radarsatelliten in der großen Tempelanlage von Angkor Wat in Kambodscha viele bisher unentdeckte Details ausfindig.* Dank solcher Techniken graben Wissenschaftler ganze Kulturen aus und schreiben die Geschichtsbücher neu.

2016 wurden auf Google Earth Bilder gefunden, die anscheinend zwei riesige, bisher unbekannte künstliche Pyramiden in Ägypten zeigen. Laut der Website Ancient Code befinden sich an diesem Ort ein einhundertneunzig Meter breites dreieckiges Plateau und in unmittelbarer Nähe zwei Pyramiden. Die potenziellen Pyramiden, die größer sind als alle anderen bekannten Bauwerke in Ägypten, einschließlich der Großen Pyramide von Gizeh, erregten seinerzeit große Aufmerksamkeit. Zunächst wurden sie als natürliche Formationen abgetan, aber die Hypothese der amerikanischen Forscherin Angela Micol, dass diese Pyramiden von Menschenhand geschaffen sind, soll durch mehrere alte Karten der Region bestätigt worden sein. Tatsächlich bezeichnen vierunddreißig alte Karten (darunter drei, die von den Ingenieuren Napoleons angefertigt wurden) sowie zwölf alte Dokumente, zumeist von Wissenschaftlern und leitenden Beamten der Bewässerungsbehörde, die sich im Besitz eines ägyptischen Ehepaars befinden (der Mann war einst ägyptischer Botschafter in Oman), die Formationen eindeutig als Pyramiden.

Seit Jahren nutzen Micol und ihre Website *Satellite Discoveries & Google Earth Anomalies* öffentlich zugängliche Satellitenbilder, um versunkene antike Stätten auf der ganzen Welt aufzuspüren. Einmal fand Micol ein Landsat-Bild einer Region auf den Bahamas, östlich der Cay Sal Bank, das ein großes gitterförmiges Muster zeigt, welches sich jeder natürlichen Erklärung entzieht.

Für alle, die eine heimliche Sehnsucht nach der Archäologie hegen, aber ein jahrelanges wissenschaftliches Studium scheuen, tut sich jetzt vielleicht die lang erhoffte Chance auf. Sarah Parcak ist echte Weltraumarchäologin und lehrt an der University of Alabama in Birmingham. Anstatt sich jedoch durch den Schlamm und den Schutt von Jahrhunderten zu wühlen, um Hinweise auf die Vergangenheit der Erde zu finden, durchforstet sie hochauflösende Satellitenbilder nach allen möglichen ungewöhnlichen Örtlichkeiten und sucht nach Anomalien und anderen Hinweisen auf verborgene archäologische Stätten. Das Pro-

* Siehe Mara Hvistendahl, »The Space Archaeologists«, *Popular Science* (online), 22. Mai 2008, https://www.popsci.com/scitech/article/2008-05/space-archaeologists/.

blem ist nur, dass es viel mehr unerforschtes Gebiet gibt, als eine Person allein bewältigen kann. Sie braucht Hilfe, und zwar jede Menge. Ihre Lösung ist eine Website.

Parcak hat die Website GlobalXplorer ins Leben gerufen, auf der alle, die über einen Computer und eine Internetverbindung verfügen, lernen können, archäologische Ziele zu erkennen. Die Idee ist, Crowdsourcing zu nutzen, eine neue Version der alten Weisheit »Viele Hände machen der Arbeit bald ein Ende« oder in diesem Fall viele Augen. Es ist keine besondere Ausbildung erforderlich. Die Website verspricht, dass Sie dort alles erfahren, was Sie wissen müssen.

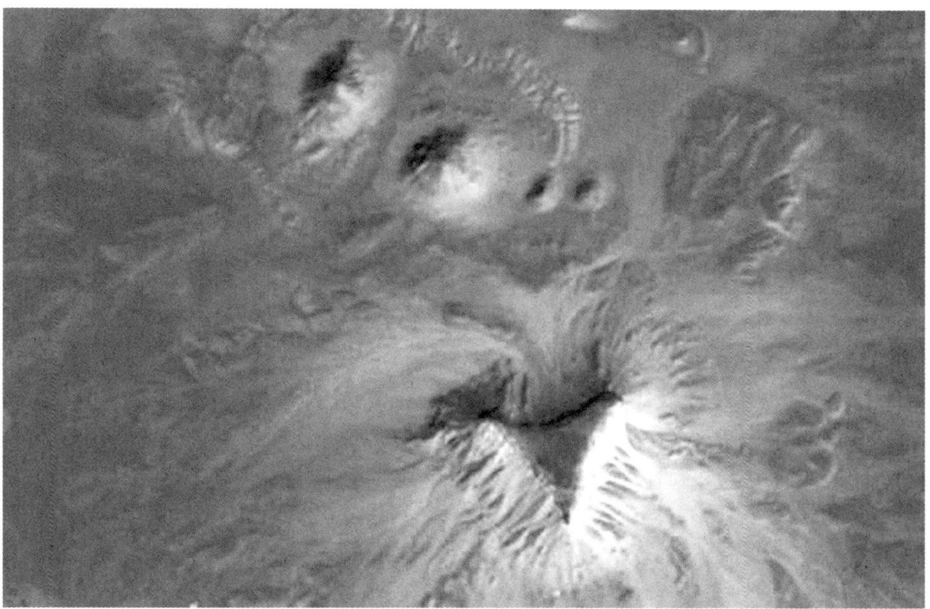

Ungeklärte pyramidenförmige Formationen in Ägypten; Bilder von Google Earth.

Wir leben, so wurde spekuliert, in den Ruinen eines riesigen Bauwerks, das zu groß ist, um es mit bloßen Augen erfassen zu können. Wenn wir uns in größere Höhen begeben (oder sogar in den Weltraum), können wir über es hinausgelangen – eine »Vogelperspektive« einnehmen – und Muster entdecken, die am Boden unsichtbar sind. Mächtige Werkzeuge, die früher nicht einmal einer akademischen Elite zur Verfügung standen, sind jetzt für alle erreichbar.

Im Südosten der USA zeigen Bilder aus dem Weltraum, die von Google Earth zur Verfügung gestellt wurden, Hunderte Kilometer Küstenlinie sowohl an der

Atlantik- als auch an der Golfküste Floridas sowie anderer Bundesstaaten, die scheinbar mit den uralten Überresten einer Wasserkultur von beträchtlicher Größe übersät sind. Erstaunliche Beweise für eine solche Bevölkerung, die bereits vor dem Ende der letzten Eiszeit existiert haben muss, als der Meeresspiegel um durchschnittlich anderthalb bis acht Meter oder mehr auf das heutige Niveau anstieg, sind auf Tausenden von Satellitenfotos zu sehen, die John Jenson entdeckt hat, ein in Zentralflorida lebender pensionierter Spezialist für Papierherstellung. Auch wenn er zugegebenermaßen kein professioneller Archäologe ist, sind Jensons beeindruckende Forschung und sein zusammengetragenes Beweismaterial nicht so leicht von der Hand zu weisen, wie manche glauben mögen, und verlangen nun eindeutig weitere Untersuchungen.*

Jenson zufolge hat die geheimnisvolle untergegangene Kultur, die er auf Google Earth gefunden hat, für Zwecke der Landwirtschaft, der Navigation und der Schaffung von Lebensraum »extrem hoch entwickelte und präzise konstruierte Kanäle« gebaut. Einige Doppelkanäle sind hundert bis hundertfünfzig Meter breit und verlaufen über viele Kilometer in schnurgerader Linie. Die Bauwerke, die auf hydraulische, aquatische, industrielle und mechanische Ingenieurskunst in großem Maßstab schließen lassen, sind seiner Meinung nach genauso hoch entwickelt wie die der heutigen Technik.

Ein Großteil der Beweise liegt unter Wasser, aber aufgrund des gut dokumentierten Anstiegs des Grundwasserspiegels in den letzten zehntausend Jahren schätzt Jenson, dass die Besiedlung durch die Kanalbauer irgendwann in der Nacheiszeit erfolgte, allerdings, so glaubt er, in zwei Etappen – einmal vor etwa dreitausendfünfhundert Jahren und dann wieder vor etwa achttausendfünfhundert Jahren. Sichtbare Überreste in Marschen und Feuchtgebieten deuten seiner Meinung nach auf eine Bevölkerung von mehr als dreißig Millionen Menschen hin, möglicherweise sogar noch viel mehr. Diese Zahlen basieren auf den sichtbaren Flächen, die nach der modernen Verstädterung und der Bewirtschaftung von bewohnbarem Land an der Atlantikküste intakt geblieben sind.

* Die Fotos und Jensons Aufsatz sind online einzusehen bzw. nachzulesen unter https://www.academia.edu/3779666/Ancient_Canal_Builders_Overview.

Zwei dock- oder kaiartige Kanäle östlich von Flagler Beach, Florida. Nach Angaben von John Jenson ist der nördliche oder obere Kanal etwa 535 Meter lang. Der südliche Kanal ist etwa siebenhundert Meter lang. Jeder Auslass hat eine Öffnung mit einer Verengung am Eingang.

Ein komplettes Kanalsystem auf Grassy Key wurde nicht für den modernen Gebrauch gebaut, sagt Jenson, weil es keinen Auslass zum offenen Wasser gibt. Das offene Wasser ist jedoch gerade einmal 120 Meter entfernt. Oberirdisch und auf dem Gezeitenschelf sind mehrere weitere Rinnen und Kanäle zu finden.

Die künstlichen Häfen in North Palm Beach sind etwa in gleicher Tiefe wie alle Häfen und Kanäle an diesem Abschnitt des Intracoastal Waterway in die Gezeitenebene gebaut. Die meisten erreichen die heutige Gezeitenschulter nicht und sind offenbar angelegt worden, als die heutige Gezeitenebene über Wasser lag.

2009 machte *Atlantis-Rising*-Leser Paul Kristofek beim Studium von Satellitenbildern von Google Earth eine weitere verblüffende Entdeckung: Unter dem Atlantischen Ozean, etwa zweiundsiebzig Kilometer östlich von Harkers Island, North Carolina, befinden sich ein riesiger rechter Winkel mit vollkommen geraden Schenkeln und ganz in der Nähe ein langes, gerades Rechteck mit exakt parallelen Seiten. Beide Figuren sind deutlich sichtbar und offenbar künstlichen Ursprungs. Laut Kristofek liegt die Stelle bei 34,5° geografischer Breite und 76° geografischer Länge. Die Seiten des rechtwinkligen Dreiecks sind etwa elf Kilometer lang, das Rechteck scheint etwa 20 Kilometer lang zu sein. Weder Kristofek noch wir bei *Atlantis Rising* hatten eine Ahnung, woher das Phänomen stammen könnte. Dennoch fanden wir, dass es sicherlich weitere Untersuchungen wert wäre.

In Peru könnte ein gigantisches Netzwerk aus Erdbauten in Form stilisierter Vögel, Schlangen und anderer Tiere entstanden sein, die von den frühen Peruanern als Geoglyphen angeordnet wurden. Dies behauptet die Forscherin Amelia Carolina Sparavigna, die die Tiere auf Satellitenbildern entdeckt hat. Wenn das stimmt, deutet es darauf hin, dass die frühen Peruaner über eine Möglichkeit verfügten, Beobachtungen aus großer Höhe anzustellen. Diese Fähigkeit, so argumentieren manche, zeigt sich bereits auf der berühmten Nazca-Ebene in Peru, wo Tiere auf dem Erdboden so groß dargestellt sind, dass man sie nur aus der Luft erkennen kann.*

Sparavigna verwendete Satelliten-Karten von Google und ein von ihr entwickeltes astronomisches Bildverarbeitungsprogramm, um die Bilder zu identifizieren. Bislang gibt es keinen Konsens über ihre Echtheit. Manche sagen, es handele sich lediglich um landwirtschaftliche Artefakte.

Die Frage, ob die Menschen der Vorzeit zu Beobachtungen aus der Luft fähig waren, hat Leute wie Erich von Däniken und Zecharia Sitchin zu Spekulationen veranlasst, die indigenen Völker seien von Außerirdischen besucht worden, die in Raumschiffen gekommen seien. Andere wiederum mutmaßen, die frühzeitlichen Schamanen seien in der Lage gewesen, ihren Körper zu verlassen und zu fliegen, um den erforderlichen erhöhten Blickwinkel einnehmen zu können. Für denselben Effekt brauchen wir heute vielleicht nur noch Google Maps.

Hier geht es nicht um die Glaubwürdigkeit einer akademischen Studie, sondern um sichtbare Beweise für eine untergegangene Kultur.

Ein Teich bildet das Auge dieses stilisierten Riesenvogels.

* Siehe Amelia Carolina Sparavigna, »Symbolic Landforms Created by Ancient Earthworks Near Lake Titicaca«, eingereicht am 12. September 2010; überarbeitet am 16. September 2010: https://arxiv.org/abs/1009.2231v2.

Die Verbindung zur Kryptozoologie

Könnte das schiere investigative Potenzial von Satellitenbildern sogar das der Archäologie übertreffen? Denken Sie etwa an Folgendes: Apple Maps, der Satellitenfotodienst von Apple Inc., hat möglicherweise das erste echte Foto des Ungeheuers von Loch Ness, alias Nessie, aufgenommen. Nach Angaben des schottischen Sozialarbeiters Andrew Dixon entdeckte er das Foto zufällig, als er Satellitenbilder des geheimnisvollen Sees auf seinem Computer untersuchte. Dixon leitete das Foto an einen örtlichen Nessie-Forschungsverein und an die britische Zeitung *The Independent* weiter.

Auf dem Foto sieht es so aus, als würde das etwa dreißig Meter lange schwimmende Wesen in Richtung Süden paddeln. Manche vermuten, dass das Bild das Kielwasser eines Bootes zeigt (Boote sind in der Umgebung zu sehen), ein Boot, das dem Kielwasser voranginge, ist allerdings nicht zu erkennen.*

Bisher wurden angebliche Fotos des legendären Tieres meist als Fälschungen abgetan. Einige halten Nessie für eine Vertreterin der ausgestorbenen Gattung *Plesiosaurus*, und Millionen Menschen haben versucht, ihre Existenz mit fotografischen und anderen Mitteln, etwa Sonar, nachzuweisen. Einige Kryptozoologen sind der Meinung, dass das Satellitenfoto einen Wendepunkt darstellen könnte, aber es sind noch weitere Untersuchungen erforderlich.

---

* Siehe Kashmira Gander, »Loch Ness Monster Found on Apple Maps?«, *The Independent* (online), 19. April 2014, https://www.independent.co.uk/news/uk/this-britain/loch-ness-monster-found-on-apple-maps-9271075.html.

Paranormale Portale

Die Rolle besonderer Sinne bei der Suche nach verlorenem Wissen

Der Film *Secret Life of Uri Geller – Psychic Spy?* aus dem Jahr 2013 dokumentierte das geheime Leben des berühmten Löffelbiegers als Mossad- und CIA-Agent. Dem Reporter Geoffrey Macnab zufolge war Geller bereits in den 1960er-Jahren weltweit in Spionagetätigkeiten involviert und wurde nach dem 11. September 2001 im Geheimen reaktiviert. Die Geschichte stimmt mit Nachrichtenmeldungen überein, die in den 1990er-Jahren kursierten und den militärischen Einsatz von Remote Viewing in einem Projekt mit dem Codenamen Stargate bestätigten. Seither sind viele Einzelheiten über die bei Stargate verwendeten Techniken bekannt geworden, die Dr. Harold Puthoff und Dr. Russell Targ in den 1960er- und 70er-Jahren am Stanford Research Institute entwickelt haben. Die außerkörperlichen Erfahrungen von Geller und Ingo Swann, einem weiteren berühmten Medium, waren für diese erste Forschung Berichten zufolge von zentraler Bedeutung.[*]

Auch wenn das Projekt damals von der akademischen Wissenschaft, den Mainstream-Medien und professionellen »Widerlegern« öffentlich ins Lächerliche gezogen sowie im Zuge einer Kontroverse eingestellt wurde, hat es doch ganz real stattgefunden. Der Film legt zahlreiche Belege dafür vor, dass die Arbeit wieder aufgenommen wurde, um ein verwandtes Projekt namens *Prism* im Kampf gegen den Terrorismus zu unterstützen.[**]

* Eine Auflistung der Forschungsarbeiten von Puthoff und Targ für die CIA ist online verfügbar unter: https://www.cia.gov/readingroom/document/cia-rdp96-00788r001200240008-6.

** Ein Hintergrundbericht über den Dokumentarfilm ist zu finden in Vikram Jayanti, »Never mind the NSA: Uri Geller is the real spy story«, *The Guardian*, 13. Juni 2013, https://www.theguardian.com/media/2013/jun/13/nsa-uri-geller-psychic-spy; eine Rezension unter Geoffrey Macnab, »Uri Geller psychic spy? The spoonbender's secret life as a Mossad and CIA agent revealed«, *Independent* 14 Juni 2013.

Uri Geller auf Lesereise 2013 in Moskau;
Foto mit freundlicher Genehmigung von D. Rozhkov.

Heute, da sich viele fragen, ob sich die wahre Geschichte des Planeten Erde und die Rolle der untergegangenen alten Kulturen wohl in Erfahrung bringen lässt, schlägt eine Gruppe von Forschern vor, fortgeschrittene Remote-Viewing-Methoden einzusetzen. Es ist nicht unsere Absicht, eine solche Strategie hier zu befürworten oder abzulehnen, aber da neuere Experimente auf diesem Gebiet die etablierten Konzepte von Zeit, Raum, Physik und Bewusstsein infrage zu stellen scheinen, ist die Idee sicherlich eine Überlegung wert.

Zu den führenden Köpfen auf diesem Gebiet gehört Dr. Courtney Brown, Direktor und Gründer des Farsight Institute, einer gemeinnützigen Forschungs- und Bildungsorganisation, die sich der Erforschung des Phänomens des nicht lokalen Bewusstseins, welches üblicherweise als Remote Viewing bezeichnet wird, widmet. Browns 2005 erschienenes Buch *Remote Viewing: The Science and Theory of Nonphysical Perception* stellt die These auf, das Phänomen des Remote Viewing sei eine Folge der Bildung von Überlagerungen auf der Quantenebene.

Das Farsight Institute arbeitet mit einigen der bekanntesten Remote Viewer zusammen, darunter auch mit der Hawaii Remote Viewers‘ Guild unter Leitung von Glenn Wheaton, einem Veteranen der Special Forces. Hinzu kommen Personen, die in der von Lyn Buchanan, einem ehemaligen Mitarbeiter der Army Intelligence, entwickelten Technik des Controlled Remote Viewing ausgebildet wurden. Eines von mehreren Gebieten, die für das Institut von großem Interesse sind, sind ungelöste Geheimnisse aus der Vergangenheit.

Zum Beispiel befasste sich das Institut 2014 in einem Video mit dem Titel *The Great Pyramid of Giza: The Mystery Solved* mit dem Abbau der größten Steine, die für den Bau der Großen Pyramide verwendet wurden. Remote Viewer wurden gebeten, sich den Abbau, die Bearbeitung und den Bau der Großen Pyramide anzusehen und insbesondere darauf zu achten, wie die größten Steinblöcke beim Bau in Position gebracht wurden. Zudem beschäftigten sie sich mit dem Zweck der Pyramide. Darüber hinaus wurden die Remote Viewer aufgefordert, Datum und Uhrzeit der von ihnen beobachteten Ereignisse anzugeben. Wenn Sie sehen möchten, was sie erfahren haben, können Sie sich dieses und weitere Videos des Farsight Institute auf der Website des Instituts ansehen (www.farsight.org).

Remote Viewing ist jedoch nicht die einzige und auch nicht die erste Technik, bei der Intuition und inneres Bewusstsein eingesetzt werden, um Lösungen für alte Rätsel zu finden.

In seinem 2009 erschienenen Buch *A Needle in the Right Hand of God* schreibt R. Howard Bloch, Professor an der Yale University: »Im Sommer 1937 erzählte Mrs. Edith A. Pretty, die als Witwe auf ihrem Anwesen in Suffolk, East Anglia, lebte, Vincent Redstone, einem lokalen Historiker und Mitglied der Society of Antiquaries, ihren Traum aus der vergangenen Nacht. Sie hatte ›ein großes weißes Pferd mit einem behelmten Reiter gesehen, dann die Beerdigung eines Mannes und das Aufblitzen von goldenen Gegenständen, die im Grab neben ihm abgelegt wurden‹.« Bloch ergänzte: »Ihr Neffe kam mit einer Wünschelrute und bestätigte ihr, dass sich unter dem größten Grabhügel Gold befand.«

Redstone arrangierte ein Treffen zwischen Mrs. Pretty, Guy Maynard, dem Kurator des Ipswich Corporation Museum, und ihm selbst. Sie beschlossen, Basil Brown, einen örtlichen Amateurarchäologen, mit der Ausgrabung der Grabhügel zu beauftragen. Brown ließ sich an dem Ort nieder, der später die berühmte archäologische Ausgrabungsstätte Sutton Hoo werden sollte, und begann mit der Arbeit, unterstützt von zwei Landarbeitern. Auf dem Grundstück befanden sich 18 Grabhügel. Auf Anraten von Mrs. Pretty begann Brown mit Grabungen am ersten Hügel, fand aber nichts Bedeutendes. Er wandte sich anderen Grabhügeln zu. Schließlich bestand Mrs. Pretty darauf, dass er sich noch einmal dem ersten Grabhügel zuwenden solle. Browns weitere Ausgrabungen ergaben, dass dort ein Schiff nach Art der Wikinger vergraben lag.

An Basil Browns Stelle trat nun ein Team professioneller wissenschaftlich ausgebildeter Archäologen. Am 21. Juli 1939 fand das neue Team sein erstes

Goldobjekt, ein Schmuckstück. Bald folgten zahlreiche weitere Gold- und Silberobjekte, darunter der berühmte Helm und die Gesichtsmaske. Offensichtlich handelte es sich um die Grabstätte einer Person aus der Elite. Aber ein Skelett wurde nicht gefunden. Eine juristische Überprüfung ergab, dass die Schätze von Sutton Hoo Eigentum von Mrs. Pretty waren, die sie kurz darauf dem British Museum stiftete. Wenige Tage später begann der Zweite Weltkrieg, und die Schätze von Sutton Hoo wurden zur Sicherheit in einem alten U-Bahn-Schacht in London vergraben. Nach dem Krieg wurden sie dauerhaft im British Museum ausgestellt.*

Nachbildung des Helms von Sutton Hoo.

Ein weiteres bekanntes Beispiel für paranormale Archäologie stammt aus Glastonbury in England. Dort behauptete der bekannte britische Architekt und Archäologe Bligh Bond, er sei von längst verstorbenen Mönchen zu den verschütteten Ruinen der Abtei geführt worden. Bond, der 1908 von der Kirche von England zum Leiter der Ausgrabungen in Glastonbury ernannt wurde, berichtete, er sei bei seiner historischen Ortung der Ruinen von den Geistern der Ab-

* Siehe Veronica Walker, »The Ghostly Treasure Ship of Sutton Hoo«, *National Geographic* (online), 17. Januar 2017, https://www.nationalgeographic.com/history/magazine/2017/01-02/sutton-hoo-england-anglo-saxon-treasure-ship/.

teimönche geführt worden. Obwohl Bonds Bericht gut belegt war, wurde er von den kirchlichen und staatlichen Behörden praktisch ignoriert. In seinem 1918 erschienenen Buch *The Gate of Remembrance* enthüllte Bond seine unorthodoxen Quellen. Von da an wurde er von der Kirche und seinen Berufskollegen geschmäht.

Die Ruinen der Abtei von Glastonbury;
Foto mit freundlicher Genehmigung von Reruntuhan Biara.

Außersinnliche Wahrnehmung (ASW) und die Skeptiker

Inzwischen sind neue Beweise aufgetaucht, die eindeutig belegen, wie ernst die US-Geheimdienste einst Indizien genommen haben, die auf paranormalen Quellen beruhten. Trotz der Versuche sogenannter Skeptiker wie Michael Shermer und James Randi, Berichte herunterzuspielen, wonach das US-Militär und die Geheimdienste Remote Viewing einsetzten, um Hinweise auf feindliche Handlungen zu gewinnen, zeigt ein kürzlich freigegebenes Dokument, dass die CIA unter dem Dach von Project Sun Streak – dem Nachfolger des umstrittenen Project Stargate – diese Technik bei der Verfolgung von Terroristen eingesetzt hat, die hinter dem Bombenanschlag von Lockerbie steckten. Bei diesem Anschlag am 21. Dezember 1988 auf den Pan-Am-Flug 103 kamen zweihundertsiebzig Menschen ums Leben (zweihundertneunundfünfzig an Bord und elf am Boden).

Einem Aktenvermerk vom 7. Juni 1990 zufolge wurde ein »Medium« an einem nicht näher bezeichneten Ort beauftragt, weitere Einzelheiten zu einem Foto des rekonstruierten Gepäckwagens mit der Bombe zu liefern. In dem Dokument war auch von »Psychoenergetik« die Rede, womit offenbar Psychokinese gemeint ist, bei der physische Handlungen allein durch mentale Kräfte ausgeführt werden. Dem Dokument beigefügt waren Kopien von Notizen und Skizzen.*

Das Wrack von Pan-Am-Flug 103 im Dezember 1988.

Projekt Stargate war eine geheime Einheit der US-Armee, die 1978 von der Defense Intelligence Agency (DIA) und dem Stanford Research Institute (SRI) in Fort Meade, Maryland, eingerichtet wurde, um das militärische und zivile Potenzial übersinnlicher Phänomene für nachrichtendienstliche Anwendungen

* Siehe »The ›STARGATE Project‹: The CIA Psychic Spies«, *Intel Today* (Blog), 29. Januar 2017, https://gosint.wordpress.com/2017/01/29/the-stargate-project-the-cia-psychic-spies/ und auch Judith Duffy, »CIA Files on Stargate Paranormal Project Reveal Scottish Locations Used for Training ›Psychic Spies‹«, *The Herald* (of Scotland; online), 21. Januar 2017, https://www.heraldscotland.com/news/15039661.cia-files-on-stargate-paranormal-project-reveal-scottish-locations-used-for-training-psychic-spies/.

zu untersuchen. Nachdem es 1995 bekannt geworden war, hieß es, das Projekt sei eingestellt worden.*

Seit vielen Jahren schon lobt die sogenannte skeptische Gemeinschaft, angeführt von dem Bühnenmagier James Randi, ein Preisgeld von einer Million Dollar für alle aus, die Behauptungen über das Paranormale (d. h. Telepathie, Psychokinese, Wunder) beweisen können. Bisher konnte noch niemand den Preis einfordern, und manche schließen daraus, dass so etwas unmöglich sein muss, sonst hätte sicher schon jemand gewonnen. Nur wenige haben jedoch das Kleingedruckte in Randis »unglaublichem« Angebot gelesen, das das Einkassieren des Geldes noch schwieriger macht als eine Manifestation paranormaler Kräfte. Einer, der Randis Kleingedrucktes gelesen und sich daraufhin entschieden hat, nicht mitzumachen, ist Dr. Rupert Sheldrake, ein in Cambridge ausgebildeter Biologe und Autor des Bestsellers *Science Set Free* (in Großbritannien unter dem Titel *The Science Delusion* erschienen, dt. *Der Wissenschaftswahn* [Anm. d. Übers.]) und vieler weiterer Bücher.

Sheldrake hat anhand zahlreicher Belege nachgewiesen, dass sogenannte paranormale Fähigkeiten wie etwa Telepathie sowohl bei Menschen als auch bei Tieren tatsächlich häufig sind. Für Randi und seinesgleichen hat er wenig übrig. In einem Brief an die Zeitschrift *The Skeptic* erklärte er: »Randi leistet vielleicht nützliche Arbeit, wenn er betrügerische Schausteller entlarvt, aber er hat keine wissenschaftliche Legitimation und selbst betrügerische Behauptungen aufgestellt.« Randi und seine Mitstreiter, so Sheldrake, führen ein im Grunde theologisches Argument für die letztendliche Vorherrschaft der materiellen Welt an, legen aber wie die meisten Religionen keinen Beweis dafür vor. In ihrer »ersten Kirche des reduktionistischen Materialismus«, wie man sie nennen könnte, gilt ihre engstirnige Weltsicht als grundlegende Doktrin, die nicht infrage gestellt werden darf.**

Die Parallele zwischen dem sogenannten Skeptizismus und religiöser Intoleranz und Verfolgung ist schon längere Zeit offensichtlich. In seiner Kritik zu Rupert Sheldrakes Buch *A New Science of Life* (dt. *Das schöpferische Universum*) von 1983 bezeichnet John Maddox, der Herausgeber der Zeitschrift *Na-*

* Mehr über das Projekt Stargate in »Stargate [Controlled Remote Viewing]«, von John Pike, Federation of American Scientists (online), 29. Dezember 2005, https://fas.org/irp/program/collect/stargate.htm.

** Sheldrakes Brief wurde in Band 22, Ausgabe 2 von *The Skeptic* veröffentlicht. Zum Zeitpunkt der Erstellung dieses Artikels ist er online nachzulesen. Suchen Sie nach »Volume 22 Issue 2 Letters: Rupert Sheldrake on James Randi«, oder unter https://www.skeptic.crg.uk/magazine/features/letters/.

ture, es als »Buch zum Verbrennen«. Sheldrake schrieb, für ihn als Adressaten einer solchen Verordnung sei das gewesen, als ob er vom Papst exkommuniziert worden wäre. Er wusste, so sagt er, dass die Bekanntschaft mit ihm für andere Wissenschaftler gefährlich geworden war. Während der mittelalterlichen Inquisition wurden verbotene Bücher und ihre Autoren oft den Flammen übergeben. Moderne Delinquenten wie Sheldrake werden vielleicht nicht auf dem Scheiterhaufen verbrannt, erfahren aber dennoch Ächtung, Ablehnung und berufliche Sanktionen.*

Alle, die sich nach einer aufgeklärteren Zeit sehnen, in der es möglich wird, neue Ideen, die der Welt nützen könnten, auf ihre Vorzüge hin zu prüfen, ohne sie engen doktrinären Vorstellungen zu unterwerfen, sollten daran denken, dass eine derartige Abwehrhaltung ein Zeichen von Schwäche und nicht von Stärke ist. In seiner Standardtaktik offenbart das heutige materialistische Establishment eine Unsicherheit, die zweifellos aus der unbewussten Furcht erwächst, dass eine solchermaßen missachtete Natur sich letztendlich revanchieren könnte und sie dann womöglich so machtlos und nackt dastehen wie der sprichwörtliche Kaiser in seinen neuen Kleidern.

Das größere Potenzial von Mensch und Tier

Sie können vielleicht tatsächlich die Zukunft vorhersagen, ohne sie bewusst zu kennen. Das ist das Ergebnis einer Studie von 2012, welche die Idee der Präkognition untermauert – also der Fähigkeit, Ereignisse in der nahen Zukunft vorherzusehen, ohne dass es konkrete Anzeichen für sie gäbe. Dann wissen Sie zum Beispiel, dass das Auto neben Ihnen gleich auf ihre Spur wechseln wird, oder dass Ihr Chef den Flur entlangkommt. Das sagt Julia Mossbridge, die Hauptautorin der Studie, die noch immer sehr bemüht behauptet, dass es sich dabei um rein biologische Prozesse handelt, die wir nur noch nicht verstehen. Ihre Studie verwendet bildgebende Verfahren, um zu zeigen, dass unser Körper oft schon Bescheid weiß, bevor wir uns einer Sache tatsächlich bewusst werden.**

All dies stützt die Argumente von Wissenschaftlern wie Sheldrake, die die

* Siehe Rupert Sheldrake, »Nature Editor Sir John Maddox Cries Heretic«, in der Rubrik »Reactions« auf Sheldrakes persönlicher Website https://www.sheldrake.org/reactions/sir-john-maddox-book-for-burning.

** Siehe Julia Mossbridge, Patrizio Tressoldi und Jessica Utts, »Predictive Physiological Anticipation Preceding Seemingly Unpredictable Stimuli: A Meta-analysis«, *Frontiers in Psychology* 3 (2012): 390, https://www.frontiersin.org/articles/10.3389/fpsyg.2012.00390/full.

Existenz ähnlicher Phänomene nachgewiesen haben, etwa unsere Fähigkeit zu wissen, dass das Telefon gleich klingeln wird oder dass uns jemand anschaut.

Für alle, die außersinnliche Wahrnehmung (ASW) erlebt haben, ist ihre Existenz unbestreitbar. Dennoch freut es Sie vielleicht, im Wege klassischer Kommunikationsmethoden zu erfahren, dass selbst die gestrenge Naturwissenschaft einlenken könnte. So haben Forscher der Universität Bukarest in Rumänien in einer von Fachleuten begutachteten Studie gezeigt, dass es unter Freunden bei elektrischer Stimulation des Gehirns des einen auch im EEG des anderen Probanden zu einer entsprechenden neuronalen Spitze kommt.*

In einem weiteren Beispiel aus seinem Buch *The Sense of Being Stared At* (dt. *Der siebte Sinn des Menschen*) argumentiert Sheldrake, die menschliche Sensibilität für die Blicke anderer Menschen sei ein signifikanter Beweis für außersinnliche Wahrnehmung. Eine Studie von 2009, die in der Zeitschrift *Current Biology* veröffentlicht wurde, zeigt, dass sogar Vögel sensibel darauf reagieren, wohin Menschen schauen. Anscheinend wissen die zur Familie der Krähenvögel gehörenden Dohlen, ob Menschen einen Blick auf das Futter werfen, an dem sie interessiert sind. In dem Fall warten sie, bis die Menschen wegsehen, und versuchen erst dann, es sich zu holen. Für die Autoren der Studie, Forscher der University of Cambridge und der Queen Mary University of London, kann dies nur bedeuten, dass die Vögel die Augen der Menschen beobachten und berechnen können, was diese anschauen und was nicht.** Sheldrake würde vermutlich argumentieren, dass die Vögel auf das menschliche Wahrnehmungsfeld reagieren. Darüber hinaus hat er beachtliche Beweise dafür vorgelegt, dass viele Haustiere aus der Ferne auf die Gedanken ihres Herrchens oder Frauchens reagieren und so zum Beispiel wissen, wann ihre Besitzer nach Hause kommen. Solche Ideen werden von der orthodoxen Wissenschaft zwar immer noch für unmöglich gehalten, stoßen aber dennoch zunehmend auf Akzeptanz.

Wo wir gerade von Vögeln sprechen: Viele Vögel ziehen über Tausende von Kilometern, aber die Frage, wie sie es schaffen, so gut und in so engen saisonalen Zeitplänen zu navigieren, stellt die Wissenschaft seit Generationen vor ein Rätsel. Neuerdings deuten Studien darauf hin, dass das Geheimnis in einer besonderen Sensibilität für das Magnetfeld der Erde liegen könnte. Noch nicht

---

* Siehe W. Giroldini, L. Pederzoli, M. Bilucaglia et al., »EEG Correlates of Social Interaction at a Distance«, F1000Research 4 (2015): 457; https://doi.org/10.12688%2Ff1000research.6755.3

** Siehe »Birds Can ›Read‹ Human Gaze«, Phys.org (online), 2. April 2009, https://phys.org/news/2009-04-bird-human.html.

ganz klar ist jedoch, wie die Vögel dieses Feld lesen können. Man spekuliert zwar, dass es für sie ähnlich funktioniert wie ein Kompass für den Menschen, aber noch kann es niemand wirklich erklären.

Jetzt behaupten zwei europäische Studien, dass es in den Augen der Vögel ein seltsames Protein gibt, durch das sie auf einer anderen Ebene ihres Sehvermögens das Magnetfeld der Erde wahrnehmen können. Biologinnen und Biologen an der schwedischen Universität Lund, die Zebrafinken untersuchten, und an der deutschen Carl von Ossietzky Universität in Oldenburg, die Studien mit Rotkehlchen durchführten, fanden heraus, dass ein Protein namens Cryptochrom, das mit zirkadianen Rhythmen verbunden ist, die sogenannte Magnetorezeption begünstigen kann.*

Rotkehlchen.

In der alternativen Wissenschaft sind Forschende einer bestimmten Denkrichtung seit langer Zeit der Meinung, dass die Magnetorezeption eine Fähigkeit

* Eine Übersicht über beide Studien gibt Michelle Starr in »Birds Can See Earth's Magnetic Fields, and Now We Know How That's Possible«, *ScienceAlert* (online), 1. September 2018, https://www.sciencealert.com/birds-see-magnetic-fields-cryptochrome-cry4-photoreceptor-2018.

ist, über die viele Arten verfügen, auch der Mensch. Einige vertreten sogar die Theorie, dass ASW mit magnetischer Sensibilität zusammenhängt. Die Forschungen von Rupert Sheldrake deuten jedoch eher darauf hin, dass man zur Erklärung von ASW tiefer graben muss.

Hummeln können nicht nur lernen, Werkzeuge zu benutzen, sondern dies auch ihren Artgenossen beibringen. Das war das Ergebnis einer Studie von 2016, in der Lars Chittka von der Queen Mary University in London zeigte, dass Hummeln lernen können, an einem Faden zu ziehen, damit Zuckerwasser fließt, und dass andere Hummeln, die den ersten lediglich zusehen, den Trick ebenfalls lernen.*

Für materialistische Wissenschaftler zeigt dies, wie leistungsfähig das winzige Hummelhirn sein muss. Doch wer William B. Stoeckers Artikel »Animal Technologies« in *Atlantis Rising* Nr. 120 (November/Dezember 2016) liest, weiß, dass es andere, tatsächlich glaubwürdigere Erklärungen gibt. Wie Sheldrake erörtert, ist das Gehirn der Tiere, von der Biene bis zum Menschen, nicht die *Quelle* der Intelligenz, sondern – wie Radio- oder Fernsehgeräte – lediglich der *Empfänger*. Sheldrake wagt die These: Wenn ein Lebewesen erfolgreich einen Trick erlernt, erhöht sich dadurch – aufgrund der von ihm so bezeichneten morphischen Resonanz – die Geschwindigkeit, mit der sich die gesamte Spezies eine neue Fähigkeit oder Gewohnheit aneignen kann.

Dunkle Erdhummel (*Bombus terrestris*); Foto: Alvesgaspar.

* Siehe Sylvain Alem, Clint J. Perry, Xingfu Zhu et al., »Associative Mechanisms Allow for Social Learning and Cultural Transmission of String Pulling in an Insect«, *PLOS Biology* 14, Nr. 10 (2016): e1002564, https://journals.plos.org/plosbiology/article?id=10.1371/journal.pbio.1002564.

Etwas Ähnliches ist sicherlich auch bei wissenschaftlichen Forscherinnen und Forschern im Gange, die schnell lernen können – und zwar schneller denn je – welche Art von Studien ihrer Karriere zuträglich ist und welche nicht.

37

Tunnel durch die Zeit

Könnten doch Besucher aus Vergangenheit und Zukunft hier sein?

Vor ein paar Jahren untersuchte eine Filmkomödie von HBO und BBC, *Frequently Asked Questions About Time Travel*, das humoristische Potenzial einer möglichen Zeitschleife auf der Herrentoilette einer Lieblingskneipe. Aber auch ernsthafte Menschen denken über Zeitreisen nach. In seinem Bestseller *Die Physik der Zukunft* untersucht der bekannte Physiker Michio Kaku, inwieweit Technologien und Geräte aus der Science-Fiction, einschließlich Zeitreisen, die heute als unvorstellbar gelten, in Zukunft alltäglich werden könnten, so wie Laser, Fernseher, Atombomben und andere bekannte Technologien des heutigen Lebens, die man einst für ausgeschlossen hielt. Kaku sagt, eine Zeitmaschine sei mit den bekannten Gesetzen der Quantenphysik vereinbar, obwohl er glaubt, dass der Bau einer solchen Maschine nur einer unglaublich fortgeschrittenen Zivilisation gelingen könnte.[*]

Der britische Kosmologe Stephen Hawking stellte dar, dass keine Touristen aus der Zukunft hier seien, könne als Beweis dafür gewertet werden, dass Zeitreisen, zumindest Reisen an einen bestimmten Zeitpunkt in der Vergangenheit, nicht möglich sind. Carl Sagan behauptete allerdings einmal, solche Touristen könnten durchaus hier sein, sprächen aber vielleicht einfach nicht. Wenn sie reden würden, wäre es für sie wahrscheinlich schwierig, sich Ärger vom Hals zu halten. Tatsächlich haben nicht wenige Obdachlose angegeben, sie seien Besucher aus der Zukunft. Woher wollen wir wissen, dass sie es nicht sind?

---

* Siehe J. R. Minkel, »Borrowed Time: Interview with Michio Kaku«, *Scientific American* (online), 24. November 2003, https://www.scientificamerican.com/article/borrowed-time-interview-w/.

Photonen auf Zeitreise

Könnten Zeitreisen, wie im Film *Zurück in die Zukunft*, mehr sein als reine Science-Fiction-Fantasie? Eine Gruppe von Physikerinnen und Physikern an der University of Queensland in Australien ist davon überzeugt, dass dies in gewisser Weise möglich ist. Grundlage dafür ist ihr Modell, wie sich zeitreisende Photonen verhalten könnten. Zumindest auf der Quantenebene, so argumentieren sie, könnte das sogenannte Großvater-Paradoxon aufgelöst werden.

Beim Großvater-Paradoxon würde eine Person, die in die Vergangenheit reist und ihren eigenen Großvater tötet, die Existenz ihres Vaters oder ihrer Mutter und damit ihrer selbst verhindern. Der von Michael J. Fox gespielte Zeitreisende stand vor ähnlichen Herausforderungen, konnte sie aber dank der Magie des Films überwinden.

Im Rahmen ihrer Studie untersuchten die australischen Forscher das Verhalten eines Photons, das durch die Zeit reist und mit seinem älteren Ich interagiert. Sie verwendeten einen eng verwandten Fall, in dem das Photon durch die normale Raumzeit reist und mit einem anderen Photon kommuniziert, das in einer Zeitreise-Schleife durch ein Wurmloch, einer sogenannten geschlossenen zeitähnlichen Kurve, feststeckt. Durch eine Simulation des Verhaltens des zweiten Photons konnten die Forscher das Verhalten des ersten Photons untersuchen. Die Ergebnisse zeigten, dass, wenn das zweite Photon auf die richtige Weise vorbereitet wird, konsistente Entwicklungen erreicht werden können.*

Mit anderen Worten, es ist möglich, dass die Existenz des ermordeten Großvaters fortbesteht und zugleich nicht fortbesteht. Denken Sie nicht zu lange über diese Theorie nach, das gibt bloß Kopfschmerzen.

»Zeitreisen sind nicht nur möglich, sondern wir werden sie vielleicht schon am Ende dieses Jahrhunderts tatsächlich unternehmen.« So lautet die verblüffende Auffassung, die derzeit von mindestens einem angesehenen Hochschulprofessor vertreten wird. Ronald Mallett, seit dreißig Jahren Physiker an der University of Connecticut, hat auf Grundlage von Einsteins Gleichungen eine echte Zeitmaschine entworfen, die er in naher Zukunft bauen und testen möchte. Ob wir tat-

* Siehe Jonathan O'Callaghan, »Could Time Travel Soon Become a Reality? Physicists Simulate Sending Quantum Light Particles into the Past«, *Daily Mail* (online), 23. Juni 2014, https://www.dailymail.co.uk/sciencetech/article-2665781/Could-time-travel-soon-reality-Physicists-simulate-quantum-light-particles-travelling-past-time.html.

sächlich in der Zeit reisen können, hängt von den Ergebnissen der Experimente ab, die er derzeit durchführt.

Laut Mallett, der seine erste Forschungsarbeit über Zeitreisen im Jahr 2000 in der Zeitschrift *Physics Letters* veröffentlicht hat, erfordern alle anderen Vorschläge zur Krümmung der Raumzeit gigantische Mengen an Masse, sein Konzept jedoch nicht. Er erklärt: »Einstein hat gezeigt, dass Masse und Energie ein und dasselbe sind. Die Zeitmaschine, die wir entworfen haben, verwendet Licht in Form von zirkulierenden Lasern, um die Zeit zu krümmen oder zu loopen, statt massiver Objekte.«*

Mallett wurde schon als Kind inspiriert, sich mit dem Phänomen Zeitreisen auseinanderzusetzen. Nachdem er die Verfilmung von H. G. Wells' Erzählung *Die Zeitmaschine* gesehen hatte, wollte er in die Vergangenheit reisen, um seinen verstorbenen Vater vor den Gefahren des Rauchens zu warnen. Heute jedoch ist er Anhänger des Konzepts alternativer Realitäten in Paralleluniversen und glaubt nicht, dass die Gegenwart durch die Manipulation vergangener Ereignisse verändert werden kann. Vielmehr ist er überzeugt, dass jede Aktion eines Zeitreisenden eine eigene, von der Gegenwart unabhängige Realität erzeugen würde.**

In den *Terminator*-Filmen kehrt ein Roboter aus einer zukünftigen, von Robotern kontrollierten Zivilisation in unsere Zeit zurück, um einen jungen Helden zu vernichten, der dazu auserkoren ist, die Roboter zu stürzen. Das ist ziemlich spannende Science-Fiction, aber könnte so etwas wirklich geschehen, und könnte dies der Grund für das ungewöhnliche Pech sein, das die Anlaufphase des Large Hadron Collider (LHC) am europäischen Kernforschungszentrum CERN bei Genf in der Schweiz jahrelang begleitet – um nicht zu sagen verfolgt hat?

2009 berichtete die *New York Times*, zwei hoch angesehene Physiker, Holger Bech Nielsen vom Niels-Bohr-Institut in Kopenhagen, Dänemark, und Masao Ninomiya vom Yukawa-Institut für Theoretische Physik in Kyoto, Japan, hätten öffentlich die These aufgestellt und mathematisch stringent untermauert,

---

* Siehe »›We Can Build a Real Time Machine‹«, *BBC News* (online), 11. Juli 2018, https://www.bbc.com/news/science-environment-44771942, sowie Lisa Zyga, »Professor Predicts Human Time Travel This Century«, *Phys.org* (online), 4. April 2006, https://phys.org/news/2006-04-professor-human-century.html.

** Siehe Dennis Overbye, »The Collider, the Particle and a Theory About Fate«, *New York Times* (online), 12. Oktober 2009, https://www.nytimes.com/2009/10/13/science/space/13lhc.html?_r=1&ref=science&mtrref=undefined&gwh=5AEE435DE36BCCE3DF5C8FB3C39C1714&gwt=pay&assetType=REGIWALL.

dass das sogenannte Higgs-Boson-Teilchen – das der LHC-Teilchenbeschleuniger erzeugen sollte und allen Berichten zufolge 2013 auch tatsächlich erzeugt hat – »wider die Natur« sein könnte. Es könnte, so die Wissenschaftler, in der Zukunft auf eine Art und Weise agieren, die in der Zeit zurückwirkt, um seine Manifestation zu verhindern – mit anderen Worten, es könnte sich selbst aus der Zukunft heraussabotieren, ganz so, als hätte es seinen Großvater umgebracht. Wenn dem so ist, ist der Plan offenbar gescheitert, denn wie wir alle erfahren haben, wurde das Higgs 2013 entdeckt, wofür es anschließend einen Nobelpreis gab.

So viel zu Zeitreisen … oder vielleicht auch nicht. Es gibt immer noch Menschen, die behaupten, dass Zeitreisen nicht nur möglich sind, sondern dass das US-Militär bereits über Zeitreisetechnologie verfügt.

Der Trump-Zufall

2003 erklärte sich Andrew Basiago, Anwalt aus dem Bundesstaat Washington, zum Whistleblower für ein streng geheimes staatliches Programm namens Projekt Pegasus, das, wie er sagt, in den 1960er-und 70er-Jahren unter der Leitung der Defense Advanced Research Projects Agency (DARPA) nicht nur Zeitreisen perfektioniert, sondern tatsächlich menschliche Versuchspersonen in die Vergangenheit geschickt hat. Als einer dieser Probanden, so Basiago, habe er im Alter von elf Jahren Abraham Lincolns Gettysburg Address im Jahr 1863 persönlich miterlebt. Er behauptet, ein altes Zeitschriftenfoto zeige ihn tatsächlich an Ort und Stelle, in einem Parka der Unionsarmee und mit Schuhen, die für seine Füße viel zu groß waren.

Zwar nehmen nur wenige Basiagos Geschichte ernst, doch 2009 meldete sich außerdem der Physiker Dr. David Lewis Anderson und behauptete, er wisse persönlich von Forschungen der U.S. Air Force hinsichtlich der Beeinflussung der Zeit. Anderson wurde 2010 in der Radiosendung *Coast to Coast AM* von Art Bell interviewt. Anderson zufolge wurde die Zeitreisetechnologie nicht nur von den USA, sondern auch von anderen Ländern erfolgreich betrieben.*

Seltsamerweise gehört mit dem 1994 an Krebs verstorbenen Pellegrino Maria Ernetti auch ein hochrangiger und weithin respektierter Benediktinerpater

* Das Interview ist online auf der Website von *Coast to Coast AM* nachzuhören; siehe https://www.coasttocoastam.com/show/2010/01/31.

zu den augenscheinlich glaubwürdigen Personen, die behaupten, höchstselbst in die Vergangenheit gereist zu sein. Ernetti war Musikwissenschaftler von Weltrang und kompetenter Naturwissenschaftler, und seine Ansichten zu religiösen, wissenschaftlichen und anderen Themen waren in ganz Europa sehr gefragt, auch bei so bedeutenden Persönlichkeiten wie dem französischen Präsidenten François Mitterrand. Ernetti erklärte öffentlich, in den 1950er-Jahren mithilfe eines Teams hochrangiger Wissenschaftler, darunter Enrico Fermi, die Quantenphysik mit uraltem überliefertem Wissen über die Sterne verknüpft zu haben, um ein Gerät für Zeitreisen, das er »Chronovisor« nannte, zu entwickeln. Damit konnte er, wie er sagte, in der Zeit zurückschauen und Christus am Kreuz sterben sehen. Das Gerät ermöglichte ihm auch einen Blick ins antike Rom des Jahres 169 v. Chr., um dort eine Aufführung von *Thyestes* zu sehen, einer heute verschollenen Tragödie von Quintus Ennius, dem Vater der lateinischen Dichtung. Ernettis Chronovisor brachte ein Bild hervor, das weite Kreise zog und seinen Angaben zufolge den sterbenden Christus am Kreuz zeigte.

Pater Ernetti bei der Arbeit mit seinem Chronovisor in den 1950er-Jahren.

Ingersoll Lockwood.

Solche potenziellen Belege für Zeitreisen werden zwar weithin infrage gestellt, aber nicht immer aus Mangel an medialer Aufmerksamkeit. Ein außergewöhnlicher Fall, der in letzter Zeit großes Interesse erregt hat, betrifft das Werk von Ingersoll Lockwood. Der amerikanische Polit-Schriftsteller, Anwalt und Romanautor des ausgehenden 19. Jahrhunderts schuf eine einzigartige Mischung aus Science-Fiction und Fantasy. Der einstige Diplomat Lockwood war von Abraham Lincoln zum Konsul für das Königreich Hannover ernannt worden. Als damals jüngstes Mitglied im amerikanischen Konsulatswesen bekleidete er diesen Posten vier Jahre lang. Zwei seiner populärsten Werke waren illustrierte Kindergeschichten, in deren Mittelpunkt eine fiktive Figur mit einem inzwischen bekannten Namen stand: Baron Trump. Der folgende gekürzte und paraphrasierte Artikel aus *Newsweek* vom Juli 2017 ist typisch für die Presse zur Lockwood-/Trump-Geschichte in den letzten Monaten:

> Baron, ein wohlhabender junger Mann, lebt auf Schloss Trump und ist die Hauptfigur in Lockwoods ersten beiden fiktiven Romanen, *The Travels and Adventures of Little Baron Trump and His Wonderful Dog Bulger* und *Baron Trump's Marvelous Underground Journey.* Der kleine Junge, der eine unerschöpfliche Fantasie und »ein sehr aktives Gehirn« hat, ist von seinem gewohnten luxuriösen Lebensstil gelangweilt. Durch eine Fügung des Schicksals begibt sich Trump nach Russland und erlebt dort ein außergewöhnliches Abenteuer, das sein weiteres Leben prägen wird.
>
> Lockwoods letzter Roman mit dem Titel *1900 or The Last President* erschien 1896 (dt. *Der letzte Präsident: Mehr als ein spannender Roman*, 2018).

Es lassen sich einige erstaunliche Verbindungen zwischen Lockwoods Figuren aus dem 19. Jahrhundert und der heutigen (zum Zeitpunkt der Entstehung dieses Buches, Anm. d. Ü.) Ersten Familie der Vereinigten Staaten herstellen. So trägt zum Beispiel die Hauptfigur denselben Namen wie der Sohn von Präsident Donald Trump, auch wenn er anders geschrieben wird. Die Abenteuer des jungen Trump beginnen in Russland und werden vom »Meister aller Meister«, einem Mann namens Don, gelenkt.

Bevor er zu seiner Reise ins Unbekannte aufbricht, erfährt Trump das Motto seiner Familie: »Der Weg zum Ruhm ist mit Fallstricken und Gefahren gepflastert.«

Illustrationen aus den Romanen zeigen den jungen Trump in prunkvoller, altmodischer Kleidung und Schmuck, als er Schloss Trump verlässt und seine Reise nach Russland antritt, um ein Portal zu anderen Dimensionen ausfindig zu machen.

Aber mit Lockwoods drittem Roman, *Der letzte Präsident*, bekommen die Dinge eine noch merkwürdigere Verbindung zur Gegenwart.

Die Geschichte beginnt mit einer Szene aus einem panischen New York City Anfang November, nachdem ein vehement abgelehnter Außenseiterkandidat zum Präsidenten gewählt worden ist.

»Die gesamte East Side ist in Aufruhr«, rufen Polizisten durch die Straßen und ermahnen die Bewohner der Stadt, die Nacht über in ihren Häusern zu bleiben. »Unter der Führung von Anarchisten und Sozialisten formiert sich ein riesiger Mob, der droht, die Häuser der Reichen, die sie so viele Jahre benachteiligt und unterdrückt haben, zu plündern und zu verwüsten. Das Fifth Avenue Hotel wird die Wut des Mobs als Erstes zu spüren bekommen«, heißt es in dem Roman weiter, der damit eine Adresse in New York City nennt, wo heute der Trump Tower steht. »Würden die Truppen es noch rechtzeitig retten können?«

Lockwoods Schöpfungen sind im Internet wiederaufgetaucht. Manche behaupten, die Familie Trump besitze eine Zeitmaschine, die es ihr ermögliche, bis zum heutigen Tag an der Macht zu bleiben.

Der letzte Präsident folgt nicht dem gleichen fiktiven Erzählstrang wie Lockwoods frühere Romane, obwohl die Verbindungen zu Trump auch hier wieder überdeutlich sind. In diesem Buch, das im Original auch den Titel *1900* trägt, fürchtet New York City, die Heimatstadt des Präsidenten, den Zusammenbruch der Republik im Zuge des Machtwechsels im Präsidentenamt. Einige Amerikaner beginnen, einen Widerstand aufzubauen und gegen das ihrer Meinung nach korrupte und unethische Wahlverfahren zu protestieren.*

Aus dem Frontispiz von *Baron Trump's Marvelous Underground Journey*.

Barron Trump im Alter von zwölf Jahren.

Zu den zahlreichen Faktoren, die bei *Newsweek* ungenannt bleiben, gehören Verbindungen zwischen Lockwood und dem tiefen Okkultismus. Tatsächlich heißt es in einer Notiz auf der Titelseite von *1900 or the Last President*: »Dies ist ein Werk des memetischen Okkultismus.« Memetik ist laut Wikipedia ein Ansatz für evolutionäre Modelle der kulturellen Informationsübertragung;

* Die Originalversion des *Newsweek*-Artikels ist zu finden unter Chris Riotta, »Did an Author From the 1800s Predict the Trumps, Russia and America's Downfall?«, *Newsweek* (online), 31. Juli 2017, https://www.newsweek.com/donald-trump-predicted-ingersoll-lockwood-adventures-barron-melania-last-644284.

Kritiker halten sie für eine Pseudowissenschaft. Der von Richard Dawkins in seinem 1976 erschienenen Buch *Das egoistische Gen* geprägte Begriff Mem basiert auf der sogenannten Memetik.

Illustration aus *Etidorhpa*, Bild von John Augustus Knapp.

Andere Bücher aus Lockwoods Zeit können ebenfalls als Teil einer mystischen Tradition bezeichnet werden, die manche als »Underground Stream« bezeichnen. Dazu gehören die Bücher von Edward Bulwer-Lytton, einem britischen Staatsbeamten, Parlamentsabgeordneten und Okkultisten. Als Romancier ist er für mehrere Werke bekannt, darunter die bereits genannten *Zanoni*, *Die letzten Tage von Pompei* und *Vril oder Eine Menschheit der Zukunft* (1871, dt. erstmals 1958, spätere Auflagen unter anderen Titeln, Anm. d. Ü.), die maßgeblich von seinem Interesse am Okkulten geprägt sind und zur Entwicklung des Science-Fiction-Genres beigetragen haben. Das Buch, das die Geschichte einer unterirdischen Menschheit erzählt, die darauf wartet, die Erdoberfläche zurückzuerobern, machte die Theorie von der hohlen Erde populär. Seit den 1870er-Jahren wurde *Vril* auch von Theosophen und Okkultisten aufgegriffen. Es entwickelte sich zu einem wichtigen esoterischen Thema und wurde nach dem Zweiten Weltkrieg eng mit anderen weitverbreiteten, allerdings esoterischen Themen verbunden. Ein weiteres Buch in dieser Kategorie, *Etidorhpa oder eine Reise in die hohle Erde: die seltsame Geschichte eines geheimnisvollen Wesens und der Bericht über eine Reise, wie sie in Manuskriptform an Llewellyn Drury übergeben wurde* von John Uri Lloyd, erschienen 1895 (dt. 2003), erzählt von einer Reise zum Mittelpunkt der Erde in Begleitung eines seltsamen androgynen Wesens. (Übrigens ergibt der Name Etidorhpa, rückwärts gelesen, Aphrodite, den Namen der griechischen Göttin der Liebe).

John G. Trump.

Baron Trumps Erkundung weitläufiger und geheimnisvoller unterirdischer Höhlen in den Bergen Russlands weist eine deutliche Verbindung zur Vorstellung der hohlen Erde auf – außerdem, so meinen manche, zu den berüchtigten »geheimen Absprachen zwischen Trump und Russland«, die von den Medien verbreitet werden. Unterdessen haben neuere archäologische Entdeckungen in einer russischen Höhle Belege für eine technologisch fortgeschrittene Zivilisation zutage gefördert, offenbar von Denisova-Menschen aus einer Zeit vor über 45.000 Jahren (siehe Kapitel 19).

Anderen ist aufgefallen, dass Lockwoods Bücher auch die erstaunliche Wissenschaft eines Nikola Tesla anzudeuten scheinen. Dieser Gedanke erhält besondere Brisanz, wenn man eine weitere, wenig bekannte Tatsache berücksichtigt:

Wie die meisten wissen, die sich mit dem Leben von Tesla beschäftigen, standen nach dem Tod des großen Erfinders, der am 7. Januar 1943 im Alter von 86 Jahren allein in seinem Zimmer im Hotel *New Yorker* starb, sofort FBI-Agenten auf der Matte, um alle Papiere zu beschlagnahmen, die er möglicherweise hinterlassen hatte. Was viele nicht wissen: Zu den Personen, die mit der Auswertung des Tesla-Materials beauftragt waren, gehörte auch John G. Trump, Professor am MIT und bekannter Ingenieur für Elektrotechnik, der als technischer Berater für das National Defense Research Committee tätig war. Trumps Neffe Donald sollte später der 45. Präsident der Vereinigten Staaten werden. Donald Trump hat oft von Gesprächen mit seinem Onkel in seiner Kindheit erzählt. »Mein Onkel hat mir oft von Atomwaffen erzählt, noch bevor Atomwaffen Atomwaffen waren«, wurde Trump im Magazin *The New Yorker* zitiert.*

Carl Gustav Jung

Viele betrachten solche erstaunlichen Zufälle als Beweis für die Realität von Zeitreisen, andere hingegen denken womöglich an eine andere Erklärung – an das Konzept der Synchronizität, das erstmals von dem wegweisenden Psychoanalytiker Carl Gustav Jung eingeführt wurde. Jung vertrat die Ansicht, das gleichzeitige Auftreten von Ereignissen ohne offensichtlichen Kausalzusammenhang, die dennoch in einer sinnvollen Beziehung zueinander stehen, sei ein Beweis für Synchronizität. Für reduktionistische Materialisten ist dieser Gedanke vielleicht auch nicht einfacher zu erklären, aber er fand maßgebliche Unterstützung bei einigen der größten Denkern des 20. Jahrhunderts, unter an-

* Siehe Amy Davidson Sorkin, »Donald Trump's Nuclear Uncle«, *New Yorker*, 8. April 2016, https://www.newyorker.com/news/amy-davidson/donald-trumps-nuclear-uncle.

derem bei dem Physiker Wolfgang Pauli. Inspiriert von Jung kam Pauli zu der Überzeugung, dass zwei Ereignisse nicht durch Ursache und Wirkung verbunden sein können, sondern durch ihre wechselseitige Präsenz im kollektiven Unbewussten.*

* Eine Untersuchung der gemeinsamen und sich ergänzenden Arbeit von Jung und Pauli ist zu finden in Marialuisa Donati, »Beyond Synchronicity: The Worldview of Carl Gustav Jung and Wolfgang Pauli«, *Journal of Analytical Psychology* 49, Nr. 5 (2004): 707-728, https://www.ncbi.nlm.nih.gov/pubmed/15533199.

38

Das Rad der Zeit

Steht die Geschichte von Atlantis in den Sternen?

Die Präzession der Tagundnachtgleichen ist das astronomische Phänomen, das uns die sogenannten astrologischen Zeitalter beschert haben. Bei ihnen bewegt sich der Punkt des Sonnenaufgangs zur Frühlings-Tagundnachtgleiche anscheinend langsam rückläufig durch den Tierkreis, und zwar mit einer Geschwindigkeit von etwa einem Zeichen alle 2150 Jahre. Nach Ansicht der meisten Astronomen ist dies auf ein langsames Wackeln der Erdachse zurückzuführen, welches für einen Umlauf durch den Tierkreis fast 26.000 Jahre benötigt.

Eine Sanduhr und der Übergang von der antiken zur modernen Welt; Illustration von Tom Miller für *Atlantis Rising.*

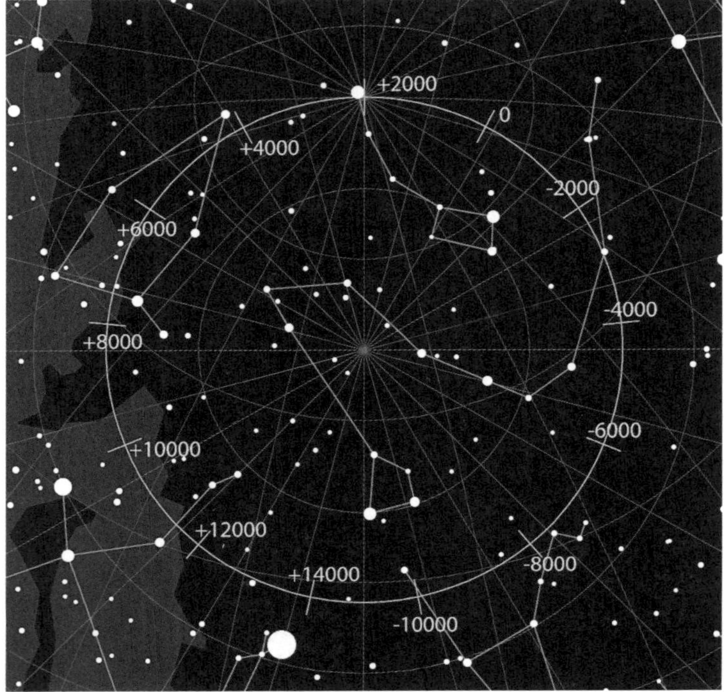

Karte der Präzession der Äquinoktien,
wie sie am Himmel der nördlichen Hemisphäre zu sehen ist.

Diese Veränderung des Sternenhimmels im Verhältnis zur Erde, die das Große oder Platonische Jahr bildet, setzt sich aus den zwölf astrologischen Zeitaltern zusammen, die sich wie die zwölf Speichen eines großen Rads alle 72 Jahre langsam um einen Bogengrad drehen. Wir befinden uns jetzt am Ende der Fische und dies ist, wie es in dem Lied aus dem Musical *Hair* heißt, »der Anbruch des Wassermann-Zeitalters«, da die Sterne, die die Grenzen markieren, vorüberziehen.

Erwähnenswert ist, dass die Entdeckung einer derart langsamen und subtilen Bewegung Jahrhunderte genauer, disziplinierter und kontinuierlicher Beobachtung erfordert – was nach Ansicht der orthodoxen Wissenschaft die Fähigkeiten jeder primitiven vorzeitlichen Gesellschaft überstiegen hätte. Der akademischen Mainstream-Wissenschaft zufolge wurde die Präzession frühestens zwischen 190 und 120 v. Chr. vom griechischen Astronomen Hipparchos entdeckt, und selbst dass Hipparchos von der Präzession wusste, wird noch nicht einmal von allen akzeptiert.

Wenn man nachweisen könnte, dass »primitive Menschen« schon lange vor den Griechen die Präzession kannten und verstanden, wäre dies ein überaus kräftiges Argument für die Existenz einer fortgeschrittenen Wissenschaft in der Vorgeschichte, was die Orthodoxie bisher konsequent, ja sogar vehement, bestreitet. Dennoch zeigen bahnbrechende neue Forschungen an sehr alten Höhlenmalereien genau das: Dass die Menschen in der Vorzeit über fortgeschrittene Kenntnisse verfügten, zumindest in der Astronomie.

Nach einer Pressemitteilung der University of Edinburgh, mit der die neue Studie angekündigt wurde, handelt es sich bei den Malereien, die an Fundorten in ganz Europa entdeckt wurden, nicht einfach um Darstellungen wilder Tiere, wie man früher dachte. Vielmehr zeigt eine genaue Analyse, dass die Tiersymbole Sternkonstellationen am Nachthimmel darstellen und zur Abbildung von Daten sowie zur Markierung von Ereignissen wie Kometeneinschlägen dienten. Sie zeigen, dass die Menschen vielleicht schon vor 40.000 Jahren die Zeit im Auge behielten, und zwar mithilfe ihrer Kenntnisse über die unmerkliche Veränderung der Position der Sterne im Laufe der Jahrtausende. Die Ergebnisse legen nahe, dass Menschen der Vorzeit, lange vor den Griechen, die Präzession der Tagundnachtgleichen verstanden haben.*

Außerdem offenbart die Studie, dass Menschen um die Zeit herum, als die Neandertaler ausstarben, und vielleicht noch, bevor sich die Menschheit in Westeuropa ansiedelte, Daten bis auf zweihundertfünfzig Jahre genau bestimmen konnten. Bei der Untersuchung von Details der paläolithischen und neolithischen Tiersymbole darstellenden Kunstwerke an Stätten in der Türkei, Spanien, Frankreich und Deutschland entdeckten Wissenschaftlerinnen und Wissenschaftler, dass an allen Stätten dieselbe, auf anspruchsvoller Astronomie beruhende Methode zur Datumsbestimmung verwendet wurde, und das, obwohl die Kunstwerke zeitlich um mehrere Zehntausend Jahre auseinanderlagen. Sogar die älteste Skulptur der Welt, der Löwenmensch vom Hohlenstein-Stadel aus der Zeit um 38.000 v. Chr., entspricht demselben vorzeitlichen System der Zeitmessung.

Die Wissenschaftlerinnen und Wissenschaftler präzisierten frühere Erkenntnisse aus einer Untersuchung von Steinritzungen im türkischen Göbekli Tepe,

* Siehe die Pressemitteilung der University of Edinburgh: »Prehistoric Cave Art Reveals Ancient Use of Complex Astronomy«, *Phys.org* (online), 27. November 2018, https://phys.org/news/2018-11-prehistoric-cave-art-reveals-ancient.html.

die als Mahnmal für einen verheerenden Kometeneinschlag um 11.000 v. Chr., der die Mini-Eiszeit der Jüngeren Dryas einleitete, interpretiert worden waren. Außerdem entschlüsselten sie das berühmte Tableau in den Höhlen von Lascaux in Frankreich. Das Bild, das einen sterbenden Mann und mehrere Tiere zeigt, könnte an einen weiteren Kometeneinschlag aus der Zeit um 15.200 v. Chr. erinnern, mutmaßen die Forschenden.

Durch einen Vergleich des Alters vieler Höhlenmalereien – das durch eine chemische Datierung der verwendeten Farben bestimmt wurde – mit den von einer hoch entwickelten Software berechneten Positionen der Sterne in der Vorzeit konnten die Forscher ihre Ergebnisse bestätigen. Mit anderen Worten: Die astronomischen Kenntnisse vorzeitlicher Menschen waren weitaus fundierter als bisher angenommen. Ihr Wissen könnte sogar bei der Navigation auf offener See hilfreich gewesen sein, was weitreichende Auswirkungen auf unser Verständnis der prähistorischen Wanderungsbewegungen der Menschen hätte.*

Die Schachtszene aus der Höhle von Lascaux in Frankreich, die einen sterbenden Mann und mehrere Tiere zeigt. Fachleute sagen, sie könnte an einen Kometeneinschlag aus der Zeit um 15.200 v. Chr. erinnern.

* Siehe Martin B. Sweatman und Alistair Coombs, »Decoding European Palaeolithic Art: Extremely Ancient knowledge of Precession of the Equinoxes«, *Athens Journal of History* 5, Nr. 1 (2018): 1-30, https://www.athensjournals.gr/history/2019-5-1-1-Sweatman.pdf.

Die andere Präzessions-Geschichte

Einige Wissenschaftler, darunter Walter Cruttenden (Autor von *Lost Star of Myth and Time*), behaupten, die 26.000 Jahre dauernde Präzession der Tagundnachtgleichen (auch bekannt als das Große Jahr) – von der manche, etwa der hinduistische Weise Sri Yukteswar, sagen, dass sie Aufstieg und Fall von Zivilisationen nachzeichnet – gebe es deshalb, weil unsere Sonne Teil eines Doppelsternsystems sei. Die meisten Astronomen vertreten die Meinung, dass die Präzession, die sich rückläufig durch den Tierkreis bewegt, durch das langsame Wackeln der Erdachse verursacht wird. Allerdings hat bisher niemand ausgeschlossen, dass die Sonne Teil eines Doppelsternsystems sein könnte, bei dem zwei oder mehr Sterne gleichzeitig umeinanderkreisen. Ein solches System wäre für unsere Sonne nicht ungewöhnlich und könnte auch die Präzession der Tagundnachtgleichen erklären.

Der hinduistische Heilige und Gelehrte Sri Yukteswar.

Astronomen befassen sich nun erneut mit der Theorie, dass unsere Sonne einen längst verschollenen Zwilling besitzen könnte. Sie haben ihn noch nicht gefunden, nennen ihn aber bereits Nemesis. Die große Frage lautet: Wenn die Sonne tatsächlich ein Doppelstern ist, wo ist dann ihr Zwilling? Cruttenden bezeichnet ihn als »verlorenen Stern«. Andere suchen nach einem braunen Zwerg oder vielleicht nach dem Planeten X, wie er von Zecharia Sitchin vorgeschlagen wurde. Ein neues mathematisches Modell der University of California in Berkeley wirft in die Diskussion, dass der hypothetische Planet Nemesis in die Milchstraße abgewandert sein könnte. Möglicherweise versteckt er sich sogar hinter der Perseus-Wolke aus Gas und Staub, die als schwarzer Fleck am Himmel erscheint und alles Dahinterliegende verdeckt. Sarah Sadavoy und Steven Stahler, von denen die Studie stammt, haben schon viele derartige Doppelsternsysteme ausfindig gemacht.*

Einige Beobachterinnen und Beobachter sind allerdings der Ansicht, dass der fehlende Zwilling der Sonne ganz und gar nicht fehlt. Der lange verschollen geglaubte Partner der Sonne ist tatsächlich, so sagen sie, der hellste Stern am Nordhimmel: Sirius. Die Online-Sirius-Forschungsgruppe des Binary Research Institute widmet sich der Zusammenstellung und Analyse der Daten, die eine solche These untermauert.

Astronomie-Professor Dr. William Brown von der Colorado State University in Pueblo unterstützt diese These. Brown weist darauf hin, dass unsere Sonne und Sirius offenbar ineinandergreifende Umlaufbahnen haben und dass Himmelskörper in unserem Sonnensystem eine harmonische Resonanz mit dem Sirius-System aufweisen. Noch wichtiger ist, dass die Sirius Research Group, wie Brown betont, die Position von Sirius über mehr als zwanzig Jahre hinweg aufgezeichnet und dabei keine messbare Veränderung seiner Position in Relation zur Präzession festgestellt hat. Mit anderen Worten: Er entspricht ziemlich genau den Anforderungen.**

Sirius und das Sternbild Orion.

* Siehe Sarah I. Sadavoy und Steven W. Stahler, »Embedded binaries and their dense cores«, *Monthly Notices of the Royal Astronomical Society* 469, Nr. 4 (August 2017): 3881–3900, https://doi.org/10.1093/mnras/stx1061.

** Siehe William Brown, »A Sirius Revolution: The Sun's Astral Companion: A Model for the Sun-Sirius System«, *Viewzone Magazine* (online), o. D., http://www.viewzone.com/sirius.html.

Wenn Brown recht hat, würde diese Verbindung dem offenkundigen Interesse antiker Gesellschaften, insbesondere in Ägypten, an Sirius neue Bedeutung verleihen. Einer der sogenannten Luftschächte aus der Kammer der Königin (Standort der geheimnisvollen »Gantenbrink-Tür«) ist nämlich genau auf Sirius ausgerichtet, den die Ägypter mit der Göttin Isis gleichsetzten.

Von besonderem Interesse ist das Volk der Dogon im westafrikanischen Binnenland Mali, das ein unerklärlich fortgeschrittenes Wissen über Sirius und seinen nahen kleinen Zwilling Sirius B bewiesen hat. Sirius B ist nur mit einem leistungsstarken Teleskop zu sehen und wurde erst vor Kurzem entdeckt, doch seine Existenz ist diesem vermeintlich primitiven afrikanischen Stamm seit Urzeiten bekannt.*

In der entwickelten Welt verehren einige esoterische Weisheitslehren wie etwa die Theosophie und in deren Umfeld Lehrerinnen wie Alice Bailey und Elizabeth Clare Prophet den Sirius seit Langem als Sitz einer interstellaren Hierarchie des Lichts namens Große Weiße Bruderschaft, und im Gegensatz zu der üblichen Bezeichnung »Hundsstern« nennen sie den Sirius »Gottesstern«. Könnten sie da an etwas dran sein?

Die Geheimnisse der Sterne

In ihrer klassischen, 1969 erschienenen Studie *Hamlet's Mill: An Essay Investigating the Origins of Human Knowledge and Its Transmission through Myth* (dt. 1993: *Die Mühle des Hamlet: ein Essay über Mythos und das Gerüst der Zeit*), sammelten Giorgio de Santillana und Hertha von Dechend Mythen und Legenden aus der ganzen Welt, um zu zeigen, wie Wissen über die Sterne in den Erzählungen kodiert wurde. Zentrales Motiv ist eine Figur namens Amlodhi (Hamlet), der eine Mühle besitzt. Am Anfang mahlt die Mühle Frieden und Fülle, aber mit der Zeit und sich verschlechternden Umständen mahlt die Mühle Salz. Schließlich sinkt die Mühle auf den Meeresgrund, wo sie nur noch Steine und Sand mahlt und einen Strudel erzeugt, den gewaltigen »Mahlstrom«.

Die Mühle ist hier eigentlich eine Metapher für die Polarachse der Erde, die den Mittelpunkt der Erde und die Zeiträume durchdringt und auf die nördliche und südliche Himmelsachse weist. Die Autoren entdeckten in Mythen aus so unter-

---

* Siehe »Was the Sirius Star System Home to the Dogon African Tribe?«, *Gaia* (online), 13. Oktober 2019, https://www.gaia.com/article/did-this-african-tribe-originate-in-another-star-system.

schiedlichen Kulturen wie Island, Norwegen, Finnland, Italien, Persien, Indien, Mexiko und Griechenland eine sich drehende Mühle als zentrales Motiv sowie die Anrufung von Göttern, Göttinnen und den Kräften der Natur, um sicherzustellen, dass die »Himmelsmühle« reibungslos mahlt. Santillana und von Dechend glauben, dass es sich bei der Mühle um die Präzession der Tagundnachtgleichen handelt und dass ihre Beständigkeit im Mythos einen kosmischen Zeitmesser darstellt, der zur Erforschung der Vergangenheit genutzt werden kann.

Die Astrologin Julie Loar schreibt in ihrem Artikel »Hamlet's Mill and the Wheel of Heaven« für *Atlantis Rising* Nr. 121 (Januar/Februar 2017), die langsame Bewegung der Sonne durch die Sternbilder des Tierkreises spiegele das Wesen der Weltzeitalter wider. Demnach hat jedes Zeitalter einen bestimmten Charakter oder ein bestimmtes Glaubenssystem, auf den bzw. das eine »Götterdämmerung« folgt. Am Ende eines Zeitalters brechen die tragenden Säulen dieses Äons weg, und Überschwemmungen und Kataklysmen kündigen ein neues Zeitalter an.

Im Zeitalter des Stiers waren Stiere die heiligen Opfertiere. Im Widder war der Widder Symbol und Tier für das Opfer. Im Zeitalter der Fische verschob sich die Opfersymbolik vom Lamm Gottes zum Menschenfischer, wobei die Figur Jesu von einer Fischsymbolik begleitet wurde und der Fisch auch als Symbol des Christentums galt.

Aus dieser Sicht kann man sich das Große Rad als einen tagähnlichen Zyklus vorstellen, mit Morgengrauen, Mittag, Sonnenuntergang und Mitternacht. Das Rad der *Yugas* im Hinduismus ist ähnlich aufgebaut, wobei allerdings das Satya Yuga, das Goldene Zeitalter, das längste ist. Dieser große Zyklus steigt langsam durch Phasen zunehmenden Lichts auf und sinkt dann allmählich in eine Zeit zunehmender Dunkelheit ab. Das Treta Yuga ist das zweitlängste, gefolgt vom Dwapara Yuga und dann dem Kali Yuga, das das kürzeste und dunkelste ist. Es heißt, dass wir uns immer noch im Kali Yuga befinden. Im Gegensatz zum Sonnenjahr dauert die Dunkelheit hier viel kürzer an als in einem Goldenen Zeitalter. Aufgrund der horizontalen Nähe der Sonne zur galaktischen Ebene werden bestimmte Zeiten auf dem Rad als hell und andere als dunkel und abweisend empfunden.

Legt man die Yugas über die astrologischen Zeitalter, dann erstreckt sich das dunkle Zeitalter des Kali Yuga Loar zufolge über die Zeitalter des Widders und der Fische. Im Moment verlassen wir gerade das Zeitalter der Fische. Das

Dwapara Yuga umfasst einschließlich seines Aufstiegs und Abstiegs die Zeitalter des Wassermanns und des Stiers. Wir treten gerade ins Wassermann-Zeitalter ein, und nach hinduistischer Überlieferung nimmt das Licht jetzt zu. Im Treta Yuga nimmt das Licht auf der einen Seite des Rads in den Zeitaltern von Steinbock und Schütze zu und verdunkelt sich auf der anderen Seite in den Zeitaltern von Zwilling und Krebs. Das Satya Yuga umfasst die vier Sternbilder Skorpion, Waage, Jungfrau und Löwe.

Dies ähnelt den griechischen und den darauffolgenden römischen Zeitaltern, die Ovid als Goldenes, Silbernes, Bronzenes und Eisernes Zeitalter bezeichnet. Hesiod sah fünf Zeitalter und fügte zwischen der Bronzezeit und der Eisenzeit das Zeitalter der Helden ein. Manchmal werden diese Zeitalter mit einem historischen Zeitstrahl zur Deckung gebracht. Die Griechen und die sie kopierenden Römer galten als im Abstieg begriffen von einem früheren Goldenen Zeitalter in die dunklen Zeiten, in denen wir heute leben.

Die Mühle des Hamlet erklärt, dass die Zeit als besonders gefahrvoll galt, wenn die Zahnräder der großen Mühle wechselten und damit der Beginn eines neuen Zeitalters eingeläutet wurde. Wie konnten die Menschen, die vor langer Zeit den Himmel beobachteten, in ihrem uralten Wissen feststellen, dass dem so ist? Was könnte der Mechanismus hinter dem zeitlichen Ablauf, dem Charakter und den übergreifenden Lehren der verschiedenen Zeitalter sein? Vielleicht liegt eine besondere Magie in der Geometrie der Zwölf, die für Musik, Schwingungen und Frequenzen gilt? Vielleicht steuern aber auch die Sterne selbst und ihre einzigartigen Energien die Einflüsse der Zeitalter und der Astrologie? Man sagt, die Tibeter seien die Hüter des Sternenwissens, wozu auch das Wissen um die »Persönlichkeiten« bestimmter heller Sterne und die Natur ihrer Frequenzen gehört. Dies sind Geheimnisse, die wir vielleicht nicht durchdringen können, doch wenn wir klug sind, achten wir auf sie.

De Santiillana und von Dechend lieferten ein überzeugendes Argument dafür, dass die Menschen der Vorzeit über hoch entwickeltes Wissen verfügten. Autorin und Autor von *Die Mühle des Hamlet* haben wiederholt gezeigt, dass der Mythos nie als Fiktion oder Märchen gedacht war, sondern vielmehr als clevere Gedächtnisstütze, mit deren Hilfe die Menschen komplexe astronomische Sachverhalte durch Geschichten erinnern und weitergeben konnten. Mit anderen Worten: Der Mythos nutzt die Himmelskunde als Mechanismus und den Nachthimmel als Leinwand und wird so zu einem glänzenden Instrument, zu einer astronomischen Allegorie, um Himmelskunde über große Zeiträume hinweg zu lehren und weiterzugeben.

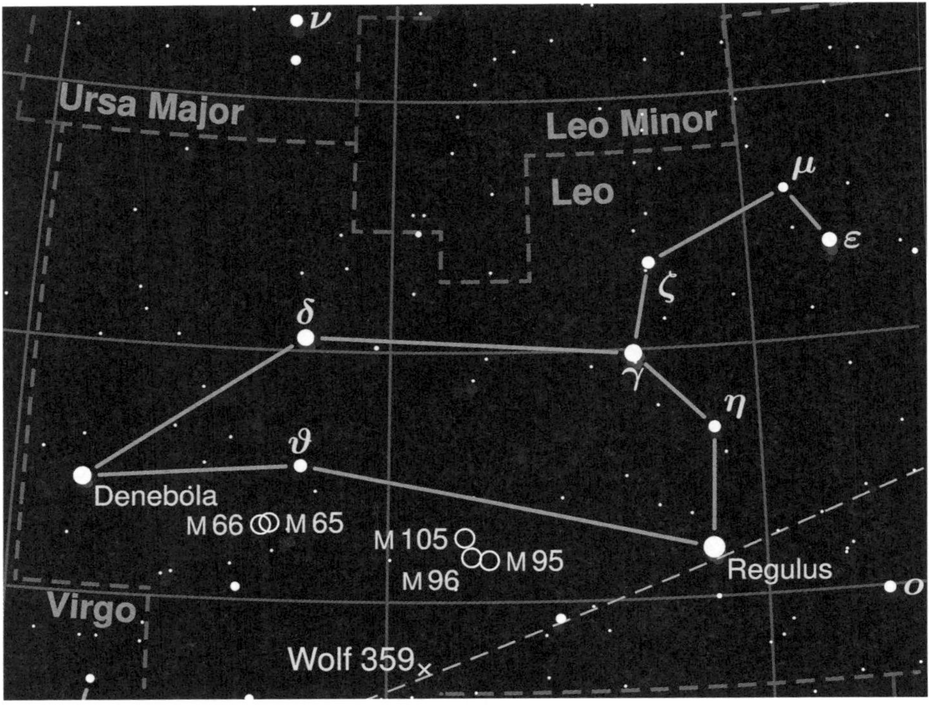

Das Sternzeichen Löwe.

In seinem Buch *Der Heros in tausend Gestalten* spricht Joseph Campbell von einem »magischen Ring des Mythos«, der sich durch jede Kultur zieht. Er sagte, eine »Mythologie [sei] ein System von Bildern, das ein Konzept des Universums als eine göttlich belebte und belebende Umgebung enthält, in der wir leben«.* Mythen sind einzelne Erzählungen in diesem großen Plan, die in gewisser Weise ineinandergreifen und einen Bilderteppich ergeben. Campbell erklärt, dass Mythen nicht so erschaffen oder erfunden werden wie Geschichten. Er sagt, sie seien inspiriert und entstünden auf die gleiche Weise wie Träume, und sie sprächen zum Innersten sowohl des Individuums als auch von allem, was ist. In unserer heutigen Zeit, in der wir am Scheideweg stehen und die Zahnräder des

* Diese Aussage traf Campbell im April 1981 in einem Interview mit Bill Moyer in der PBS-Fernsehserie *Bill Moyers Journal*.

großen Rads wieder wechseln, brauchen wir dringend neue Mythen, glaubt Julie Loar, neue archetypische Erzählungen über einen Kosmos, der unser Vorstellungsvermögen übersteigt. Wir brauchen Narrative, in denen wir nicht winzig werden angesichts seiner Größe, sondern vielmehr beflügelt von der Erkenntnis, dass wir Teil einer großartigen Schöpfung, die erkannt werden kann, sind. Mit dem ernsthaften Beginn des Wassermann-Zeitalters, so Loar, beginnt auch unsere Entdeckungsreise.

Der britische Historiker Arnold Toynbee sah in der Geschichte Zyklen des Wandels, die sich entfalten wie die Prozesse der Natur, einschließlich Geburt, Leben und Tod oder Transzendenz ganzer Zivilisationen. In der Präzession der Tagundnachtgleichen hätten der Untergang von Atlantis, wie von Platon beschrieben, und der Beginn der Kleinen Eiszeit der Jüngeren Dryas im Zeitalter des Löwen vor etwa 12.500 Jahren an dem Punkt im Kalender des Großen Jahres stattgefunden, der unserer heutigen Position direkt gegenüberliegt. Es ist völlig klar, dass sich Anklänge daran auch in unserer Zeit finden könnten. »Die Geschichte«, so soll Mark Twain gesagt haben, »wiederholt sich vielleicht nicht, aber sie reimt sich.« Die Kadenz mag langsam sein, aber alle, die sich die Mühe machen, sie zu lesen, können sich ihrer Poesie nicht entziehen.

Danksagungen

Dieses Buch ist die Krönung und das Ergebnis jahrelanger Arbeit, die in Konzept, Entwicklung und Herstellung der Zeitschrift *Atlantis Rising* geflossen sind. Seit den 1990er-Jahren wurde sie weltweit an Kiosken verkauft. Alle, die unser Magazin oder die verschiedenen Bücher, Übersetzungen und Dokumentarfilme, die daraus hervorgegangen sind, lesen, stehen in der Schuld der vielen Künstlerinnen und Künstler, Autorinnen und Autoren und Inserierenden, die an diesem Magazin beteiligt waren; und alle, die daran mitgearbeitet haben, stehen wiederum in der Schuld derer, die dieses einzigartige Projekt finanziell gefördert haben. Solange es Bestand hatte, war es eine gute Sache, aber angesichts der unvermeidlichen Herausforderungen, die das fortschreitende Alter mit sich bringt, sah ich mich 2019 gezwungen, die Pforten unseres geschätzten Magazins für immer zu schließen. Es bleibt jedoch zu hoffen, dass mit der Veröffentlichung des vorliegenden Buches deutlich wird, dass die Mission weitergeht, wenn auch in etwas anderer Form.

Bei einem Projekt wie diesem, an dem so viele mitgewirkt haben, ist es nicht einfach zu entscheiden, wem wir an dieser Stelle besonders danken sollen – aber für alle, die uns auf diesem Weg geholfen haben, gilt: Sie wissen, wer Sie sind, und ich weiß es auch. Herzlichen Dank. Wir stehen für immer in Ihrer Schuld.

Zu den Menschen, denen ich aufrichtig sagen kann, dass dieses Buch ohne sie nicht zustande gekommen wäre, gehört zunächst meine Frau Patricia, deren jahrelange Treue und liebevolle Unterstützung mich immer wieder durch sehr schwierige Zeiten getragen haben. Zur Familie zähle ich auch meine Enkelin Jessica und ihren Mann Josh, ohne deren ganz konkrete Hilfe in einem entscheidenden Moment dieses Projekt nicht möglich gewesen wäre.

Ein Mann, der in den 1990er-Jahren unverzichtbar dazu beigetragen hat, *Atlantis Rising* aus der Taufe zu heben und einer breiten Öffentlichkeit zugänglich zu machen, war der inzwischen verstorbene John Anthony West. An dieser Stelle möchte ich würdigen, wie wichtig seine Hilfe in einer sehr heiklen Zeit der Publikation war. Ich hoffe, dass sich John da, wo er jetzt seinen Hut aufhängt – wo immer das sein mag – darüber freut, dass das vorliegende Buch nun erscheint. Ich hoffe, er begrüßt, dass der Wiederentdeckung der untergegangenen Weisheit der Antike, und damit eben der Sache, der er die meiste Zeit seines Lebens gewidmet hat, hier besondere Aufmerksamkeit geschenkt wird.

Auch Robert Schoch möchte ich meine besondere Wertschätzung aussprechen. In den 1990er-Jahren hat er, zusammen mit John West, im Bewusstsein einer breiten Öffentlichkeit das Eis dafür gebrochen, dass es tatsächlich fortgeschrittene antediluvianische Kulturen gab und dies noch heute von Bedeutung ist. In dem Vierteljahrhundert, in dem es die Zeitschrift *Atlantis Rising* gab, waren Schochs zahlreiche fundierte Beiträge ausschlaggebend für das hohe Maß an Glaubwürdigkeit, das unser Werk überall genoss. Ähnliches könnte ich über viele unserer Autorinnen und Autoren sagen, aber da mir hier der Platz für noch mehr Worte fehlt, möchte ich einfach darauf hinweisen, dass Sie viele ihrer aufschlussreichen Kommentare auch in diesem Buch finden werden, und dafür bin ich ihnen sehr dankbar.

Mein Dank gebührt auch meiner verstorbenen Freundin und Lehrerin Elizabeth Clare Prophet. Ohne ihre geduldige Ermutigung und Unterstützung für diverse Projekte seit den 1970er-Jahren hätte es weder das *Atlantis Rising Magazine* noch dieses Buch gegeben.

Geheimnisvolles Atlantis liegt nun in Ihren Händen, und ich denke, Sie werden mir zustimmen, dass es rundum gelungen ist. Dafür und für vieles mehr bin ich dankbar, jetzt und alle Zeit.